千古第一完人典籍

曾文正公精选集（下）

曾国藩■著 肖淑琛■译著

中国文史出版社

图书在版编目（C I P）数据

曾文正公精选集 ：全 3 册 /（清）曾国藩著 ；肖淑琛译著. -- 北京 ：中国文史出版社，2015.1
ISBN 978-7-5034-6056-2

Ⅰ. ①曾… Ⅱ. ①曾… ②肖… Ⅲ. ①曾国藩（1811 ~ 1872）—文集 Ⅳ. ① Z425.2

中国版本图书馆 CIP 数据核字（2015）第 032428 号

责任编辑：戴小璇
封面设计：孙希前

出版发行：中国文史出版社
网　　址：www.chinawenshi.net
社　　址：北京市西城区太平桥大街 23 号　邮编：100811
电　　话：010-66173572　66168268　66192736（发行部）
传　　真：010-66192703
印　　装：北京毅峰迅捷印刷有限公司
经　　销：全国新华书店
开　　本：1/16
印　　张：96.5　字数：914 千字
版　　次：2015 年 5 月北京第 1 版
印　　次：2015 年 5 月第 1 次印刷
定　　价：168.00 元（全三册）

目 录

十八家诗钞第二十二卷至第二十八卷

卷二十六

卷二十七

卷二十八

经史百家杂钞

卷一●论著之属一

卷二●论著之属二

卷三●词赋之属上编一

卷四●词赋之属上编二

卷五 ● 词赋之属上编三

卷六 ● 词赋之属下编一

卷七●词赋之属下编二

卷八●序跋之属一

卷九●序跋之属二

卷十 • 诏令之属

卷十一●奏议之属一

卷十二 • 奏议之属二

卷十三 • 书牍之属一

卷十四●书牍之属二

卷十五 • 哀祭之属

卷十六 • 传志之属

十八家诗钞第二十二卷至第二十八卷

卷　二十二

杜工部七律诗词

郑驸马宅宴洞中

主家阴洞细烟雾，留客夏簟青琅玕。
春酒杯浓琥珀薄，冰浆碗碧玛瑙寒。
误疑茅堂过江麓，已入风磴霾云端。
自是秦楼压郑谷，时闻杂珮声珊珊。

题张氏隐居

春山无伴独相求，伐木丁丁山更幽。
涧道余寒历冰雪，石门斜日到林丘。
不贪夜识金银气，远害朝看麋鹿游。
乘兴杳然迷出处，对君疑是泛虚舟。

城西陂泛舟

青蛾皓齿在楼船，横笛短萧悲远天。
春风自信牙樯动，迟日徐看锦缆牵。
鱼吹细浪摇歌扇，燕蹴飞花落舞筵。
不有小舟能荡桨，百壶那送酒如泉。

赠田九判官梁丘

崆峒使节上青霄，河陇降王款圣朝。
宛马总肥春苜蓿。将军只数汉嫖姚。
陈留阮瑀谁争长，京兆田郎早见招。
麾下赖君才并美，独能无意向渔樵。

赠献纳使起居田舍人澄

献纳司存雨露边，地分清切任才贤。
舍人退食收封事，宫女开函捧御筵。
晓漏追趋青琐闼，晴窗点检白云篇。
扬雄更有河东赋，唯待吹嘘送上天。

送郑十八虔贬台州司户伤其临老陷贼之故阙为面别情见于诗

郑公樗散鬓成丝，酒后常称老画师。
万里伤心严谴日，百年垂死中兴时。
仓惶已就长途往，邂逅无端出饯迟。
便与先生应永诀，九重泉路尽交期。

奉和贾至舍人早朝大明宫

五夜漏声催晓箭，九重春色醉仙桃。
旌旗日暖龙蛇动，宫殿风微燕雀高。
朝罢香烟携满袖，诗成珠玉在挥毫。
欲知世掌丝纶美，池上于今有凤毛。

宣政殿退朝晚出左掖

天门日射黄金榜，春殿晴曛赤羽旗。
宫草霏霏承委珮，炉烟细细驻游丝。

云近蓬莱常五色，雪残鸟鹊亦多时。
侍臣缓步归青琐，退食从容出每迟。

紫宸殿退朝口号

户外昭容紫袖垂，双瞻御座引朝仪。
香飘合殿春风转，花覆千官淑景移。
昼漏稀闻高阁报，天颜有喜近臣知。
宫中每出归东省，会送夔龙集凤池。

题省中壁

掖垣竹埤梧十寻，洞门对雪常阴阴。
落花游丝白日静，鸣鸠乳燕青春深。
腐儒衰晚谬通籍，退食迟回违寸心。
衮职曾无一字补，许身愧比双南金。

曲江二首

一片花飞减却春，风飘万点正愁人。
且看欲尽花经眼，莫厌伤多酒入唇。
江上小堂巢翡翠，苑边高冢卧麒麟。
细推物理须行乐，何事浮荣绊此身。
朝回日日典春衣，每日江头尽醉归。
酒债寻常行处有，人生七十古来稀。
穿花蛱蝶深深见。点水蜻蜓款款飞。
传语风光共流转，暂时相赏莫相违。

曲江对酒

花外江头坐不归，水精春殿转芳微。
桃花细逐杨花落，黄鸟时兼白鸟飞。

纵饮久判人共弃，懒朝真与世相违。
吏情更觉沧洲远，老大徒伤未拂衣。

曲江对雨

城上春云覆苑墙，江亭晚色静年芳。
林花著雨燕支湿，水荇牵风翠带长。
龙武新军深驻辇，芙蓉别殿漫焚香。
何时诏此金钱会，暂醉佳人锦瑟旁。

因许八奉寄江宁旻上人

不见旻公三十年，封书寄与泪潺湲。
旧来好事今能否，老去新诗谁与传。
棋局动随幽涧竹，袈裟忆上泛湖船。
闻君话我为官在，头白昏昏只醉眠。

题郑县亭子

郑县亭子涧之滨，户牖凭高发兴新。
云断岳莲临大路，天清宫柳暗长春。
巢边野雀群欺燕，花底山蜂远趁人。
更欲题诗满青竹，晚来幽独恐伤神。

望岳

西岳危稜竦处尊，诸峰罗立如儿孙。
安得仙人九节杖，拄到玉女洗头盆。
车箱入谷无归路，箭栝通天有一门。
稍待秋风凉冷后，高寻白帝问真源。

九日蓝田崔氏庄

老去悲秋强自宽，兴来今日尽君欢。
羞将短发还吹帽，笑倩旁人为正冠。
蓝水远从千涧落，玉山高并两峰寒。
明年此会知谁健，醉把茱萸仔细看。

崔氏东山草堂

爱汝玉山草堂静，高秋爽气相鲜新。
有时自发钟磬响，落日更见渔樵人。
盘剥白鸦谷口栗，饭煮青泥坊底芹。
何为西庄王给事，柴门空闭锁松筠。

至日遣兴奉寄北省旧阁老两院故人二首

去岁兹晨捧御床，五更三点入鹓行。
欲知趋走伤心地，正想氤氲满眼香。
无路从容陪语笑，有时颠倒着衣裳。
何人却忆穷愁日，愁日愁随一线长。

忆昨逍遥供奉班，去年今日侍龙颜。
麒麟不动炉烟上，孔雀徐开扇影还。
玉几由来天北极，朱衣只在殿中间。
孤城此日肠堪断，愁对寒云雪满山。

卜居

浣花溪水水西头，主人为卜林塘幽。
已知出郭少尘事，更有澄江消客愁。
无数蜻蜓齐上下，一双鸂鶒对沉浮。
东行万里堪乘兴，须向山阴上小舟。

蜀相

蜀相祠堂何处寻，锦官城外柏森森。
映阶碧草自春色，隔叶黄鹂空好音。
三顾频烦天下计，两朝开济老臣心。
出师未捷身先死，长使英雄泪满襟。

有客

幽栖地僻经过少，老病人扶再拜难。
岂有文章惊海内，漫劳车马驻江干。
竟日淹留佳客坐，百年粗粝腐儒餐。
不嫌野外无供给，乘兴还来看药栏。

狂夫

万里桥西一草堂，百花潭水即沧浪。
风含翠篠娟娟净，雨裛红蕖冉冉香。
厚禄故人书断绝，恒饥稚子色凄凉。
欲填沟壑唯疏放，自笑狂夫老更狂。

江村

清江一曲抱村流，长夏江村事事幽。
自去自来堂上燕，相亲相近水中鸥。
老妻画纸为棋局，稚子敲针作钓钩。
多病所须惟药物，微躯此外更何求？

恨别

洛城一别四千里，胡骑长驱五六年。
草木变衰行剑外，兵戈阻绝老江边。

思家步月清宵立，忆弟看云白日眠。
闻道河阳近乘胜，司徒急为破幽燕。

野老

野老篱边江岸回，柴门不正逐江开。
渔人网集澄潭下，贾客船随返照来。
长路关心悲剑阁，片云何事傍琴台。
王师未报收东郡，城阙秋生画角哀。

南邻

锦里先生乌角巾，园收芋栗未全贫。
惯看宾客儿童喜，得食阶除鸟雀驯。
秋水才深四五尺，野航恰受两三人。
白沙翠竹江村暮，相送柴门月色新。

至后

冬至至后日初长，远在剑南思洛阳。
青袍白马有何意，金谷铜驼非故乡。
梅花欲开不自觉，棣萼一别永相望。
愁极本凭诗遣兴，诗成吟咏转凄凉。

和裴迪登蜀州东亭送客逢早梅相忆见寄

东阁官梅动诗兴，还如何逊在扬州。
此时对雪遥相忆，送客逢春可自由。
幸不折来伤岁暮，若为看去乱乡愁。
江边一树垂垂发，朝夕催人自白头。

暮登四安寺钟楼寄裴十迪

暮倚高楼对雪峰，僧来不语自鸣钟。
孤城返照红将敛，近市浮烟翠且重。
多病独愁常阒绝，故人相见未从容。
知君苦思缘诗瘦，太向交游万事慵。

客至

舍南舍北皆春水，但见群鸥日日来。
花径不曾缘客扫，蓬门今始为君开。
盘飧市远无兼味，樽酒家贫只旧醅。
肯与邻翁相对饮，隔篱呼取尽余杯。

江上值水如海势聊短述

为人性僻耽佳句，语不惊人死不休。
老去诗篇浑漫与，春来花鸟莫深愁。
新添水槛供垂钓，故著浮槎替入舟。
焉得思如陶谢手，令渠述作与同游。

进艇

南京久客耕南亩，北望伤神坐北窗。
昼引老妻乘小艇，晴看稚子浴清江。
俱飞蛱蝶原相逐，并蒂芙蓉本自双。
茗饮蔗浆携所有，瓷罂无谢玉为缸。

所思

苦忆荆州醉司马，谪官樽俎定常开。
九江日落醒何处，一柱观头眠几回。

可怜怀抱向人尽，欲问平安无使来。
故凭锦水将双泪，好过瞿塘滟滪堆。

寄杜位

近闻宽法离新州，想见归怀尚百忧。
逐客虽皆万里去，悲君已是十年流。
干戈况复尘随眼，鬓发还应雪满头。
玉垒题书心绪乱，何时更得曲江游。

送韩十四江东省觐

兵戈不见老莱衣，叹息人间万事非。
我已无家寻弟妹，君今何处访庭闱。
黄牛峡静滩声转，白马江寒树影稀。
此别应须各努力，故乡犹恐未同归。

野望

西山白雪三城戍，南浦清江万里桥。
海内风尘诸弟隔，天涯涕泪一身遥。
唯将迟暮供多病，未有涓埃答圣朝。
跨马出郊时极目，不堪人事日萧条。

堂成

背郭堂成荫白茅，缘江路熟俯青郊。
桤林碍日吟风叶，笼竹和烟滴露梢。
暂止飞乌将数子，频来语燕定新巢。
旁人错比扬雄宅，懒慢无心作解嘲。

奉酬严公寄题野亭之作

拾遗曾奏数行书，懒性从来水竹居。
奉引滥骑沙苑马，幽栖真钓锦江鱼。
谢安不倦登临费，阮籍焉知礼法疏。
枉沐旌麾出城府，草茅无径欲教锄。

严中丞枉驾见过

元戎小队出郊垧，问柳寻花到野亭。
川合东西瞻使节，地分南北任流萍。
扁舟不独如张翰，皂帽还应似管宁。
寂寞江天云雾里，何人道有少微星。

野人送朱樱

西蜀樱桃也自红，野人相赠满筠笼。
数回细写愁仍破，万颗匀圆讶许同。
忆昨赐沾门下省，退朝擎出大明宫。
金盘玉箸无消息，此日尝新任转蓬。

秋尽

秋尽东行且未回，茅斋寄在少城隈。
篱边老却陶潜菊，江上徒逢袁绍杯。
雪岭独看西日落，剑门犹阻北人来。
不辞万里长为客，怀抱何时得好开。

野望

金华山北涪水西，仲冬风日始凄凄。
山连越巂蟠三蜀，水散巴渝下五溪。

独鹤不知何事舞，饥乌似欲向人啼。
射洪春酒寒仍绿，极目伤神谁为携。

闻官军收河南河北

剑外忽传收冀北，初闻涕泪满衣裳。
却看妻子愁何在，漫卷诗书喜欲狂。
白首放歌须纵酒，青春作伴好还乡。
即从巴峡穿巫峡，便下襄阳向洛阳。

送路六侍御入朝

童稚情亲四十年，中间消息两茫然。
更为后会知何地，忽漫相逢是别筵。
不分桃花红胜锦，生憎柳絮白如绵。
剑南春色还无赖，触忤愁人到酒边。

涪城县香积寺官阁

寺下春江深不流，山腰官阁迥添愁。
含风翠壁孤云细，背日丹枫万木稠。
小院回廊春寂寂，浴凫飞鹭晚悠悠。
诸天合在藤萝外，昏黑应须到上头。

又送

双峰寂寂对春台，万竹青青送客杯。
细草留连侵坐软，残花怅望近人开。
同舟昨日何由得，并马今朝未拟回。
直到绵州始分首，江边树里共谁来。

九日

去年登高郾县北，今日重在涪江滨。
苦遭白发不相放，羞见黄花无数新。
世乱郁郁久为客，路难悠悠常傍人。
酒阑却忆十年事，肠断骊山清路尘。

滕王亭子

君王台榭枕巴山，万丈丹梯尚可攀。
春日莺啼修竹里，仙家犬吠白云间。
清江锦石伤心丽，嫩蕊浓花满目斑。
人到如今歌出牧，来游此地不知还。

玉台观

中天积翠玉台遥，上帝高居绛节朝。
遂有冯夷来击鼓，始知嬴女善吹箫。
江光隐见鼋鼍窟，石势参差乌雀桥。
更肯红颜生羽翼，便应黄发老渔樵。

奉寄章十侍御

淮海维扬一俊人，金章紫绶照青春。
指麾能事回天地，训练强兵动鬼神。
湘西不得归关羽，河内犹疑借寇恂。
朝觐从容问幽仄，勿云江汉有垂纶。

奉寄别马巴州

勋业终归马伏波，功曹非复汉萧何。
扁舟系缆沙边久，南国浮云水上多。

独把鱼竿终远去，难随鸟翼一相过。
知君未爱春湖色，兴在骊驹白玉珂。

奉待严大夫

殊方又喜故人来，重镇还须济世才。
常怪偏裨终日待，不知旌节隔年回。
欲辞巴徼啼莺合，远下荆门去益鸟。
身老时危思会面，一生襟抱向谁开。

题桃树

小径升堂旧不斜，五株桃树亦从遮。
高秋总馈贫人实，来岁还舒满眼花。
帘户每宜通乳燕，儿童莫信打慈鸦。
寡妻群盗非今日，天下车书正一家。

奉寄高常侍

汶上相逢年颇多，飞腾无那故人何。
总戎楚蜀应全未，方驾曹刘不啻过。
今日朝廷须汲黯，中原将帅忆廉颇。
天涯春色催迟暮，别泪遥添锦水波。

登楼

花近高楼伤客心，万方多难此登临。
锦江春色来天地，玉垒浮云变古今。
北极朝廷终不改，西山寇盗莫相侵。
可怜后主还祠庙，日暮聊为梁甫吟。

宿府

清秋幕府井梧寒，独宿江城蜡炬残。
永夜角声悲自语，中天月色好谁看。
风尘荏苒音书绝，关塞萧条行路难。
已忍伶俜十年事，强移栖息一枝安。

院中晚晴怀西郭茅舍

幕府秋风日夜清，淡云疏雨过高城。
叶心朱实看时落，阶面青苔老更生。
复有楼台衔暮景，不劳钟鼓报新晴。
浣花溪里花饶笑，肯信吾兼吏隐名。

十二月一日三首

今朝腊月春意动，云安县前江可怜。
一声何处送书雁，百丈谁家上濑船。
未将梅蕊惊愁眼，要取椒花媚远天。
明光起草人所羡，肺病几时朝日边。

寒轻市上山烟碧，日满楼前江雾黄。
负盐出井此溪女，打鼓发船何郡郎。
新亭举目风景切，茂林著书消渴长。
春风不愁不烂漫，楚客唯听棹相将。

即看燕子入山扉，岂有黄鹂历翠微。
短短桃花临水岸，轻轻柳絮点人衣。
春来准拟开怀久，老去亲知见面稀。
他日一杯难强进，重嗟筋力故山违。

寄常征君

白水青山空复春，征君晚节傍风尘。
楚妃堂上色殊众，海鹤阶前鸣向人。
万事纠纷犹绝粒，一官羁绊实藏身。
开州入夏知凉冷，不似云安毒热新。

示獠奴阿段

山木苍苍落日曛，竹竿袅袅细泉分。
郡人入夜争余沥，竖子寻源独不闻。
病渴三更回白首，传声一注湿青云。
曾惊陶侃胡奴异，怪尔常穿虎豹群。

白帝城最高楼

城尖径仄旌□愁，独立缥缈之飞楼。
峡坼云霾龙虎卧，江清日抱鼋鼍游。
扶桑西枝对断石，弱水东影随长流。
杖藜叹世者谁子，泣血迸空回白头。

峡中览物

曾为掾吏趋三辅，忆在潼关诗兴多。
巫峡忽如瞻华岳，蜀江犹似见黄河。
舟中得病移衾枕，洞口经春长薜萝。
形胜有余风土恶，几时回首一高歌。

返照

楚王宫北正黄昏，白帝城西过雨痕。
返照入江翻石壁，归云拥树失山村。

衰年病肺惟高枕，绝塞愁时早闭门。
不可久留豺虎乱，南方实有未招魂。

白帝

白帝城中云出门，白帝城下雨倾盆。
高江急峡雷霆斗，古木苍藤日月昏。
戎马不如归马逸，千家今有百家存。
哀哀寡妇诛求尽，恸哭秋原何处村？

立春

春日春盘细生菜，忽忆两京全盛时。
盘出高门行白玉，菜传纤手送青丝。
巫峡寒江那对眼，杜陵远客不胜悲。
此身未知归定处，呼儿觅纸一题诗。

愁

江草日日唤愁生，春峡泠泠非世情。
盘涡鹭浴底心性，独树花发自分明。
十年戎马暗南国，异域宾客老孤城。
渭水秦山得见否，人今罢病虎纵横。

遣闷戏呈路十九曹长

江浦雷声喧昨夜，春城雨色动微寒。
黄鹂并坐交愁湿，白鹭群飞太剧干。
晚节渐于诗律细，谁家数去酒杯宽。
唯君最爱清狂客，百遍相看意未阑。

昼梦

二月饶睡昏昏然，不独夜短昼分眠。
桃花气暖眼自醉，春渚日落梦相牵。
故乡门巷荆棘底，中原君臣豺虎边。
安得务农息战斗，普天无吏横索钱。

暮春

卧病拥塞在峡中，潇湘洞庭虚映空。
楚天不断四时雨，巫峡长吹万里风。
沙上草阁柳新暗，城边野池莲欲红。
暮春鸳鹭立洲渚，挟子翻飞还一丛。

即事

暮春三月巫峡长，皛皛行云浮日光。
雷声忽下千峰雨，花气浑如百和香。
黄莺过水翻回去，燕子衔泥湿不妨。
飞阁卷帘图画里，虚无只少对萧湘。

赤甲

卜居赤甲迁居新，两见巫山楚水春。
炙背可以献天子，美芹由来知野人。
荆州郑薛寄诗近，蜀客郄岑非我邻。
笑接郎中评事饮，病从深酌道吾真。

江雨有怀郑典设

春雨暗暗塞峡中，早晚来自楚王宫。
乱波纷披已打岸，弱云狼籍不禁风。

宠光蕙叶与多碧，点注桃花舒小红。
谷口子真正忆汝，岸高瀼滑限西东。

雨不绝

鸣雨既过细雨微，映空摇飏如丝飞。
阶前短草泥不乱，院里长条风乍稀。
舞石旋应将乳子，行云莫自湿仙衣。
眼边江舸何匆促，未待安流逆浪归。

滟滪

滟滪既没孤根深，西来水多愁太阴。
江天漠漠鸟双去，风雨时时龙一吟。
舟人渔子歌回首，估客胡商泪满襟。
寄语舟航恶年少，休翻盐井掷黄金。

季夏送乡弟韶陪黄门从叔朝谒

令弟尚为苍水使，名家莫出杜陵人。
比来相国兼安蜀，归赴朝廷已入秦。
舍舟策马论兵地，拖玉腰金报主身。
莫度清秋吟蟋蟀，早闻黄阁画麒麟。

七月一日题终明府水楼二首

高栋曾轩已自凉，秋风此日洒衣裳。
翛然欲下阴山雪，不去非无汉署香。
绝壁过云开锦绣，疏枝夹水奏笙簧。
看君宜著王乔履，真赐还疑出尚方。

虑子弹琴邑宰日，终军弃需英妙时。
承家节操尚不泯，为政风流今在兹。
可怜宾客尽倾盖，何处老翁来赋诗。
楚江巫峡半云雨，清簟疏帘看弈棋。

卷　二十三

杜牧之七律诗词

长安杂题长句六首

觚棱金碧照山高，万国珪璋捧赭袍。
舐笔和铅欺贾马，赞功论道鄙萧曹。
东南楼日珠帘卷，西北天宛玉厄豪。
四海一家无一事，将军携镜泣霜毛。

晴云似絮惹低空，紫陌微微弄袖风。
韩嫣金丸莎覆绿，许公鞯汗杏粘红。
烟生窈窕深东第，轮撼流苏下北宫。
自笑苦无楼护智，可怜铅椠竟何功。

雨晴九陌铺江练，岚嫩千峰叠海涛。
南苑草芳眠锦雉，夹城云暖下霓旄。
少年羁络青纹玉，游女花簪紫带桃。
江碧柳深人尽醉，一瓢颜巷日空高。

束带谬趋文石陛，有章曾拜皂囊封。
期严无奈睡留癖，势窘犹为酒泥慵。
偷钓侯家池上雨，醉吟隋寺日沉钟。
九原可作吾谁与。师友琅琊邴曼容。

洪河清渭天地浚，太白终南地轴横。

祥云辉映汉宫紫，春光绣画秦川明。
草妒佳人钿朵色，风回公子玉衔声。
六飞南幸芙蓉苑，十里飘香入夹城。

丰貂长组金张辈，驷马文衣许史家。
白鹿原头回猎骑，紫云楼下醉江花。
九重树影连清汉，万寿山光学翠华。
谁识大君谦让德，一毫名利斗蛙螟。

河湟

元载相公曾借箸，宪宗皇帝亦留神。
旋见衣冠就东市，忽遗弓剑不西巡。
牧羊驱马虽戎服，白发丹心尽汉臣。
唯有凉州歌舞曲，流传天下乐闲人。

闻庆州赵纵使君与党项战中箭身死辄书长句

将军独乘铁骢马，榆溪战中金仆姑。
死绥却是古来有，骁将自惊今日无。
青史文章争点笔，朱门歌舞笑捐躯。
谁知我亦轻生者，不得君王丈二殳。

街西长句

碧池新涨浴娇鸦，分锁长安富贵家。
游骑偶同人斗酒，名园相倚杏交花。
银秋马要袅嘶宛马，绣鞅璁珑走钿车。
一曲将军何处笛，连云芳草日初斜。

李侍郎于阳羡里富有泉石牧亦于阳羡粗有薄产叙旧述怀因献长句四韵

冥鸿不下非无意，塞马归来是偶然。
紫绶公卿今放旷，白头郎吏尚留连。
终南山下抛泉洞，阳羡溪中买钓船。
欲与明公操杖履，愿闻休去是何年。

赠李处士长句四韵

玉函怪牒锁灵篆，紫洞香风吹碧桃。
老翁四目牙爪利，掷火万里精神高。
霭霭祥云随步武，累累秋冢叹蓬蒿。
三山朝去应非久，姹女当窗绣羽袍。

送国棋王逢

王子纹楸一路饶，最宜檐雨竹萧萧。
羸形暗去春泉长，拔势横来野火烧。
守道还如周柱史，鏖兵不羡霍嫖姚。
浮生七十更万日，与子期于局上销。

洛阳长句二首

草色人心相与闲，是非名利有无间。
桥横落照虹堪画，树锁千门鸟自还。
芝盖不来云杳杳，仙舟何处水潺潺。
君王谦让泥金事，苍翠空高万岁山。

天汉东穿白玉京，日华浮动翠光生。
桥边游女珮环委，波底上阳金碧明。
月锁名园孤鹤唳，川酣秋梦凿龙声。

连昌绣岭行宫在，玉辇何时父老迎。

洛中监察病假满送韦楚老拾遗归朝

洛桥风暖细翻衣，春引仙官去玉墀。
独鹤初冲太虚日，九牛新落一毛时。
行开教化期君是，卧病神祇祷我知。
十载丈夫堪耻处，朱云犹掉直言旂。

故洛阳城有感

一片宫墙当道危，行人为尔去迟迟。
毕圭苑里秋风后，平乐馆前斜日时。
锢党岂能留汉鼎，清谈空解识胡儿。
千烧万战坤灵死，惨惨终年鸟雀悲。

润州二首

向吴亭东千里秋，放歌曾作昔年游。
青苔寺里无马迹，绿水桥边多酒楼。
大抵南朝皆旷达，可怜东晋最风流。
月明更想桓伊在，一笛闻吹出塞愁。

谢朓诗中佳丽地，夫差传里水犀军。
城高铁瓮横强弩，柳暗朱楼多梦云。
画角爱飘江北去，钓歌长向月中闻。
扬州尘土试回首，不惜千金借与君。

西江怀古

上吞巴汉控潇湘，怒似连山净镜光。
魏帝缝囊真戏剧，苻坚投箠更荒唐。

千秋钓艇歌明月，万里沙鸥弄夕阳。
范蠡清尘何寂寞，好风唯属往来商。

题宣州开元寺水阁阁下宛溪夹溪居人

六朝文物草连空，天淡云闲今古同。
鸟去鸟来山色里，人歌人哭水声中。
深秋帘幕千家雨，落日楼台一笛风。
惆怅无因见范蠡，参差烟树五湖东。

自宣城赴官上京

潇洒江湖十过秋，酒杯无日不淹留。
谢公城畔溪惊梦，苏小门前柳拂头。
千里云山何处好，几人襟韵一生休。
尘冠挂却知闲事，终拟蹉跎访旧游。

登池州九峰楼寄张祜

百感中来不自由，角声孤起夕阳楼。
碧山终日思无尽，芳草何年恨即休。
睫在眼前长不见，道非身外更何求。
谁人得似张公子，千首诗轻万户侯。

齐安郡晚秋

柳岸风来影渐疏，使君家似野人居。
云容水态还堪赏，啸志歌怀亦自如。
雨暗残灯棋散后，酒醒孤枕雁来初。
可怜赤壁争雄渡，唯有蓑翁坐钓鱼。

九日齐安登高

江涵秋影雁初飞，与客携壶上翠微。
尘世难逢开口笑，菊花须插满头归。
但将酩酊酬佳节，不用登临叹落晖。
古往今来只如此，牛山何必泪沾衣。

池州李使君没后十一日处州新命始到后见归妓感而成诗

缙云新命诏初行，才是孤魂寿器成。
黄壤不知新雨露，粉书空换旧铭旌。
巨卿哭处云空断，阿鹜归来月正明。
多少四年遗爱事，乡闾生子李为名。

见刘秀才与池州妓别

远风南浦万重波，未似生离别恨多。
楚管能吹柳花怨，吴姬争唱竹枝歌。
金钗横处绿云堕，玉箸凝时红粉和。
待得枚皋相见日，自应妆镜笑蹉跎。

即事

因思上党三年战，闲咏周公七月诗。
竹帛未闻书死节，丹青空见画灵旗。
萧条井邑如鱼尾，早晚干戈识虎皮。
莫笑一麾东下计，满江秋浪碧参差。

寄李起居四韵

楚女梅簪白雪姿，前溪碧水冻醪时。
云罍心凸知难捧，凤管簧寒不受吹。

南国剑眸能盼眄，侍臣香袖爱僛垂。
自怜穷律穷途客，正怯孤灯一局棋。

八月十二日得替后移居霅溪馆因题长句四韵

万家相庆喜秋成，处处楼台歌板声。
千载鹤归犹有恨，一年人住岂无情。
夜凉溪馆留僧话，风定苏潭看月生。
景物登临闲始见，愿为闲客此闲行。

柳长句

日落水流西复东，春光不尽柳何穷。
巫蛾庙里低含雨，宋玉宅前斜带风。
莫将榆荚共争翠，深感杏花相映红。
灞上汉南千万树，几人游宦别离中。

早雁

金河秋半虏弦开，云外惊飞四散哀。
仙掌月明孤影过，长门灯暗数声来。
须知胡骑纷纷在，岂逐春风一一回。
莫厌潇湘少人处，水多菰米岸莓苔。

送刘秀才归江陵

彩服鲜华觐渚宫，鲈鱼新熟别江东。
刘郎浦夜侵船月，宋玉亭春弄袖风。
落落精神终有立，飘飘才思杳无穷。
谁人世上为金口，借取明时一荐雄。

湖南正初招李郢秀才

行乐及时时已晚，对酒当歌歌不成。
千里暮山重叠翠，一溪寒水浅深清。
高人以饮为忙事，浮世除诗尽强名。
看著白苹芽欲吐，雪舟相访胜闲行。

怀钟陵旧游四首

一谒征南最少年，虞卿双璧截肪鲜。
歌谣千里春长暖，丝管高台月正圆。
玉帐军筹罗俊彦，绛帷环珮立神仙。
陆公余德机云在，如我酬恩合执鞭。

滕阁中春绮席开，柘枝蛮鼓殷晴雷。
垂楼万幕青云合，破浪千帆阵马来。
未掘双龙牛斗气，高悬一榻栋梁材。
连巴控越知何事，珠翠沉檀处处堆。

十顷平湖堤柳合，岸秋兰芷绿纤纤。
一声明月采莲女，四面朱楼卷画帘。
白鹭烟分光的的，微涟风定翠湉恬。
斜晖更落西山影，千步虹桥气象兼。

控压平江十万家，秋来江静镜新磨。
城头晚鼓雷霆后，桥上游人笑语多。
日落汀痕千里色，月当楼午一声歌。
昔年行乐秾桃畔，醉与龙沙柬蜀罗。

商山麻涧

云光岚彩四百合，柔柔垂柳十余家。

雉飞鹿过芳草远，牛巷鸡埘春日斜。
秀眉老父对樽酒，蒨袖女儿簪野花。
征车自念尘土计，惆怅溪边书细沙。

商山富水驿

益戆由来未觉贤，终须南去吊湘川。
当时物议朱云小，后代声华白日悬。
邪佞每思当面唾，清贫长欠一杯钱。
驿名不合轻移改，留警朝天者惕然。

题武关

碧溪留我武关东，一笑怀王迹自穷。
郑袖娇娆酣似醉，屈原憔悴去如蓬。
山墙谷堑依然在，弱吐强吞定已空。
今日圣神家四海，戍旗长卷夕阳中。

咏歌圣德远怀天宝因题关亭长句四韵

圣敬文思业太平，海寰天下唱歌行。
秋来气势洪河壮，霜后精神泰华狞。
广德者强朝万国，用贤无敌是长城。
君王若悟治安论，安史何人敢弄兵。

书怀寄中朝往还

平生自许少尘埃，为吏尘中势自回。
朱绂久惭官借与，白题还叹老将来。
须知世路难轻进，岂是君门不大开。
霄汉几多同学伴，可怜头角尽卿材。

寄澧州张舍人笛

发匀肉好生春岭，截玉钻星寄使君。
檀的染时痕半月，落梅飘处响穿云。
楼中威凤倾冠听，沙上惊鸿掠水分。
遥想紫泥封诏罢，夜深应隔禁墙闻。

酬张祜处士见寄长句四韵

七子论诗谁似公，曹刘须在指挥中。
荐衡昔日知文举，乞火无人作蒯通。
北极楼台长挂梦，西江波浪远吞空。
可怜故国三千里，虚唱歌词满六宫。

寄宣州郑谏议

大夫官重醉江东，潇洒名儒振古风。
文石陛前辞圣主，碧云天外作冥鸿。
五言宁谢颜光禄，百岁须齐卫武公。
再拜宜同丈人行，过庭交分有无同。

寄题甘露寺北轩

曾向蓬莱宫里行，北轩阑槛最留情。
孤高堪弄桓伊笛，缥缈宜闻子晋笙。
天接海门秋水色，烟笼隋苑暮钟声。
他年会著荷衣去，不向山僧说姓名。

题青云馆

虬蟠千仞剧羊肠，天府由来百二强。
四皓有芝轻汉祖，张仪无地与怀王。

云连帐影萝阴合，枕绕泉声客梦凉。
深处会容高尚者，水苗三顷百株桑。

正初奉酬歙州刺史邢群

翠岩千尺倚溪斜，曾得严光作钓家。
越嶂远分丁字水，腊梅迟见二年花。
明时刀尺君须用，幽应田园我有涯。
一壑风烟阳羡里，解龟休去路非赊。

卷　二十四

苏东坡七律诗词

和子由渑池怀旧

人生到处知何似，应似飞鸿踏雪泥。
泥上偶然留指爪，鸿飞那复计东西。
老僧已死成新塔，坏壁无由见旧题。
往日崎岖还记否，路长人困蹇驴嘶。

留题延生观后山上小堂

溪山愈好意无厌，上到巉巉第几尖。
深谷野禽毛羽怪，上方仙子鬓眉纤。
不惭弄玉骑丹凤，应逐嫦娥驾老蟾。
涧草岩花自无主，晚来胡蝶入疏帘。

石鼻城

平时战国今何在，陌上征夫自不闲。
北客初来试新险，蜀人从此送残山。
独穿暗月朦胧里，愁渡奔河苍茫间。
渐入西南风景变，道边修竹水潺潺。

楼观

门前古碣卧斜阳，阅世如流事可伤。

长有幽人悲晋惠，强修遗庙学秦皇。
丹砂久窖井水赤，白术谁烧厨灶香。
闻道神仙亦相过，只疑田叟是庚桑。

九月二十日微雪怀子由弟二首

岐阳九月天微雪，已作萧条岁暮心。
短日送寒砧杵急，冷官无事屋庐深。
愁肠别后能消酒，白发秋来已上簪。
近买貂裘堪出塞，忽思乘传问西琛。

江上同舟诗满箧，郑西分马涕垂膺。
未成报国惭书剑，岂不怀归畏友朋。
官舍度秋惊岁晚，寺楼见雪与谁登。
遥知读易东窗下，车马敲门定不譍。

病中闻子由得告不赴商州三首

病中闻汝免来商，旅雁何时更著行。
远别不知官爵好，思归苦觉岁年长。
著书多暇真良计，从宦无功谩去乡。
惟有王城最堪隐，万人如海一身藏。

近从章子闻渠说，苦道商人望汝来。
说客有灵惭直道，逋翁久没厌凡才。
夷音仅可通名姓，瘿俗无由辨颈思。
答策不堪宜落此，上书求免亦何哉。

辞官不出意谁知，敢向清时怨位卑。
万事悠悠付杯酒，流年冉冉入霜髭。
策曾忤世人嫌汝，易可忘忧家有师。
此外知心更谁是，梦魂相觅苦参差。

和子由寒食

寒食今年二月晦，树林深翠已生烟。
绕城骏马谁能借，到处名园意尽便。
但挂酒壶那计盏，偶题诗句不须编。
忽闻啼鸟惊羁旅，江上何人治废田。

楼观

鸟噪猿呼昼闭门，寂寥谁识古皇尊。
青牛久已辞辕轭，白鹤时来访子孙。
山近朔风吹积雪，天寒落日淡孤村。
道人应怪游人众，汲尽阶前井水浑。

五郡

古观正依林麓断，居民来就水泉甘。
乱溪赴渭争趋北，飞鸟迎山不复南。
羽客衣冠朝上象，野人香火祝春蚕。
汝师岂解言符命，山鬼何知托老聃。

十二月十四日夜微雪明日早往南溪小酌至晚

南溪得雪真无价，走马来看及未消。
独自披榛寻履迹，最先犯晓过朱桥。
谁怜破屋眠无处，坐觉村饥语不嚣。
惟有暮鸦知客意，惊飞千片落寒条。

和子由木山引水二首

蜀江久不见沧浪，江上枯槎远可将。
去国尚能三犊载，汲泉何爱一夫忙。

崎岖好事人应笑，冷淡为欢意自长。
遥想纳凉清夜永，窗前微月照汪汪。

千年古木卧无梢，浪卷沙翻去似瓢。
几度过秋生藓晕，至今流润应江潮。
泫然疑有蛟龙吐，断处人言霹雳焦。
材大古来无适用，不须郁郁慕山苗。

寄题兴州晁太守新开古东池

百亩新池傍郭斜，居人行乐路人夸。
自言官长如灵运，能使江山似永嘉。
纵饮座中遗白帢，幽寻尽处见桃花。
不堪山鸟号归去，长遣王孙苦忆家。

华阴寄子由

三年无日不思归，梦里还家旋觉非。
腊酒送寒催去国，东风吹雪满征衣。
三峰已过天浮翠，四扇行看日照扉。
里堠消磨不禁尽，速携家饷劳骖马非。

和董传留别

粗缯大布裹生涯，腹有诗书气自华。
厌伴老儒烹瓠叶，强随举子踏槐花。
囊空不办寻春马，眼乱行看择婿车。
得意犹堪夸世俗，诏黄新湿字如鸦。

次韵柳子玉见寄

薄雷轻雨晓晴初，陌上春泥未溅裾。

行乐及时虽有酒，出门无侣谩看书。
遥知寒食催归骑，定把鸱夷载后车。
他日见邀须强起，不应辞病似相如。

次韵王诲夜坐

爱君东阁能延客，顾我闲官不计员。
策杖频过知未厌，卜居相近岂辞迁。
莫将诗句惊摇落，渐喜樽鸥省仆缘。
待约月明池上宿，夜深同看水中天。

傅尧俞济源草堂

微官共有田园兴，老罢方寻隐退庐。
栽种成阴十年事，仓黄欲买百金无。
先生卜筑临清济，乔木如今似画图。
邻里亦知偏爱竹，春来相与护龙雏。

陆龙图诜挽诗

挺然直节庇峨岷，谋道从来不计身。
属纩家无十金产，过车巷哭六州民。
尘埃辇寺三年别，樽俎岐阳一梦新。
他日思贤见遗像，不论宿草更沾巾。

胡完夫母周夫人挽词

柏舟高节冠乡邻，绛帐清风耸搢绅。
岂似凡人但慈母，能令孝子作忠臣。
当年织屦随方进，晚节称觞见伯仁。
回首悲凉便陈迹，凯风吹尽棘成薪。

次韵柳子玉过陈绝粮二首

风雨萧萧夜晦迷，不须鸣叫强知时。
多才久被天公怪，阙食惟应爨妇知。
杜叟挽衣那及胫，颜公食粥敢言炊。
诗人情味真尝遍，试问于今底处亏。

如我自观犹可厌，非君谁复肯相寻。
图书跌宕悲年老，灯火青荧语夜深。
早岁便怀齐物意，微官敢有济时心。
南行千里成何事，一听秋涛万鼓音。

出颍口初见淮山是日至寿州

我行日夜向江海，枫叶芦花秋兴长。
长淮忽迷天远近，青山久与船低昂。
寿州已见白石塔，短棹未转黄茅冈。
波平风软望不到，故人久立烟苍茫。

寿州李定少卿出饯城东龙潭上

山鸦噪处古灵湫，乱沫浮涎绕客舟。
未暇然犀照奇鬼，欲将烧燕出潜虬。
使君惜别催歌管，村巷惊呼聚玃猴。
此地他年颂遗爱，观鱼并记老庄周。

龟山

我生飘荡去何求，再过龟山岁五周。
身行万里半天下，僧卧一庵初白头。
地隔中原劳北望，潮连沧海欲东游。
元嘉旧事无人记，故垒摧颓今在不。

次韵柳子玉二首

地炉

细声蚯蚓发银瓶，拥褐横眠天未明。
衰鬓镊残敧雪领，壮心降尽倒风旌。
自称丹灶锱铢火，倦听山城长短更。
闻道床头惟竹几，夫人应不解卿卿。

纸帐

乱文龟壳细相连，惯卧青绫恐未便。
洁似僧巾白叠布，暖于蛮帐紫茸毡。
锦衾速卷持还客，破屋那愁仰见天。
但恐娇儿还恶睡，夜深踏裂不成眠。

姚屯田挽词

京口年来耆旧衰，高人沦丧路人悲。
空闻韦叟一经在，不见恬侯万石时。
贫病只知为善乐，逍遥却恨弃官迟。
七年一别真如梦，犹记萧然瘦鹤姿。

和刘道原见寄

敢向清时怨不容，直嗟吾道与君东。
坐谈足使淮南惧，归去方知冀北空。
独鹤不须惊夜旦，群乌未可辨雌雄。
庐山自古不到处，得与幽人仔细穷。

和刘道原咏史

仲尼忧世接舆狂，臧穀虽殊竟两亡。
吴客漫陈豪士赋，桓侯初笑越人方。
名高不朽终安用，日饮无何计亦良。
独掩陈编吊兴废，窗前山雨夜浪浪。

和子由柳湖久涸忽有水开元寺山茶旧无花今岁盛开二首

太昊祠东铁墓西，一樽曾与子同携。
回瞻郡阁遥飞槛，北望樯竿半隐堤。
饭豆羹藜思两鹄，饮河噀水赖长蜺。
如今胜事无人共，花下壶卢鸟劝提。

长明灯下石栏干，长共松杉斗岁寒。
叶厚有稜犀甲健，花深少态鹤头丹，
久陪方丈曼陀雨，羞对先生苜蓿盘。
雪里盛开知有意，明年开后更谁看。

是日宿水陆寺寄北山清顺僧二首

草没河堤雨暗村，寺藏修竹不知门。
拾薪煮药怜僧病，扫地焚香净客魂。
农事未休侵小雪，佛灯初上报黄昏。
年来渐识幽居味，思与高人对榻论。

长嫌钟鼓聒湖山，此境萧条却自然。
乞食绕村真为饱，无言对客本非禅。
披榛觅路冲泥入，洗足关门听雨眠。
遥想后身穷贾岛，夜寒应耸作诗肩。

送张轩民寺丞赴省试

龙飞甲子尽豪英，尝喜吾犹及老成。
人竞春兰笑秋菊，天教明月伴长庚。
传家各自闻诗礼，与子相逢亦弟兄。
洗眼上林看跃马，贺诗先到古宣城。

和邵同年戏赠贾收秀才三首

倾盖相欢一笑中，从来未省马牛风。
卜邻尚可容三径，投社终当作两翁。
古意已将兰缉佩，招词闲咏桂生丛。
此身自断天休问，白发年来渐不公。

朝见新荑出旧槎，骚人孤愤苦思家。
五噫处士大穷约，三赋先生多诞夸。
帐外鹤鸣夜有镜，筒中钱尽案无鲑。
玉川何日朝金阙，白昼关门守夜叉。

生涯到处似樯乌，科第无心摘颔须。
黄帽刺船忘岁月，白衣担酒慰鳏孤。
狙公欺病来分栗，水伯知馋为出鲈。
莫向洞庭歌楚曲，烟波渺渺正愁予。

癸丑春分后雪

雪入春分省见稀，半开桃李不胜威。
应惭落地梅花识，却作漫天柳絮飞。
不分东君专节物，故将新巧发阴机。
从今造物尤难料，更暖须留御腊衣。

柏堂

道人手种几生前，鹤骨龙姿尚宛然。
双干一先神物化，九朝三见太平年。
忽惊华构依岩出，乞与佳名到处传。
此柏未枯君记取，灰心聊伴小乘禅。

竹阁

海山兜率两茫然，古寺无人竹满轩。
白鹤不留归后语，苍龙犹是种时孙。
两丛恰似萧郎笔，千亩空怀渭上村。
欲把新诗问遗像，病维摩诘更无言。

与述古自有美堂乘月夜归

娟娟云月稍侵轩，潋潋星河半隐山。
鱼钥未收清夜永，凤箫犹在翠微间。
凄风瑟缩经弦柱，香雾凄迷著髻鬟。
共喜使君能鼓乐，万人争看火城还。

有美堂暴雨

游人脚底一声雷，满坐顽云拨不开。
天外黑风吹海立，浙东飞雨过江来。
十分潋滟金樽凸，千丈敲铿羯鼓催。
唤起谪仙泉洒面，倒倾鲛室泻琼瑰。

登玲珑山

何年僵立两苍龙，瘦脊盘盘尚倚空。
翠浪舞翻红罢亚，白云穿破碧玲珑。

三休亭上工延月，九折岩前巧贮风。
脚力尽时山更好，莫将有限趁无穷。

宿九仙山

风流王谢古仙真，一去空山五百春。
玉室金堂余汉士，桃花流水失秦人。
困眠一榻香凝帐，梦绕千岩冷逼身。
夜半老僧呼客起，云峰缺处涌冰轮。

送牛尾狸与徐使君

风卷飞花自入帷，一樽遥想破愁眉。
泥深厌听鸡头鹘，酒浅欣尝牛尾狸。
通印子鱼犹带骨，披绵黄雀漫多脂。
殷勤送去烦纤手，为我磨刀削玉肌。

太守徐君猷通守孟亨之皆不饮酒以诗戏之

孟嘉嗜酒桓温笑，徐邈狂言孟德疑。
公独未知其趣尔，臣今时复一中之。
风流自有高人识，通介宁随薄俗移。
二子有灵应抚掌，吾孙还有独醒时。

雪后到乾明寺遂宿

门外山光马亦惊，阶前屐齿我先行。
风花误入长春苑，云月长临不夜城。
未许牛羊伤至洁，且看鸦鹊弄新晴。
更须携被留僧榻，待听摧檐泻竹声。

和王旉二首

异时长怪谪仙人，舌有风雷笔有神。
闻道骑鲸游汗漫，忆尝扪虱话悲辛。
气吞余子无全目，诗到诸郎尚绝伦。
白发故交空掩卷，泪河东注问苍旻。

袅袅春风送度关，娟娟霜月照生还。
迟留岁暮江淮上，来往君家伯仲间。
未厌冰滩吼新洛，且看松雪媚南山。
野梅官柳何时动，飞盖长桥待子闲。

次韵张琬

新洛霜余两岸隆，尘埃举袂识西风。
临淮自古多名士，樽酒相连乐寓公。
半日偷闲歌啸里，百年暗尽往来中。
知君不向穷愁老，尚有清诗气吐虹。

赠梁道人

采药壶公处处过，笑看金狄手摩挲。
老人大父识君久，造物小儿如子何。
寒尽山中无历日，雨斜江上一渔蓑。
神仙护短多官府，未厌人间醉踏歌。

卷　二十五

陆放翁七律诗词

新夏感事

百花过尽绿阴成，漠漠炉香睡晚晴。
病起兼旬疏把酒，山深四月始闻莺。
近传下诏通言路，已卜余年见太平。
圣主不忘初政美，小儒惟有涕纵横。

留题云门草堂

小住初为旬月期，二年留滞未应非。
寻碑野寺云生屦，送客溪桥雪满衣。
亲涤砚池余墨渍，卧看炉面散烟霏。
他年游宦应无此，早买渔蓑未老归。

寄陈鲁山二首

诸公贵人识面稀，胸中璀璨漫珠玑。
即今举手遮西日，应有流尘化素衣。
旧学极知难少贬，吾侪持此欲安归。
夜来风雨空堂静，忽忆灯前语入微。

天下无虞国论深，书生端合老山林。
平生力学所得处，正要如今不动心。
旧友几年犹短褐，谪官万里少来音。

愿公思此宽羁旅，静胜炎曦岂易侵。

度浮桥至南台

客中多病废登临，闻说南台试一寻。
九轨徐行怒涛上，千艘横系大江心。
寺楼钟鼓催昏晓，墟落云烟自古今。
白发未除豪气在，醉吹横笛坐榕阴。

出县

匆匆簿领不堪论，出宿聊宽久客魂。
稻垅牛行泥活活，野塘桥坏雨昏昏。
槿篱护药才通径，竹笕分泉自遍村。
归计未成留亦好，愁肠不用绕吴门。

还县

霁色清和日已长，纶巾萧散意差强。
飞飞鸥鹭陂塘绿，郁郁桑麻风露香。
南陌东村初过社，轻装小队似还乡。
哦诗忘却登车去，枉是人言作吏忙。

送杜起莘殿院出守遂宁

羽檄联翩昼夜驰，臣忧顾不在边陲。
军容地密宁当议，陛下恩深不忍欺。
自简万言几恸哭，青编一传可前知。
平生所学今无负，未叹还乡两鬓丝。

闻武均州报已复西京

白发将军亦壮哉，西京昨夜捷书来。
胡儿敢作千年计，天意宁知一日回。
列圣仁恩深雨露，中兴赦令疾风雷。
悬知寒食朝陵使，驿路梨花处处开。

送七兄赴扬州帅幕

初报边烽照石头，旋闻胡马集瓜州。
诸公谁听刍荛策，吾辈空怀畎亩忧。
急雪打窗心共碎，危楼望远涕俱流。
岂知今日淮南路，乱絮飞花送客舟。

送梁谏议

湖海还朝白发生，懒随年少事声名。
极知忧国人谁及，细看无心语自平。
归访乡人忘位重，乍辞言责觉身轻。
篮与避暑云门寺，应过幽居听水声。

出都

重入修门甫岁余，又携琴剑返江湖。
乾坤浩浩何由报，犬马区区正自愚。
缘熟且为莲社客，伻来喜对草堂图。
西厢屋了吾真足，高枕看云一事无。

晨起偶题

城远不闻长短更，上方钟鼓自分明。
幽居不负秋来睡，末路偏谙世上情。

大事岂堪重破坏，穷人难与共功名。
风炉歙钵生涯在，且试新寒芋糁羹。

病中简仲弥性唐克明苏训直

移疾还家暂曲肱，依然耐久北窗灯。
心如泽国春归雁，身是云堂早过僧。
细雨佩壶寻废寺，夕阳下马吊荒陵。
小留莫厌时追逐，胜社年来冷欲冰。

秋夜读书每以二鼓尽为节

腐儒碌碌叹无奇，独喜遗编不我欺。
白发无情侵老境，青灯有味似儿时。
高梧策策传寒意，叠鼓冬冬迫睡期。
秋夜渐长饥作祟，一杯山药进琼糜。

自咏示客

衰发萧萧老郡丞，洪州又看上元灯。
羞将枉直分寻尺，宁走东西就斗升。
吏进饱谙箝纸尾，客来苦劝摸床棱。
归装渐理君知否，笑指庐山古涧藤。

烧香

茹芝却粒世无方，随食江湖每自伤。
千里一身凫泛泛，十年万事海茫茫。
春来乡梦凭谁说，归去君恩未敢忘。
一寸丹心幸无愧，庭空月白夜烧香。

寒食临川道中

百卉千花了不存，堕溪飞絮看无痕。
家人自作清明节，老子来穿绿暗村。
日落啼鸦随野祭，雨余荒蔓上颓垣。
道边醉饱休相避，作吏堪羞甚乞墦。

寄别李德远

萧萧风雨临川驿，邂逅连床若有期。
自起挑灯贪夜话，急呼索饭疗朝饥。
即今明月共千里，已占深林巢一枝。
惜别自嫌儿女态，梦骑羸马度芳陂。
李侯不恨世卖友，陆子那须钱买山。
出牧君当千里去，归耕我判一生闲。
中原乱后儒风替，党禁兴来士气孱。
复古主盟须老手，勉追庆历数公间。

寄龚实之正言

台省诸公岁岁新，平生敬慕独斯人。
山林不恨音尘远，梦寐时容笑语亲。
学道皮肤虽脱落，忧时肝胆尚轮囷。
至和嘉祐须公了，乞向升平作幸民。

游山西村

莫笑农家腊酒浑，丰年留客足鸡豚。
山重水复疑无路，柳暗花明又一村。
箫鼓追随春社近，衣冠简朴古风存。
从今若许闲乘月，拄杖无时夜叩门。

残春

残春醉著钓鱼庵，花雨娱入落半岩。
岂是天公无皂白，独悲世俗异酸咸。
妄身似梦行当觉，谈口如狂未易缄。
已作沉舟君勿叹，年来何止阅千帆。

家园小酌二首

旋作园庐指顾成，柳阴已复著啼莺。
百年更把几杯酒，一月元无三日晴。
鸥鹭向人殊耐久，山林与世本无营。
小诗漫付儿曹诵，不用韩公说有声。

满林春笋生无数，竟日鹁鸪来百回。
衣上尘埃须一洗，酒边怀抱得频开。
池鱼往者忧奇祸，社栎终然幸散材。
世事纷纷心本懒，闭门岂独畏嫌猜。

上虞逆旅见旧题岁月感怀

舴艋为家东复西，今朝破晓下前溪。
青山缺处日初上，孤店开时莺乱啼。
倦枕不成千里梦，坏墙闲觅十年题。
漆园傲吏犹非达，物我区区岂足齐。

舜庙怀古

云断苍梧竟不归，江边古庙锁朱扉。
山川不为兴亡改，风月应怜感慨非。
孤枕有时莺唤梦，斜风无赖客添衣。
千年回首消磨尽，输与渔舟送落晖。

霜风

十月霜风吼屋边，布裘未办一铢绵。
岂惟饥索邻僧米，真是寒无坐客毡。
身老啸歌悲永夜，家贫撑拄过凶年。
丈夫经此宁非福，破涕灯前一粲然。

独学

师友凋零身白首，杜门独学就谁评。
秋风弃扇知安命，小炷留灯悟养生。
踵息无声酣午枕，舌根忘味美晨烹。
少年妄起功名念，岂信身闲心太平。

春日

老夫一卧三山下，两见城门送土牛。
贫舍春盘还草草，暮年心事转悠悠。
湖光涨绿分烟浦，柳色摇金映市楼。
药饵及时身尚健，无风无雨且闲游。

僧房假榻

过尽青山唤渡船，晚窗洗脚卧僧毡。
剩偿平日清游愿，更结来生熟睡缘。
吞啄渐稀如老鹤，鸣声已断似寒蝉。
旁观莫苦嘲痴钝，此妙吾宗秘不传。

送芮国器司业二首

此心知我岂非天，双鬓皤然气浩然。
曾见灰寒百僚底，真能山立万夫前。

洛城霜重听宫漏，霅水云深著钓船。
拈起吾宗安乐法，人生何处不随缘。

往岁淮边虏未归，诸生合疏论危机。
人材衰靡方当虑，士气峥嵘未可非。
万事不如公论久，诸贤莫与众心违。
还朝此段宜先及，岂独遗经赖发挥。

晚泊

半世无归似转蓬，今年作梦到巴东。
身游万死一生地，路入千峰百嶂中。
邻舫有时来乞火，丛祠无处不祈风。
晚潮又泊淮南岸，落日啼鸦戍堞空。

吊李翰林墓

饮似长鲸快吸川，思如渴骥勇奔泉。
客从县令初何有，醉忤将军亦偶然。
骏马名姬如昨日，断碑乔木不知年。
浮生今古同归此，回首桓公亦故阡。

黄州

局促常悲类楚囚，迁流还叹学齐优。
江声不尽英雄恨，天意无私草木秋。
万里羁愁添白发，一帆寒日过黄州。
君看赤壁终陈迹，生子何须似仲谋。

武昌感事

百万呼卢事已空，新寒拥褐一衰翁。

但悲鬓色成枯草，不恨生涯似断蓬。
烟雨凄迷云梦泽，山川萧瑟武昌宫。
西游处处堪流涕，抚枕悲歌兴未穷。

哀郢

远接商周祚最长，北盟齐晋势争强。
章华歌舞终萧瑟，云梦风烟旧莽苍。
草合故宫惟雁起，盗穿荒冢有狐藏。
离骚未尽灵均恨，志士千秋泪满裳。
荆州十月早梅春，徂岁真同下阪轮。
天地何心穷壮士，江湖从古著羁臣。
淋漓痛饮长亭暮，慷慨悲歌白发新。
欲吊章华无处问，废城霜露湿荆榛。

塔子矶

塔子矶前艇子横，一窗秋月为谁明。
青山不减年年恨，白发无端日日生。
七泽苍茫非故国，九歌哀怨有遗声。
古来拨乱非无策，夜半潮平意未平。

水亭有怀

渔村把酒对丹枫，水驿凭轩送去鸿。
道路半年行不到，江山万里看无穷。
故人草诏九天上，老子题诗三硖中。
笑谓毛锥可无恨，书生处处与卿同。

虾蟆碚

不肯爬沙桂树边，朵颐千古向岩前。

巴东峡里最初峡，天下泉中第四泉。
啮雪饮冰疑换骨，掬珠弄玉可忘年。
清游自笑何曾足，叠鼓冬冬又解船。

新安驿

孤驿荒山与虎邻，更堪风雪暗南津。
羁游如此真无策，独立凄然默怆神。
木盎汲江人起早，银钗簇髻女妆新。
蛮风敝恶蛟龙横，未敢全夸见在身。

巴东令廨白云亭

寇公壮岁落巴蛮，得意孤亭缥缈间。
常倚曲栏贪看水，不安四壁怕遮山。
遗民虽尽犹能说，老令初来亦爱闲。
正使官清贫至骨，未妨留客听潺潺。

雪晴

腊尽春生白帝城，俸钱虽薄胜穷耕。
眼前但恨亲朋少，身外元知得丧轻。
日映满窗松竹影，雪消并舍鸟乌声。
老来莫道风情减，忆向烟芜信马行。

玉笈斋书事二首

莫笑新霜点鬓须，老来却得少工夫。
晨占上古连山易，夜对西真五岳图。
叔夜曾闻高士啸，孔宾岂待异人呼。
眉间喜色谁知得，今日新添火四铢。

雪霁茅堂钟磬清，晨斋枸杞一杯羹。
隐书不厌千回读，大药何时九转成。
孤坐月魂寒彻骨，安眠龟息浩无声。
剩分松屑为山信，明日青城有使行。

山寺

篮舆送客过江村，小寺无人半掩门。
古佛负墙尘漠漠，孤灯照殿雨昏昏。
喜投禅榻聊寻梦，懒为啼猿更断魂。
要识人间盛衰理，岸沙君看去年痕。

寒食

峡云烘日欲成霞，瀼水生纹浅见沙。
又向蛮方作寒食，强持卮酒对梨花。
身如巢燕年年客，心羡游僧处处家。
赖有春风能领略，一生相伴遍天涯。

自咏

朝衣无色如霜叶，将奈云安别驾何。
钟鼎山林俱不遂，声名官职两无多。
低昂未免闻鸡舞，慷慨犹能击筑歌。
头白伴人书纸尾，只思归去弄烟波。

初夏怀故山

镜湖四月正清和，白塔红桥小艇过。
梅雨晴时插秧鼓，苹风生处采菱歌。
沉迷簿领吟哦少，淹泪蛮荒感慨多。
谁谓吾庐六千里，眼中历历见渔蓑。

晚晴闻角有感

暑雨初收白帝城，小荷新竹夕阳明。
十年尘土青衫色，万里江山画角声。
零落亲朋劳远梦，凄凉乡社负归耕。
议郎博士多新奏，谁致当时鲁二生。

夜登白帝城楼怀少陵先生

拾遗白发有谁怜，零落歌诗遍两川。
人立飞楼今已矣，浪翻孤月尚依然。
升沉自古无穷事，愚智同归有限年。
此意凄凉谁共语，夜阑鸥鹭起沙边。

假日书事

万里西来为一饥，坐曹日日汗沾衣。
但嫌忧畏妨人乐，不恨疏慵与世违。
雕槛迎阳花并发，画梁避雨燕双归。
放怀始得闲中趣，下马何人又叩扉。

初冬野兴

关北关南霜露寒，瀼东瀼西山谷盘。
箪纹细细吹残水，鼋背时时出小滩。
衰发病来无复绿，寸心老去尚如丹。
逆胡未灭时多事，却为无才得少安。

醉中到白崖而归

醉眼朦胧万事空，今年痛饮瀼西东。
偶呼快马迎新月，却上轻舆御晚风。

行路八千常是客，丈夫五十未称翁。
乱山缺处如横线，遥指孤城翠霭中。

过广安吊张才叔谏议

春风匹马过孤城，欲吊先贤涕已倾。
许国肺肝知激烈，照人眉宇尚峥嵘。
中原成败宁非数，后世忠邪自有评。
叹息知人真未易，流芳遗臭尽书生。

柳林酒家小楼

桃花如烧酒如油，缓辔郊原当出游。
微倦放教成午梦，宿醒留得伴春愁。
远途始悟乾坤大，晚节偏惊岁月遒。
记取清明果州路，半天高柳小青楼。

送刘戒之东归

去国三年恨未平，东城况复送君行。
难凭魂梦寻言笑，空向除书见姓名。
残日半竿斜谷路，西风万里玉关情。
兰台粉署朝回晚，肯记粗官数寄声。

寄邓公寿

高标瑶树与琼林，灵府清寒出苦吟。
海内十年求识面，江边一见即论心。
纷纷俗子常成市，亹亹微言孰赏音。
闻道南池梅最早，要君携手试同寻。

简章德茂

殊方邂逅岂无缘，世事多乖复怅然。
造物无情吾辈老，古人不死此心传。
冷云黯黯朝横栈，红叶萧萧夜满船。
个里约君同著句，不应输与灞桥边。

阆中作二首

残年作客遍天涯，下马长亭便似家。
三叠凄凉渭城曲，数枝闲澹阆中花。
襞笺授管相逢晚，理鬓熏衣一笑哗。
俱是邯郸枕中梦，坠鞭不用忆京华。

挽住征衣为濯尘，阆州斋酿绝芳醇。
莺花旧识非生客，山水曾游是故人。
遨乐无时冠巴蜀，语音渐正带咸秦。
平生剩有寻梅债，作意城南看小春。

驿亭小憩遣兴

淡日微云共陆离，曲阑危栈出参差。
老松临道阅千载，杜宇号山连四时。
汉水东流那有极，秦关北望不胜悲。
邮亭下马开孤剑，老大功名颇自期。

自笑

自笑谋生事事疏，年来锥与地俱无。
平章春韭秋菘味，折补天吴紫凤图。
食肉定知无骨相，珥貂空自诳头颅。
惟余数卷残书在，破篋萧然笑獠奴。

三泉驿舍

残钟断角度黄昏，小驿孤灯早闭门。
霜气峭深摧草木，风声浩荡卷郊原。
故山有约频回首，末路无归易断魂。
短鬓萧萧不禁白，强排幽恨近清樽。

归次汉中境上

云栈屏山阅月游，马蹄初喜蹋梁州。
地连秦雍川原壮，水下荆扬日夜流。
遗虏孱孱宁远略，孤臣耿耿独私忧。
良时恐作他年恨，大散关头又一秋。

书事

生长江湖狎钓船，跨鞍塞上亦前缘。
云埋废苑呼鹰处，雪暗荒郊射虎天。
醪酒芳醇偏易醉，胡羊肥美了无膻。
扬州虽有东归日，闭置车中定怅然。

宿武连县驿

平日功名浪自期，头颅到此不难知。
宦情薄似秋蝉翼，乡思多于春茧丝。
野店风霜俶装早，县桥灯火下程迟。
鞭寒熨手戎衣窄，忽忆南山射虎时。

登荔枝楼

平羌江水接天流，凉入帘栊已似秋。
唤作主人元是客，知非吾土强登楼。

闲凭曲槛常忘去，欲下危梯更小留。
公事无多厨酿美，此身不负负嘉州。

独游城西诸僧舍

我是天公度外人，看山看水自由身。
藓崖直上飞双屐，云洞前头岸幅巾。
万里欲呼牛渚月，一生不受庾公尘。
非无好客堪招唤，独往飘然觉更真。

晚登望云二首

一出修门又十年，辈流多已珥金蝉。
衰如蠹叶秋先觉，愁似鳏鱼夜不眠。
辇路疏槐迎驾处，苑城残日泛湖天。
君恩未报身今老，徙倚危楼一泫然。

晚来烟雨暗江干，烽火遥传画角残。
看镜功名空自许，上楼怀抱若为宽。
青枫摇落新秋令，白发凄凉旧史官。
饱见少年轻宿士，可怜随处强追欢。

醉中感怀

早岁君王记姓名，只今憔悴客边城。
青衫犹是鹓行旧，白发新从剑外生。
古戍旌旗秋惨淡，高城刁斗夜分明。
壮心未许全消尽，醉听檀槽出塞声。

送客至江上

多事经旬不出城，今朝送客此闲行。

郊原外带新晴色，人语中含乐岁声。
天际敛云山尽出，江流收涨水初平。
故园社友应惆怅，五岁无端弃耦耕。

深居

作吏难堪簿领迷，深居聊复学幽栖。
病来酒户何妨小，老去诗名不厌低。
零落野云寒傍水，霏微山雨晚成泥。
自怜甫里家风在，小摘残蔬绕废畦。

八月二十二日嘉州大阅

陌上弓刀拥寓公，水边旌旆卷秋风。
书生又试戎衣窄，山郡新添画角雄。
早事枢庭虚画策，晚游幕府愧无功。
草间鼠辈何劳磔，要挽天河洗洛嵩。

晓出城东

渺渺长江下估船，亭亭孤塔隐苍烟。
不堪异县萧条地，更遇初寒惨澹天。
巾褐已成归有约，箪瓢未足去无缘。
包羞强索侏儒米，豪举何人记少年。

游修觉寺

上尽苍崖百级梯，诗囊香椀手亲携。
山从飞鸟行边出，天向平芜尽处低。
花落忽惊春事晚，楼高剩觉客魂迷。
兴阑扫榻禅房卧，清梦还应到剡溪。

宿杜氏晨起遇雨

怪藤十围蔽白日，老木千尺干青霄。
水泛戛滩竹作舫，陆行跨空绳系桥。
阴阴古屋精灵语，惨惨江云蛟鳄骄。
吾道非邪行至此，诸公正散紫宸朝。

东湖新竹

插棘编篱谨护持，养成寒碧映沦漪。
清风掠地秋先到，赤日行天午不知。
解箨时闻声簌簌，放梢初见叶离离。
官闲我欲频来此，枕簟仍教到处随。

读胡基仲旧诗有感

少日飞腾翰墨场，暮年相见尚昂藏。
沉沙舟畔千帆过，剪翮笼边百鸟翔。
访古每思春并辔，说诗仍记夜连床。
匆匆去日多于发，不独悲君亦自伤。

寓驿舍

闲坊古驿掩朱扉，又憩空堂绽客衣。
九万里中鲲自化，一千年外鹤仍归。
绕庭数竹饶新笋，解带量松长旧围。
惟有壁间诗句在，暗尘残墨两依依。

宴西楼

西楼遗迹尚豪雄，锦绣笙箫在半空。
万里因循成久客，一年容易又秋风。

烛光低映珠襦丽，酒晕徐添玉颊红。
归路迎凉更堪爱，摩诃池上月方中。

离成都后却寄公寿子友德称

萧条常闭爵罗门，点检朋侪几个存。
吾道将为天下裂，此心难与俗人言。
逢时尚可还三代，掩卷何由作九原。
寄语龟城旧交道，新凉殊忆共清樽。

秋思三首

大面山前秋笛清，细腰宫畔暮滩平。
吴樯楚舵动归思，陇月巴云空复情。
万里风尘旧朝士，百年铅椠老书生。
水村渔市从今始，安用区区海内名。

巢燕成归秋景奇，颓容老子醉哦诗。
山晴更觉云含态，风定闲看水弄姿。
痛饮何由从次道，并游空复忆安期。
天涯又作经年客，莫对青铜恨鬓丝。

西风吹叶满湖边，初换秋衣独慨然。
白首有诗悲蜀道，清宵无梦到钧天。
迂疏早不营三窟，流落今宁直一钱。
把酒未妨余兴在，试凭丝管饯流年。

观长安城图

许国虽坚鬓已斑，山南经岁望南山。
横戈上马嗟心在，穿堑环城笑虏孱。
日暮风烟传陇上，秋高刁斗落云间。

三秦父老应惆怅，不见王师出散关。

夜读了翁遗文有感

秋雨萧萧夜不眠，挑灯开卷意凄然。
吾曹自欲期千载，世论何曾待百年。
当日公卿笑迂阔，即今河洛污腥膻。
阴阳消长从来事，玩易深知屡绝编。

蜀州大阅

晓束戎衣一怅然，五年奔走遍穷边。
平生亭障休兵日，惨淡风云阅武天。
戍陇旧游真一梦，渡辽奇事付他年。
刘琨晚抱闻鸡恨，安得英雄共着鞭。

秋夜怀吴中

秋夜挑灯读楚辞，昔人句句不吾欺。
更堪临水登山处，正是浮家泛宅时。
巴酒不能消客恨，蜀巫空解报归期。
灞桥烟柳知何限，谁念行人寄一枝。

暮归马上作

石笋街头日落时，铜壶阁上角声悲。
不辞与世终难合，惟恨无人粗见知。
宝马俊游春浩荡，江楼豪饮夜淋漓。
醉来剩欲吟梁父，千古隆中可与期。

自上清延庆归过丈人观少留

再到蓬莱路欲平，却吹长笛过青城。
空山霜叶无行迹，半岭天风有啸声。
细栈跨云萦峭绝，危桥飞柱插澄清。
玉华更控青鸾在，要倚栏干待月明。

宿江原县东十里张氏亭子未明而起

寸廪驱人卒岁劳，一官坐失布衣高。
剑南十月霜犹薄，江上五更鸡乱号。
孤枕拥衾寻短梦，青灯照影着征袍。
客愁相续无时断，那得并州快剪刀。

戍卒说沉黎事有感

亭障曾无阅岁宁，频闻夷落犯王灵。
孤城月落冤魂哭，百里风吹战血腥。
瘴重厌看茅叶赤，春残不放柳条青。
焦头烂额如何补，弭患从来贵未形。

西楼夕望

夜郎城里叹途穷，赖有西楼著此翁。
溪鸟孤飞寒霭外，野人参语夕阳中。
苍天可恃何曾老，白发缘愁却未公。
俗态十年看烂熟，不如留眼送归鸿。

晚登横溪阁

楼鼓声中日又斜，凭高愈觉在天涯。
空桑客土生秋草，野渡虚舟集晚鸦。

瘴雾不开连六诏，俚歌相答带三巴。
故乡可望应添泪，莫恨云山万叠遮。

夏日过摩诃池

乌帽翩翩白晳轻，摩诃池上试闲行。
淙潺野水鸣空苑，寂历斜阳下废城。
纵辔迎凉看马影，袖鞭寻句听蝉声。
白头散吏元无事，却为兴亡一怆情。

喜雨

黄尘赤日欲忘生，一夜新凉满锦城。
雨急骤增车辙水，泥深渐壮马蹄声。
蚊蝇敛迹知无地，灯火于人顿有情。
市远鸡豚不须问，小畦稀甲已堪烹。

寓舍书怀

借得茅斋近笮桥，羁怀病思两无聊。
君从豆蔻梢头老，日向樗蒲齿上消。
丛竹晓兼风力横，高梧夜挟雨声骄。
书生莫倚身常健，未画凌烟鬓已凋。

成都书事二首

剑南山水尽清晖，濯锦江边天下稀。
烟柳不遮楼角断，风花时傍马头飞。
芼羹笋似稽山美，斫脍鱼如笠泽肥。
客报城西有园卖，老夫白首欲忘归。

大城少城柳已青，东台西台雪正晴。

莺花又作新年梦，丝竹常闻静夜声。
废苑烟芜迎马动，清江春涨拍堤平。
尊中酒满身强健，未恨飘零过此生。

自警

乳烹佛粥遽如许，菜簇春盘行及时。
草木欣欣渠得意，乾坤浩浩我何私。
怀材所忌多轻用，学道当从不自欺。
旦暮置规君勿怪，修身三省自先师。

马上偶成

城南城北紫游缰，尽日闲行看似忙。
刺水离离葛叶短，连村漠漠豆花香。
夕阳有信催残角，春草无情上缭墙。
我亦人间倦游者，长吟聊复怆兴亡。

春晚书怀

万里西游为觅诗，锦城更付一官痴。
脱巾漉酒从人笑，拄笏看山颇自奇。
疏雨池塘鱼避钓，晓莺窗户客争棋。
老来怕与春为别，醉过残红满地时。

春残

石镜山前送落晖，春残回首倍依依。
时平壮士无功老，乡远征人有梦归。
苜蓿苗侵官道合，芜菁花入麦畦稀。
倦游自笑摧颓甚，谁记飞鹰醉打围。

武担东台晚望

憔悴西窗已一翁，登高意气尚豪雄。
关河霸国兴亡后，风月诗人醉醒中。
病起顿惊双鬓改，春归一扫万花空。
栏边徙倚君知否，直到吴天目未穷。

饭昭觉寺抵暮乃归

身堕黄尘每慨然，携儿萧散亦前缘。
聊凭方外巾盂净，一洗人间匕箸膻。
静院春风传浴鼓，画廊晚雨湿茶烟。
潜光寮里明窗下，借我消摇过十年。

书叹

早得虚名翰墨林，谢归忽已岁时侵。
春郊射雉朝盘马，秋院焚香夜弄琴。
病酒闭门常兀兀，哦诗袖手久愔愔。
浮沉不是忘经世，后有仁人识此心。

次韵范文渊

箪瓢气已压膏粱，不傍朱门味更长。
细看高人忘宠辱，始知吾辈可怜伤。
岩扃勾漏新丹灶，香火匡庐古道场。
剩欲与君坚此约，他年八十鬓眉苍。

过野人家有感

纵辔江皋送夕晖，谁家井臼映荆扉。
隔篱犬吠窥人过，满箔蚕饥待叶归。

世态十年看烂熟，家山万里梦依稀。
躬耕本是英雄事，老死南阳未必非。

闲中偶题二首

楚泽巴山岁岁忙，今年睡足向禅房。
只知闲味如茶永，不放羁愁似草长。
架上汉书那复看，床头周易亦相忘。
客来拈起清谈尘，且破西窗半篆香。

久矣云衢敛羽翰，退飞更觉一枝安。
七千里外新闲客，十五年前旧史官。
花底清歌春载酒，江边明月夜投竿。
痴顽直为多便事，莫怪胸怀抵死宽。

病起书怀二首

病骨支离纱帽宽，孤臣万里客江干。
位卑未敢忘忧国，事定犹须待阖棺。
天地神灵扶庙社，京华父老望和銮。
出师一表通今古，夜半挑灯更细看。

酒酣看剑凛生风，身是天涯一秃翁。
扪虱剧谈空自许，闻鸡浩叹与谁同。
玉关岁晚无来使，沙苑春生有去鸿。
人寿定非金石永，可令虚死蜀山中。

客自凤州来言岐雍间事怅然有感

表里山河古帝京，逆胡数尽固当平。
千门未报甘泉火，万耦方观渭上耕。
前日已传天狗堕，今年宁许佛貍生。

会须一洗儒酸态，猎罢南山夜下营。

月下醉题

黄鹄飞鸣未免饥，此身自笑欲何之。
闭门种菜英雄老，弹铗思鱼富贵迟。
生拟入山随李广，死当穿冢近要离。
一樽强醉南楼月，感慨长吟恐过悲。

蒙恩奉祠桐柏

少年曾缀紫宸班，晚落危途九折艰。
罪大初闻收郡印，恩宽俄许领家山。
羁鸿但自思烟渚，病骥宁容著帝闲。
回首觚棱渺何处，从今常寄梦魂间。

和范待制秋兴三首

策策桐飘已半空，啼將渐觉近房栊。
一生不作牛衣泣，万事从渠马耳风。
名姓已甘黄纸外，光阴全付绿尊中。
门前剥啄谁相觅，贺我今年号放翁。

睡脸余痕印枕纹，秋衾微润覆炉熏。
井梧摇落先霜尽，衣杵凄凉带月闻。
佛屋纱灯明小像，经奁鱼蠹蚀真文。
身如病骥惟思卧，谁许能空万马群。

山泽沉冥气尚豪，鬓丝未遽叹萧骚。
已忘海运鲲鹏化，那计风微燕雀高。
万里客魂迷楚峡，五更归梦隔胥涛。
故知有酒当勤醉，自古宁闻死可逃。

岁暮感怀

征尘十载暗戎衣，虚负名山采药期。
少日覆毡曾草檄，即今横槊尚能诗。
昏昏杀气秋登陇，飒飒飞霜夜出师。
会有英豪能共此，镜中未用叹吾衰。

万里桥江上习射

坡陇如涛东北倾，胡床看射及春晴。
风和渐减雕弓力，野迥遥闻羽箭声。
天上搀枪端可落，草间狐兔不须惊。
丈夫未死谁能料，一笥他年下百城。

和范舍人病后二诗末章兼呈张正字二首

放衙元不为春酲，澹荡江天气未清。
欲赏园花先梦到，忽闻檐雨定心惊。
香云不动熏笼暖，蜡泪成堆斗帐明。
关陇宿兵胡未灭，祝公垂意在尊生。

士生不及庆历初，下方元珮当勿疏。
请看蛟龙得云雨，岂比鸟雀驯阶除。
舍人起视北门草，学士归著东观书。
剑外老农亦吐气，酿酒畦花常晏如。

登剑南西川门感怀

自古高楼伤客情，更堪万里望吴京。
故人不见暮云合，客子欲归春水生。
瘴疠连年须药石，退藏无地著柴荆。
诸公勉画平戎策，投老深思看太平。

宿上清宫

永夜寥寥憩上清，下听万壑度松声。
星辰顿觉去人近，风雨何曾败月明。
早岁文辞妨至道，中年忧患博虚名。
一庵倘许西峰住，常就巢仙问养生。

野步至青羊宫偶怀前年尝剧饮于此

锦官门外曳枯筇，此地天教著放翁。
万事元无工拙处，一官已付有无中。
拏云柏树瘦蛟立，绕郭江流清镜空。
欲把酒杯终觉懒，缓歌曾醉落花风。

感秋

西风繁杵捣征衣，客子关情正此时。
万事从初聊复尔，百年强半欲何之。
画堂蟋蟀怨清夜，金井梧桐辞故枝。
一枕凄凉眠不得，呼灯起作感秋诗。

绝胜亭

蜀汉羁游岁月侵，京华乖隔少来音。
登临忽据三江会，飞动从来万里心。
地胜顿惊诗律壮，气增不怕酒杯深。
一琴一剑白云外，挥手下山何处寻。

猎罢夜饮示独孤生三首

客途孤愤只君知，不作儿曹怨别离。
报国虽思包马革，爱身未忍货羊皮。

呼鹰小猎新霜后，弹剑长歌夜雨时。
感慨却愁伤壮志，倒瓶浊酒洗余悲。

关辅何时一战收，蜀郊且复猎清秋。
洗空狡穴银头鹘，突过重城玉腕骝。
贼势已衰真大庆，士心未振尚私忧。
一樽共讲平戎策，勿为飞鸢念少游。

白袍如雪宝刀横，醉上银鞍身更轻。
帖草角鹰掀兔窟，凭风羽箭作鸱鸣。
关河可使成南北，豪杰谁堪共死生。
欲疏万言投魏阙，灯前揽笔涕先倾。

秋晚登城北门

幅巾藜杖北城头，卷地西风满眼愁。
一点烽传散关信，两行雁带杜陵秋。
山河兴废供搔首，身世安危入倚楼。
横槊赋诗非复昔，梦魂犹绕古梁州。

夜饮

引剑酣歌亦壮哉，要君共覆手中杯。
秋鸿阵密横江去，暮角声酣战雨来。
莫恨皇天无老眼，请看白骨有青苔。
中年倍觉流光速，行矣西郊又见梅。

病酒述怀

闲处天教著放翁，草庐高卧笮桥东。
数茎白发悲秋后，一盏青灯病酒中。
李广射归关月堕，刘琨啸罢塞云空。

古人意气凭君看，不待功成固已雄。

江楼醉中作

淋漓百榼宴江楼，秉烛挥毫气尚遒。
天上但闻星主酒，人间宁有地埋忧。
生希李广名飞将，死慕刘伶赠醉侯。
戏语佳人频一笑，锦城已是六年留。

曳策

慈竹萧森拱废台，醉归曳策一徘徊。
纷纷落日牛羊下，黯黯长空霰雪来。
三峡猿催清泪落，两京梅傍战尘开。
客怀已是凄凉甚，更听城头画角哀。

醉中出西门偶书

古寺闲房闭寂寥，几年耽酒负公朝。
青山是处可埋骨，白发向人羞折腰。
末路自悲终老蜀，少年常愿从征辽。
醉来挟箭西郊去，极目寒芜雉兔骄。

客愁

骑马出门无所诣，端居正尔客愁侵。
苍颜白发入衰境，黄卷青灯空苦心。
天下极知须隽杰，书生何恨死山林。
消磨未尽胸中事，梁甫时时尚一吟。

倚楼

减尽朱颜白发新，高楼徙倚默伤神。
未酬马上功名愿，已是人间老大身。
太史周南方卧疾，拾遗剑外又逢春。
一杯且为江山醉，百万呼卢迹已陈。

南定楼遇急雨

行遍梁州到益州，今年又作度泸游。
江山重复争供眼，风雨纵横乱入楼。
人语朱离逢峒獠，棹歌欸乃下吴舟。
天涯住稳归心懒，登览茫然却欲愁。

风顺舟行甚疾戏书

昔者远戍南山边，军中无事酒如川。
呼卢喝雉连暮夜，击兔伐狐穷岁年。
壮士春芜卧白骨，老夫晨镜悲华颠。
可怜使气尚未减，打鼓顺流千斛船。

峡州东山

十年不踏东山路，今日重为放浪行。
老矣判无黄鹄举，归哉惟有白鸥盟。
新秧刺水农家乐，修竹环溪客眼明。
已驾巾车仍小驻，绿萝亭下听莺声。

初发夷陵

雷动江边鼓吹雄，百滩过尽失途穷。
山平水远苍茫外，地辟天开指顾中。

俊鹘横飞遥掠岸，大鱼腾出欲凌空。
今朝喜处君知否，三丈黄旗舞便风。

泊公安县

秦关蜀道何辽哉，公安渡头今始回。
无穷江水与天接，不断海风吹月来。
船窗帘卷萤火闹，沙渚露下苹花开。
少年许国忽衰老，心折舵楼长笛哀。

南楼

十年不把武昌酒，此日阑边感慨深。
舟楫纷纷南复北，山川莽莽古犹今。
登临壮士兴怀地，忠义孤臣许国心。
倚杖黯然斜照晚，秦吴万里入长吟。

黄鹤楼

手把仙人绿玉枝，吾行忽及早秋期。
苍龙阙角归何晚，黄鹤楼中醉不知。
江汉交流波渺渺，晋唐遗迹草离离。
平生最喜听长笛，裂石穿云何处吹。

舟中偶书

老子西游万里回，江行长夏亦佳哉。
昼眠初起报茶熟，宿酒半醒闻雨来。
汉口船开催叠鼓，淮南帆落亚高桅。
四方本是丈夫事，白首自怜心未灰。

舟行蕲黄间雨霁得便风有感

天青云白十分晴，帆饱舟轻尽日行。
江底鱼龙贪昼睡，淮南草木借秋声。
好山缥缈何由住，华发萧条只自惊。
莫怪时人笑疏懒，宦情元不似诗情。

初见庐山

从军忆在梁州日，心拟西征草捷书。
铁马但思经太华，布帆何意拂匡庐。
计谋落落知谁许，功业悠悠定已疏。
尚喜东林寻旧社，月明清露湿芙蕖。

六月十四日宿东林寺

看尽江湖千万峰，不嫌云梦芥吾胸。
戏招西塞山前月，来听东林寺里钟。
远客岂知今再到，老僧能记昔相逢。
虚窗熟睡谁惊觉，野碓无人夜自舂。

过采石有感

短衣射虎早霜天，叹息南山又七年。
唾手每思双羽箭，快心初见万楼船。
平波漫漫看浮马，高柳阴阴听乱蝉。
明日重寻石头路，醉鞍谁与共联翩。

登赏心亭

蜀栈秦关岁月遒，今年乘兴却东游。
全家稳下黄牛峡，半醉来寻白鹭洲。

黯黯江云瓜步雨，萧萧木叶石城秋。
孤臣老抱忧时意，欲请迁都涕已流。

归云门

万里归来值岁丰，解装乡墅乐无穷。
甑炊饱雨湖菱紫，蔑络迎霜野柿红。
坏壁尘埃寻醉墨，孤灯饼饵对邻翁。
微官行矣闽山去，又寄千岩梦想中。

湖村秋晓

剑阁秦山不计年，却寻剡曲故依然。
尽收事业渔舟里，全付光阴酒榼边。
平野晓闻孤唳鹤，澄湖秋浸四垂天。
九关虎豹君休问，已向人间得地仙。

梦至成都怅然有作二首

春风小陌锦城西，翠箔珠帘客意迷。
下尽牙筹闲纵博，刻残画烛戏分题。
紫氍毹暖帐中醉，红叱拨骄花外嘶。
孤梦凄凉身万里，令人憎杀五更鸡。

宦途元不羡飞腾，锦里豪华压五陵。
红袖引行游玉局，华灯围坐醉金绳。
阶前汗血洮河马，架上霜毛海国鹰。
世事转头谁料得，一官南去冷如冰。

衢州道中作

耿耿孤忠不自胜，南来清梦绕觚棱。

驿门上马千峰雪，寺壁题诗一砚冰。
疾病时时须药物，衰迟处处少交朋。
无情最恨寒沙雁，不为愁人说杜陵。

宿鱼梁驿五鼓起行有感二首

忆从南郑客成都，身健官闲一事无。
分骑霜天伐狐兔，张灯雪夜掷枭卢。
百忧忽堕新衰境，一笑难寻旧酒徒。
投宿鱼梁溪绕屋，五更听雨拥篝炉。

少时谈舌坐生风，管葛奇才自许同。
闭户著书千古计，变名学剑十年功。
酒醒顿觉狂堪笑，睡起方知梦本空。
他日故人能忆我，葛仙矶畔觅渔翁。

夜坐偶书

衰发萧疏雪满簪，暮年光景易骎骎。
已甘身作沟中断，不愿人知爨下音。
病鹤摧颓分薄俸，悲蛩断续和微吟。
向来误有功名念，欲挽天河洗此心。

自咏

游戏人间岁月多，痴顽将奈此翁何。
放开绳箠牛初熟，照破乾坤镜未磨。
日落苔矶闲把钓，雨余蓬舵乱堆蓑。
明朝不见知何处，又向江湖醉踏歌。

客意

山行曳杖水挐舟，走遍茫茫禹画州。
蝴蝶梦魂常是客，芭蕉身世不禁秋。
早因食少妨高卧，晚忆茶甘作远游。
龙焙一尝端可去，无心更为荔枝留。

忆山南二首

貂裘宝马梁州日，盘槊横戈一世雄。
怒虎吼山争雪刃，惊鸿出塞避雕弓。
朝陪策画清油里，暮醉笙歌锦幄中。
老去据鞍犹矍铄，君王何日伐辽东。

醉墨淋漓酒百杯，辕门山色碧崔嵬。
打球骏马千金买，切玉名刀万里来。
结客渔阳时遣简，踏营渭北夜衔枚。
十年一梦今谁记，闲置车中只自哀。

追感梁益旧游有作

西游万里倚朱颜，肯放尊前一笑悭。
蜀苑妓围欺夜雪，梁州猎火满秋山。
晚途忽堕尘埃里，乐事浑疑梦寐间。
浮世变迁君勿叹，剧谈犹足诧乡关。

奏乞奉祠留衢州皇华馆待命

世念萧然冷欲冰，更堪衰与病相乘。
从来幸有不材木，此去真为无事僧。
耐辱岂惟容唾面，寡言端拟学铭膺。
尚余一事犹豪举，醉后龙蛇满剡藤。

寓馆晚兴

随牒人间不自怜，衢州孤驿更萧然。
百年细数半行路，万事不如长醉眠。
发短经秋真种种，腹宽耐事只便便。
晚窗商略唯当饮，安得黄花到眼边。

三月二十一日作

蹴踘墙东一市哗，秋千楼外两旗斜。
及时小雨放桐叶，无赖余寒开楝花。
明月吹笙思蜀苑，软尘骑马梦京华。
欢情减尽朱颜改，节物催人只自嗟。

夜饮示坐中

胡雁叫群寒夜长，峥嵘北斗天中央。
达人大观眇万物，烈士壮心怀四方。
纵酒长鲸渴吞海，草书瘦蔓饱经霜。
付君诗卷好收拾，后五百年无此狂。

夜泊水村

腰间羽箭久凋零，太息燕然未勒铭。
老子犹堪绝大漠，诸君何至泣新亭。
一身报国有万死，双鬓向人无再青。
记取江湖泊船处，卧闻新雁落寒汀。

夜步庭下有感

夜绕庭中百匝行，秋风传漏忽三更。
星辰北拱疏还密，河汉西流纵复横。

惊鹊绕枝栖不稳，冷萤穿竹远犹明。
书生老抱平戎志，有泪如江未敢倾。

题酒家壁

明主何曾弃不才，书生飘泊自堪哀。
烟波东尽江湖远，云栈西从陇蜀回。
宿雨送寒秋欲晚，积衰成病老初来。
酒香菰脆丹枫岸，强遣樽前笑口开。

幽居感怀

偶傍枫林结数缘，东归也复度流年。
汀洲雁下依残水，墟里人行破夕烟。
十月风霜欺客枕，五更鼓角满江天。
散关清渭应如昨，回首功名一怆然。

自规

曲肱饮水彼何人，汝独何为厌贱贫。
大节勿汙千载史，少时便尽百年身。
图书幸可传遗业，鸡黍何妨约近邻。
今日仲秋还小雨，剩锄麦垄待新春。

学书

九月十九柿叶红，闭门学书人笑翁。
世间谁许一钱直，窗底自用十年功。
老蔓缠松饱霜雪，瘦蛟出海挐虚空。
即今讥评何足道，后五百年言自公。

书喜三首

水际柴荆键不开，野人相觅漫敲推。
寒鸦阵黑疑云过，老木声酣认雨来。
酒价日低常得醉，官租时办不劳催。
平生未省如今乐，却笑旁观误见哀。

今年端的是丰穰，十里家家喜欲狂。
俗美农夫知让畔，化行蚕妇不争桑。
酒坊饮客朝成市，佛庙村伶夜作场。
身是闲人新病愈，剩移霜菊待重阳。

满川秋获重赪肩，拾穗儿童拥道边。
夜夜江村无吠犬，家家市步有新船。
夺攘不复忧山越，安乐浑疑是地仙。
惟有衰翁最知达，避胡犹记建炎年。

病中排闷

面骨峥嵘鬓雪新，承平版籍有遗民。
心虽愿继无传学，力不能支已废身。
开卷眼昏如隔雾，拥炉肺渴欲生尘。
老庞亦有儿孙念，付与天公不问人。

吴体寄张季长

九月十月天雨霜，江南剑南途路长。
平生故人阻携手，万里一书空断肠。
人生强健已难恃，世事变迁那可常。
两家子孙各长大，他年穷达毋相忘。

书感

常记当年赋子虚，公卿交口荐相如。
岂知鹤发残年叟，犹读蝇头细字书。
出处幸逃千载笑，功名从负此心初。
荒园落叶纷如积，日暮归来自荷锄。

舍北晚步

漠漠炊烟村远近，冬冬傩鼓埭西东。
三叉古路残芜里，一曲清江淡霭中。
外物已忘如弃屣，老身无伴等羁鸿。
天寒寂寞篱门晚，又见浮生一岁穷。

书懒

此身不觉老侵寻，残发萧萧雪满簪。
那有新诗书触目，亦无闲话问安心。
塞垣西戍茫如梦，省户东归病至今。
一懒便知生世了，午窗酣枕敌千金。

晓赋

八月江湖风露秋，时闻脱叶下梧楸。
离离斗柄西南指，烂烂天河今古流。
人语正欢过古埭，角声三弄下谯楼。
百城已共丰年乐，一老犹怀卒岁忧。

游近山

羸病知难赋远游，尚寻好景送悠悠。
乱山孤店雁声晚，一马二童溪路秋。

扫壁有僧求醉墨，倚楼无客话清愁。
残年敢望常强健，到处临归为小留。

示儿子

禄食无功我自知，汝曹何以报明时。
为农为士亦奚异，事国事亲惟不欺。
道在六经宁有尽，躬耕百亩可无饥。
最亲切处今相付，熟读周公七月诗。

初冬有感二首

衰发萧萧满镜丝，情怀非复似平时。
风霜十月流年感，碪杵三更游子悲。
闽峤故人消息恶，蜀江遗老素书迟。
一箪豆饭休嫌薄，赋分羁穷合自知。

峨冠本愿致唐虞，白首那知堕腐儒。
碌碌不成千载事，骎骎又见一年徂。
无僧解辍斋厨米，有吏频征瘦地租。
要信此翁顽到底，只持一笑了穷途。

斋中弄笔偶书示子聿

左右琴樽静不哗，放翁新作老生涯。
焚香细读斜川集，候火亲烹顾渚茶。
书为半酣差近古，诗虽苦思未名家。
一窗残日呼愁起，袅袅江城咽暮笳。

北望感怀

荣河温洛帝王州，七十年来禾黍秋。

大事竟为朋党误，遗民空叹岁时遒。
乾坤憾入新丰酒，霜露寒侵季子裘。
食粟本同天下责，孤臣敢独废深忧。

白发

萧萧白发濯沧浪，剡曲西南一草堂。
饮水读书贫亦乐，杜门养病老何伤。
已成五亩扶犁叟，谁记三朝执戟郎。
正似篱边数枝菊，岁残犹复耐冰霜。

自嘲

少读诗书陋汉唐，暮年身世寄农桑。
骑驴两脚欲到地，爱酒一樽常在傍。
老去形容虽变改，醉来意气尚轩昂。
太行王屋何由动，堪笑愚公不自量。

寄赠湖中隐者

高标绝世不容亲，识面无由况卜邻。
万顷烟波鸥境界，九秋风露鹤精神。
子推绵上终身隐，叔度颜回一辈人。
无地得申床下拜，夜闻吹笛度烟津。

观画山水

古北安西志未酬，人间随处送悠悠。
骑驴白帝城边雨，挂席黄陵庙外秋。
大网截江鱼可鲙，高楼临路酒如油。
老来无复当年快，聊对丹青作卧游。

枕上作二首

无地容锥四壁空，浩然亦未怆途穷。
梦回倦枕灯残后，诗在空阶雨滴中。
徂岁易成双鬓秃，故人难复一樽同。
唐安万里音尘绝，谁为寒沙问断鸿。

萧萧白发卧扁舟，死尽中朝旧辈流。
万里关河孤枕梦，五更风雨四山秋。
郑虔自笑穷耽酒，李广何妨老不侯。
犹有少年风味在，吴笺著句写清愁。

初寒

逐禄天涯半此生，明时宽大许归耕。
山围鱼市寒无色，雨掠蓬窗夜有声。
白发青灯身潦倒，残芜落叶岁峥嵘。
尔来有喜君知否，买得乌犍万事轻。

早凉熟睡

灵台虚湛气和平，投枕逡巡梦即成。
屋角鸣禽呼不觉，手中书册堕无声。
百年日月飞双毂，千古山河战一枰。
赖有莲峰遗老在，白云深处主齐盟。

秋望

快哉一雨洗浮尘，却喜郊原霁色匀。
野火已亡秦相冢，江涛犹托伍胥神。
登临顿觉清秋早，流落空悲白发新。
东望思陵郁葱里，老民犹及见时巡。

天凉时往来湖山间有作

万壑千岩自古传，青鞋布袜更谁先。
泛舟菰脆鲈肥地，把酒橙黄桔绿天。
秦篆旧碑荒草棘，禹书遗穴惨风烟。
谁知陆子登临日，已近浮生八十年。

雨夜叹

秋雨何曾住一滴，老夫危坐欲三更。
开元贞观事谁问，温洛荣河尘未清。
丰年犹有饿死虑，破屋自爱读书声。
刺经作制岂不美，无奈人间痛哭生。

读史

青灯耿耿夜沉沉，掩卷凄然感独深。
恤纬不遑嫠妇叹，美芹欲献野人心。
孤忠要有天知我，万事当思后视今。
君看宣王何似主，一篇庭燎未忘箴。

客去追记坐间所言

征西幕罢几经春，叹息儿音尚带秦。
每为后生谈旧事，始知老子是陈人。
建隆乾德开王业，温洛荣河厌虏尘。
倘得此生重少壮，临危敢爱不赀身。

小饮梅花下作

脱巾莫叹发成丝，六十年间万首诗。
排日醉过梅落后，通宵吟到雪残时。

偶容后死宁非幸，自乞归耕已憾迟。
青史满前闲即读，几人为我作蓍龟。

送施武子通判

初入修门鬓未秋，安期千里接英游。
退归久散前三众，迈往欣逢第一流。
只道升沉方异趣，岂知气类肯相求。
龙钟不得临江别，目断西陵烟雨舟。

自局中归马上口占

幼舆只合著山岩，误被恩光不盖惭。
人怪衰翁烦尺一，心知造物赋朝三。
飞腾岂少摩云鹘，蹙缩方同作茧蚕。
安得公朝悯枯朽，早教归卧旧茅庵。

秋思二首

乌帽翩翩九陌尘，杖藜谁记岸纶巾。
遗簪见取终安用，敝帚虽微亦自珍。
廊庙似闻怜老病，云山渐欲属闲身。
墙隅苜蓿秋风晚，独倚门扉感慨频。

霜露初侵季子裘，山川空赋仲宣楼。
梦回最怯闻衣杵，病起常忧负酒筹。
日月往来双转毂，乾坤成坏一浮沤。
书生事业无多许，二寸毛锥老未休。

史院晚出

已乞残骸老故丘，误恩重作道山游。

龙津雨过桥如拭，凤阙烟销瓦欲流。
直舍小眠钟报午，归途微冷叶飞秋。
心知伏枥无千里，纵有王良也合休。

怀故山

老怯京尘化素衣，无端抛掷钓鱼矶。
碧云又见日将暮，芳草不知人念归。
万事莫论羁枕梦，一身方堕乱书围。
岷山学士无消息，空想灯前语入微。

访客至北门抵暮乃归

北郭那辞十里遥，上车且用慰无聊。
九衢浩浩市声合，四野酣酣雪意骄。
清镜乍磨临绿浦，长虹横绝度朱桥。
归来熟睡明方起，卧听邻墙趁早朝。

寄题儒荣堂

军容基祸庙谋疏，尚记文登遣使初。
只道大功随指顾，至今遗种费诛锄。
还朝不遣参麟笔，寓直空闻上石渠。
剩办杀青君记取，龙庭焚尽始成书。

送任夷仲大监

往者江淮未彻兵，丹阳邂逅识耆英。
叩门偶缀诸公后，倒屣曾蒙一笑迎。
敢意痴顽成后死，相从仿佛若平生。
小诗话别初何有，一段清愁伴橹声。

孤坐无聊每思江湖之适

世上元无第一筹，此身只合卧沧洲。
舻摇渔浦苍茫月，帆带松江浩荡秋。
有酒人家皆可醉，无僧山寺亦闲游。
老来阅尽荣枯事，万变惟应一笑酬。

武林

皇舆久驻武林宫，汴雒当时未易同。
广陌有风尘不起，长河无冻水常通。
楼台飞舞祥烟外，鼓笛喧呼明月中。
六十年间几来往，都人谁解记衰翁。

出谒晚归

万卷纵横眼欲盲，偶随尺一起柴荆。
渊鱼脱水知难悔，野鹤乘车只自惊。
苑路落梅轻有态，御沟流水细无声。
红尘朝暮何时了，促驾归来洗破觥。

东轩花时将过感怀二首

小轩风月得婆娑，尽付流年与啸歌。
细数一春今过半，正令百岁亦无多。
还家常恐难全璧，阅世深疑已烂柯。
只欲闭门揞倦枕，晚风无奈落花何。

社雨晴时燕子飞，园林何许觅芳菲。
江山良是人谁在，天地无私春又归。
残史有期成汗简，修门即日挂朝衣。
人生念念皆堪悔，敢效渊明叹昨非。

舟行钱清柯桥之间

逾年梦想会稽城，喜挂高帆浩荡行。
未见东西双白塔，先经南北两钱清。
儿童鼓笛迎归舰，父老壶觞叙别情。
想到吾庐犹未夜，竹间正看夕阳明。

子聿至湖上待其归

舍北犬吠迎归航，老翁待儿据胡床。
碧云忽起欲吞日，黄叶自凋非雨霜。
十风五雨岁则熟，左飧右粥身其康。
岂无深谷结茅屋，父子读易消年光。

对酒示坐中

绿橙丹柿斗时新，一笑聊夸老健身。
大度乾坤容纵酒，多情风月伴垂纶。
初生京洛逢时泰，幼度江淮避虏尘。
八十年间穷不死，犹能涧底束荆薪。

北窗

破屋颓垣啸且歌，一窗随处寄婆娑。
阅人每叹同侪少，遇事方知去日多。
云湿沙洲秋下雁，雨来荻浦夜鸣鼍。
何时更续扁舟兴，剩载郫筒醉绿萝。

冬夜对书卷有感

人生如梦终当觉，世事非天孰可凭。
万卷虽多当具眼，一言惟恕可铭膺。

所闻要足敌忧患，吾道岂其无废兴。
白发萧萧年八十，依然父子短檠灯。

寄题王才臣山居

王子自少无他娱，求佳山林结草庐。
头童齿豁已衰矣，衣敝屡空常晏如。
出游耻怀祢衡刺，归卧尽读倚相书。
他日叩门倾白堕，要看著句到黄初。

读书有感

洙泗诸生尊所闻，岂容兀者亦中分。
焚经竞欲愚黔首，亡史谁能及阙文。
吾道固应千古在，几人虚用一生勤。
世间倚相何曾乏，会与明时诵典坟。

春晚雨中作

冉冉流光不贷人，东园青杏又尝新。
方书无药医治老，风雨何心断送春。
乐事久归孤枕梦，酒痕空伴素衣尘。
畏途回首涛澜恶，赖有云山著此身。

遣兴二首

聒聒鸣鸠莫笑巢，百年我亦旋枝梧。
病知药物难为验，老觉人间不足娱。
茅屋何妨度寒暑，蔬餐且可遣朝晡。
钓船一出无寻处，千顷江边雪色芦。

老荷君恩许醉眠，散人名号愧妨贤。

久叨物外清闲福，粗识诗中造化权。
风月四时随指顾，乾坤一气入陶甄。
新秋更欲浮沧海，卧看云帆万里天。

溪上避暑二首

暮年事业转悠悠，尽日投竿杜若洲。
世上漫言天爱酒，古来宁有地埋忧。
全家只合云山老，万事空惊岁月遒。
褫带脱冠犹病暍，正平颇忆著岑牟。

短发飕飕彻顶凉，悠哉随处据胡床。
但怜鹊影翻残月，不憾蝉声送夕阳。
门巷阴阴桐叶暗，汀洲漠漠藕花香。
寓形宇内终烦促，安得骑鲸下大荒。

湖上

石帆山下旧苔矶，回首平生念念非。
秋早明河低接地，夜深白露冷侵衣。
风生古戍笳争发，月过横塘鹊独飞。
却看宦途倾夺地，怳然败将脱重围。

书事

北征谈笑取关河，盟府何人策战多。
扫净烟尘归铁马，剪空荆棘出铜驼。
史臣历纪平戎策，壮士遥传入塞歌。
自笑书生无寸效，十年枉是枕琱戈。

野兴二首

早见高皇宇宙新，耄年犹作太平民。
虚名仅可欺横目，戆论曾经犯逆鳞。
原野暮云低欲雨，陂湖秋水浩无津。
萧条生计君无笑，一钵藜羹敌八珍。

饱见人间行路难，暂陪鸳鹭意先阑。
集仙院里三题石。神武门前两挂冠。
饥饿了无千里志，倦飞元怯九霄寒。
客来莫笑蓬窗陋，若比巢居已太宽。

秋兴

世事元看等一毫，纷纷宠辱陋儿曹。
雁行横野月初上，桐叶满庭霜未高。
细考虫鱼笺尔雅，广收草木续离骚。
更余一事君知否，卧听床头滴小槽。

风雨夜坐

寒风凄紧雨空濛，舍北新丹数树枫。
欹枕旧游来眼底，掩书余味在胸中。
松明对影谈玄客，畾火围炉采药翁。
君看龟堂新境界，固应难与俗人同。

月夕幽居有感

五岳名山采药身，可怜骑马踏京尘。
浮名本是挺灾物，谢事宁非得道因。
出岫每招云结伴，巢松仍与鹤为邻。
剑南旧隐虽乖隔，依旧柴门月色新。

寒夜将旦作

白发垂肩无二毛，胸中消尽少年豪。
河倾月没夜将旦，木落草枯秋已高。
窗下灯残候虫语，墙隅栖冷老鸡号。
曲肱不复更成寐，起视寒空如断鳌。

忆昔

忆昔先皇绌柄臣，招徕贤隽聚朝绅。
宁知遗憾忽千载，追数同时无一人。
薶骨九原应已朽，残书数帙尚如新。
此身露电那堪说，也复灯前默怆神。

蜀汉

忆昔遨游蜀汉间，骎骎五十尚朱颜。
呼鹰雪暗天回路，采药云迷御爱山。
旧事已无人共说，征途犹与梦相关。
夕阳不觉凭阑久，待得林鸦接翅还。

唐虞

唐虞虽远愈巍巍，孔氏如天孰得违。
大道岂容私学裂，专门常怪世儒非。
少林尚忌随人转，老氏亦尊知我稀。
能尽此心方有得，勿持糟粕议精微。

望永思陵

高帝中兴万物春，青衫曾忝缀廷绅。
仕为将相却常事，年及耄期能几人。

早幸执殳观北伐，晚叨秉笔纪东巡。
归耕况复苍梧近，郁郁葱葱佳气新。

闭户

乞身林下养衰残，闭户宁容外物干。
正使有为终淡泊，未能无疾已嫌安。
寸阴息念如年永，丈室端居抵海宽。
老子尔来深达此，却轻儿女话团栾。

秦皇酒瓮下垂钓偶赋

酒瓮山边古钓矶，沙鸥与我共斜晖。
目前虽有小得丧，天下岂无公是非。
沧海横流何日定，古人复起欲谁归。
道边醉倒君奚憾，岂失风尘一布衣。

观邸报感怀

六圣涵濡寿域民，耄年肝胆尚轮囷。
难求壮士白羽箭，且岸先生乌角巾。
幽谷主盟猿鹤社，扁舟自适水云身。
却看长剑空三叹，上蔡临淮奏捷频。

对酒

断简残编不策勋，东皋犹得肆微勤。
荣枯一枕春来梦，聚散千山雨后云。
烟水幸堪供眼界，世缘何得累心君。
床头小瓮今朝熟，拨置闲愁且一欣。

卷 二十六

李太白七绝诗词

永王东巡歌十首

永王正月东出师，天子遥分龙虎旗。
楼船一举风波静，江汉翻为雁鹜池。

三川北虏乱如麻，四海南奔似永嘉。
但用东山谢安石，为君谈笑静胡沙。

雷鼓嘈嘈喧武昌，云旗猎猎过寻阳。
秋毫不犯三吴悦，春日遥看五色光。

二帝巡游俱未回，五陵松柏使人哀。
诸侯不救河南地，更喜贤王远道来。

丹阳北固是吴关，画出楼台云水间。
千岩烽火连沧海，两岸旌旗绕碧山。

王出三江按五湖，楼船跨海次扬都。
战舰森森罗虎士，征帆一一引龙驹。

长风挂席势难回，海动山倾古月催。
君看帝子浮江日，何似龙骧出峡来。

祖龙浮海不成桥，汉武寻阳空射蛟。

我王楼舰轻秦汉，却似文皇欲渡辽。

帝宠贤王入楚关，扫清江汉始应还。
初从云梦开朱邸，更取金陵作小山。

试借君王玉马鞭，指麾戎虏坐琼筵。
南风一扫胡尘静，西入长安到日边。

上皇西巡南京歌十首

胡尘轻拂建章台，圣主西巡蜀道来。
剑壁门高五千尺，石为楼阁九天开。

九天开出一成都，万户千门入画图。
草树云山如锦绣，秦川得及此间无。

德阳春树似新丰，行入新都若旧宫。
柳色未饶秦地绿，花光不减上林红。

谁道君王行路难，六龙西幸万人欢。
地转锦江成渭水，天回玉垒作长安。

万国同风共一时，锦江何谢曲江池。
石镜更明天上月，后宫亲得照娥眉。

濯锦清江万里流，云帆龙舸下扬州。
北地虽夸上林苑，南京还有散花楼。

锦水东流绕锦城，星桥北挂象天星。
四海此中朝圣主，峨眉山上列仙庭。

秦开蜀道置金牛，汉水元通星汉流。
天子一行遗圣迹，锦城长作帝王州。

水绿天青不起尘，风光和暖胜三秦。
万国烟花随玉辇，西来添作锦江春。

剑阁重关蜀北门，上皇归马若云屯。
少帝长安开紫极，双悬日月照乾坤。

峨眉山月歌

峨眉山月半轮秋，影入平羌江水流。
夜发清溪向三峡，思君不见下渝州。

东鲁见狄博通

去年别我向何处，有人传道游江东。
谓言挂席度沧海，却来应是无长风。

赠华州王司士

淮水不绝波澜高，盛德未泯生英髦。
知君先负庙堂器，今日还须赠宝刀。

巴陵赠贾舍人

贾生西望忆京华，湘浦南迁莫怨嗟。
圣主恩深汉文帝，怜君不遣到长沙。

赠汪伦

李白乘舟将欲行，忽闻岸上踏歌声。

桃花潭水深千尺，不及汪伦送我情。

闻王昌龄左迁龙标遥有此寄

扬州花落子规啼，闻道龙标过五溪。
我寄愁心与明月，随君直到夜郎西。

黄鹤楼送孟浩然之广陵

故人西辞黄鹤楼，烟花三月下扬州。
孤帆远影碧山尽，唯见长江天际流。

送贺宾客归越

镜湖流水漾清波，狂客归舟逸兴多。
山阴道士如相见，应写黄庭换白鹅。

送外甥郑灌从军三首

六博争雄好彩来，金盘一掷万人开。
丈夫赌命报天子，当斩胡头衣锦回。

丈八蛇矛出陇西，弯弧拂箭白猿啼。
破胡必用龙韬策，积甲应将熊耳齐。

月蚀西方破敌时，及瓜归日未应迟。
斩胡血变黄河水，枭首当悬白鹊旗。

送韩侍御之广德令

昔日绣衣何足荣，今宵贳酒与君倾。
暂就东山赊月色，酣歌一夜送泉明。

山中答俗人

问余何意栖碧山，笑而不答心自闲。
桃花流水窅然去，别有天地非人间。

答湖州迦叶司马问白是何人

青莲居士谪仙人，酒肆藏名三十春。
湖州司马何须问，金粟如来是后身。

酬崔侍御

严陵不从万乘游，归卧空山钓碧流。
自是客星辞帝坐，元非太白醉扬州。

鲁东门泛舟二首

日落沙明天倒开，波摇石动水萦回。
轻舟泛月寻溪转，疑是山阴雪后来。

水作青龙盘石堤，桃花夹岸鲁门西。
若教月下乘舟去，何啻风流到剡溪。

陪族叔刑部侍郎晔及中书贾舍人至游洞庭五首

洞庭西望楚江分，水尽南天不见云。
日落长沙秋色远，不知何处吊湘君。

南湖秋水夜无烟，耐可乘流直上天。
且就洞庭赊月色，将船买酒白云边。

洛阳才子谪湘川，元礼同舟月下仙。

记得长安还欲笑，不知何处是西天。

洞庭湖西秋月辉，潇湘江北早鸿飞。
醉客满船歌白晧，不知霜露入秋衣。

帝子潇湘去不还，空余秋草洞庭间。
淡扫明湖开玉镜，丹青画出是君山。

与谢良辅游泾川陵岩寺

乘君素舸泛泾西，宛似云门对若溪
且从康乐寻山水，何必东游入会稽。

望庐山五老峰

庐山东南五老峰，青天削出金芙蓉。
九江秀色可揽结，吾将此地巢云松。

望天门山

天门中断楚江开，碧水东流直北回。
两岸青山相对出，孤帆一片日边来。

客中作

兰陵美酒郁金香，玉碗盛来琥珀光。
但使主人能醉客，不知何处是他乡。

早发白帝城

朝辞白帝彩云间，千里江陵一日还。
两岸猿声啼不住，轻舟已过万重山。

秋下荆门

霜落荆门江树空，布帆无恙挂秋风。
此行不为鲈鱼鲙，自爱名山入剡中。

苏台览古

旧苑荒台杨柳新，菱歌春唱不胜春。
只今唯有西江月，曾照吴王宫里人。

越中览古

越王勾践破吴归，义士还家尽锦衣。
宫女如花满春殿，只今唯有鹧鸪飞。

庐江主人妇

孔雀东飞何处栖，庐江小吏仲卿妻。
为客裁缝石自见，城乌独宿夜空啼。

山中与幽人对酌

两人对酌山花开，一杯一杯复一杯。
我醉欲眠卿且去，明朝有意抱琴来。

与史郎中饮听黄鹤楼上吹笛

一为迁客去长沙，西望长安不见家。
黄鹤楼中吹玉笛，江城五月落梅花。

白胡桃

红罗袖里分明见，白玉盘中看却无。
疑是老僧休念诵，腕前推下水精珠。

巫山枕障

巫山枕障画高丘，白帝城边树色秋。
朝云夜入无行处，巴水横天更不流。

庭前晚开花

西王母桃种我家，三千阳春始一花。
结实苦迟为人笑，攀折唧唧长咨嗟。

军行

骝马新跨白玉鞍，战罢沙场月色寒。
城头铁鼓声犹震，匣里金刀血未干。

从军行

百战沙场碎铁衣，城南已合数重围。
突营射杀呼延将，独领残兵千骑归。

春夜洛城闻笛

谁家玉笛暗飞声，散入春风满洛城。
此夜曲中闻折柳，何人不起故园情。

流夜郎闻酺不预

北阙圣人歌大康，南冠君子窜遐荒。
汉酺闻奏钧天乐，愿得风吹到夜郎。

宣城见杜鹃花

蜀国曾闻子规鸟，宣城还见杜鹃花。
一叫一回肠一断，三春三月忆三巴。

长门怨二首

天回北斗挂西楼，金屋无人萤火流。
月光欲到长门殿，别作深宫一段愁。

桂殿长愁不记春，黄金四屋起秋尘。
夜悬明镜青天上，独照长门宫里人。

春怨

白马金羁辽海东，罗帏绣被卧春风。
落月低轩窥烛尽，飞花入户笑床空。

陌上赠美人

骏马骄行踏落花，垂鞭直拂五云车。
美人一笑褰珠箔，遥指红楼是妾家。

赠段七娘

罗袜凌波生网尘，那能得计访情亲。
千杯绿酒何辞醉，一面红妆恼杀人。

南流夜郎寄内

夜郎天外怨离居，明月楼中音信疏。
北雁春归看欲尽，南来不得豫章书。

哭晁卿衡

日本晁卿辞帝都，征帆一片绕蓬壶。
明月不归沉碧海，白云愁色满苍梧。

卷　二十七

杜工部七绝诗词

赠李白

秋来相顾尚飘蓬，未就丹砂愧葛洪。
痛饮狂歌空度日，飞扬跋扈为谁雄。

萧八明府实处觅桃栽

奉乞桃栽一百根，春前为送浣花村。
河阳县里虽无数，濯锦江边未满园。

从韦二明府续处觅绵竹

华轩蔼蔼他年到，绵竹亭亭出县高。
江上舍前无此物，幸分苍翠拂波涛。

凭何十一少府邕觅榿木栽

草堂堑西无树林，非子谁复见幽心。
饱闻榿木三年大，与致溪边十亩阴。

诣徐卿觅果栽

草堂少花今欲栽，不问绿李与黄梅。
石笋街中却归去，果园坊里为求来。

凭韦少府班觅松树子

落落出群非榉柳，青青不朽岂杨梅。
欲存老盖千年意，为觅霜根数寸栽。

又于韦处乞大邑瓷碗

大邑烧瓷轻且坚，扣如哀玉锦城传。
君家白碗胜霜雪，急送茅斋也可怜。

春水生二绝

二月六夜春水生，门前小滩浑欲平。
鸬鹚㶉鶒莫漫喜，吾与汝曹俱眼明。
一夜水高二尺强，数日不可更禁当。
南市津头有船卖，无钱即买系篱旁。

少年行二首

莫笑田家老瓦盆，自从盛酒长儿孙。
倾银注玉惊人眼，共醉终同卧竹根。
巢燕养雏浑去尽，江花结子已无多。
黄衫年少来宜数，不见堂前东逝波。

少年行

马上谁家白面郎，临阶下马踏人床。
不通姓字粗豪甚，指点银瓶索酒尝。

赠花卿

锦城丝管日纷纷，半入江风半入云。

此曲只应天上有，人间能得几回闻。

李司马桥了承高使君自成都回

向来江上手纷纷，三日功成事出群。
已传童子骑青竹，总拟桥东待使君。

重赠郑炼绝句

郑子将行罢使臣，囊无一物献尊亲。
江山路远羁离日，裘马谁为感激人。

中丞严公雨中垂寄见忆一绝奉答二绝

雨映行宫辱赠诗，元戎肯赴野人期。
江边老病虽无力，强拟晴天理钓丝。

何日雨晴云出溪，白沙青石先无泥。
只须伐竹开荒径，倚杖穿花听马嘶。

谢严中丞送青城山道士乳酒一瓶

山瓶乳酒下青云，气味浓香幸见分。
鸣鞭走送怜渔父，洗盏开尝对马军。

三绝句

楸树馨香倚钓矶，斩新花蕊未应飞。
不如醉里风吹尽，可忍醒时雨打稀。

外鸬鹚去不来，沙头忽见眼相猜。
自今已后知人意，一日须来一百回。

无数春笋满林生，柴门密掩断人行。
会须上番看成竹，客至从嗔不出迎。

戏为六绝句

庾信文章老更成，凌云健笔意纵横。
今人嗤点流传赋，不觉前贤畏后生。

杨王卢骆当时体，轻薄为文哂未休。
尔曹身与名俱灭，不废江河万古流。

纵使卢王操翰墨，劣于汉魏近风骚。
龙文虎脊皆君驭，历块过都见尔曹。

才力应难跨数公，凡今谁是出群雄。
或看翡翠兰苕上，未掣鲸鱼碧海中。

不薄今人爱古人，清词丽句必为邻。
窃攀屈宋宜方驾，恐与齐梁作后尘。

未及前贤更勿疑，递相祖述复先谁。
别裁伪体亲风雅，转益多师是汝师。

答杨梓州

闷到杨公池水头，坐逢杨子镇兼州。
却向青溪不相见，回船应载阿戎游。

得房公池鹅

房相西池鹅一群，眠沙泛浦白于云。

凤凰池上应回首，为报笼随王右军。

投简梓州幕府兼简韦十郎官

幕下郎官安稳无，从来不奉一行书。
固知贫病人须弃，能使韦郎迹也疏。

戏作寄上汉中王二首

云里不闻双雁过，掌中贪看一珠新。
秋风袅袅吹江汉，只在他乡何处人。

谢安舟楫风还起，梁苑池台雪欲飞。
杳杳东山携妓去，泠泠修竹待王归。

黄河二首

黄河北岸海西军，椎鼓鸣钟天下闻。
铁马长鸣不知数，胡人高鼻动成群。

黄河南岸是吾蜀，欲须供给家无粟。
愿驱众庶戴君王，混一车书弃金玉。

绝句四首

堂西长笋别开门，堑北行椒却背村。
梅熟许同朱老吃，松高拟对阮生论。

欲作鱼梁云覆湍，因惊四月雨声寒。
青溪先有蛟龙窟，竹石如山不敢安。

两个黄鹂鸣翠柳，一行白鹭上青天。

窗含西岭千秋雪，门泊东吴万里船。

药条药甲润青青，色过棕亭入草亭。
苗满空山惭取誉，根居隙地怯成形。

奉和严公军城早秋

秋风袅袅动高旌，玉帐分弓射虏营。
已收滴博云间戍，更夺蓬婆雪外城。

三绝句

前年渝州杀刺史，今年开州杀刺史。
群盗相随剧虎狼，食人更肯留妻子。

一十一家同入蜀，惟残一人出骆谷。
自说二女啮臂时，回头却向秦云哭。

殿前兵马虽骁雄，纵暴略与羌浑同。
闻道杀人汉水上，妇女多在官军中。

存没口号二首

席谦不见近弹棋，毕曜仍传旧小诗。
玉局他年无限笑，白杨今日几人悲。

郑公粉绘随长夜，曹霸丹青已白头。
天下何曾有山水，人间不解重骅骝。

初到杭州寄子由二绝

眼看时事力难胜，贪恋君恩退未能。

迟钝终须投劾去，使君何日换聋丞。

圣明宽大许全身，衰病摧颓自畏人。
莫上冈头苦相望，吾方祭灶请比邻。

吉祥寺赏牡丹

人老簪花不自羞，花应羞上老人头。
醉归扶路人应笑，十里珠帘半上钩。

吉祥寺僧求阁名

过眼荣枯电与风，久长那得似花红。
上人宴坐观空阁，观色观空色即空。

六月二十七日望湖楼醉书五首

黑云翻墨未遮山，白雨跳珠乱入船。
卷地风来忽吹散，望湖楼下水如天。

放生鱼鳖逐人来，无主荷花到处开。
水枕能令山俯仰，风船解与月徘回。

乌菱白芡不论钱，乱系青菰裹绿盘。
忽忆尝新会灵观，滞留江海得加餐。

献花游女木兰桡，细雨斜风湿翠翘。
无限芳洲生杜若，吴儿不识楚辞招。

未成小隐聊中隐，可得长闲胜暂闲。
我本无家更安往，故乡无此好湖山。

夜泛西湖五绝

新月生魄迹未安，才破五六渐盘桓。
今夜吐艳如半璧，游人得向三更看。

三更向阑月渐垂，欲落未落景特奇。
明朝人事谁料得，看到苍龙西没时。

苍龙已没牛斗横，东方芒角升长庚。
渔人收筒及未晓，船过惟有菰蒲声。

菰蒲无边水茫茫，荷花夜开风露香。
渐见灯明出远寺，更待月黑看湖光。

湖光非鬼亦非仙，风恬浪静光满川。
须臾两两入寺去，就视不见空茫然。

望海楼晚景五绝

海上涛头一线来，楼前指顾雪成堆。
从今潮上君须上，更看银山二十回。

横风吹雨入楼斜，壮观应须好句夸。
雨过潮平江海碧，电光时掣紫金蛇。

青山断处塔层层，隔岸人家唤欲禜。
江上秋风晚来急，为传钟鼓到西兴。

楼下谁家烧夜香，玉笙哀怨弄初凉。
临风有客吟秋扇，拜月无人见晚妆。

沙河灯火照山红，歌鼓喧呼语笑中。

为问少年心在否，角巾欹侧鬓如蓬。

八月十七复登望海楼自和前篇是日榜出与试官两人复留五首

楼上烟云怪不来，楼前飞纸落成堆。
非关文字须重看，却被江山未放回。

眼昏烛暗细行斜，考阅精强外已夸。
明日失杯君莫怪，早知安足不成蛇。

乱山遮晓拥千层，睡美初凉撼不禁。
昨夜酒行君屡叹，定知归梦到吴兴。

天台桂子为谁香，倦听空阶夜点凉。
赖有明朝看潮在，万人空巷斗新妆。

秋花不见眼花红，身在孤舟兀兀中。
细雨作寒知有意，未教金菊出蒿蓬。

和陈述古拒霜花

千株扫作一番黄，只有芙蓉独自芳。
唤作拒霜知未称，细思却是最宜霜。

和沈立之留别二首

而今父老千行泪，一似当时初去时。
不用镌碑颂遗爱，丈人清德畏人知。

卧闻铙鼓送归艎，梦里匆匆共一觞。
试问别来愁几许，春江万斛若为量。

盐官绝句四首

南寺千佛阁

古邑居民半海涛，师来构筑便能高。
千金用尽身无事，坐看香烟绕白豪。

北寺悟空禅师塔

已将世界等微尘，空里浮花梦里身。
岂为龙颜更分别，只应天眼识天人。

塔前古桧

当年双桧是双童，相对无言老更恭。
庭雪到腰埋不死，如今化作两苍龙。

僧爽白鸡

断尾雄鸡本畏烹，年来听法伴修行。
还须却置莲花漏，老怯风霜恐不鸣。

六和寺冲师闸山溪为水轩

欲放清溪自在流，忍教冰雪落沙洲。
出山定被江潮涴，能为山僧更少留。

冬至日独游吉祥寺

井底微阳回未回，萧萧寒雨湿枯荄。
何人更似苏夫子，不是花时肯独来。

后十余日复至

东君意浅著寒梅，千朵深红未暇裁。
得道人殷七七，不论时节遣花开。

戏赠

惆怅沙河十里春，一番花老一番新。
小桥依旧斜阳里，不见楼中垂手人。

和人求笔迹

麦光铺几净无瑕，入夜青灯照眼花。
从此剡藤真可吊，半纡春蚓绾秋蛇。

赠孙莘老七绝

嗟予与子久离群，耳冷心灰百不闻。
若对青山谈世事，当须举白便浮君。

天目山前渌浸裾，碧澜堂下看衔舻。
作堤捍水非吾事，闲送苕溪入太湖。

夜来雨洗碧巑岏，浪涌云屯绕郭寒。
闻有弁山河处是，为君四面竟求看。

夜桥灯火照溪明，欲放扁舟取次行.
暂借官奴遣吹笛，明朝新月到三更。

三年京国厌藜蒿，长羡淮鱼压楚糟。
今日骆驼桥下泊，恣看修网出银刀。

乌程霜稻袭人香，酿作春风雪水光。
时复中之徐邈圣，毋多酌我次公狂。

去年腊日访孤山，曾借僧窗半日闲。
不为思归对妻子，道人有约径须还。

王复秀才所居双桧二首

吴王池馆遍重城，奇草幽花不记名。
青盖一归无觅处，只留双桧待升平。

凛然相对敢相欺，直干临空未要奇。
根到九泉无曲处，世间惟有蛰龙知。

上元过祥符僧可久房萧然无灯火

门前歌舞斗分朋，一室清风冷欲冰。
不把琉璃闲照佛，始知无尽本无灯。

饮湖上初晴后雨二首

朝曦迎客宴重冈，晚雨留人入醉乡。
此意自佳君不会，一杯当属水仙王。

水光潋滟晴方好，山色空濛雨亦奇。
欲把西湖比西子，淡妆浓抹总相宜。

山村五绝

竹篱茅屋趁溪斜，春入山村处处花。
无象太平还有象，孤烟起处是人家。

烟雨濛濛鸡犬声，有生何处不安生。
但令黄犊无人佩，布谷何劳也劝耕。

老翁七十自腰镰，惭愧青山笋蕨甜。
岂是闻韶解忘味，尔来三月食无盐。

杖藜裹藜去匆匆，过眼青钱转手空。
赢得儿童语音好，一年强半在城中。

窃禄忘归我自羞，丰年底事汝忧愁。
不须更待飞鸢堕，方念平生马少游。

赠别

青鸟衔巾久欲飞，黄莺别主更悲啼。
殷勤莫忘分携处，湖水东边凤岭西。

次韵代留别

绛蜡烧残玉斝飞，离歌唱彻万行啼。
他年一舸鸱夷去，应记侬家旧姓西。

吉祥寺花将落而述古不至

今岁东风巧剪裁，含情只待使君来。
对花无信花应恨，直恐明年便不开。

宝山昼睡

七尺顽躯走世尘，十围便腹贮天真。
此中空洞浑无物，何止容君数百人。

卷　二十八

陆放翁七绝诗词

东阳道中

风欹乌帽送轻寒，雨点春衫作碎斑。
小吏知人当著句，先安笔砚对溪山。

以石芥送刘韶美礼部刘比酿酒劲甚因以为戏二首

古人重改阳城驿，吾辈欣闻石芥名。
风味可人终骨骨更，尊前真见鲁诸生。

长安官酒甜如蜜，风月虽佳懒举觞。
持送盘蔬还会否，与公新酿斗端方。

买鱼二首

卧沙细肋何由得，出水纤鳞却易求。
一夏与僧同粥饭，朝来破戒醉新秋。

两京春荠论斤卖，江上鲈鱼不直钱。
斫脍捣齑香满屋，雨窗唤起醉中眠。

悲秋

烟草凄迷八月秋，荒村络纬戒衣裘。

道人大欠修行力，平地闲生尔许愁。

七月十四夜观月

不复微云滓太清，浩然风露欲三更。
开帘一寄平生快，万顷空江著月明。

十月苦蝇二首

村北村南打稻忙，浮云吹尽见朝阳。
不宜便作晴明看，扑面飞蝇未退藏。

十月江南未拥炉，痴蝇扰扰莫嫌渠。
细看岂是坚牢物，付与清霜为扫除。

重阳

照江丹叶一林霜，折得黄花更断肠。
商略此时须痛饮，细腰宫畔过重阳。

秋风亭拜寇莱公遗像二首

江上秋风宋玉悲，长官手自葺茅茨。
人生穷达谁能料，蜡泪成堆又一时。

豪杰何心后世名，材高遇事即峥嵘。
巴东诗句澶州策，信手拈来尽可惊。

倚阑

故山未敢说归期，十日相随又别离。
小雨初收残照晚，阑干西角立多时。

谢张廷老司理录示山居诗二首

憔悴经年客瘴乡，把君诗卷意差强。
古人三语犹嗟赏，况是珠玑满锦囊。

老觉人间万事非，但思茅屋映疏篱。
秋衾已是饶归梦，更读山居二首诗。

大安病酒留半日王守复来招不往送酒解醒因小饮江月馆

江驿春醒半日留，更烦送酒为扶头。
柳花漠漠嘉陵岸，别是天涯一段愁。

和高子长参议道中二绝

梁州四月晚莺啼，共忆扁舟罨画溪谷。
莫作世间儿女态，明年万里驻安西。

丰年食少厌儿啼，觅得微官落五溪谷。
大似无家老禅衲，打包还度栈云西。

自三泉泛嘉陵至利州

日日遭途处处诗，书生活计绝堪悲。
江云垂地滩风急，一似前年上硖时。

仙鱼铺得仲高兄书

病酒今朝载卧舆，秋云漠漠雨疏疏。
阆州城北仙鱼铺，忽得山阴万里书。

剑门道中遇微雨

衣上征尘杂酒痕，远游无处不消魂。
此身合是诗人未，细雨骑驴入剑门。

剑门城北回望剑关诸峰青入云汉感蜀亡事慨然有赋

自昔英雄有屈信，危机变化亦逡巡。
阴平穷冦非难御，如此江山坐付人。

越王楼二首

上尽江边百尺楼，倚栏极目暮江秋。
未甘便作衰翁在，两脚犹堪蹋九州。

蒲萄酒绿似江流，夜燕唐家帝子楼。
约住管弦呼羯鼓，要渠打散醉中愁。

和谭德称送牡丹二首

洛阳春色擅中州，檀晕革呈红总胜流。
憔悴剑南人不管，问渠情味似侬不。

吾生何拙亦何工，忧患如山一笑空。
犹有余情被花恼，醉搔华发倚屏风。

醉中作四首

晚途豪气未低摧，一饮犹能三百杯。
烂烂目光方似电，齁齁鼻息忽如雷。

驾鹤孤飞万里风，偶然来憩大峨东。
持杯露坐无人会，要看青天入酒中。

曾赐琳腴白玉京，狂歌起舞蜀人惊。
却骑黄鹤横空去，今夕垂虹醉月明。

画角三终夜未阑，醉凭飞阁喜天宽。
月明满地江风急，吹落幽人紫绮冠。

池上见鱼跃有怀姑熟旧游

雨过回塘涨碧漪，幽人闲照角巾欹。
银刀忽裂圆波出，宛似姑溪晚泊时。

秋夜读书戏作

别驾生涯似蠹鱼，简编垂老未相疏。
也知赋得寒儒分，五十灯前见细书。

太平花

扶床踉跄出京华，头白车书未一家。
宵旰至今劳圣主，泪痕空对太平花。

次韵周辅道中二首

山灵喜我马蹄声，正用此时秋雨晴。
日淡风斜江上路，芦花也似柳花轻。

从来重九如寒食，天气微阴正自佳。
莫问茱萸赐朝士，一尊随处有黄花。

高秋亭

三日山中醉复醒，径归回首愧山灵。
从今惜取观书眼，长看天西万叠青。

九日试雾中僧所赠茶

少逢重九事豪华，南陌雕鞍拥钿车。
今日蜀州生白发，瓦炉独试雾中茶。

题直舍壁

文书那得废哦诗，羞作群儿了事痴。
付与后人评此老，一丘一壑过元规。

观华严阁僧斋

拂剑当年气吐虹，喑呜坐觉朔庭空。
早知壮志成痴绝，悔不藏名万衲中。

寺楼月夜醉中戏作三首

素壁徐升天宇闲，连峰积雪苍茫间。
楼台是处可见月，无此巉巉群玉山。

水晶盏映碧琳腴，月下泠泠看似无。
此酒定从何处得，判知不是文君垆。

海山缥缈玉真妃，贪看冰轮不肯归。
楼上三更风露冷，旋围步障换罗衣。

寒夜读书二首

北窗暖焰满炉红，夜半涛翻古桧风。
老死爱书心不厌，来生恐堕蠹鱼中。

忆昨从戎出渭滨，秋风金鼓震咸秦。
鸢肩竟欠封侯相，三尺檠边老此身。

杨庭秀寄南海集二首

俗子与人隔尘劫，何啻相逢风马牛。
夜读杨卿南海句，始知天下有高流。

飞卿数阕峤南曲，不许刘郎夸竹枝。
四百年来无复继，如今始有此翁诗。

假中闭户终日偶得绝句

雨声滴滴暮未已，苔晕重重寒更添。
知是使君初睡起，清香一线透疏帘。

雨中独坐

马目山头雨脚昏，龙津桥下浪花翻。
年丰郡僻无公事，一炷清香昼掩门。

塞上曲四首

秋风猎猎汉旗黄，晓陌霜清见太行。
车载毡庐驼载酒，渔阳城里作重阳。

将军许国不怀归，又见桑乾木叶飞。
要识君王念征戍，新秋已报赐冬衣。

金鼓轰轰百里声，绣旗宝马照川明。
王师仗义从天下，莫道南兵夜斫营。

老矣犹思万里行，翩然上马始身轻。
玉关去路心如铁，把酒何妨听渭城。

寓蓬莱馆二首

桐叶吹残蕉叶黄，驿窗微雨送凄凉。
长安许史无平素，莫恨栖栖立路旁。

古驿萧萧独倚阑，角声催晚雨催寒。
残年遇合应无日，犹说新丰强自宽。

拄杖

放翁拄杖具神通，蜀栈吴山兴未穷。
昨夜梦中行万里，莲华峰上听松风。

北望

北望中原泪满巾，黄旗空想渡河津。
丈夫穷死由来事，要是江南有此人。

估客有自蔡州来者感怅弥日二首

洮河马死剑锋摧，绿发成丝每自哀。
几岁中原消息断，喜闻人自蔡州来。

百战元和取蔡州，如今胡马饮淮流。
和亲自古非长策，谁与朝家共此忧。

夜归偶怀故人独孤景略

买醉村场半夜归，西山落月照柴扉。
刘琨死后无奇士，独听荒鸡泪满衣。

纵笔二首

一纸除书到海边，紫皇赐号武夷仙。
功名敢道浑无意，暂作闲人五百年。

素月徘徊牛斗间，天风吹鹤度函关。
一年似此佳时少，唤起陈抟醉华山。

练塘

微风吹颊酒初醒，落日舟横杜若汀。
水秀山明何所似，玉人临镜晕螺青。

五云桥

若耶北与镜湖通，缥缈飞桥跨半空。
陵谷变迁谁复识，我来徙倚暮烟中。

记梦三首

黄河衮衮抱潼关，苍翠中条接华山。
城郭丘墟人尽老，药炉依旧白云间。

西岩老宿雪垂肩，白石为粮四百年。
喜我未忘山下路，殷勤握手一欣然。

三髻山童喜欲颠，下山迎我拜溪边。
松阴拂罢苍苔石，接竹穿云理旧泉。

读史

南言莼菜似羊酪，北说荔枝如石榴。
自古论人多类此，简编千载判悠悠。

卷一●论著之属一

书－洪范

惟十有三祀，王访于箕子。王乃言曰：“呜呼！箕子。惟天阴骘下民，相协厥居，我不知其彝伦攸叙。”

箕子乃言曰：“我闻在昔，鲧堙洪水，汩陈其五行。”帝乃震怒，不畀《洪范》九畴，彝伦攸斁。鲧则殛死，禹乃嗣兴，天乃锡禹《洪范》九畴，彝伦攸叙。

初一曰五行，次二曰敬用五事，次三曰农用八政，次四曰协用五纪，次五曰建用皇极，次六曰乂用三德，次七曰明用稽疑，次八曰念用庶徵，次九曰向用五福，威用六极。

一、五行：一曰水，二曰火，三曰木，四曰金，五曰土。水曰润下，火曰炎上，木曰曲直，金曰从革，土爰稼穑。润下作咸，炎上作苦，曲直作酸，从革作辛，稼穑作甘。

二、五事：一曰貌，二曰言，三曰视，四曰听，五曰思。貌曰恭，言曰从，视曰明，听曰聪，思曰睿。恭作肃，从作乂，明作哲，聪作谋，睿作圣。

三、八政：一曰食，二曰货，三曰祀，四曰司空，五曰司徒，六曰司寇，七曰宾，八曰师。

四、五纪：一曰岁，二曰月，三曰日，四曰星辰，五曰历数。

五、皇极：皇建其有极。敛时五福，用敷锡厥庶民。惟时厥庶民于汝极。锡汝保极：凡厥庶民，无有淫朋，人无有比德，惟皇作极。凡厥庶民，有猷有为有守，汝则念之。不协于极，不罹于咎，皇则受之。而康而色，曰：“予攸好德。”汝则锡之福。时人斯其惟皇之极。无虐茕独而畏高明，人之有能有为，使羞其行，而邦其昌。凡厥正人，既富方谷，汝弗能使有好于而家，时人斯其辜。于其无好德，汝虽锡之福，其作汝用咎。无偏无陂，遵王之义；无有作好，遵王之道；无有作恶，尊王之路。无偏无党，王道荡荡；无党无偏，王道平平；无反无侧，王道正直。会其有极，归其有极。曰：皇，极之敷言，是彝是训，于帝其训，凡厥庶民，极之敷言，是训是行，以近天子之光。曰：天子作民父母，以为天下王。

六、三德：一曰正直，二曰刚克，三曰柔克。平康，正直；强弗友，刚克；燮友，柔克。沈潜，刚克；高明，柔克。惟辟作福，惟辟作威，惟辟玉食。臣无有作福、作威、玉食。臣之有作福、作威、玉食，其害于而家，凶于而国。人用侧颇僻，民用僭忒。

七、稽疑：择建立卜筮人，乃命卜筮。曰雨，曰霁，曰蒙，曰驿，曰克，曰贞，曰悔，凡七。卜五，占用二，衍忒。立时人作卜筮，三人占，则从二人之言。汝则有大疑，谋及乃心，谋及卿士，谋及庶人，谋及卜筮。汝则从，龟从，筮从，卿士从，庶民从，是之谓大同。身其康强，子孙其逢吉，汝则从，龟从，筮从，卿士逆，庶民逆吉。卿士从，龟从，筮从，汝则逆，庶民逆，吉。庶民从，龟从，筮从，汝则逆，卿士逆，吉。汝则从，龟从，筮逆，卿士逆，庶民逆，作内吉，作外凶。龟筮共违于人，用静吉，用作凶。

八、庶徵：曰雨，曰旸，曰燠，曰寒，曰风。曰时五者来备，各以其叙，庶草蕃庑。一极备，凶；一极无，凶。曰休徵；曰肃，时寒若；曰乂，时旸若；曰晢，时燠若；曰谋，时寒若；曰圣，时风若。曰咎徵：曰狂，恒雨若；曰僭，恒旸若；曰豫，恒燠若；曰急，恒寒若；曰蒙，恒风若。曰王省惟岁，卿士惟月，师尹惟日。岁月日时无易，百谷用成，乂用明，俊民用章，家用平康。日月岁时既易，百谷用不成，乂用昏不明，俊民用微，家用不宁。庶民惟星，星有好风，星有好雨。日月之行，则有冬有夏。月之从星，则以风雨。

九、五福：一曰寿，二曰富，三曰康宁，四曰攸好德，五曰考终命。六极：一曰凶、短、折，二曰疾，三曰忧，四曰贫，五曰恶，六曰弱。

孟子－齐桓晋文之事章

齐宣王问曰：“齐桓、晋文之事，可得闻乎？”孟子对曰：“仲尼之徒无道桓文之事者，是以后世无传焉，臣未之闻也。无以，则王乎？”曰：“德何如则可以王矣？”曰：“保民而王，莫之能御也。”曰：“若寡人者，可以保民乎哉？”曰：“可。”曰：“何由知吾可也？”曰：“臣闻之胡龁曰：王坐于堂上，有牵牛而过堂下者，王见之，曰：“牛何之？”对曰：“将以衅钟。”王曰：“舍之！吾不忍其觳觫，若无罪而就死地。”对曰：“然则废衅钟与？”曰：“何可废也？以羊易之！”不识有诸？”曰：“有之。”曰：“是心足以王矣。百姓皆以王为爱也，臣固知王之不忍也。”

王曰：“然。诚有百姓者。齐国虽褊小，吾何爱一牛？即不忍其觳觫，若无罪而就死地，故以羊易之也。”曰：“王无异于百姓之以王为爱也。以小易大，彼恶知之？王若隐其无罪而就死地，则牛羊何择焉？”王笑曰：“是诚何心哉？我非爱其财而易之以羊也。宜乎百姓之谓我爱也。”曰：“无伤也，是乃仁术也，见牛未见羊也。君子之于禽兽也，见其生，不忍见其死；闻其声，不忍食其肉。是以君子远庖厨也。”

王说，曰：“《诗》云：他人有心，予忖度之。夫子之谓也。夫我乃行之，反而求之，不得吾心。夫子言之，于我心有戚戚焉。此心之所以合于王者，何也？”曰：“有复于王者曰：吾力足以举百钧，而不足以举一羽；明足以察秋毫之末，而不见舆薪。则王许之乎？”曰：“否。”“今恩足以及禽兽，而功不至于百姓者，独何与？然则一羽之不举，为不用力焉；舆薪之不见，为不用明焉；百姓之不见保，为不用恩焉。故王之不王，不为也，非不能也。”曰：“不为者与不能者之形何以异？”曰：“挟太山以超北海，语人曰：我不能。是诚不能也。为长者折枝，语人曰：我不能。是不为也，非不能也。故王之不王，非挟太山以超北海之类也；王之不王，是折枝之类也。老吾老，以及人之老；幼吾幼，以及人之幼。天下可运于掌。《诗》云：刑于寡妻，至于兄弟，以御于家邦。言举斯心加诸彼而已。故推恩足以保四海，不推恩无以保妻子。古之人所以大过人者，无他焉，善推其所为而已矣。今恩足以及禽兽，而功不至于百姓者，独何与？权，然后知轻重；度，然后知长短。物皆然，心为甚。王请度之！抑王兴甲兵，危士臣，构怨于诸侯，然后快于心与？”

王曰：“否。吾何快于是？将以求吾所大欲也。”曰：“王之所大欲，可得闻与？”王笑而不言。曰：“为肥甘不足于口与？轻暖不足于体与？抑为采色不足视于目与？声音不足听于耳与？便嬖不足使令于前与？王之诸臣皆足以供之，而王岂为是哉？”曰：“否。吾不为是也。”曰：“然则王之所大欲可知已。欲辟土地，朝秦、楚，莅中国而抚四夷也。以若所为求若所欲，犹缘木而求鱼也。”

王曰：“若是其甚与？”曰：“殆有甚焉。缘木求鱼，虽不得鱼，无后灾。以若所为，求若所欲，尽心力而为之，后必有灾。”曰：“可得闻与？”曰：“邹人与楚人战，则王以为孰胜？”曰：“楚人胜。”曰：“然则小固不可以敌大，寡固不可以敌众，弱固不可以敌强。海内之地，方千里者九，齐集有其一。以一服八，何以异于邹敌楚哉？盖亦反其本矣。今王发政施仁，使天下仕者皆欲立于王之朝，耕者皆欲耕于王之野，商贾皆欲藏于王之市，行旅皆欲出于王之涂，天下之欲疾其君者，皆欲赴诉于王。其若是，孰能御之？”

王曰：“吾惛，不能进于是矣。愿夫子辅吾志，明以教我。我虽不敏，请尝试之。”曰：“无恒产而有恒心者，惟士为能。若民，则无恒产，因无恒心。苟无恒心，放辟邪侈，无不为已。及陷于罪，然后从而刑之，是罔民也。焉有仁人在位罔民而可为也？是故明君制民之产，必使仰足以事父母，俯足以畜妻子，乐岁终身饱，凶年免于死亡。然后驱而之善，故民之从之也轻。今也制民之产，仰不足以事父母，俯不足以畜妻子；乐岁终身苦，凶年不免于死亡。此惟救死而恐不赡，奚暇治礼义哉？王欲行之，则盍反其本矣！五亩之宅，树之以桑，五十者可以衣帛矣。鸡豚狗彘之畜，无失其时，七十者可以食肉矣。百亩之田，勿夺其时，八口之家可以无饥矣。谨庠序之教，申之以孝悌之义，颁白者不负戴于道路矣。老者衣帛食肉，黎民不饥不寒，然而不王者，未之有也。”

孟子－养气章

公孙丑问曰：“夫子加齐之卿相，得行道焉，虽由此霸王，不异矣。如此则动心否乎？”孟子曰：“否！我四十不动心。”曰：“若是，则夫子过孟贲远矣。”曰：“是不难，告子先我不动心。”曰：“不动心有道乎？”曰：“有。北宫黝之养勇也，不肤桡，不目逃，思以一豪挫于人，若挞之于市朝，不受于褐宽博，亦不受于万乘之君；视刺万乘之君，若刺褐夫，无严诸侯，恶声至，必反之。孟施舍之所养勇也，曰：视不胜犹胜也；量敌而后进，虑胜而后会，是畏三军者也。舍岂能为必胜哉？能无惧而已矣。孟施舍似曾子，北宫黝似子夏。

夫二子之勇，未知其孰贤，然而孟施舍守约也。昔者曾子谓子襄曰：子好勇乎？吾尝闻大勇于夫子矣。自反而不缩，虽褐宽博，吾不惴焉；自反而缩，虽千万人，吾往矣。孟施舍之守气，又不如曾子之守约也。”曰：“敢问夫子之不动心与告子之不动心，可得闻与？”

告子曰：不得于言，勿求于心；不得于心，勿求于气。不得于心，勿求于气，可；不得于言，勿求于心，不可。夫志，气之帅也；气，体之充也。夫志至焉，气次焉；故曰：持其志，无暴其气。“既曰志至焉，气次焉，又曰持其志，无暴其气者，何也？”曰：“志壹则动气，气壹则动志也。今夫蹶者趋者，是气也，而反动其心。”

“敢问夫子恶乎长？”曰：“我知言，我善养吾浩然之气。”“敢问何谓浩然之气？”曰：“难言也。其为气也，至大至刚，以直养而无害，则塞于天地之间。其为气也，配义与道。无是，馁也。是集义所生者，非义袭而取之也。行有不慊于心，则馁矣。我故曰：告子未尝知义，以其外之也。必有事焉而勿正，心勿忘，勿助长也。无若宋人然：宋人有闵其苗之不长而揠之者，芒芒然归，谓其人曰：今日病矣！予助苗长矣！其子趋而往视之，苗则槁矣。天下之不助苗长者寡矣。以为无益而舍之者，不耘苗者也；助之长者，揠苗者也，非徒无益，而又害之。”“何谓知言？”曰：“诐辞知其所蔽，淫辞知其所陷，邪辞知其所离，遁辞知其所穷。生于其心，害于其政；发于其政，害于其事。圣人复起，必从吾言矣。”

“宰我、子贡善为说辞，冉牛、闵子、颜渊善言德行，孔子兼之，曰：我于辞命，则不能也。”“然则夫子既圣矣乎？”曰：“恶！是何言也？昔者子贡问于孔子曰：夫子圣矣乎？孔子曰：圣则吾不能，我学不厌，而教不倦也。子贡曰：学不厌，智也；教不倦，仁也。仁且智，夫子既圣矣乎。夫圣，孔子不居，是何言也？昔者窃闻之：子夏、子游、子张皆有圣人之一体，冉牛、闵子、颜渊则具体而微。”“敢问所安？”曰：“姑舍是。”曰：“伯夷、伊尹何如？”曰：“不同道。非其君不事，非其民不使；治则进，乱则退，伯夷也。何事非君，何使非民；治亦进，乱亦进，伊尹也。可以仕则仕，可以止则止，可以久则久，可以速则速，孔子也。皆古圣人也，吾未能有行焉。乃所愿，则学孔子也。”

“伯夷、伊尹于孔子，若是班乎？”曰：“否！自有生民以来，未有孔子也。”“然则有同与？”曰：“有。得百里之地而君之，皆能以朝诸侯，有天下；行一不义，杀一不辜，而得天下，皆不为也。是则同。”曰：“敢问其所以异。”曰：“宰我、子贡、有若，智足以知圣人，污不至阿其所好。宰我曰：以予观于夫子，贤于尧、舜远矣。子贡曰：见其礼而知其政，闻其乐而知其德，由百世之后，等百世之王，莫之能违也。自生民以来，未有夫子也。有若曰：岂惟民哉？麒麟之于走兽，凤凰之于飞鸟，泰山之于丘垤，河海之于行潦，类也。圣人之于民，亦类也。出于其类，拔乎其萃，自生民以来，未有盛于孔子也。”

孟子－神农之言章

有为神农之言者许行，自楚之滕，踵门而告文公曰：“远方之人闻君行仁政，愿受一廛而为氓。”文公与之处。其徒数十人，皆衣褐，捆屦、织席以为食。陈良之徒陈相与其弟辛负耒耜而自宋之滕，曰：“闻君行圣人之政，是亦圣人也，愿为圣人氓。”陈相见许行而大悦，尽弃其学而学焉。

陈相见孟子，道许行之言曰：“滕君则诚贤君也。虽然，未闻道也。贤者与民并耕而食，饔飧而治。今也滕有仓廪府库，则是厉民而以自养也，恶得贤？”

孟子曰：“许子必种粟而后食乎？”曰：“然。”“许子必织布然后衣乎？”曰：“否。许子衣褐。”“许子冠乎？”曰：“冠。”曰：“奚冠？”曰：“冠素。”曰：“自织之与？”曰：“否；以粟易之。”曰：“许子奚为不自织？”曰：“害于耕。”曰：“许子以釜甑爨，以铁耕乎？”曰：“然。”“自为之与？”曰：“否。以粟易之。”“以粟易械器者，不为厉陶冶；陶冶亦以其械器易粟者，岂为厉农夫哉？且许子何不为陶冶，舍皆取诸其宫中而用之？何为纷纷然与百工交易？何许子之不惮烦？”曰：“百工之事固不可耕且为也。”

“然则治天下独可耕且为与？有大人之事，有小人之事。且一人之身，而百工之所为备，如必自为而后用之，是率天下而路也。故曰或劳心，或劳力；劳心者治人，劳力者治于人；治于人者食人，治人者食于人，天下之通义也。”

当尧之时，天下犹未平，洪水横流，泛滥于天下，草木畅茂，禽兽繁殖，五谷不登，禽兽逼人，兽蹄鸟迹之道交于中国。尧独忧之，举舜而敷治焉。

舜使益掌火，益烈山泽而焚之，禽兽逃匿。禹疏九河，瀹济、漯而注诸海，决汝、汉，排淮、泗而注之江，然后中国可得而食也。当是时也，禹八年于外，三过其门而不入，虽欲耕，得乎？

后稷教民稼穑，树艺五谷。五谷熟而民人育。人之有道也，饱食、暖衣、逸居而无教，则近于禽兽。圣人有忧之，使契为司徒，教以人伦：父子有亲，君臣有义，夫妇有别，长幼有叙，朋友有信。放勋曰：劳之来之，匡之直之，辅之翼之，使自得之，又从而振德之。圣人之忧民如此，而暇耕乎？

尧以不得舜为己忧，舜以不得禹、皋陶为己忧。夫以百亩之不易为己忧者，农夫也。分人以财谓之惠，教人以善谓之忠，为天下得人者谓之仁。是故以天下与人易，为天下得人难。孔子曰：大哉尧之为君！惟天为大，惟尧则之，荡荡乎民无能名焉！君哉舜也！巍巍乎有天下而不与焉！尧、舜之治天下，岂无所用其心哉？亦不用于耕耳。

吾闻用夏变夷者，未闻变于夷者也。陈良，楚产也，悦周公、仲尼之道，北学于中国。北方之学者，未能或之先也。彼所谓豪杰之士也。子之兄弟事之数十年，师死而遂倍之！昔者孔子没，三年之外，门人治任将归，入揖于子贡，相乡而哭，皆失声，然后归。子贡反，筑室于场，独居三年，然后归。他日，子夏、子张、子游以有若似圣人，欲以所事孔子事之，强曾子。曾子曰：不可，江、汉以濯之，秋阳以暴之，皜皜乎不可尚已。今也南蛮鴂舌之人，非先王之道，子倍子之师而学之，亦异于曾子矣。吾闻出于幽谷迁于乔木者，未闻下乔木而入于幽谷者。鲁颂曰："戎狄是膺，荆舒是惩。周公方且膺之，子是之学，亦为不善变矣。"

"从许子之道，则市贾不贰，国中无伪。虽使五尺之童适市，莫之或欺。布帛长短同，则贾相若；麻缕丝絮轻重同，则贾相若；五谷多寡同，则贾相若；屦大小同，则贾相若。"曰："夫物之不齐，物之情也。或相倍蓰，或相什百，或相千万。子比而同之，是乱天下也。巨屦小屦同贾，人岂为之哉？从许子之道，相率而为伪者也，恶能治国家？"

孟子－好辩章

公都子曰："外人皆称夫子好辩，敢问何也？"

孟子曰："予岂好辩哉？予不得已也。天下之生久矣，一治一乱。当尧之时，水逆行，汜滥于中国，蛇龙居之，民无所定。下者为巢，上者为营窟。《书》曰：洚水警余。洚水者，洪水也。使禹治之。禹掘地而注之海，驱蛇龙而放之菹。水由地中行，江、淮、河、汉是也。险阻既远，鸟兽之害人者消，然后人得平土而居之。尧、舜既没，圣人之道衰，暴君代作。坏宫室以为污池，民无所安息；弃田以为园囿，使民不得衣食。邪说暴行又作，园囿、污池、沛泽多而禽兽至。及纣之身，天下又大乱。周公相武王诛纣，伐奄三年讨其君，驱飞廉于海隅而戮之，灭国者五十，驱虎、豹、犀、象而远之，天下大悦。《书》曰：丕显哉，文王谟！丕承哉，武王烈！佑启我后人，咸以正无缺。世衰道微，邪说暴行有作，臣弑其君者有之，子弑其父者有之。孔子惧，作《春秋》。《春秋》，天子之事也。是故孔子曰：知我者其惟《春秋》乎！罪我者其惟《春秋》乎！圣王不作，诸侯放恣，处士横议，杨朱、墨翟之言盈天下。天下之言不归杨，则归墨。杨氏为我，是无君也；墨氏兼爱，是无父也。无父无君，是禽兽也。公明仪曰：『庖有肥肉，厩有肥马；民有饥色，野有饿莩，此率兽而食人也。』杨墨之道不息，孔子之道不著，是邪说诬民，充塞仁义也。仁义充塞，则率兽食人，人将相食。吾为此惧，闲先圣之道，距杨墨，放淫辞，邪说者不得作。作于其心，害于其事；作于其事，害于其政。圣人复起，不易吾言矣。昔者禹抑洪水而天下平，周公兼夷狄，驱猛兽而百姓宁，孔子成《春秋》而乱臣贼子惧。《诗》云：戎狄是膺，荆舒是惩，则莫我敢承。无父无君，是周公所膺也。我亦欲正人心，息邪说，距诐行，放淫辞，以承三圣者，岂好辩哉？予不得已也。能言距杨墨者，圣人之徒也。"

孟子－离娄之明章

孟子曰："离娄之明，公输子之巧，不以规矩，不能成方员；师旷之聪，不以六律，不能正五音；尧、舜之道，不以仁政，不能平治天下。今有仁心仁闻而民不被其泽，不可法于后世者，不行先王之道也。故曰：徒善不足以为政，徒法不能以自行。《诗》云：不愆不忘，率由旧章。遵先王之法而过者，未之有也。圣人既竭目力焉，继之以规矩准绳，以为方员平直，不可胜用也；既竭耳力焉，继之以六律正五音，不可胜用也；既竭心思焉，继之以不忍人之政，而仁覆天下矣。故曰：为高必因丘陵，为下必因川泽，为政不因先王之道，可谓智乎？是以惟仁者宜在高位。不仁而在高位，是播其恶于众也。上无道揆也，下无法守也，朝不信道，工不信度，君子犯义，小人犯刑，国之所存者幸也。故曰：城郭不完，兵甲不多，非国之灾也；田野不辟，货财不聚，非国之害也。上无礼，下无学，贼民兴，丧无日矣。《诗》曰：天之方蹶，无然泄泄。泄泄犹沓沓也。事君无义，进退无礼，言则非先王之道者，犹沓沓也。故曰：责难于君谓之恭，陈善闭邪谓之敬，吾君不能谓之贼。”

孟子－鱼我所欲也章

孟子曰：“鱼，我所欲也，熊掌亦我所欲也；二者不可得兼，舍鱼而取熊掌者也。生亦我所欲也，义亦我所欲也；二者不可得兼，舍生而取义者也。生亦我所欲，所欲有甚于生者，故不为苟得也；死亦我所恶，所恶有甚于死者，故患有所不辟也。如使人之所欲莫甚于生，则凡可以得生者，何不用也？使人之所恶莫甚于死者，则凡可以辟患者，何不为也？由是则生而有不用也，由是则可以辟患而有不为也。是故所欲有甚于生者，所恶有甚于死者。非独贤者有是心也，人皆有之，贤者能勿丧耳。一箪食，一豆羹，得之则生，弗得则死，嘑尔而与之，行道之人弗受；蹴尔而与之，乞人不屑也。万钟则不辩礼义而受之。万钟于我何加焉？为宫室之美、妻妾之奉、所识穷乏者得我与？乡为身死而不受，今为宫室之美为之；乡为身死而不受，今为妻妾之奉为之；乡为身死而不受，今为所识穷乏者得我而为之，是亦不可以已乎？此之谓失其本心。”

孟子－舜发于畎亩章

孟子曰："舜发于畎亩之中，傅说举于版筑之间，胶鬲举于鱼盐之中，管夷吾举于士，孙叔敖举于海，百里奚举于市。故天将降大任于是人也，必先苦其心志，劳其筋骨，饿其体肤，空乏其身，行拂乱其所为，所以动心忍性，曾益其所不能。人恒过，然后能改。困于心，衡于虑，而后作。徵于色，发于声，而后喻。入则无法家拂士，出则无敌国外患者，国恒亡。然后知生于忧患而死于安乐也。"

孟子－孔子在陈章

万章问曰："孔子在陈，曰：盍归乎来！吾党之小子狂简，进取，不忘其初。孔子在陈，何思鲁之狂士？"孟子曰："孔子不得中道而与之，必也狂狷乎！狂者进取，狷者有所不为也。孔子岂不欲中道哉？不可必得，故思其次也。"

"敢问何如斯可谓狂矣？"曰："如琴张、曾皙、牧皮者，孔子之所谓狂矣。""何以谓之狂也？"曰："其志嘐嘐然，曰：古之人，古之人。夷考其行，而不掩焉者也。狂者又不可得，欲得不屑不洁之士而与之，是狷也，是又其次也。孔子曰：过我门而不入我室，我不憾焉者，其惟乡原乎！乡原，德之贼也。"

曰："何如斯可谓之乡原矣？"曰："何以是嘐嘐也？言不顾行，行不顾言，则曰古之人，古之人。行何为踽踽凉凉？生斯世也，为斯世也，善斯可矣。阉然媚于世也者，是乡原也。"

之贼，何哉？曰："非之无举也，刺之无刺也。同乎流俗，合乎污世。居之似忠信，行之似廉洁，众皆悦之，自以为是，而不可与入尧、舜之道，故曰德之贼也。"

"孔子曰：恶似而非者，恶莠，恐其乱苗也；恶佞，恐其乱义也；恶利口，恐其乱信也；恶郑声，恐其乱乐也；恶紫，恐其乱朱也；恶乡原，恐其乱德也。君子反经而已矣。经正则庶民兴，庶民兴，斯无邪慝矣。"

庄子－逍遥游篇

北冥有鱼，其名为鲲。鲲之大，不知其几千里也。化而为鸟，其名为鹏。鹏之背，不知其几千里也；怒而飞，其翼若垂天之云。是鸟也，海运则将徙于南冥。南冥者，天池也。

《齐谐》者，志怪者也。《谐》之言曰："鹏之徙于南冥也，水击三千里，抟扶摇而上者九万里，去以六月息者也。"野马也，尘埃也，生物之以息相吹也。天之苍苍，其正色邪？其远而无所至极邪？其视下也，亦若是则已矣。

且夫水之积也不厚，则其负大舟也无力。覆杯水于坳堂之上，则芥为之舟；置杯焉则胶，水浅而舟大也。风之积也不厚，则其负大翼也无力。故九万里，则风斯在下矣，而后乃今培风；背负青天而莫之夭阏者，而后乃今将图南。

蜩与学鸠笑之曰："我决起而飞，抢榆枋，时则不至而控于地而已矣，奚以之九万里而南为？"适莽苍者，三飡而反，腹犹果然；适百里者，宿舂粮；适千里者，三月聚粮。之二虫又何知？

小知不及大知，小年不及大年。奚以知其然也？朝菌不知晦朔，蟪蛄不知春秋，此小年也。楚之南有冥灵者，以五百岁为春，五百岁为秋；上古有大椿者，以八千岁为春，八千岁为秋。而彭祖乃今以久特闻，众人匹之，不亦悲乎！

汤之问棘也是已。穷发之北有冥海者，天池也。有鱼焉，其广数千里，未有知其修者，其名为鲲。有鸟焉，其名为鹏，背若太山，翼若垂天之云，抟扶摇羊角而上者九万里，绝云气，负青天，然后图南，且适南冥也。斥鴳笑之曰："彼且奚适也？我腾跃而上，不过数仞而下，翱翔蓬蒿之间，此亦飞之至也。而彼且奚适也？"此小大之辩也。

故夫知效一官，行比一乡，德合一君，而徵一国者，其自视也亦若此矣。而宋荣子犹然笑之。且举世而誉之而不加劝，举世而非之而不加沮，定乎内外之分，辩乎荣辱之境，斯已矣。彼其于世未数数然也。虽然，犹有未树也。

夫列子御风而行，泠然善也，旬有五日而后反。彼于致福者，未数数然也。此虽免乎行，犹有所待者也。若夫乘天地之正，而御六气之辩，以游无穷者，彼且恶乎待哉！故曰：至人无己，神人无功，圣人无名。

尧让天下于许由，曰："日月出矣而爝火不息，其于光也，不亦难乎！时雨降矣而犹浸灌，其于泽也，不亦劳乎！夫子立而天下治，而我犹尸之，吾自视缺然。请致天下。”

许由曰：“子治天下，天下既已治也。而我犹代子，吾将为名乎？名者，实之宾也。吾将为宾乎？鹪鹩巢于深林，不过一枝；偃鼠饮河，不过满腹。归休乎君，予无所用天下为！庖人虽不治庖，尸祝不越樽俎而代之矣。”

肩吾问于连叔曰：“吾闻言于接舆，大而无当，往而不反。吾惊怖其言，犹河汉而无极也；大有迳庭，不近人情焉。」连叔曰：「其言谓何哉？”曰：“藐姑射之山，有神人居焉，肌肤若冰雪，淖约若处子。不食五谷，吸风饮露，乘云气，御飞龙，而游乎四海之外。其神凝，使物不疵疠而年谷熟。吾以是狂而不信也。”连叔曰：“然。瞽者无以与乎文章之观，聋者无以与乎钟鼓之声。岂唯形骸有聋盲哉？夫知亦有之。是其言也，犹时女也。之人也，之德也，将旁礴万物以为一。世蕲乎乱，孰弊弊焉以天下为事！之人也，物莫之伤，大浸稽天而不溺，大旱金石流土山焦而不热。是其尘垢秕糠，将犹陶铸尧舜者也，孰肯以物为事！”

宋人资章甫而适诸越，越人断发文身，无所用之。尧治天下之民，平海内之政，往见四子藐姑射之山，汾水之阳，窅然丧其天下焉。

惠子谓庄子曰：“魏王贻我大瓠之种，我树之成而实五石。以盛水浆，其坚不能自举也。剖之以为瓢，则瓠落无所容。非不呺然大也，我为其无用而掊之。”

庄子曰：“夫子固拙于用大矣。宋人有善为不龟手之药者，世世以洴澼絖为事。客闻之，请买其方百金。”聚族而谋曰：“我世世为洴澼絖，不过数金；今一朝而鬻技百金，请与之。”客得之，以说吴王。越有难，吴王使之将，冬与越人水战，大败越人，裂地而封之。能不龟手，一也；或以封，或不免于洴澼絖，则所用之异也。今子有五石之瓠，何不虑以为大樽而浮乎江湖，而忧其瓠落无所容？则夫子犹有蓬之心也夫！

惠子谓庄子曰：“吾有大树，人谓之樗。其大本拥肿而不中绳墨，其小枝卷曲而不中规矩。立之涂，匠者不顾。今子之言，大而无用，众所同去也。”庄子曰：“子独不见狸狌乎？卑身而伏，以候敖者；东西跳梁，不辟高下；中于机辟，死于罔罟。今夫斄牛，其大若垂天之云。此能为大矣，而不能执鼠。今子有大树，患其无用，何不树之于无何有之乡，广莫之野，旁徨乎无为其侧，逍遥乎寝卧其下。不夭斤斧，物无害者，无所可用，安所困苦哉！”

庄子－养生主篇

吾生也有涯，而知也无涯。以有涯随无涯，殆已；已而为知者，殆而已矣。为善无近名，为恶无近刑。缘督以为经，可以保身，可以全生，可以养亲，可以尽年。

庖丁为文惠君解牛，手之所触，肩之所倚，足之所履，膝之所踦，砉然响然，奏刀騞然，莫不中音。合于桑林之舞，乃中经首之会。

文惠君曰：“嘻，善哉！技盖至此乎？”庖丁释刀对曰：“臣之所好者道也，进乎技矣。始臣之解牛之时，所见无非全牛者。三年之后，未尝见全牛也。方今之时，臣以神遇而不以目视，官知止而神欲行。依乎天理，批大郤，导大窾，因其固然。技经肯綮之未尝，而况大軱乎！良庖岁更刀，割也；族庖月更刀，折也。今臣之刀十九年矣，所解数千牛矣，而刀刃若新发于硎。彼节者有间，而刀刃者无厚：以无厚入有间，恢恢乎其于游刃必有余地矣，是以十九年而刀刃若新发于硎。虽然，每至于族，吾见其难为，怵然为戒，视为止，行为迟，动刀甚微，謋然已解，如土委地。提刀而立，为之四顾，为之踌躇满志，善刀而藏之。”文惠君曰：“善哉！吾闻庖丁之言，得养生焉。”

公文轩见右师而惊曰：“是何人也，恶乎介也？天与，其人与？”曰：“天也，非人也。天之生是使独也，人之貌有与也。以是知其天也，非人也。泽雉十步一啄，百步一饮，不蕲畜乎樊中。神虽王，不善也。”

老聃死，秦失吊之，三号而出。弟子曰：“非夫子之友邪？”曰：“然。”“然则吊焉若此，可乎？”曰：“然。始也吾以为其人也，而今非也。向吾入而吊焉，有老者哭之，如哭其子；少者哭之，如哭其母。彼其所以会之，必有不蕲言而言，不蕲哭而哭者。是遁天倍情，忘其所受，古者谓之遁天之刑。适来，夫子时也；适去，夫子顺也。安时而处顺，哀乐不能入也，古者谓是帝之县解。”

指穷于为薪，火传也不知其尽也。

庄子－骈拇篇

骈拇枝指，出乎性哉！而侈于德。附赘县疣，出乎形哉！而侈于性。多方乎仁义而用之者，列于五藏哉！而非道德之正也。是故骈于足者，连无用之肉也；枝于手者，树无用之指也；多方骈枝于五藏之情者，淫僻于仁义之行，而多方于聪明之用也。

是故骈于明者，乱五色，淫文章，青黄黼黻之煌煌非乎？而离朱是已。多于聪者，乱五声，淫六律，金石丝竹黄钟大吕之声非乎？而师旷是已。枝于仁者，擢德塞性以收名声，使天下簧鼓以奉不及之法非乎？而曾、史是已。骈于辩者，累瓦结绳窜句，游心于坚白同异之间，而敝跬誉无用之言非乎？而杨、墨是已。故此皆多骈旁枝之道，非天下之至正也。

彼正正者，不失其性命之情。故合者不为骈，而枝者不为跂；长者不为有余，短者不为不足。是故凫胫虽短，续之则忧；鹤胫虽长，断之则悲。故性长非所断，性短非所续，无所去忧也。意仁义其非人之情乎！彼仁人何其多忧也？

且夫骈于拇者，决之则泣；枝于手者，龁之则啼。二者，或有余于数，或不足于数，其于忧一也。今世之仁人，蒿目而忧世之患；不仁之人，决性命之情而饕贵富。故意仁义其非人情乎！自三代以下者，天下何其嚣嚣也？

且夫待金句绳规矩而正者，是削其性者也；待绳约胶漆而固者，是侵其德者也；屈折礼乐，呴俞仁义，以慰天下之心者，此失其常然也。天下有常然。常然者，曲者不以金句，直者不以绳，圆者不以规，方者不以矩，附离不以胶漆，约束不以纆索。故天下诱然皆生而不知其所以生，同焉皆得而不知其所以得。故古今不二，不可亏也。则仁义又奚连连如胶漆纆索而游乎道德之间为哉，使天下惑也！

夫小惑易方，大惑易性。何以知其然邪？自虞氏招仁义以挠天下也，天下莫不奔命于仁义，是非以仁义易其性与？故尝试论之，自三代以下者，天下莫不以物易其性矣。小人则以身殉利，士则以身殉名，大夫则以身殉家，圣人则以身殉天下。故此数子者，事业不同，名声异号，其于伤性以身为殉，一也。臧与谷，二人相与牧羊而俱亡其羊。问臧奚事，则挟筴读书；问谷奚事，则博塞以游。二人者，事业不同，其于亡羊均也。伯夷死名于首阳之下，盗跖死利于东陵之上，二人者，所死不同，其于残生伤性均也，奚必伯夷之是而盗跖之非乎！天下尽殉也。彼其所殉仁义也，则俗谓之君子；其所殉货财也，则俗谓之小人。其殉一也，则有君子焉，有小人焉；若其残生损性，则盗跖亦伯夷已，又恶取君子小人于其间哉！

且夫属其性于仁义者，虽通如曾、史，非吾所谓臧也；属其性于五味，虽通如俞儿，非吾所谓臧也；属其性乎五声，虽通如师旷，非吾所谓聪也；属其性乎五色，虽通如离朱，非吾所谓明也。吾所谓臧者，非仁义之谓也，臧于其德而已矣；吾所谓臧者，非所谓仁义之谓也，任其性命之情而已矣；吾所谓聪者，非谓其闻彼也，自闻而已矣；吾所谓明者，非谓其见彼也，自见而已矣。夫不自见而见彼，不自得而得彼者，是得人之得而不自得其得者也，适人之适而不自适其适者也。夫适人之适而不自适其适，虽盗跖与伯夷，是同为淫僻也。余愧乎道德，是以上不敢为仁义之操，而下不敢为淫僻之行也。

庄子－马蹄篇

马，蹄可以践霜雪，毛可以御风寒，龁草饮水，翘足而陆，此马之真性也。虽有义台路寝，无所用之。及至伯乐，曰："我善治马。"烧之，剔之，刻之，雒之，连之以羁絷，编之以皁栈，马之死者十二三矣；饥之，渴之，驰之，骤之，整之，齐之，前有橛饰之患，而后有鞭筴之威，而马之死者已过半矣。陶者曰："我善治埴，圆者中规，方者中矩。"匠人曰："我善治木，曲者中金句，直者应绳。"夫埴木之性，岂欲中规矩金句绳哉？然且世世称之曰"伯乐善治马而陶匠善治埴木"，此亦治天下者之过也。

吾意善治天下者不然。彼民有常性，织而衣，耕而食，是谓同德；一而不党，命曰天放。故至德之世，其行填填，其视颠颠。当是时也，山无蹊隧，泽无舟梁；万物群生，连属其乡；禽兽成群，草木遂长。是故禽兽可系羁而游，乌鹊之巢可攀援而窥。

夫至德之世，同与禽兽居，族与万物并，恶乎知君子小人哉！同乎无知，其德不离；同乎无欲，是谓素朴；素朴而民性得矣。及至圣人，蹩躠为仁，踶跂为义，而天下始疑矣；澶漫为乐，摘僻为礼，而天下始分矣。故纯朴不残，孰为牺尊！白玉不毁，孰为圭璋！道德不废，安取仁义！性情不离，安用礼乐！五色不乱，孰为文采！五声不乱，孰应六律！夫残朴以为器，工匠之罪也；毁道德以行仁义，圣人之过也。

夫马，陆居则食草饮水，喜则交颈相靡，怒则分背相踶。马知已此矣。夫加之以衡扼，齐之以月题，而马知介倪闉扼鸷曼诡衔窃辔。故马之知而态至盗者，伯乐之罪也。

夫赫胥氏之时，民居不知所为，行不知所之，含哺而熙，鼓腹而游，民能以此矣。及至圣人，屈折礼乐以匡正天下之形，县跂仁义以慰天下之心，而民乃始踶跂好知，争归于利，不可止也。此亦圣人之过也。

庄子－胠箧篇

将为胠箧探囊发匮之盗而为守备，则必摄缄縢，固扃鐍，此世俗所谓知也。然而巨盗至，则负匮揭箧担囊而趋，唯恐缄縢扃鐍之不固也。然则乡之所谓知者，不乃为大盗积者也？

故尝试论之，世俗之所谓知者，有不为大盗积者乎？所谓圣者，有不为大盗守者乎？何以知其然邪？昔者齐国邻邑相望，鸡狗之音相闻，网罟之所布，耒耨之所刺，方二千余里。阖四竟之内，所以立宗庙社稷，治邑屋州闾乡曲者，曷尝不法圣人哉！然而田成子一旦杀齐君而盗其国。所盗者岂独其国邪？并与其圣知之法而盗之。故田成子有乎盗贼之名，而身处尧舜之安；小国不敢非，大国不敢诛，十二世有齐国。则是不乃窃齐国，并与其圣智之法以守其盗贼之身乎？

尝试论之，世俗之所谓至知者，有不为大盗积者乎？所谓至圣者，有不为大盗守者乎？何以知其然邪？昔者龙逢斩，比干剖，苌弘胣，子胥靡，故四子之贤而身不免乎戮。故跖之徒问于跖曰："盗亦有道乎？"跖曰："何适而无有道邪！"夫妄意室中之藏，圣也；入先，勇也；出后，义也；知可否，知也；分均，仁也。五者不备而能成大盗者，天下未之有也。由是观之，善人不得圣人之道不立，跖不得圣人之道不行；天下之善人少而不善人多，则圣人之利天下也少而害天下也多。故曰，唇竭则齿寒，鲁酒薄而邯郸围，圣人生而大盗起。掊击圣人，纵舍盗贼，而天下始治矣。夫川竭而谷虚，丘夷而渊实。圣人已死，则大道不起，天下平而无故矣。

圣人不死，大盗不止。虽重圣人而治天下，则是重利盗跖也。为之斗斛以量之，则并与斗斛而窃之；为之权衡以称之，则并与权衡而窃之；为之符玺以信之，则并与符玺而窃之；为之仁义以矫之，则并与仁义而窃之。何以知其然邪？彼窃钩者诛，窃国者为诸侯，诸侯之门而仁义存焉，则是非窃仁义圣知邪？故逐于大盗，揭诸侯，窃仁义并斗斛权衡符玺之利者，虽有轩冕之赏弗能劝，斧钺之威弗能禁。此重利盗跖而使不可禁者，是乃圣人之过也。

故曰："鱼不可脱于渊，国之利器不可以示人。"彼圣人者，天下之利器也，非所以明天下也。故绝圣弃知，大盗乃止；擿玉毁珠，小盗不起；焚符破玺，而民朴鄙；掊斗折衡，而民不争；殚残天下之圣法，而民始可与论议。擢乱六律，铄绝竽瑟，塞瞽旷之耳，而天下始人含其聪矣；灭文章，散五采，胶离朱之目，而天下始人含其明矣；毁绝金句绳而弃规矩，攦工倕之指，而天下始人有其巧矣。故曰："大巧若拙。"削曾、史之行，钳杨、墨之口，攘弃仁义，而天下之德始玄同矣。彼人含其明，则天下不铄矣；人含其聪，则天下不累矣；人含其知，则天下不惑矣；人含其德，则天下不僻矣。彼曾、史、杨、墨、师旷、工倕、离朱，皆外立其德而以爚乱天下者也，法之所无用也。

子独不知至德之世乎？昔者容成氏、大庭氏、伯皇氏、中央氏、栗陆氏、骊畜氏、轩辕氏、赫胥氏、尊卢氏、祝融氏、伏牺氏、神农氏，当是时也，民结绳而用之，甘其食，美其服，乐其俗，安其居，邻国相望，鸡狗之音相闻，民至老死而不相往来。若此之时，则至治已。今遂至使民延颈举踵曰，"某所有贤者"，赢粮而趣之，则内弃其亲而外去其主之事，足迹接乎诸侯之境，车轨结乎千里之外。则是上好知之过也。

上诚好知而无道，则天下大乱矣。何以知其然邪？夫弓弩毕弋机变之知多，则鸟乱于上矣；钩饵罔罟罾笱之知多，则鱼乱于水矣；削格罗落罝罘之知多，则兽乱于泽矣；知诈渐毒、颉滑坚白、解垢同异之变多，则俗惑于辩矣。故天下每每大乱，罪在于好知。故天下皆知求其所不知而莫知求其所已知者，皆知非其所不善而莫知非其所已善者，是以大乱。故上悖日月之明，下烁山川之精，中堕四时之施；惴耎之虫，肖翘之物，莫不失其性。甚矣夫好知之乱天下也！自三代以下者是已，舍夫种种之民而悦夫役役之佞，释夫恬淡无为而悦夫哼々之意，已乱天下矣！

庄子－秋水篇

秋水时至，百川灌河。泾流之大，两涘渚崖之间，不辩牛马。于是焉河伯欣然自喜，以天下之美为尽在己。顺流而东行，至于北海，东面而视，不见水端，于是焉河伯始旋其面目，望洋向若而叹曰："野语有之曰，闻道百以为莫己若者，我之谓也。且夫我尝闻少仲尼之闻而轻伯夷之义者，始吾弗信；今我睹子之难穷也，吾非至于子之门则殆矣，吾长见笑于大方之家。"北海若曰："井蛙不可以语于海者，拘于虚也；夏虫不可以语于冰者，笃于时也；曲士不可以语于道者，束于教也。今尔出于崖涘，观于大海，乃知尔丑，尔将可以语大理矣。天下之水，莫大于海，万川归之，不知何时止而不盈；尾闾泄之，不知何时已而不虚；春秋不变，水旱不知。此其过江河之流，不可为量数。而吾未尝以此自多者，自以比形于天地而受气于阴阳，吾在于天地之间，犹小石小木之在大山也，方存乎见少，又奚以自多！计四海之在天地之间也，不似礨空之在大泽乎？计中国之在海内，不似稊米之在大仓乎？号物之数谓之万，人处一焉；人卒九州，谷食之所生，舟车之所通，人处一焉；此其比万物也，不似豪末之在于马体乎？五帝之所连，三王之所争，仁人之所忧，任士之所劳，尽此矣。伯夷辞之以为名，仲尼语之以为博，此其自多也，不似尔向之自多于水乎？"

河伯曰："然则吾大天地而小豪末，可乎？"

北海若曰："否。夫物，量无穷，时无止，分无常，终始无故。是故大知观于远近，故小而不寡，大而不多，知量无穷；证向今故，故遥而不闷，掇而不跂，知时无止；察乎盈虚，故得而不喜，失而不忧，知分之无常也；明乎坦途，故生而不说，死而不祸，知终始之不可故也。计人之所知，不若其所不知；其生之时，不若未生之时；以其至小求穷其至大之域，是故迷乱而不能自得也。由此观之，又何以知豪末之足以定至细之倪！又何以知天地之足以穷至大之域！"

河伯曰："世之议者皆曰：至精无形，至大不可围。是信情乎？"

北海若曰："夫自细视大者不尽，自大视细者不明。夫精，小之微也；垺，大之殷也；故异便。此势之有也。夫精粗者，期于有形者也；无形者，数之所不能分也；不可围者，数之所不能穷也。可以言论者，物之粗也；可以意致者，物之精也；言之所不能论，意之所不能察致者，不期精粗焉。是故大人之行，不出乎害人，不多仁恩；动不为利，不贱门隶；货财弗争，不多辞让；事焉不借人，不多食乎力，不贱贪污；行殊乎俗，不多辟异；为在从众，不贱佞谄；世之爵禄不足以为劝，戮耻不足以为辱；知是非之不可为分，细大之不可为倪。闻曰：道人不闻，至德不得，大人无己。约分之至也。”

河伯曰：“若物之外，若物之内，恶至而倪贵贱？恶至而倪小大？”

北海若曰：“以道观之，物无贵贱；以物观之，自贵而相贱；以俗观之，贵贱不在己。以差观之，因其所大而大之，则万物莫不大；因其所小而小之，则万物莫不小；知天地之为稊米也，知豪末之为丘山也，则差数睹矣。以功观之，因其所有而有之，则万物莫不有，因其所无而无之，则万物莫不无；知东西之相反而不可以相无，则功分定矣。以趣观之，因其所然而然之，则万物莫不然；因其所非而非之，则万物莫不非；知尧、桀之自然而相非，则趣操睹矣。昔者，尧、舜让而帝，之、哙让而绝；汤、武争而王，白公争而灭。由此观之，争让之礼，尧、桀之行，贵贱有时，未可以为常也。梁丽可以冲城，而不可以窒穴，言殊器也；骐骥骅骝，一日而驰千里，捕鼠不如狸狌，言殊技也；鸱鸺夜撮蚤，察毫末，昼出瞋目而不见丘山，言殊性也。故曰，盖师是而无非，师治而无乱乎？是未明天地之理，万物之情者也。是犹师天而无地，师阴而无阳，其不可行明矣。然且语而不舍，非愚则诬也。帝王殊禅，三代殊继。差其时，逆其俗者，谓之篡夫；当其时，顺其俗者，谓之义之徒。默默乎河伯！女恶知贵贱之门，小大之家！”

河伯曰：“然则我何为乎，何不为乎？吾辞受趣舍，吾终奈何？”

北海若曰：“以道观之，何贵何贱，是谓反衍；无拘而志，与道大蹇。何少何多，是谓谢施；无一而行，与道参差。严乎若国之有君，其无私德；繇繇乎若祭之有社，其无私福；泛泛乎其若四方之无穷，其无所畛域。兼怀万物，其孰承翼？是谓无方。万物一齐，孰短孰长？道无终始，物有死生，不恃其成；一虚一满，不位乎其形。年不可举，时不可止；消息盈虚，终则有始。是所以语大义之方，论万物之理也。物之生也，若骤若驰，无动而不变，无时而不移。何为乎，何不为乎？夫固将自化。”

河伯曰：“然则何贵于道邪？”

北海若曰：“知道者必达于理，达于理者必明于权，明于权者不以物害己。至德者，火弗能热，水弗能溺，寒暑弗能害，禽兽弗能贼。非谓其薄之也，言察乎安危，宁于祸福，谨于去就，莫之能害也。故曰，天在内，人在外，德在乎天。知天人之行，本乎天，位乎得；蹢躅而屈伸，反要而语极。”

曰："何谓天？何谓人？"

北海若曰："牛马四足，是谓天；落马首，穿牛鼻，是谓人。故曰，无以人灭天，无以故灭命，无以得殉名。谨守而勿失，是谓反其真。"

夔怜蚿，蚿怜蛇，蛇怜风，风怜目，目怜心。

夔谓蚿曰："吾以一足跉踔而行，予无如矣。今子之使万足，独奈何？"

蚿曰："不然。子不见夫唾者乎？喷则大者如珠，小者如雾，杂而下者不可胜数也。今予动吾天机，而不知其所以然。"

蚿谓蛇曰："吾以众足行，而不及子之无足，何也？"

蛇曰："夫天机之所动，何可易邪？吾安用足哉！"

蛇谓风曰："予动吾脊胁而行，则有似也。今子蓬蓬然起于北海，蓬蓬然入于南海，而似无有，何也？"

风曰："然。予蓬蓬然起于北海而入于南海也，然而指我则胜我，䲡我亦胜我。虽然，夫折大木，蜚大屋者，唯我能也，故以众小不胜为大胜也。为大胜者，唯圣人能之。"

孔子游于匡，宋人围之数匝，而弦歌不惙。子路入见，曰："何夫子之如娱也？"

孔子曰："来！吾语女。我讳穷久矣，而不免，命也；求通久矣，而不得，时也。当尧、舜而天下无穷人，非知得也；当桀、纣而天下无通人，非知失也；时势适然。夫水行不避蛟龙者，渔父之勇也；陆行不避兕虎者，猎夫之勇也；白刃交于前，视死若生者，烈士之勇也；知穷之有命，知通之有时，临大难而不惧者，圣人之勇也。由处矣，吾命有所制矣。"无几何，将甲者进，辞曰："以为阳虎也，故围之。今非也，请辞而退。"

公孔龙问于魏牟曰："龙少学先王之道，长而明仁义之行；合同异，离坚白；然不然，可不可；困百家之知，穷众口之辩；吾自以为至达已。今吾闻庄子之言，汒焉异之。不知论之不及与，知之弗若与？今吾无所开吾喙，敢问其方。"

公子牟隐机大息，仰天而笑曰："子独不闻夫埳井之蛙乎？谓东海之鳖曰：吾乐与！出跳梁乎井干之上，入休乎缺甃之崖；赴水则接腋持颐，蹶泥则没足灭跗；还虷蟹与科斗，莫吾能若也。且夫擅一壑之水，而跨跱埳井之乐，此亦至矣，夫子奚不时来入观乎！东海之鳖左足未入，而右膝已絷矣。于是逡巡而却，告之海曰：夫千里之远，不足以举其大；千仞之高，不足以极其深。禹之时十年九潦，而水弗为加益；汤之时八年七旱，而崖不为加损。夫不为顷久推移，不以多少进退者，此亦东海之大乐也。于是埳井之蛙闻之，适适然惊，规规然自失也。”

且夫知不知是非之竟，而犹欲观于庄子之言，是犹使蛟负山，商蚷驰河也，必不胜任矣。且夫知不知论极妙之言而自适一时之利者，是非埳井之蛙与？且彼方跐黄泉登大皇，无南无北，奭然四解，沦于不测；无东无西，始于玄冥，反于大通。子乃规规然而求之以察，索之以辩，是直用管窥天，用锥指地也，不亦小乎！子往矣！且子独不闻夫寿陵余子之学行于邯郸与？未得国能，又失其故行矣，直匍匐而归耳。今子不去，将忘子之故，失子之业。

公孙龙口呿而不合，舌举而不下，乃逸而走。

庄子钓于濮水，楚王使大夫二人往先焉，曰：“愿以境内累矣！”

庄子持竿不顾，曰：“吾闻楚有神龟，死已三千岁矣，王巾笥而藏之庙堂之上。此龟者，宁其死为留骨而贵乎？宁其生而曳尾于途中乎？”

二大夫曰：“宁生而曳尾途中。”

庄子曰：“住矣！吾将曳尾于途中。”

惠子相梁，庄子往见之。或谓惠子曰：“庄子来，欲代子相。”于是惠子恐，搜于国中三日三夜。

庄子往见之，曰：“南方有鸟，其名曰鹓雏，子知之乎？夫鹓雏，发于南海而飞于北海，非梧桐不止，非练实不食，非醴泉不饮。于是鸱得腐鼠，鹓雏过之，仰而视之曰吓！今子欲以子之梁国而吓我邪？”

庄子与惠子游于濠梁之上。庄子曰：“鯈鱼出游从容，是鱼之乐也。”

惠子曰：“子非鱼，安知鱼之乐？”庄子曰：“子非我，安知我不知鱼之乐？”

惠子曰：“我非子，固不知子矣；子固非鱼也，子之不知鱼之乐，全矣。”

庄子曰：“请循其本。子曰汝安知鱼乐云者，既已知吾知之而问我，我知之濠上也。”

韩非子－说难篇

凡说之难，非吾知之有以说之之难也；又非吾辩之能明吾意之难也；又非吾敢横失而能尽之难也。凡说之难：在知所说之心，可以吾说当之。

所说出于为名高者也，而说之以厚利，则见下节而遇卑贱，必弃远矣。所说出于厚利者也，而说之以名高，则见无心而远事情，必不收矣。所说阴为厚利而显为名高者也，而说之以名高，则阳收其身而实疏之；说之以厚利，则阴用其言显弃其身矣。此不可不察也。

夫事以密成，语以泄败。未必其身泄之也，而语及所匿之事，如此者身危。彼显有所出事，而乃以成他故，说者不徒知所出而已矣，又知其所以为，如此者身危。规异事而当，知者揣之外而得之，事泄于外，必以为己也，如此者身危。周泽未渥也，而语极知，说行而有功则德忘，说不行而有败则见疑，如此者身危。贵人有过端，而说者明言礼义以挑其恶，如此者身危。贵人或得计而欲自以为功，说者与知焉，如此者身危。强以其所不能为，止以其所不能已，如此者身危。故与之论大人，则以为间己矣；与之论细人，则以为卖重；论其所爱，则以为藉资；论其所憎，则以为尝己也；径省其说，则以为不智而拙之；米盐博辩，则以为多而交之。略事陈意，则曰怯懦而不尽；虑事广肆，则曰草野而倨侮。此说之难，不可不知也。

凡说之务，在知饰所说之所矜而灭其所耻。彼有私急也，必以公义示而强之。其意有下也，然而不能已，说者因为之饰其美而少其不为也。其心有高也，而实不能及，说者为之举其过而见其恶而多其不行也。有欲矜以智能，则为之举异事之同类者，多为之地；使之资说于我，而佯不知也以资其智。欲内相存之言，则必以美名明之，而微见其合于私利也。欲陈危害之事，则显其毁诽，而微见其合于私患也。誉异人与同行者，规异事与同计者。有与同污者，则必以大饰其无伤也；有与同败者，则必以明饰其无失也。彼自多其力，则毋以其难概之也；自勇其断，则无以其谪怒之；自智其计，则毋以其败穷之。大意无所拂悟，辞言无所系縻，然后极骋智辩焉。此道所得亲近不疑而得尽辞也。

伊尹为宰，百里奚为虏，皆所以干其上也。此二人者，皆圣人也，然犹不能无役身以进，如此其污也。今以吾言为宰虏，而可以听用而振世，此非能仕之所耻也。夫旷日弥久，而周泽既渥，深计而不疑，引争而不罪，则明割利害以致其功，直指是非以饰其身。以此相持，此说之成也。

昔者郑武公欲伐胡，故先以其女妻胡君以娱其意，因问于群臣："吾欲用兵，谁可伐者？"大夫关其思对曰："胡可伐。"武公怒而戮之，曰："胡，兄弟之国也，子言伐之何也？"胡君闻之，以郑为亲己，遂不备郑，郑人袭胡，取之。宋有富人，天雨墙坏，其子曰："不筑，必将有盗。"其邻人之父亦云。

暮而果大亡其财。其家甚智其子，而疑邻人之父。此二人说者皆当矣，厚者为戮，薄者见疑，则非知之难也，处之则难也。故绕朝之言当矣，其为圣人于晋而为戮于秦也，此不可不察。

昔者弥子瑕有宠于卫君。卫国之法：窃驾君车者罪刖。弥子瑕母病，人闻，有夜告弥子，弥子矫驾君车以出。君闻而贤之，曰："孝哉！为母之故，忘其犯刖罪。"异日，与君游于果园，食桃而甘，不尽，以其半啗君。君曰："爱我哉！忘其口味，以啗寡人。"及弥子色衰爱弛，得罪于君，君曰："是固尝矫驾吾车，又尝啗我以余桃。"故弥子之行未变于初也，而以前之所以见贤而后获罪者，爱憎之变也。故有爱于主，则智当而加亲；有憎于主，则智不当见罪而加疏。故谏说谈论之士，不可不察爱憎之主而后说焉。

夫龙之为虫也，柔可狎而骑也；然其喉下有逆鳞径尺，若人有婴之者，则必杀人。人主亦有逆鳞，说者能无婴人主之逆鳞，则几矣！

贾谊－过秦论上

秦孝公据崤函之固，拥雍州之地，君臣固守，以窥周室，有席卷天下、包举宇内、囊括四海之意，并吞八荒之心。当是时，商君佐之，内立法度，务耕织，修守战之备；外连衡而斗诸侯。于是秦人拱手而取西河之外。

孝公既没，惠王、武王蒙故业，因遗册，南兼汉中，西举巴蜀，东割膏腴之地，收要害之郡。诸侯恐惧，会盟而谋弱秦，不爱珍器重宝肥美之地，以致天下之士，合从缔交，相与为一。当是时，齐有孟尝，赵有平原，楚有春申，魏有信陵。此四君者，皆明知而忠信，宽厚而爱人，尊贤重士，约从离横，并韩、魏、燕、楚、齐、赵、宋、卫、中山之众。于是六国之士，有甯越、徐尚、苏秦、杜赫之属为之谋，齐明、周最、陈轸、昭滑、楼缓、翟景、苏厉、乐毅之徒通其意，吴起、孙膑、带佗、儿良、王廖、田忌、廉颇、赵奢之朋制其兵。尝以十倍之地，百万之众，叩关而攻秦。秦人开关延敌，九国之师，逡巡遁逃而不敢进。秦无亡矢遗镞之费，而天下诸侯已困矣。于是从散约解，争割地而奉秦。秦有余力而制其敝，追亡逐北，伏尸百万，流血漂卤。因利乘便，宰割天下，分裂河山。强国请服，弱国入朝。

延及孝文王、庄襄王，享国日浅，国家无事。及至秦王，奋六世之余烈，振长策而御宇内，吞二周而亡诸侯，履至尊而制六合，执棰以鞭笞天下，威振四海。南取百越之地，以为桂林、象郡。百越之君，俯首系颈，委命下吏。乃使蒙恬北筑长城，而守藩篱，却匈奴七百余里。胡人不敢南下而牧马，士不敢弯弓而报怨。于是废先王之道，焚百家之言，以愚黔首。堕名城，杀豪俊，收天下之兵，聚之咸阳，销锋铸，以为金人十二，以弱黔首之民。然后斩华为城，因河为池，据亿丈之城，临不测之溪以为固。良将劲弩，守要害之处；信臣精卒，陈利兵而谁何！天下已定，秦王之心，自以为关中之固，金城千里，子孙帝王万世之业也。秦王既没，余威震于殊俗。陈涉，瓮牖绳枢之子，隶之人，而迁徙之徒，才能不及中人，非有仲尼、墨翟之贤，陶朱、猗顿之富；蹑足行伍之间，而倔起阡陌之中，率罢散之卒，将数百之众，而转攻秦，斩木为兵，揭竿为旗，天下云集响应，赢粮而景从，山东豪俊，遂并起而亡秦族矣。

且夫天下非小弱也。雍州之地，崤函之固，自若也。陈涉之位，非尊于齐、楚、燕、赵、韩、魏、宋、卫、中山之君；棘矜，非锬于句戟长铩也；适戍之众，非抗于九国之师；深谋远虑，行军用兵之道，非及乡时之士也。然而成败异变，功业相反也。试使山东之国，与陈涉度长大，比权量力，则不可同年而语矣。然秦以区区之地，千乘之权，招八州而朝同列，百有余年矣，然后以六合为家，崤函为宫。一夫作难而七庙隳，身死人手，为天下笑者，何也？仁义不施，而攻守之势异也。

贾谊－过秦论中

秦并海内，兼诸侯，南面称帝，以养四海。天下之士，斐然乡风。若是者，何也？曰：近古之无王者久矣！周室卑微，五霸既没，令不行于天下。是以诸侯力政，强侵弱，众暴寡，兵革不休，士民罢敝。今秦南面而王天下，是上有天子也。既元元之民，冀得安其性命，莫不虚心而仰上。当此之时，守威定功，安危之本，在于此矣。

秦王怀贪鄙之心，行自奋之智，不信功臣，不亲士民，废王道，立私权，禁文书而酷刑法，先诈力而后仁义，以暴虐为天下始。夫并兼者，高诈力；安定者，贵顺权：此言取与守不同术也。秦离战国而王天下，其道不易，其政不改，是其所以取之守之者异也。孤独而有之，故其亡可立而待。借使秦王计上世之事，并殷周之迹，以制御其政，后虽有淫骄之主，而未有倾危之患也。故三王之建天下，名号显美，功业长久。

今秦二世立，天下莫不引领而观其政。夫寒者利裋褐，而饥者甘糟糠。天下之嗷嗷，新主之资也。此言劳民之易为仁也。乡使二世有庸主之行，而任忠贤，臣主一心而忧海内之患，缟素而正先帝之过；裂地分民，以封功臣之后；建国立君，以礼天下；虚囹圄而免刑戮，除去收帑污秽之罪，使各反其乡里；发仓廪，散财币，以振孤独穷困之士；轻赋少事，以佐百姓之急；约法省刑，以持其后，使天下之人，皆得自新，更节修行，各慎其身；塞万民之望，而以威德与天下，天下集矣。即四海之内，皆欢然各自安乐其处，惟恐有变。虽有狡猾之民，无离上之心，则不轨之臣无以饰其智，而暴乱之奸止矣。二世不行此术，而重之以无道，坏宗庙与民更始，作阿房宫；繁刑严诛，吏治刻深；赏罚不当，赋敛无度。天下多事，吏弗能纪；百姓困穷，而主弗收恤。然后奸伪并起，而上下相遁，蒙罪者众，刑戮相望于道，而天下苦之。自君卿以下，至于众庶，人怀自危之心，亲处穷苦之实，咸不安其位，故易动也。是以陈涉不用汤武之贤，不借公侯之尊，奋臂于大泽，而天下响应者，其民危也。故先王见始终之变，知存亡之机。是以牧民之道，务在安之而已。天下虽有逆行之臣，必无响应之助矣。故曰：安民可与行义，而危民易与为非。此之谓也。贵为天子，富有天下，身不免于戮杀者，正倾非也。是二世之过也。

贾谊－过秦论下

秦并兼诸侯山东三十余郡，缮津关，据险塞，修甲兵而守之。然陈涉以戍卒散乱之众数百，奋臂大呼，不用弓戟之兵，白梃，望屋而食，横行天下。秦人阻险不守，关梁不阖，长戟不刺，强弩不射。楚师深入，战于鸿门，曾无篱之艰。于是山东大扰，诸侯并起，豪俊相立。秦使章邯将而东征。章邯因以三军之众，要市于外，以谋其上。群臣之不信，可见于此矣。子婴立，遂不寤。藉使子婴有庸主之才，仅得中佐，山东虽乱，秦之地可全而有，宗庙之祀未当绝也。

秦地被山带河以为固，四塞之国也。自缪公以来，至于秦王，二十余君，常为诸侯雄。岂世世贤哉？其势居然也。且天下尝同心并力而攻秦矣。当此之世，贤智并列，良将行其师，贤相通其谋，然困于阻险而不能进，秦乃延入战而为之开关，百万之徒逃北而遂坏。岂勇力智慧不足哉？形不利，势不便也。秦小邑并大城，守险塞而军，高垒毋战，闭关据，荷戟而守之。诸侯起于匹夫，以利合，非有素王之行也。其交未亲，其下未附，名为亡秦，其实利之也。彼见秦阻之难犯也。必退师。安土息民，以待其敝；收弱扶罢，以令大国之君，不患不得意于海内。贵为天子，富有天下，而身为禽者，其救败非也。

秦王足己不问，遂过而不变。二世受之，因而不改，暴虐以重祸。子婴孤立无亲，危弱无辅。三主惑而终身不悟，亡，不亦宜乎？当此时也，世非无深虑知化之士也，然所以不敢尽忠拂过者，秦俗多忌讳之禁，忠言未卒于口，而身为戮没矣。故使天下之士，倾耳而听，重足而立，钳口而不言。是以三主失道，忠臣不敢谏，知士不敢谋，天下已乱，奸不上闻，岂不哀哉！先王知雍蔽之伤国也，故置公卿大夫士，以饰法设刑，而天下治。其强也，禁暴诛乱而天下服；其弱也，五伯征而诸侯从；其削也，内守外附而社稷存。故秦之盛也，繁法严刑而天下振；及其衰也，百姓怨望而海内畔矣。故周五序得其道，而千余岁不绝；秦本末并失，故不长久。由此观之，安危之统。相去远矣。

野谚曰："前事之不忘，后事之师也。"是以君子为国，观之上古，验之当世，参以人事，察盛衰之理，审权势之宜，去就有序，变化应时，故旷日长久，而社稷安矣。

卷二●论著之属二

班彪－王命论

昔在帝尧之禅曰：咨尔舜，天之历数在尔躬。舜亦以命禹。暨于稷契，咸佐唐虞，光济四海，奕世载德，至于汤，武而有天下。虽其遭遇异时，禅代不同，至于应天顺人，其揆一焉。是故刘氏承尧之祚，氏族之世，著于《春秋》唐据火德，而汉绍之。始起沛泽，则神母夜号，以彰赤帝之符。由是言之，帝王之祚，必有明圣显懿之德，丰功厚利积累之业。然后精诚通于神明，流泽加于生民。故能为鬼神所福飨，天下所归往。未见运世无本，功德不纪，而得倔起在此位者也。世俗见高祖兴于布衣，不达其故，以为适遭暴乱，得奋其剑，游说之士，至比天下于逐鹿，幸捷而得之。不知神器有命，不可以智力求。悲夫！此世之所以多乱臣贼子者也。若然者，岂徒暗于天道哉？又不睹之于人事矣！

夫饿馑流隶，饥寒道路。思有短褐之袭，檐石之蓄，所愿不过一金，终于转死沟壑。何则？贫穷亦有命也。况乎天子之贵，四海之富，神明之祚，可得而妄处哉？故虽遭罹厄会，窃其权柄，勇如信、布，强如梁、籍，成如王莽，然卒润镬伏鑕，烹醢分裂。又况么么不及数子，而欲暗干天位者也？是故驽蹇之乘，不骋千里之途；燕雀之畴，不奋六翮之用；楶棁之材，不荷栋梁之任；斗筲之子，不秉帝王之重。《易》曰：鼎折足，覆公餗。有胜其任也。

当秦之末，豪杰共推陈婴而王之，婴母止之曰：自吾为子家妇，而世贫贱，卒富贵不祥。不如以兵属人，事成，少受其利。不成，祸有所归。婴从其言，而陈氏以宁。王陵之母，亦见项氏之必亡，而刘氏之将兴也。是时陵为汉将，而母获于楚。有汉使来，陵母见之，谓曰：愿告吾子，汉王长者，必得天下，子谨事之，无有二心。遂对汉使伏剑而死，以固勉陵。其后果定于汉，陵为宰相封侯。夫以匹妇之明，犹能推事理之致，探祸福之机，全宗祀于无穷，垂册书于春秋，而况大丈夫之事乎？是故穷达有命，吉凶由人。婴母知废，陵母知兴，审此二者，帝王之分决矣！

盖在高祖，其兴也有五：一曰帝尧之苗裔，二曰体貌多奇异，三曰神武有徵应，四曰宽明而仁恕，五曰知人善任使。加之以信诚好谋，达于听受，见善如不及，用人如由己从谏如顺流，趣时如响起。当食吐哺，纳子房之策；拔足挥洗，揖郦生之说。悟戍卒之言，断怀土之情；高四皓之名，割肌肤之爱。举韩信于行阵，收陈平于亡命。英雄陈力，群策毕举。此高祖之大略，所以成帝业也。若乃灵瑞符应，又可略闻矣。初刘媪妊高祖而梦与神遇，震电晦冥，有龙蛇之怪。及长而多灵，有异于众。是以王武感物而折契，吕公睹形而进女。秦皇东游，以厌其气；吕后望云，而知所处。始受命则白蛇分，西入关则五星聚。故淮阴留侯谓之天授，非人力也。

历古今之得失，验行事之成败，稽帝王之世运，考五者之所谓，取舍不厌斯位，符瑞不同斯度。而苟昧权利，越次妄据，外不量力，内不知命。则必丧保家之主，失天年之寿。遇折足之凶，伏斧钺之诛。英雄诚知觉寤，畏若祸戒，超然远览，渊然深识。收陵婴之明分，绝信、布之觊觎，距逐鹿之瞽说，审神器之有授。贪不可冀，无为二母之所笑，则福祚流于子孙，天禄其永终矣！

陆机－辩亡论上

昔汉氏失御，奸臣窃命。祸基京畿，毒遍宇内，皇纲弛紊，王室遂卑。于是群雄蜂骇，义兵四合。吴武烈皇帝慷慨下国，电发荆南。权略纷纭，忠勇伯世。威棱则夷羿震荡，兵交则丑虏授馘。遂扫清宗祊，蒸禋皇祖。于时云兴之将带州，飙起之师跨邑；哮阚之群风驱，熊罴之众雾集。虽兵以义合，同盟戮力，然皆苞藏祸心，阻兵怙乱。或师无谋律，丧威稔寇。忠规武节，未有如此其著者也。

武烈既没，长沙桓王逸才命世，弱冠秀发。招揽遗老，与之述业。神兵东驱，奋寡犯众。攻无坚城之将，战无交锋之虏。诛叛柔服，而江外砥定。饰法修师，则威德翕赫。宾礼名贤，而张昭为之雄；交御豪俊，而周瑜为之杰。彼二君子，皆弘敏而多奇，雅达而聪哲。故同方者以类附，等契者以气集，而江东盖多士矣。将北伐诸华，诛锄干纪。旋皇舆于夷庚，反帝座乎紫闼。挟天子以令诸侯，清天步而归旧物。戎车既次，群凶侧目，大业未就，中世而殒。用集我大皇帝以奇从袭于逸轨，睿心因于令图。从政咨于故实，播宪稽乎遗风。而加之以笃固，申之以节俭，畴咨俊茂，好谋善断。束帛旅于丘园，旌命交于途巷。故豪彦寻声而响臻，志士希光而景骛。异人辐凑，猛士如林。于是张昭为师傅，周瑜、陆公、鲁肃、吕蒙、之俦，入为腹心，出作股肱。甘宁、凌统、程普、贺齐、朱桓、朱然之徒奋其威。韩当、潘璋、黄盖、蒋钦周泰之属，宣其力。风雅则诸葛瑾、张承、步骘，以名声光国。政事则顾雍、潘浚、吕范、吕岱，以器任干职。奇伟则虞翻、陆绩、张温、张敦，以讽议举正。奉使则赵咨、沈珩，以敏达延誉。术数则吴范、赵达，以禨祥协德。董袭、陈武，杀身以卫主，骆统、刘基，强谏以补过。谋无遗住，举不失策。故遂割据山川，跨制荆吴，而与天下争衡矣。

魏氏尝藉战胜之威，率百万之师，浮邓塞之舟，下汉阴之众。羽楫万计，龙跃顺流，锐骑千旅，虎步原隰，谓然有吞江浒之志，一宇宙之气。而周瑜驱我偏师，黜之赤壁，丧旗乱辙，仅而获免，收迹远遁。汉王亦凭帝王之号，帅巴、汉之民，乘危骋变，结垒千里，志报关羽之败，图收湘西之地。而陆公亦挫之西陵，覆师败绩，困而后济，绝命永安。续以濡须之冠，临川摧锐，蓬笼之战，孑轮不反。由是二邦之将，丧气挫锋，势衄财匮，而吴莞然坐乘其敝。故魏人请好，汉氏乞盟，遂跻天号，鼎跱而立。西屠庸、益之郊，北裂淮、汉之涘，东包百越之地，南括群蛮之表。于是讲八代之礼，蒐三王之乐。告类上帝，拱揖群后，虎臣毅卒，循江而守，长棘劲铩，望飙而奋。庶尹尽规于上，四民展业于下。化协殊裔，风衍遐圻。乃俾一介行人，抚巡外域。巨象逸骏，扰于外闲；明珠玮宝，耀于内府。珍瑰重迹而至，奇玩应响而赴。輶轩骋于南荒，冲棚息于朔野。齐民免干戈之患，戎马无晨服之虞，而帝业固矣。

大皇既殁，幼主莅朝，奸回肆虐，景皇聿兴，虔修遗宪，政无大阙，守文之良主也。降及归命之初，典刑未灭，故老犹存。大司马陆公以文武熙朝，左丞相陆凯以謇谔尽规。而施绩、范慎以威重显，丁奉、离斐以武毅称，孟宗、丁固之徒为公卿，楼玄、贺劭之属掌机事，元首虽病，股肱犹存。爰及末叶，群公既丧，然后黔首有瓦解之志，皇家有土崩之衅。历命应化而微，王师蹑运而发。卒散于阵，民奔于邑；城池无藩篱之固，山川无沟阜之势。非有工输云梯之械，智伯灌激之害。楚子筑室之围，燕人济西之队。军未浃辰，而社稷夷矣。虽忠臣孤愤，烈士死节，将奚救哉？

夫曹刘之将，非一世所选；向时之师，无曩日之众。战守之道，抑有前符。险阻之利，俄然未改。而成败贸理，古今诡趣。何哉？彼此之化殊，授任之才异也。

陆机－辩亡论下

昔三方之王也，魏人据中夏，汉氏有岷益，吴制荆杨而奄交广。曹氏虽功济诸华，虐亦深矣，其民怨矣。刘公因险以饰智，功已薄矣，其俗陋矣。夫吴，桓王基之以武，太祖成之以德，聪明睿达，懿度弘远矣。其求贤如不及，恤民如稚子。接士尽盛德之容，亲仁整丹府之爱。拔吕蒙于戎行，识潘浚于系虏。推诚信士，不恤人之我欺；量能授器，不患权之我逼。执鞭鞠躬，以重陆公之威；悉委武卫，以济周瑜之师。卑宫菲食，以丰功臣之赏；披怀虚己，以纳谟士之算。故鲁肃一面而自讬，士燮蒙险而致命。高张公之德，而省游田之娱；贤诸葛之言，而割情欲之欢。感陆公之规，而除刑法之烦；奇刘基之议，而作三爵之誓。屏气局蹐，以伺子明之疾；分滋损甘，以育凌统之孤。登坛慷慨，归鲁子之功；削投恶言，信子瑜之节。是以忠臣竞尽其谟，志士咸得肆力。洪规远略，固不厌夫区区者也。故百官苟合，庶务未遑。

初都建业，群臣请备礼秩，天子辞而不许，曰：天下其谓朕何？宫室舆服，盖慊如也。爰及中叶，天人之分既定，百度之缺粗修。虽醲化懿纲，未齿乎上代。抑其体国经邦之具，亦足以为政矣。地方几万里，带甲将百万，其野沃，其兵练，其器利，其财丰。东负沧海，西阻险塞，长江制其区宇，峻山带其封域。国家之利，未巨有引于兹者矣。借使中才守之以道，善人御之有术。敦率遗典，勤民谨政，循定策，守常险，则可以长世永年，未有危亡之患也。

或曰：吴蜀唇齿之国，蜀灭则吴亡，理则然矣。夫蜀盖藩援之与国，而非吴人之存亡也。何则？其郊境之接，重山积险，陆无长毂之径；川厄流迅，水有惊波之艰。虽有锐师百万，启行不过千夫。舳舻千里，前驱不过百舰。故刘氏之伐，陆公喻之长蛇，其势然也。昔蜀之初亡，朝臣异谋，或欲积石以险其流，或欲机械以御其变。天子总群议而谘之大司马陆公，公以四渎天地之所以节宣其气，固无可遏之理，而机械则彼我之所共，彼若弃长技以就所屈，即荆杨而争舟楫之用，是天赞我也。将谨守峡口，以待禽耳。逮步阐之乱，凭宝城以延强寇，重资币以诱群蛮。于时大邦之众，云翔电发。悬旍江介，筑垒遵渚，襟带要害，以止吴人之西。而巴汉舟师，沿江东下。陆公以偏师三万，北据东坑。深沟高垒，案甲养威，反虏踠迹待戮，而不敢北窥生路，强寇败绩宵遁，丧师太半。分命锐师五千，西御水军，东西同捷，献俘万计。信哉，贤人之谋，岂欺我哉！自是烽燧罕警，封域寡虞。陆公殁而潜谋兆，吴衅深而六师骇。夫太康之役，众未盛乎曩日之师；广州之乱，祸有愈乎向时之难？而邦家颠覆，宗庙为墟。呜呼！人之云亡，邦国殄瘁，不其然与？《易》曰：汤武革命，顺乎天。《玄》曰：乱不极则治不形。言帝王之因，天时也。古人有言曰：天时不如地利。《易》曰：王侯设险，以守其国。言为国之恃险也。又曰：地利不如人和，在德不在险。言守险之由人也。吴之兴也，参而由焉，《孙卿》所谓合其参者也。及其亡也，恃险而已，又《孙卿》所谓舍其参者也。

夫四州之萌，非无众也，大江之南，非乏俊也。山川之险，易守也。劲利之器，易用也。先政之策，易循也。功不兴而祸遘者，何哉？所以用之者失也。是故先王达经国之长规，审存亡之至数，谦已以安百姓，敦惠以致人和，宽冲以诱俊乂之谋，慈和以结士民之爱。是以其安也，则黎元与之同庆；及其危也，则兆庶与之共患。安与众同庆，则其危不可得也；危与下共患，则其难不足恤也。夫然，故能保其社稷，而固其土宇，《麦秀》无悲殷之思，《黍离》无愍周之感矣。

李康－运命论

夫治乱，运也；穷达，命也；贵贱，时也。故运之将隆，必生圣明之君。圣明之君，必有忠贤之臣。其所以相遇也，不求而自合；其所以相亲也，不介而自亲。唱之而必和，谋之而必从，道德玄同，曲折合符，得失不能疑其志，谗构不能离其交，然后得成功也。其所以得然者，岂徒人事哉？授之者天也，告之者神也，成之者运也。

夫黄河清而圣人生，里社鸣而圣人出，群龙见而圣人用。故伊尹，有莘氏之媵臣也，而阿衡于商。太公，渭滨之贱老也，而尚父于周。百里奚在虞而虞亡，在秦而秦霸，非不才于虞而才于秦也。张良受黄石之符，诵三略之说，以游于群雄，其言也，如以水投石，莫之受也；及其遭汉祖，其言也，如以石投水，莫之逆也。非张良之拙说于陈项，而巧言于沛公也。然则张良之言一也，不识其所以合离？合离之由，神明之道也。故彼四贤者，名载于籙图，事应乎天人，其可格之贤愚哉？孔子曰：清明在躬，气志如神，嗜欲将至，有开必先。天降时雨，山川出云。《诗》云：惟岳降神，生甫及申；惟申及甫，惟周之翰。运命之谓也。岂惟兴主，乱亡者亦如之焉。幽王之惑褒女也，祅始于夏庭。曹伯阳之获公孙强也，徵发于社宫。叔孙豹之昵竖牛也，祸成于庚宗。吉凶成败，各以数至。咸皆不求而自合，不介而自亲矣。

昔者圣人受命《河》、《洛》曰：以文命者，七九而衰，以武兴者，六八而谋。及成王定鼎于郏鄏，卜世三十，卜年七百，天所命也。故自幽厉之间，周道大坏，二霸之后，礼乐陵迟。文薄之弊，渐于灵景；辩诈之伪，成于七国。酷烈之极，积于亡秦；文章之贵，弃于汉祖。虽仲尼至圣，颜冉大贤，揖让于规矩之内，訚訚于洙泗之上，不能遏其端；孟轲、孙卿，体二希圣，从容正道，不能维其末。天下卒至于溺，而不可援。夫以仲尼之才也，而器不周于鲁卫；以仲尼之辩也，而言不行于定哀；以仲尼之谦也，而见忌于子西；以仲尼之仁也，而取雠于桓魋；以仲尼之智也，而屈厄于陈蔡；以仲尼之行也，而招毁于叔孙。夫道足以济天下，而不得贵于人。言足以经万世，而不见信于时；行足以应神明，而不能弥纶于俗；应聘七十国，而不一获其主；驱骤于蛮夏之域，屈辱于公卿之门，其不遇也如此。及其孙子思，希圣备体而未之至，封己养高，势动人主。其所游历诸侯，莫不结驷而造门。虽造门，犹有不得宾者焉。其徒子夏，升堂而未入于室者也，退老于家，魏文侯师之，西河之人，肃然归德，比之于夫子，而莫敢间其言。故曰：治乱，运也；穷达，命也；贵贱，时也。而后之君子，区区于一主，叹息于一朝。屈原以之沈湘，贾谊以之发愤，不亦过乎！

然则圣人所以为圣者，盖在乎乐天知命矣。故遇之而不怨，居之而不疑也。其身可抑，而道不可屈；其位可排，而名不可夺。譬如水也，通之斯为川焉，塞之斯为渊焉。升之于云则雨施，沈之于地则土润。体清以洗物，不乱于浊；受浊以济物，不伤于清。是以圣人处穷达如一也。夫忠直之迕于主，独立之负于俗，理势然也。故木秀于林，风必摧之；堆出于岸，流必湍之；行高于人，众必非之。前监不远，覆车继轨。然而志士仁人，犹蹈之而弗悔，操之而弗失，何哉？将以遂志而成名也。求遂其志，而冒风波于险途；求成其名，而历谤议于当时。彼所以处之，尽有算矣。子夏曰：死生有命，富贵在天。故道之将行也，命之将贵也。则伊尹、吕尚之兴于商周，百里、子房之用于秦汉，不求而自得，不徼而自遇矣。道之将废也，命之将贱也。岂独君子耻之而弗为乎？盖亦知为之而弗得矣。凡希世苟合之士，蘧蒢戚施之人，俯仰尊贵之颜，逶迤势利之间。意无是非，赞之如流；言无可否，应之如响。以窥看为精神，以向背为变通。势之所集，从之如归市；势之所去，弃之如脱遗。其言曰：名与身孰亲也？得与失孰贤也？荣与辱孰珍也？故遂洁其衣服，矜其车徒，冒其货贿，淫其声色，脉脉然自以为得矣。盖见龙逢，比干之亡其身，而不惟飞、廉恶来之灭其族也。盖知伍子胥之属镂于吴，而不戒费无忌之诛夷于楚也。盖讥汲黯之白首于主爵，而不惩张汤牛车之祸也。盖笑萧望之跋踬于前，而不惧石显之绞缢于后也。

故夫达者之算也，亦各有尽矣。曰：凡人之所以奔竞于富贵，何为者哉？若夫立德，必须贵乎？则幽厉之为天子，不如仲尼之为陪臣也。必须势乎？则王莽、董贤之为三公，不如杨雄、仲舒之阒其门也。必须富乎？则齐景之千驷，不如颜回，原宪之约其身也。其为实乎？则执杓而饮河者，不过满腹；弃室而洒雨者，不过濡身；过此以往，弗能受也。其为名乎？则善恶书于史册，毁誉流于千载。赏罚悬于天道，吉凶灼乎鬼神，固可畏也。将以娱耳目、乐心意乎？譬命驾而游五都之市，则天下之货毕陈矣。褰裳而涉汶阳之丘，则天下之稼如云矣。椎紒而守敖庾，海陵之仓，则山坻之积在前矣。扱衽而登锺山、蓝田之上，则夜光璵璠之珍可观矣。夫如是也，为物甚众，为己甚寡，不爱其身，而啬其神，风惊尘起，散而不止。六疾待其前，五刑随其后。利害生其左，攻夺出其右，而自以为见身名之亲疏，分荣辱之客主哉。天地之大德曰生，圣人之大宝曰位。何以守位曰仁，何以正人曰义。故古之王者，盖以一人治天下，不以天下奉一人也。古之仕者，盖以官行其义，不以利冒其官也。古之君子，盖耻得之而弗能治也，不耻能治而弗得也。原乎天人之性，核乎邪正之分。权乎祸福之门，终乎荣辱之算，其昭然矣。故君子舍彼取此，若夫出处不违其时，默语不失其人，天动星回，而辰极犹居其所，玑旋轮转，而衡轴犹执其中。既明且哲，以保其身，贻厥孙谋，以燕翼子者，昔吾先友，尝从事于斯矣。

江统－徙戎论

夫夷蛮戎狄，谓之四夷，九服之制，地在要荒。《春秋》之义，内诸夏而外夷狄。以其言语不通，贽币不同，法俗诡异，种类乖殊；或居绝域之外，山河之表，崎岖川谷阻险之地，与中国壤断土隔，不相侵涉，赋役不及，正朔不加，故曰“天子有道，守在四夷”。禹平九土，而西戎即叙。其性气贪婪，凶悍不仁，四夷之中，戎狄为甚。弱则畏服，强则侵叛。虽有贤圣之世，大德之君，咸未能以通化率导，而以恩德柔怀也。当其强也，以殷之高宗而惫于鬼方，有周文王而患昆夷、猃狁，高祖困于白登，孝文军于霸上。及其弱也，周公来九译之贡，中宗纳单于之朝，以元成之微，而犹四夷宾服。此其已然之效也。故匈奴求守边塞，而侯应陈其不可，单于屈膝未央，望之议以不臣。是以有道之君牧夷狄也，惟以待之有备，御之有常，虽稽颡执贽，而边城不弛固守；为寇贼强暴，而兵甲不加远征，期令境内获安，疆埸不侵而已。

及至周室失统，诸侯专征，以大兼小，转相残灭，封疆不固，而利害异心。戎狄乘间，得入中国。或招诱安抚，以为已用。故申、缯之祸，颠覆宗周；襄公要秦，遽兴姜戎。当春秋时，义渠、大荔居秦、晋之域，陆浑、阴戎处伊、洛之间，鄋瞒之属害及济东，侵入齐、宋，陵虐邢、卫，南夷与北狄交侵中国，不绝若线。齐桓攘之，存亡继绝，北伐山戎，以开燕路。故仲尼称管仲之力，嘉左衽之功。逮至春秋之末，战国方盛，楚吞蛮氏，晋翦陆浑，赵武胡服，开榆中之地，秦雄咸阳，灭义渠之等。始皇之并天下也，南兼百越，北走匈奴，五岭长城，戎卒亿计。虽师役烦殷，寇贼横暴，然一世之功，戎虏奔却，当时中国无复四夷也。

汉兴而都长安，关中之郡号曰三辅，《禹贡》雍州，宗周丰、镐之旧也。及至王莽之败，赤眉因之，西都荒毁，百姓流亡。建武中，以马援领陇西太守，讨叛羌，徙其余种于关中，居冯翊、河东空地，而与华人杂处。数岁之后，族类蕃息，既恃其肥强，且苦汉人侵之。永初之元，骑都尉王弘使西域，发调羌、氐，以为行卫。于是群羌奔骇，互相扇动，二州之戎，一时俱发，覆没将守，屠破城邑。邓骘之徵，弃甲委兵，舆尸丧师，前后相继，诸戎遂炽，至于南入蜀汉，东掠赵、魏，唐突轵关，侵及河内。及遣北军中候朱宠将五营士于孟津距羌，十年之中，夷夏俱毙，任尚、马贤仅乃克之。此所以为害深重、累年不定者，虽由御者之无方，将非其才，亦岂不以寇发心腹，害起肘腋，疢笃难疗，疮大迟愈之故哉！自此之后，余烬不尽，小有际会，辄复侵叛。马贤忸忕，终于覆败；段颖临冲，自西徂乐。雍州之戎，常为国患，中世之寇，惟此为大。汉末之乱，关中残灭。魏兴之初，与蜀分隔，疆埸之戎，一彼一此。魏武皇帝令将军夏侯妙才讨叛氐阿贵、千万等，后因拔弃汉中，遂徙武都之种于秦川，欲以弱寇强国，捍御蜀虏。此盖权宜之计，一时之势，非所以为万世之利也。今者当之，已受其弊矣。

夫关中土沃物丰，厥田上上，加以泾、渭之流溉其舄卤，郑国、白渠灌浸相通，黍稷之饶，亩号一钟，百姓谣咏其殷实，帝王之都每以为居，未闻戎狄宜在此土也。非我族类，其心必异，戎狄志态，不与华同。而因其衰弊，迁之畿服，士庶玩习，侮其轻弱，使其怨恨之气毒于骨髓。至于蕃育众盛，则坐生其心。以贪悍之性，挟愤怒之情，候隙乘便，辄为横逆。而居封域之内，无障塞之隔，掩不备之人，收散野之积，故能为祸滋扰，暴害不测。此必然之势，已验之事也。当今之宜，宜及兵威方盛，众事未罢，徙冯翊、北地、新平、安定界内诸羌，著先零、罕并、析支之地；徙扶风、始平、京兆之氐，出还陇右，著阴平、武都之界。廪其道路之粮，令足自致，各附本种，反其旧土，使属国、抚夷就安集之。戎晋不杂，并得其所，上合往古即叙之义，下为盛世永久之规。纵有猾夏之心，风尘之警，则绝远中国，隔阂山河，虽为寇暴，所害不广。是以充国、子明能以数万之众制群羌之命，有征无战，全军独克，虽有谋谟深计，庙胜远图，岂不以华夷异处，戎夏区别，要塞易守之故，得成其功也哉！

难者曰：方今关中之祸，暴兵二载，征戍之劳，老师十万，水旱之害，荐饥累荒，疫疠之灾，札瘥夭昏。凶逆既戮，悔恶初附，且款且畏，咸怀危惧，百姓愁苦，异人同虑，望宁息之有期，若枯旱之思雨露，诚宜镇之以安豫。而子方欲作役起徒，兴功造事，使疲悴之众，徙自猜之寇，以无谷之人，迁乏食之虏，恐势尽力屈，绪业不卒，羌戎离散，心不可一，前害未及弭，而后变复横出矣。

答曰：羌戎狡猾，擅相号署，攻城野战，伤害牧守，连兵聚众，载离寒暑矣。而今异类瓦解，同种土崩，老幼系虏，丁壮降散，禽离兽迸，不能相一。子以此等为尚挟余资，悔恶反善，怀我德惠而来柔附乎？将势穷道尽，智力俱困，惧我兵诛以至于此乎？曰，无有余力，势穷道尽故也。然则我能制其短长之命，而令其进退由己矣。夫乐其业者不易事，安其居者无迁志。方其自疑危惧，畏怖促遽，故可制以兵威，使之左右无违也。迨其死亡散流，离逷未鸠，与关中之人，户皆为仇，故可遐迁远处，令其心不怀土也。夫圣贤之谋事也，为之于未有，理之于未乱，道不著而平，德不显而成。其次则能转祸为福，因败为功，值困必济，遇否能通。今子遭弊事之终而不图更制之始，爱易辙之勤而得覆车之轨，何哉？且关中之人百余万口，率其少多，戎狄居半，处之与迁，必须口实。若有穷乏糁粒不继者，故当倾关中之谷以全其生生之计，必无挤于沟壑而不为侵掠之害也。今我迁之，传食而至，附其种族，自使相赡，而秦地之人得其半谷，此为济行者以廪粮，遗居者以积仓，宽关中之逼，去盗贼之原，除旦夕之损，建终年之益。若惮暂举之小劳，而忘永逸之弘策；惜日月之烦苦，而遗累世之寇敌，非所谓能开物成务，创业垂统，崇其拓迹，谋及子孙者也。

并州之胡，本实匈奴桀恶之寇也。汉宣之世，冻馁残破，国内五裂，后合为二，呼韩邪遂衰弱孤危，不能自存，依阻塞下，委质柔服。建武中，南单于复来降附，遂令入塞，居于漠南，数世之后，亦辄叛戾，故何熙、梁槿戎车屡征。中平中，以黄巾贼起，发调其兵，部众不从，而杀羌渠。由是于弥扶罗求助于汉，以讨其贼。仍值世丧乱，遂乘衅而作，卤掠赵、魏，寇至河南。建安中，又使右贤王去卑诱质呼厨泉，听其部落散居六郡。咸熙之际，以一部太强，分为三率。泰始之初，又增为四。于是刘猛内叛，连结外虏。近者郝散之变，发于谷远。今五部之众，户至数万，人口之盛，过于西戎。然其天性骁勇，弓马便利，倍于氐、羌。若有不虞风尘之虑，则并州之域可为寒心。荥阳句骊本居辽东塞外，正始中，幽州刺史毌丘俭伐其叛者，徙其余种。始徙之时，户落百数，子孙孳息，今以千计，数世之后，必至殷炽。今百姓失职，犹或亡叛，犬马肥充，则有噬啮，况于夷狄，能不为变！但顾其微弱势力不陈耳。

夫为邦者，患不在贫而在不均，忧不在寡而在不安。以四海之广，士庶之富，岂须夷虏在内，然后取足哉！此等皆可申谕发遣，还其本域，慰彼羁旅怀土之思，释我华夏纤介之忧。惠此中国，以绥四方，德施永世，于计为长。

韩愈－原道

博爱之谓仁，行而宜之之谓义；由是而之焉之谓道，足乎己无待于外之谓德。仁与义为定名，道与德为虚位。故道有君子小人，而德有凶有吉。老子之小仁义，非毁之也，其见者小也。坐井而观天，曰天小者，非天小也。彼以煦煦为仁，孑孑为义，其小之也则宜。其所谓道，道其所道，非吾所谓道也；其所谓德，德其所德，非吾所谓德也。凡吾所谓道德云者，合仁与义言之也，天下之公言也。老子之所谓道德云者，去仁与义言之也，一人之私言也。

周道衰，孔子没，火于秦，黄、老于汉，佛于晋、魏、梁、隋之间。其言道德仁义者，不入于杨，则入于墨；不入于老，则入于佛。入于彼，必出于此。入者主之，出者奴之；入者附之，出者沃。噫！后之人其欲闻仁义道德之说，孰从而听之？老者曰："孔子，吾师之弟子也。"佛者曰："孔子，吾师之弟子也。"为孔子者，习闻其说，乐其诞而自小也，亦曰："吾师亦尝云尔。"不惟举之于其口，而又笔之于其书。噫！后之人虽欲闻仁义道德之说，其孰从而求之？甚矣，人之好怪也！不求其端，不讯其末，惟怪之欲闻。古之为民者四，今之为民者六；古之教者处其一，今之教者处其三。农之家一，而食粟之家六；工之家一，而用器之家六；贾之家一，而资焉之家六；奈之何民不穷且盗也！

古之时，人之害多矣。有圣人者立，然后教之以相生养之道。为之君，为之师，驱其虫蛇禽兽，而处之中土。寒然后为之衣，饥然后为之食。木处而颠，土处而病也，然后为之宫室。为之工以赡其器用，为之贾以通其有为之医药以济其夭死，为之葬埋祭祀以长其恩爱，为之礼以次其先后，为之乐以宣其壹郁，为之政以率其怠倦，为之刑以锄其强梗。相欺也，为之符玺斗斛权衡以信之，相夺也，为之城郭甲兵以守之。害至而为之备，患生而为之防。今其言曰："圣人不死，大盗不止；剖斗折衡，而民不争。"呜呼，其亦不思而已矣！如古之无圣人，人之类灭久矣。何也？无羽毛鳞介以居寒热也，无爪牙以争食也。是故君者，出令者也；臣者，行君之令而致之民者也；民者，出粟米麻丝、作器皿、通货财，以事其上者也。君不出令，则失其所以为君；臣不行君之令而致之民，民不出粟米麻丝、作器皿、通货财，以事其上，则诛。今其法曰："必弃而君臣，去而父子，禁而相生养之道。"以求其所谓清净寂灭者。呜呼！其亦幸而出于三代之后，不见黜于禹、汤、文、武、周公、孔子也；其亦不幸而不出于三代之前，不见正于禹、汤、文、武、周公、孔子也。

帝之与王，其号名殊，其所以为圣一也。夏葛而冬裘，渴饮而饥食，其事殊，其所以为智一也。今其言曰："曷不为太古之无事？"是亦责冬之裘者曰："曷不为葛之之易也？"责饥之食者曰："曷不为饮之之易也？"《传》曰："古之欲明明德于天下者，先治其国；欲治其国者，先齐其家；欲齐其家者，先修其身；欲修其身者，先正其心；欲正其心者，先诚其意。"然则古之所谓正心而诚意者，将以有为也。今也欲治其心，而外天下国家，灭其天常，子焉而不父其父，臣焉而不君其君，民焉而不事其事。孔子之作《春秋》也，诸侯用夷礼则夷之，进于中国则中国之。《经》曰："夷狄之有君，不如诸夏之亡。"《诗》曰："戎狄是膺，荆舒是惩。"今也举夷狄之法，而加之先王之教之上，几何其不胥而为夷也！

夫所谓先王之教者，何也？博爱之谓仁，行而宜之之谓义，由是而之焉之谓道，足乎己无待于外之谓德。其文，《诗》、《书》、《易》、《春秋》；其法，礼、乐、刑、政；其民，士、农、工、贾；其位，君臣、父子、师友、宾主、昆弟、夫妇；其服，麻丝；其居，宫室；其食，粟米、果蔬、鱼肉。其为道易明，而其为教易行也。是故以之为己，则顺而祥；以之为人，则爱而公；以之为心，则和而平；以之为天下国家，无所处而不当）。是故生则得其情，死则尽其常，郊焉而天神假，庙焉而人鬼飨。曰：斯道也，何道也？曰：斯吾所谓道也，非向所谓老与佛之道也。尧以是传之舜，舜以是传之禹，禹以是传之汤，汤以是传之文、武、周公，文、武、周公传之孔子，孔子传之孟轲。轲之死，不得其传焉。荀与扬也，择焉而不精，语焉而不详。由周公而上，上而为君，故其事行；由周公而下，下而为臣，故其说长。

然则如之何而可也？曰：不塞不流，不止不行。人其人，火其书，庐其居，明先王之道以道之，鳏寡孤独废疾者有养也。其亦庶乎其可也。

韩愈－原性

性也者，与生俱生也；情也者，接于物而生也。性之品有三，而其所以为性者五；情之品有三，而其所以为情者七。曰：何也？曰：性之品有上中下三。上焉者，善焉而已矣；中焉者，可导而上下也；下焉者，恶焉而已矣。其所以为性者五：曰仁、曰礼、曰信、曰义、曰智。上焉者之于五也，主于一而行于四；中焉者之于五也，一不少有焉，则少反焉，其于四也混；下焉者之于五也，反于一而悖于四。性之于情视其品。情之品有上中下三，其所以为情者七：曰喜、曰怒、曰哀、曰惧、曰爱、曰恶、曰欲。上焉者之于七也，动而处其中；中焉者之于七也，有所甚，有所亡，然而求合其中者也；下焉者之于七也，亡与甚，直情而行者也。情之于性视其品。孟子之言性曰：人之性善。荀子之言性曰：人之性恶。扬子之言性曰：人之性善恶混。夫始善而进恶，与始恶而进善，与始也混而今也善恶，皆举其中而遗其上下者也，得其一而失其二者也。叔鱼之生也，其母视之，知其必以贿死。杨食我之生也，叔向之母闻其号也，知必灭其宗。越椒之生也，子文以为大戚，知若敖氏之鬼不食也。人之性果善乎？后稷之生也，其母无灾，其始匍匐也，则岐岐然，嶷嶷然。文王之在母也，母不忧；既生也，傅不勤；既学也，师不烦；人之性果恶乎？尧之朱，舜之均，文王之管、蔡，习非不善也，而卒为奸；瞽叟之舜，鲧之禹，习非不恶也，而卒为圣。人之性善恶果混乎？故曰：三子之言性也，举其中而遗其上下者也，得其一而失其二者也。曰：然则性之上下者，其终不可移乎？曰：上之性，就学而愈明；下之性，畏威而寡罪；是故上者可教，而下者可制也，其品则孔子谓不移也。曰：今之言性者异于此，何也？曰：今之言者，杂佛、老而言也；杂佛、老而言也者，奚言而不异？

韩愈－原毁

古之君子，其责己也重以周，其待人也轻以约。重以周，故不怠；轻以约，故人乐为善。闻古之人有舜者，其为人也，仁义人也。求其所以为舜者，责于己曰："彼人也，予人也；彼能是，而我乃不能是！"早夜以思，去其不如舜者，就其如舜者。闻古之人有周公者，其为人也，多才与艺人也。求其所以为周公者，责于己曰："彼人也，予人也；彼能是，而我乃不能是！"早夜以思，去其不如周公者，就其如周公者。舜，大圣人也，后世无及焉；周公，大圣人也，后世无及焉。是人也，乃曰："不如舜，不如周公，吾之病也。"是不亦责于身者重以周乎！其于人也，曰："彼人也，能有是，是足为良人矣；能善是，是足为艺人矣。"取其一不责其二，即其新不究其旧，恐恐然惟惧其人之不得为善之利。一善易修也，一艺易能也，其于人也，乃曰："能有是，是亦足矣。"曰："能善是，是亦足矣。"不亦待于人者轻以约乎！

今之君子则不然。其责人也详，其待己也廉。详，故人难于为善；廉，故自取也少。己未有善，曰："我善是，是亦足矣。"己未有能，曰："我能是，是亦足矣。"外以欺于人，内以欺于心，未少有得而止矣，不亦待其身者已廉乎！其于人也，曰："彼虽能是，其人不足称也；彼虽善是，其用不足称也。"举其一不计其十，究其旧不图其新，恐恐然惟惧其人之有闻也。是不亦责于人者已详乎！夫是之谓不以众人待其身，而以圣人望于人，吾未见其尊己也。

虽然，为是者有本有原，怠与忌之谓也。怠者不能修，而忌者畏人修。吾常试之矣。尝试语于众曰："某，良士；某，良士。"其应者，必其人之与也；不然，则其所疏远不与同其利者也；不然，则其畏也。不若是，强者必怒于言，懦者必怒于色矣。又尝语于众曰："某，非良士；某，非良士。"其不应者，必其人之与也；不然，则其所疏远不与同其利者也；不然，则其畏也。不若是，强者必说于言，懦者必说于色矣。是故事修而谤兴，德高而毁来。呜呼！士之处此世，而望名誉之光，道德之行，难已！

将有作于上者，得吾说而存之，其国家可几而理欤！

韩愈－伯夷颂

士之特立独行，适于义而已，不顾人之是非，皆豪杰之士，信道笃而自知明者也。一家非之，力行而不惑者，寡矣；至于一国一州非之，力行而不惑者，盖天下一人而已矣；若至于举世非之，力行而不惑者，则千百年乃一人而已耳。若伯夷者，穷天地、亘万世而不顾者也。昭乎日月不足为明，撕跆┤讲蛔阄高，巍乎天地不足为容也！当殷之亡，周之兴，微子贤也，抱祭器而去之；武王、周公，圣也，从天下之贤士，与天下之诸侯，而往攻之，未尝闻有非之者也。彼伯夷、叔齐者，乃独以为不可。殷既灭矣，天下宗周，彼二子乃独耻食其粟，饿死而不顾。由是而言，夫岂有求而为哉？信道笃而自知明也。今世之所谓士者，一凡人誉之，则自以为有余；一凡人沮之，则自以为不足。彼独非圣人，而自是如此。夫圣人乃万世之标淮十也。余故曰：若伯夷者，特立独行，穷天地、亘万世而不顾者也。虽然，微二子，乱臣贼子接迹于后世矣。

韩愈－获麟解

麟之为灵昭昭也，咏于《诗》，书于《春秋》，杂出于传记百家之书，虽妇人小子，皆知其为祥也。然麟之为物，不畜于家，不恒有于天下。其为形也不类，非若马牛犬豕豺狼麋鹿然。然则虽有麟，不可知其为麟也。角者吾知其为牛，鬣者吾知其为马，犬豕豺狼麋鹿，吾知其为犬豕豺狼麋鹿，惟麟也不可知。不可知，则其谓之不祥也亦宜。虽然，麟之出，必有圣人在乎位。麟为圣人出也。圣人者，必知麟，麟之果不为不祥也。又曰：麟之所以为麟者，以德不以形。若麟之出不待圣人，则谓之不祥也亦宜。

韩愈－杂说四首

龙嘘气成云，云固弗灵于龙也。然龙乘是气，茫洋穷乎玄间，薄日月，伏光景，感震电，神变化，水下上，汩陵谷，云亦灵怪矣哉！云，龙之所能使为灵也；若龙之灵，则非云之所能使为灵也。然龙弗得云，无以神其灵矣，失其所凭依，信不可欤！异哉，其所凭依，乃其所自为也。《易》曰：“云从龙。”既曰龙，云从之矣。

善医者，不视人之瘠肥，察其脉之病否而已矣；善计天下者，不视天下之安危，察其纪纲之理乱而已矣。天下者，人也；安危者，肥瘠也；纪纲者，脉也。脉不病，虽瘠不害；脉病而肥者，死矣。通于此说者，其知所以为天下乎！夏、殷、周之衰也，诸侯作而战伐日行矣。传数十王而天下不倾者，纪纲存焉耳。秦之王天下也，无分势于诸侯，聚兵而焚之，传二世而天下倾者，纪纲亡焉耳。是故四支虽无故，不足恃也，脉而已矣；四海虽无事，不足矜也，纪纲而已矣。忧其所可恃，惧其所可矜，善医善计者，谓之天扶与之。《易》曰：“视履考祥。”善医善计者为之。

谈生之为《崔山君传》，称鹤言者，岂不怪哉！然吾观于人，其能尽其性而不类于禽兽异物者希矣，将愤世嫉邪长往而不来者之所为乎？昔之圣者，其首有若牛者，其形有若蛇者，其喙有若鸟者，其貌有若蒙人其者，彼皆貌似而心不同焉，可谓之非人邪？即有平肋曼肤，颜如渥丹，美而很者，貌则人，其心则禽兽，又恶可谓之人邪？然则观貌之是非，不若论其心与其行事之可否为不失也。怪神之事，孔子之徒不言，余将特取其愤世嫉邪而作之，故题之云尔。

世有伯乐，然后有千里马。千里马常有，而伯乐不常有。故虽有名马，只辱于奴隶人之手，骈死于槽枥之间，不以千里称也。马之千里者，一食或尽粟一石。食马者，不知其能千里而食也。是马也，虽有千里之能，食不饱，力不足，才美不见外，且欲与常马等不可得，安求其能千里也！策之不以其道，食之不能尽其材，鸣之而不能通其意，执策而临之曰：“天下无马。”呜呼！其真无马邪？其真不知马也！

韩愈－师说

古之学者必有师。师者，所以传道、受业、解惑也。人非生而知之者，孰能无惑？惑而不从师，其为惑也，终不解矣。生乎吾前，其闻道也，固先乎吾，吾从而师之。生乎吾后，其闻道也，亦先乎吾，吾从而师之。吾师道也，夫庸知其年之先后生于吾乎！是故无贵无贱，无长无少，道之所存，师之所存也。嗟乎！师道之不传也久矣，欲人之无惑也难矣。古之圣人，其出人也远矣，犹且从师而问焉。今之众人，其下圣人也亦远矣，而耻学于师。是故圣益圣，愚益愚，圣人之所以为圣，愚人之所以为愚，其皆出于此乎！爱其子，择师而教之，于其身也，则耻师焉，惑矣！彼童子之师，授之书而习其句读者，非吾所谓传其道解其惑者也。句读之不知，惑之不解，或师焉，或不焉，小学而大遗，吾未见其明也。巫医乐师百工之人，不耻相师。士大夫之族，曰师、曰弟子云者，则群聚而笑之。问之，则曰："彼与彼年相若也，道相似也。位卑则足羞，官盛则近谀。"呜呼，师道之不复可知矣！巫医乐师百工之人，君子不齿，今其智乃反不能及，其可怪也欤！

圣人无常师，孔子师郯子、苌弘、师襄、老聃。郯子之徒，其贤不及孔子。孔子曰："三人行，则必有我师。"是故弟子不必不如师，师不必贤于弟子。闻道有先后，术业有专攻，如是而已。

李氏子蟠，年十七，好古文，六艺经传，皆通习之，不拘于时，学于余。余嘉其能行古道，作《师说》以贻之。

柳宗元－封建论

天地果无初乎？吾不得而知之也。生人果有初乎？吾不得而知之也。然则孰为近？曰：有初为近。孰明之？由封建而明之也。彼封建者，更古圣王尧、舜、禹、汤、文、武而莫能去之。盖非不欲去之也，势不可也。势之来，其生人之初乎？不初，无以有封建。封建非圣人意也。彼其初与万物皆生，草木榛榛，鹿豕犬丕犬丕，人不能搏噬，而且无毛羽，莫克自奉自卫，荀卿有言，必将假物以为用者也。夫假物者必争，争而不已，必就其能断曲直者而听命焉。其智而明者，所伏必众，告之以直而不改，必痛之而后畏，由是君长刑政生焉。故近者聚而为群。群之分，其争必大，大而后有兵有德。又有大者，众群之长又就而听命焉，以安其属，于是有诸侯之列。则其争又有大者焉。德又大者，诸侯之列又就而听命焉，以安其封，于是有方伯、连帅之类，则其争又有大者焉。德又大者，方伯、连帅之类又就而听命焉，以安其人，然后天下会于一。是故有里胥而后有县大夫，有县大夫而后有诸侯，有诸侯而后有方伯、连帅，有方伯连帅而后有天子。自天子至于里胥，其德在人者，死必求其嗣而奉之。故封建非圣人意也，势也。以上封建之初。夫尧、舜、禹、汤之事远矣，及有周而甚详。周有天下，裂土田而瓜分之，设五等，邦群后，布履星罗，四周于天下，轮运而辐集。合为朝觐会同，离为守臣城。然而降于夷王，害礼伤尊，下堂而迎觐者。历于宣王，挟中兴复古之德，雄南征北伐之威，卒不能定鲁侯之嗣。陵夷迄于幽、厉，王室东徙，而自列为诸侯矣。厥后问鼎之轻重者有之，射王中肩者有之，伐凡伯、诛苌弘者有之。天下乖，无君君之心，余以为周之丧久矣，徒建空名于公侯之上耳。得非诸侯之盛强，末大不掉之咎欤？遂判为十二，合为七国，威分于陪臣之邦，国殄于后封之秦。则周之败端，其在乎此矣。以上周。秦有天下，裂都会而为之郡邑，废侯卫而为之守宰，据天下之雄图，都六合之上游，摄制四海，运于掌握之内，此其所以为得也。不数载而天下大坏，其有由矣。亟役万人，暴其威刑，竭其货贿。负锄梃谪戍之徒，圜视而合从，大呼而成群。时则有叛人而无叛吏，人怨于下而吏畏于上，天下相合，杀守劫令而并起。咎在人怨，非郡邑之制失也。以上秦。汉有天下，矫秦之枉，徇周之制，剖海内而立宗子，封功臣。数年之间，奔命扶伤之不暇。困平城，病流矢，陵迟不救者三代。后乃谋臣献画，而离削自守矣。然而封建之始，郡邑居半，时则有叛国而无叛郡。秦制之得，亦以明矣。以上汉。继汉而帝者，虽百代可知也。唐兴，制州邑，立守宰，此其所以为宜也。然犹桀猾时起，虐害方域者，失不在于州而在于兵，时则有叛将而无叛州。州县之设，固不可革也。以上唐。或者曰：封建者，必私其土，子其人，适其俗，修其理，施化易也。守宰者，苟其心，思迁其秩而已，何能理乎？余又非之。周之事迹，断可见矣。列侯骄盈，黩货事戎。大凡乱国多，理国寡。侯伯不得变其政，天子不得变其君。私土子人者，百不有一。失在于制，不在于政，周事然也。秦之事迹亦断可见矣。有理人之制，而不委郡邑，是矣。有理人之臣，而不使守宰，是矣。郡邑不得正其制，守宰不得行其理，酷刑苦役，而万人侧目。失在于政，不在于制。秦事然也。汉兴，天子之政行于郡，不行于国，制其守宰，不制其侯王。侯王虽乱，不可变也；国人虽病，不可除也。及夫大逆不道，然后掩捕而迁之，勒兵而夷之耳。大逆未彰，奸利浚财，怙势作威，大刻于民者，无如之何。及夫郡邑，可谓理且安矣。何以言之？且汉知孟舒于田叔，得魏尚于冯唐，闻黄霸之明审，睹汲黯之简靖，拜之可也，复其位可也，卧而委之以辑一方可也。有罪得以黜，有能得以赏。朝拜而不道，夕斥之矣；夕受而不法，朝斥之矣。设使汉室尽城邑而侯王之，纵令其乱人，戚之而已。孟舒、魏尚之术，莫得而施；黄霸、汲黯之化，莫得而行。明谴而导之，拜受而退已违矣。下令而削之，缔交合从之谋，周于同列，则相顾裂眦，勃然而起。幸而不起，则削其半。削其半，民犹瘁矣，曷若举而移之以全其人乎？汉事然也。今国家尽制郡邑，连置守宰，其不可变也固矣。善制兵，谨择守，则理平矣。以上校论封建与郡县之治乱。或者又曰："夏、商、周、汉封建而延，秦郡邑而促。"尤非所谓知理者也。魏之承汉也，封爵犹建。晋之承魏也，因循不革。而二姓陵替，不闻延祚。今矫而变之，垂二百祀，大业弥固，何系于诸侯哉？以上校论封建与郡邑祚之久暂。或者又以为："殷周，圣王也，而不革其制，固不当复议也。"是大不然。夫殷、周之不革者，是不得已也。盖以诸侯归殷者三千焉，资以黜夏，汤不得而废；归周者八百焉，资以胜殷，武王不得而易。徇之以为安，仍之以为俗，汤、武之所不得已也。夫不得已，非公之大者也，私其力于己也，私其卫于子孙也。秦之所以革之者，其为制，公之大者也；其情，私也，私其一己之威也，私其尽臣畜于我也。然而公天下之端自秦始。夫天下之道，理安斯得人者也。使贤者居上，不肖者居下，而后可以理安。今夫封建者，继世而理。继世而理者，上果贤乎？下果不肖乎？则生人之理乱未可知也。将欲利其社稷，以一其人之视听，则又有世大夫世食禄邑，以尽其封略。圣贤生于其时，亦无以立于天下，封建者为之也。岂圣人之制使至于是乎？吾固曰："非圣人之意也，势也。"以上论公私。

周敦颐－通书

通书·诚上第一

诚者，圣人之本。大哉乾元，万物资始，诚之源也。乾道变化，各正性命，诚斯立焉，纯粹至善者也。故曰：一阴一阳之谓道，继之者善也，成之者性也。元亨，诚之通；利贞，诚之复。大哉《易》也，性命之源乎！

通书·诚下第二

圣，诚而已矣。诚，五常之本，百行之源也。静无而动有，至正而明达也。五常百行，非诚非也，邪暗塞也，故诚则无事矣。至易而行难，果而确，无难焉。故曰：一日克己复礼，天下归仁焉。

通书·诚几德第三

诚无为，几善恶，德爱曰仁，宜曰义，理曰礼，通曰智，守曰信；性焉安焉之谓圣，复焉执焉之谓贤，发微不可见、充周不可穷之谓神。

通书·圣第四

寂然不动者，诚也；感而遂通者，神也；动而未形、有无之间者，几也。诚精故明，神应故妙，几微故幽。诚、神、几，曰圣人。

通书·慎动第五

动而正曰道，用而和曰德。匪仁，匪义，匪礼，匪智，匪信，悉邪也！邪动，辱也。甚焉，害也。故君子慎动。

通书·道第六

圣人之道，仁义中正而已矣。守之贵，行之利，廓之配天地。岂不易简？岂为难知？不守，不行，不廓耳！

通书·师第七

或问曰：“曷为天下善？”曰：“师”。曰：“何谓也？”曰：“性者，刚柔善恶，中而已矣。”不达。曰：“刚，善：为义，为直，为断，为严毅，为乾固；恶：为猛，为隘，为强梁。柔，善：为慈，为顺，为巽；恶：为懦弱，为无断，为邪佞。惟中也者，和也，中节也，天下之达道也，圣人之事也。故圣人立教，俾人自易其恶，自至其中而止矣。故先觉觉后觉，暗者求于明，而师道立矣。师道立，则善人多。善人多，则朝廷正，而天下治矣。”

通书·幸第八

人之生，不幸不闻过，大不幸无耻。必有耻则可教，闻过则可贤。

通书·思第九

《洪范》曰：思曰睿，睿作圣。无思，本也；思通，用也。几动于彼，诚动于此。无思而无不通为圣人，不思则不能通微，不睿则不能无不通。是则无不通生于通微，通微生于思。故思者，圣功之本，而吉凶之机也。《易》曰："君子见几而作，不俟终日。"又曰："知几，其神乎！"

通书·志第十

圣希天，贤希圣，士希贤。伊尹、颜渊，大贤也。伊尹耻其君不为尧、舜，一夫不得其所，若挞于市；颜渊不迁怒，不贰过，三月不违仁。志伊尹之所志，学颜子之所学，过则圣，及则贤，不及则亦不失于令名。

通书·顺化第十一

天以阳生万物，以阴成万物。生，仁也；成，义也。故圣人在上，以仁育万物，以义正万民。天道行而万物顺，圣德修而万民化。大顺大化，不见其迹、莫知其然之谓神。故天下之众，本在一人。道岂远乎哉？术岂多乎哉？

通书·治第十二

十室之邑，人人提耳，而教且不及，况天下之广、兆民之众哉？曰：纯其心而已矣。仁、义、礼、智四者，动静、言貌、视听无违之谓纯。心纯则贤才辅，贤才辅则天下治。纯心要矣，用贤急焉。

通书·礼乐第十三

礼，理也；乐，和也，阴阳理而后和。君君臣臣，父父子子，兄兄弟弟，夫夫妇妇，各得其理然后和，故礼先而乐后。

通书·务实第十四

实胜，善也；名胜，耻也。故君子进德修业，孳孳不息，务实胜也；德业有未著，则恐恐然畏人知，远耻也。小人则伪而已。故君子日休，小人日忧。

通书·爱敬第十五

有善不及，曰："不及则学焉。"问曰："有不善？"曰："不善则告之不善，且劝曰：庶几有改乎，斯为君子。有善一，不善二，则学其一劝其二。

有语曰：斯人有是之不善，非大恶也？则曰：孰无过？焉知其不能改？改则为君子矣！不改，为恶恶者。天恶之。彼岂无畏耶？乌知其不能改？”故君子悉有众善，无弗爱且敬焉。

通书·动静第十六

动而无静，静而无动，物也；动而无动，静而无静，神也。动而无动，静而无静，非不动不静也。物则不通，神妙万物。水阴根阳，火阳根阴。五行阴阳，阴阳太极，四时运行，万物终始。混兮辟兮，其无穷兮。

通书·乐上第十七

古者，圣王制礼法，修教化。三纲正，九畴叙，百姓大和，万物咸若。乃作乐以宣八风之气，以平天下之情。故乐声淡而不伤，和而不淫。入其耳，感其心，莫不淡且和焉。淡则欲心平，和则燥心释。优柔平中，德之盛也；天下化中，治之至也。是谓道配天地，古之极也。后世礼法不修，政刑苛紊，纵欲败度，下民困苦。谓古乐不足听也，代变新声，妖淫愁怨，导欲增悲，不能自止。故有贼君弃父、轻生败伦、不可禁者矣。呜呼！乐者，古以平心，今以助欲；古以宣化，今以长怨。不复古礼，不变今乐，而欲至治者，远矣！

通书·乐中第十八

乐者，本乎政也。政善民安，则天下之心和。故圣人作乐，以宣畅其和心，达于天地，天地之气，感而大和焉。天地和则万物顺，故神只格，鸟兽驯。

通书·乐下第十九

乐声淡，则听心平；乐辞善，则歌者慕。故风移而俗易矣。妖声艳辞之化也，亦然。

通书·圣学第二十

“圣可学乎？”曰：“可。”曰：“有要乎？”曰：“有。”“请问焉。”曰：“一为要。一者，无欲也。无欲。则静虚动直。静虚则明，明则通；动直则公，公则溥。明通公溥。庶矣乎！”

通书·公明第二十一

公于己者公于人，未有不公于己而能公于人也。明不至，则疑生。明。无疑也。谓能疑为明。何啻千里！

通书·理性命第二十二

厥彰厥微。匪灵弗莹，刚善刚恶，柔亦如之，中焉止矣。二气五行，化生万物：五殊二实，二本则一。是万为一，一实为万；万一各正，大小有定。

通书·颜子第二十三

颜子，一箪食，一瓢饮，在陋巷，人不堪其忧，而不改其乐。夫富贵，人所爱也，颜子不爱不求，而乐乎贫者，独何心哉？天地间有至贵至爱可求而异乎彼者，见其大而忘其小焉尔！见其大则心泰，心泰则无不足，无不足则富贵贫贱处之一也。处之一，则能化而齐，故颜子亚圣。

通书·师友第二十四

天地间，至尊者道，至贵者德而已矣。至难者得人，人而至难得者，道德有于身而已矣。求人至难得者有于身，非师友则不可得也已。

通书·师友下第二十五

道义者，身有之，则贵且尊。人生而蒙，长无师友则愚。是道义由师友有之，而得贵且尊，其义不亦重乎！其聚不亦乐乎！

通书·过第二十六

仲由喜闻过，令名无穷焉。今人有过，不喜人规，如护疾而忌医，宁灭其身而无悟也。噫！

通书·势第二十七章

天下，势而已矣。势，轻重也。极重不可反。识其重而亟反之，可也。反之，力也。识不早，力不易也。力而不竞，天也；不识不力，人也。天乎？人也，何尤！

通书·文辞第二十八

文，所以载道也。轮辕饰而人弗庸，徒饰也，况虚车乎？文辞，艺也；道德，实也。笃其实，而艺者书之，美则爱，爱则传焉。贤者得以学而至之，是为教。故曰：“言之无文，行之不远。然不贤者，虽父兄临之，师保勉之，不学也，强之不从也。不知务道德，而第以文辞为能者，艺焉而已。噫！弊也久矣！”

通书·圣蕴第二十九

不愤不启；不悱不发。举一隅不以三隅反，则不复也。子曰：“予欲无言，天何言哉！四时行焉，百物生焉。”然则圣人之蕴，微颜子殆不可见。发圣人之蕴，教万世无穷者，颜子也。圣同天，不亦深乎！常人有一闻知，恐人不速知其有也，急人知而名也，薄亦甚矣！

通书·精蕴第三十

圣人之精，画卦以示；圣人之蕴，因卦以发。卦不画，圣人之精不可得而见；微卦，圣人之蕴殆不可悉得而闻。《易》，何止五经之源？其天地鬼神之奥乎！

通书·乾损益动第三十一

君子干干不息于诚，然必惩忿窒欲、迁善改过而后至。乾之用，其善是，损益之大莫是过，圣人之旨深哉！“吉凶悔吝生乎动”。噫！吉一而已，动可不慎乎！

通书·家人睽复无妄第三十二

治天下有本，身之谓也；治天下有则，家之谓也。本必端，端本诚心而已矣，则必善，善则，和亲而已矣。家难而天下易，家亲而天下疏也。家人离，必起于妇人。故睽次家人，以二女同居而志不同行也。尧所以厘降二女于妫汭，舜可禅乎？吾兹试矣。是治天下观于家，治家观身而已矣。身端，心诚之谓也。诚心复其不善之动而已矣。不善之动，妄也；妄复则无妄矣；无妄则诚矣。故无妄次复，而曰先王以茂对时育万物，深哉！

通书·富贵第三十三

君子以道充为贵，身安为富，故常泰无不足。而铢视轩冕，尘视金玉，其重无加焉尔！

通书·陋第三十四

圣人之道，入乎耳，存乎心，蕴之为德行，行之为事业。彼以文辞而已者，陋矣！

通书·拟议第三十五

至诚则动，动则变，变则化。故曰：拟之而后言，议之而后动，拟议以成其变化。

通书·刑第三十六

天以春生万物，止之以秋。物之生也，既成矣，不止则过焉，故得秋以成。圣人之法天，以政养万民，肃之以刑。民之盛也，欲动情胜，利害相攻，不止则贼灭无伦焉。故得刑以治。情伪微暧，其变千状。苟非中正明达果断者，不能治也。《讼》卦曰："利见大人，"以刚得中也。《噬嗑》曰："利用狱"。以动而明也。呜呼！天下之广，主刑者，民之司命也。任用可不慎乎！

通书·公第三十七

圣人之道，至公而已矣。或曰："何谓也？"曰"天地至公而已矣。"

通书·孔子上第三十八

《春秋》，正王道，明大法也，孔子为后世王者而修也。乱臣贼子，诛死者于前，所以惧生者于后也。宜乎万世无穷，王祀夫子，报德报功之无尽焉！

通书·孔子下第三十九

道德高厚，教化无穷，实与天地参而四时同，其惟孔子乎？

通书·蒙艮第四十

童蒙求我，我正果行，如筮焉。筮，叩神也，再三则渎矣，渎则不告也。我正果行，如筮焉。筮，叩神也，再三则渎矣，渎则不告也。山下出泉，静而清也。汩则乱，乱不决也，慎哉，其惟时中乎！艮其背，背非见也；静则止，止非为也，为不止矣。其道也深乎！

司马光－汉中王即皇帝位论

天生烝民，其势不能自治，必相与戴君以治之。苟能禁暴除害以保全其生，赏善罚恶使不至于乱，斯可谓之君矣。是以三代之前，海内诸侯，何啻万国，有民人、社稷者，通谓之君。合万国而君之，立法度，班号令，而天下莫敢违者，乃谓之王。王德既衰，强大之国能帅诸侯以尊天子者，则谓之霸。故自古天下无道，诸侯力争，或旷世无王者，固亦多矣。秦焚书坑儒，汉兴，学者始推五德生、胜，以秦为闰位，在木火之间，霸而不王，于是正闰之论兴矣。及汉室颠覆，三国鼎跱。晋氏失驭，五胡云扰。宋、魏以降，南北分治，各有国史，互相排黜，南谓北为索虏，北谓南为岛夷。朱氏代唐，四方幅裂，朱邪入汴，比之穷、新，运历年纪，皆弃而不数，此皆私己之偏辞，非大公之通论也。

臣愚诚不足以识前代之正闰，窃以为苟不能使九州合为一统，皆有天子之名，而无其实者也。虽华夷仁暴，大小强弱，或时不同，要皆与古之列国无异，岂得独尊奖一国谓之正统，而其余皆为僭伪哉！若以自上相授受者为正邪，则陈氏何所授？拓跋氏何所受？若以居中夏者为正邪，则刘、石、慕容、苻、姚、赫连所得之土，皆五帝、三王之旧都也。若有以道德者为正邪，则蕞尔之国，必有令主，三代之季，岂无僻王！是以正闰之论，自古及今，未有能通其义，确然使人不可移夺者也。

臣今所述，止欲叙国家之兴衰，著生民之休戚，使观者自择其善恶得失，以为劝戒，非若《春秋》立褒贬之法，拔乱世反诸正也。正闰之际，非所敢知，但据其功业之实而言之。周、秦、汉、晋、隋、唐，皆尝混壹九州，传祚于后，子孙虽微弱播迁，犹承祖宗之业，有绍复之望，四方与之争衡者，皆其故臣也，故全用天子之制以临之。其余地丑德齐，莫能相壹，名号不异，本非君臣者，皆以列国之制处之，彼此钧敌，无所抑扬，庶几不诬事实，近于至公。然天下离析之际，不可无岁、时、月、日以识事之先后。据汉传于魏而晋受之，晋传于宋以至于陈而隋取之，唐传于梁以至于周而大宋承之，故不得不取魏、宋、齐、梁、陈、后梁、后唐、后晋、后汉、后周年号，以纪诸国之事，非尊此而卑彼，有正闰之辨也。昭烈之汉，虽云中山靖王之后，而族属疏远，不能纪其世数名位，亦犹宋高祖称楚元王后，南唐烈祖称吴王恪后，是非难辨，故不敢以光武及晋元帝为比，使得绍汉氏之遗统也。

苏洵－诗论

人之嗜欲，好之有甚于生，而愤憾怨怒，有不顾其死，于是礼之权又穷。礼之法曰：好色不可为也。为人臣，为人子，为人弟，不可使有怨于其君父兄也。使天下之人皆不好色，皆不怨其君父兄，夫岂不善。使人之情皆泊然而无思，和易而优柔，以从事于此，则天下固亦大治。而人之情又不能皆然，好色之心殴诸其中，是非不平之气攻诸其外，炎炎而生，不顾利害，趋死而后已。噫！礼之权止于死生。

天下之事不至乎可以博生者，则人不敢独死以违吾法。今也，人之好色与人之是非不平之心勃然而发于中，以为可以博生也，而先以死自处其身，则死生之机固已去矣。死生之机去，则礼为无权。区区举无权之礼以强人之所不能，则乱益甚，而礼益败。今吾告人曰：必无好色，必无怨而君父兄。彼将遂从吾言而忘其中心所自有之情耶？将不能也。

彼既已不能纯用吾法，将遂大弃而不顾吾法。既已大弃而不顾，则人之好色与怨其君父兄之心，将遂荡然无所隔限，而易内窃妻之变与弑其君父兄之祸，必反公行于天下。圣人忧焉，曰：禁人之好色而至于淫，禁人之怨其君父兄而至于叛，患生于责人太详。好色之不绝，而怨之不禁，则彼将反不至于乱。故圣人之道，严于《礼》而通于《诗》。《礼》曰：必无好色，必无怨而君父兄。《诗》曰：好色而无至于淫，怨而君父兄而无至于叛。严以待天下之贤人，通以全天下之中人。

吾观《国风》婉娈柔媚而卒守以正，好色而不至于淫者也；《小雅》悲伤诟ゥ，而君臣之情卒不忍去，怨而不至于叛者也。故天下观之曰：圣人固许我以好色，而不尤我之怨吾君父兄也。许我以好色，不淫可也；不尤我之怨吾君父兄，则彼虽以虐遇我，我明讥而明怨之，使天下明知之，则吾之怨亦得当焉，不叛可也。

夫背圣人之法而自弃于淫叛之地者，非断不能也。断之始，生于不胜，人不自胜其忿，然后忍弃其身。故《诗》之教，不使人之情至于不胜也。

夫桥之所以为安于舟者，以有桥而言也。水潦大至，桥必解而舟不至于必败。故舟者，所以济桥之所不及也。吁！礼之权穷于易达，而有《易》焉；穷于后世之不信，而有乐焉；穷于强人，而有《诗》焉。吁！圣人之虑事也盖详。

苏洵－乐论

礼之始作也，难而易行，既行也，易而难久。天下未知君之为君，父之为父，兄之为兄，而圣人为之君父兄。天下未有以异其君父兄，而圣人为之拜起坐立。天下未肯靡然以从我拜起坐立，而圣人身先之以耻。呜呼！其亦难矣。天下恶夫死也久矣，圣人招之曰：来，吾生尔。既而其法果可以生天下之人，天下之人视其向也如此之危，而今也如此之安，则宜何从？故当其时虽难而易行。既行也，天下之人视君父兄，如头足之不待别白而后识，视拜起坐立如寝食之不待告语而后从事。虽然，百人从之，一人不从，则其势不得遽至乎死。天下之人，不知其初之无礼而死，而见其今之无礼而不至乎死也，则曰圣人欺我。故当其时虽易而难久。

呜呼！圣人之所恃以胜天下之劳逸者，独有死生之说耳。死生之说不信于天下，则劳逸之说将出而胜之。劳逸之说胜，则圣人之权去矣。酒有鸩，肉有堇，然后人不敢饮食。药可以生死，然后人不敢以苦口为讳。去其鸩，彻其堇，则酒肉之权固胜于药。圣人之始作礼也，其亦逆知其势之将必如此也，曰：告人以诚，而后人信之。幸今之时吾之所以告人者，其理诚然，而其事亦然，故人以为信。吾知其理，而天下之人知其事，事有不必然者，则吾之理不足以折天下之口，此告语之所不及也。告语之所不及，必有以阴驱而潜率之。于是观之天地之间，得其至神之机，而窃之以乐。

雨，吾见其所以湿万物也；日，吾见其所以燥万物也；风，吾见其所以动万物也；隐隐谹谹而谓之雷者，彼何用也？阴凝而不散，物蹙而不遂，雨之所不能湿，日之所不能燥，风之所不能动，雷一震焉而凝者散，蹙者遂。曰雨者，曰日者，曰风者，以形用；曰雷者，以神用。用莫神于声，故圣人因声以为乐。为之君臣、父子、兄弟者，礼也。礼之所不及，而乐及焉。正声入乎耳，而人皆有事君、事父、事兄之心，则礼者固吾心之所有也，而圣人之说又何从而不信乎？

苏洵－谏论二首

古今论谏，常与讽而少直。其说盖出于仲尼。吾以为讽、直一也，顾用之之术何如耳。伍举进隐语，楚王淫益甚；茅焦解衣危论，秦帝立悟。讽固不可尽与，直亦未易少之。吾故曰：顾用之之术何如耳。

然则仲尼之说非乎？曰：仲尼之说，纯乎经者也。吾之说，参乎权而归乎经者也。如得其术，则人君有少不为桀、纣者，吾百谏而百听矣，况虚己者乎？不得其术，则人君有少不若尧舜者，吾百谏而百不听矣，况逆忠者乎？

然则奚术而可？曰：机智勇辩如古游说之士而已。夫游说之士，以机智勇辩济其诈，吾欲谏者，以机智勇辩济其忠。请备论其效。周衰，游说炽于列国，自是世有其人。吾独怪夫谏而从者百一，说而从者十九，谏而死者皆是，说而死者未尝闻。然而抵触忌讳，说或甚于谏。由是知不必乎讽，而必乎术也。说之术可为谏法者五，理谕之，势禁之，利诱之，激怒之，隐讽之之谓也。触龙以赵后爱女贤于爱子，未旋踵而长安君出质；甘罗以杜邮之死诘张唐，而相燕之行有日；赵卒以两贤王之意语燕，而立归武臣，此理而谕之也。子贡以内忧教田常，而齐不得伐鲁；武公以麋鹿胁顷襄，而楚不敢图周；鲁连以烹醢惧垣衍，而魏不果帝秦，此势而禁之也。田生以万户侯启张卿，而刘泽封；朱建以富贵饵闳孺，而辟阳赦；邹阳以爱幸悦长君，而乐王释，此利而诱之也。苏秦以牛后羞韩，而惠王按剑太息；范雎以无王耻秦，而昭王长跪请教；郦生以助秦凌汉，而沛公辍洗听计，此激而怒之也。苏代以土偶笑田文，楚人以弓缴感襄王，蒯通以娶妇悟齐相，此隐而讽之也。五者，相倾险诐之论，虽然，施之忠臣足以成功。何则？理而谕之，主虽昏必悟；势而禁之，主虽骄必惧；利而诱之，主虽怠必奋；激而怒之，主虽懦必立；隐而讽之，主虽暴必容。悟则明，惧则恭，奋则勤，立则勇，容则宽，致君之道尽于此矣。

吾观昔之臣言必从，理必济，莫如唐魏郑公，其初实学纵横之说，此所谓得其术者欤？噫！龙逢、比干不获称良臣，无苏秦、张仪之术也；苏秦、张仪不免为游说，无龙逢、比干之心也。是以龙逢、比干吾取其心，不取其术；苏秦、张仪吾取其术，不取其心，以为谏法。

夫臣能谏，不能使君必纳谏，非真能谏之臣。君能纳谏，不能使臣必谏，非真能纳谏之君。欲君必纳乎，向之论备矣。欲臣必谏乎，吾其言之。

夫君之大，天也，其尊，神也，其威，雷霆也。人之不能抗天、触神、忤雷霆，亦明矣。圣人知其然，故立赏以劝之。《传》曰“兴王赏谏臣”是也。犹惧其选阿谀，使一日不得闻其过，故制刑以威之。《书》曰“臣下不正，其刑墨”是也。人之情非病风丧心，未有避赏而就刑者，何苦而不谏哉。赏与刑不设，则人之情又何苦而抗天、触神、忤雷霆哉。自非性忠义、不悦赏、不畏罪，谁欲以言博死者。人君又安能尽得性忠义者而任之。

今有三人焉，一人勇，一人勇怯半，一人怯。有与之临乎渊谷者，且告之曰：能跳而越，此谓之勇，不然为怯。彼勇者耻怯，必跳而越焉，其勇怯半者与怯者则不能也。又告之曰：跳而越者予千金，不然则否。彼怯半者奔利，必跳而越焉，其怯者犹未能也。须臾，顾见猛虎暴然向逼，则怯者不待告，跳而越之如康庄矣。然则人岂有勇怯哉，要在以势驱之耳。君之难犯，犹渊谷之难越也。所谓性忠义、不悦赏、不畏罪者，勇者也，故无不谏焉。悦赏者，勇怯半者也，故赏而后谏焉。畏罪者，怯者也，故刑而后谏焉。

先王知勇者不可常得，故以赏为千金，以刑为猛虎，使其前有所趋，后有所避，其势不得不极言规失，此三代所以兴也。末世不然，迁其赏于不谏，迁其刑于谏，宜乎臣之噤口卷舌，而乱亡随之也。间或贤君欲闻其过，亦不过赏之而已。呜呼！不有猛虎，彼怯者肯越渊谷乎？此无他，墨刑之废耳。三代之后，如霍光诛昌邑不谏之臣者，不亦鲜哉！

今之谏赏，时或有之，不谏之刑，缺然无矣。苟增其所有，有其所无，则谀者直，佞者忠，况忠直者乎！诚如是，欲闻傥言而不获，吾不信也。

苏洵－辨奸论

事有必至，理有固然，惟天下之静者乃能见微而知著。月晕而风，础润而雨，人人知之。人事之推移，理势之相因，其疏阔而难知，变化而不可测者，孰与天地阴阳之事，而贤者有不知，其故何也？好恶乱其中而利害夺其外也。

昔者羊叔子见王衍曰：“误天下苍生者，必此人也。”郭汾阳见卢杞曰：“此人得志，吾子孙无遗类矣。”自今而言之，其理固有可见者。以吾观之，王衍之为人，容貌言语固有以欺世而盗名者，然不忮不求，与物浮沉，使晋无惠帝，仅得中主，虽衍百千，何从而乱天下乎？卢杞之奸，固足以败国，然而不学无文，容貌不足以动人，言语不足以眩世，非德宗之鄙暗，亦何从而用之。由是言之，二公之料二子，亦容有未必然也。今有人口诵孔、老之言，身履夷、齐之行，收召好名之士、不得志之人，相与造作言语，私立名字，以为颜渊、孟轲复出，而阴贼险狠与人异趣，是王衍、卢杞合而为一人也，其祸岂可胜言哉。

夫面垢不忘洗，衣垢不忘浣，此人之至情也。今也不然，衣巨虏之衣，食犬彘之食，囚首丧面而谈《诗》、《书》，此岂其情也哉？凡事之不近人情者，鲜不为大奸慝，竖刁、易牙、开方是也。以盖世之名而济其未形之患，虽有愿治之主、好贤之相，犹将举而用之，则其为天下患必然而无疑者，非特二子之比也。孙子曰：「善用兵者无赫赫之功。」使斯人而不用也，则吾言为过，而斯人有不遇之叹，孰知祸之至于此哉？不然，天下将被其祸，而吾获知言之名，悲夫！

苏轼－鲁隐公论

公子翚请杀桓公以求太宰。隐公曰："为其少故也，吾将授之矣。使营菟裘，吾将老焉。"翚惧，反谮公于桓公而弑之。

苏子曰：盗以兵拟人，人必杀之。夫岂独其所拟，涂之人皆捕击之矣。涂之人与盗非仇也，以为不击，则盗且并杀己也。隐公之智，曾不若是涂之人也，哀哉！隐公，惠公继室之子也。其为非嫡，与桓均尔，而长于桓。隐公追先君之志而授国焉，可不谓仁乎？惜乎其不敏于智也。使隐公诛翚而让桓，虽夷、齐何以尚兹。

骊姬欲杀申生而难里克，则优施来之；二世欲杀扶苏而难李斯，则赵高来之。此二人之智，若出一人，而其受祸亦不少异。里克不免于惠公之诛，李斯不免于二世之虐，皆无足哀者。吾独表而出之，以为世戒。君子之为仁义也，非有计于利害。然君子之所为，义利常兼，而小人反是。李斯听赵高之谋，非其本意，独畏蒙氏之夺其位，故勉而听高。使斯闻高之言，即召百官，陈六师而斩之，其德于扶苏，岂有既乎？何蒙氏之是忧？释此不为，而具五刑于市，非下愚而何？

鸣呼！乱臣贼子，犹蝮蛇也。其所螫草木，犹足以杀人，况其所噬啮者欤？郑小同为高贵乡公侍中，尝诣司马师。师有密疏未屏也，如厕还，问小同："见吾疏乎？"曰："不见。"师曰："宁我负卿，无卿负我。"遂鸩之。王允之从王敦夜饮，辞醉先寝。敦与钱风谋逆，允之已醒，悉闻其言，虑敦疑己，遂大吐，衣面皆污。敦果照视之，见允之卧吐中，乃已，哀哉小同，殆哉岌岌乎允之也！孔子曰："危邦不入，乱邦不居。"有以也夫！

吾读史，得鲁隐公、晋里克、秦李斯、郑小同、王允之五人，感其所遇祸福如此，故特书其事。后之君子，可以览观焉。

苏轼－韩非论

圣人之所为恶夫异端，尽力而排之者，非异端之能乱天下，而天下之乱所由出也。昔周之衰，有老聃、庄周、列御寇之徒，更为虚无淡泊之言，而治其猖狂浮游之说，纷纭颠倒，而卒归于无有。由其道者，荡然莫得其当，是以忘乎富贵之乐，而齐乎死生之分。此不得志于天下，高世远举之人，所以放心而无忧。虽非圣人之道，而其用意，固亦无恶于天下。自老聃之死百余年，有商鞅、韩非，著书言治天下无若刑名之贤。及秦用之，终于胜、广之乱。教化不足而法有余，秦以不祀，而天下被其毒。

后世之学者，知申、韩之罪，而不知老聃、庄周之使然。何者？仁义之道，起于夫妇、父子、兄弟相爱之间；而礼乐刑政之原，出于君臣上下相忌之际。相爱则有所不忍，相忌则有所不敢。不敢与不忍之心合，而后圣人之道得存乎其中。今老聃、庄周论君臣父子之间，泛泛乎若萍游于江湖而适相值也。夫是以父不足爱，而君不足忌。不忌其君，不爱其父，则仁不足以怀，义不足以劝，礼乐不足以化。此四者皆不足用，而欲置天下于无有。夫无有，岂诚足以治天下哉！商鞅、韩非求为其说而不得，得其所以轻天下而齐万物之术，是以敢为残忍而无疑。

今夫不忍杀人，而不足以为仁，而仁亦不足以治民。则是杀人不足以为不仁，而不仁亦不足以乱天下。如此，则举天下惟吾之所为，刀锯斧钺，何施而不可？昔者夫子未尝一日易其言，虽天下之小物，亦莫不有所畏。今其视天下眇然若不足为者，此其所以轻杀人与！

太史迁曰："申子卑卑，施于名实。韩子引绳墨，切事情，明是非，其极惨核少恩，皆原于道德之意。"尝读而思之。事固有不相谋而相感者，庄、老之后，其祸为申、韩。由三代之衰至于今，凡所以乱圣人之道者，其弊固已多矣，而未知其所终。奈何其不为之所也！

卷三•词赋之属上编一

诗－七月

七月流火，九月授衣。一之日觱发，二之日栗烈。无衣无褐，何以卒岁？三之日于耜，四之日举趾。同我妇子，馌彼南亩。田畯至喜。

七月流火，九月授衣。春日载阳，有鸣仓庚。女执懿筐，遵彼微行，爰求柔桑。春日迟迟，采蘩祁祁。女心伤悲，殆及公子同归。

七月流火，八月萑苇。蚕月条桑，取彼斧斨。以伐远扬，猗彼女桑。七月鸣鵙，八月载绩。载玄载黄，我朱孔阳，为公子裳。

四月秀葽，五月鸣蜩。八月其获，十月陨萚。一之日于貉，取彼狐狸，为公子裘。二之日其同，载缵武功。言私其豵，献豜于公。

五月斯螽动股，六月莎鸡振羽。七月在野，八月在宇，九月在户，十月蟋蟀，入我床下。穹窒熏鼠，塞向墐户。嗟我妇子，曰为改岁，入此室处。

六月食郁及薁，七月亨葵及菽。八月剥枣，十月获稻。为此春酒，以介眉寿。七月食瓜，八月断壶，九月叔苴，采荼薪樗。食我农夫。

九月筑场圃，十月纳禾稼。黍稷重穋，禾麻菽麦。嗟我农夫，我稼既同，上入执宫功。昼尔于茅，宵尔索綯，亟其乘屋，其始播百谷。

二之日凿冰冲冲，三之日纳于凌阴。四之日其蚤，献羔祭韭。九月肃霜，十月涤场。朋酒斯飨，曰杀羔羊，跻彼公堂。称彼兕觥：万寿无疆！

诗－东山

我徂东山，慆慆不归。我来自东，零雨其蒙。我东曰归，我心西悲。制彼裳衣，勿士行枚。蜎々者蠋，烝在桑野。敦彼独宿，亦在车下。

我徂东山，慆慆不归。我来自东，零雨其蒙。果裸之实，亦施于宇。伊威在室，蠨蛸在户。町畽鹿场，熠耀宵行。不可畏也，伊可怀也。

我徂东山，慆慆不归。我来自东，零雨其蒙。鹳鸣于垤，妇叹于室。洒扫穹窒，我征聿至。有敦瓜苦，烝在栗薪。自我不见，于今三年。

我徂东山，慆慆不归。我来自东，零雨其蒙。仓庚于飞，熠耀其羽。之子于归，皇驳其马。亲结其缡，九十其仪。其新孔嘉，其旧如之何？

诗－六月

六月栖栖，戎车既饬。四牡骙々，载是常服。猃狁孔炽，我是用急。王于出征，以匡王国。

比物四骊，闲之维则。维此六月，既成我服。我服既成，于三十里。王于出征，以佐天子。

四牡修广，其大有颙。薄伐猃狁，以奏肤公。有严有翼，共武之服。共武之服，以定王国。

猃狁匪茹，整居焦获。侵镐及方，至于泾阳。织文鸟章，白旆央央。元戎十乘，以先启行。

戎车既安，如轾如轩。四牡既佶，既佶且闲。薄伐猃狁，至于大原。文武吉甫，万邦为宪。

吉甫燕喜，既多受祉。来归自镐，我行永久。饮御诸友，炰鳖脍鲤。侯谁在矣？张仲孝友。

诗－采芑

薄言采芑，于彼新田，呈此灾亩。方叔涖止，其车三千。师干之试，方叔率止。乘其四骐，四骐翼翼。路车有奭，簟茀鱼服，钩膺鞗革。

薄言采芑，于彼新田，于此中乡。方叔涖止，其车三千。旗旐央央，方叔率止。约軧错衡，八鸾瑲瑲。服其命服，朱芾斯皇，有瑲葱珩。

鴥彼飞隼，其飞戾天，亦集爰止。方叔涖止，其车三千。师干之试，方叔率止。钲人伐鼓，陈师鞠旅。显允方叔，伐鼓渊渊，振旅阗阗。

蠢尔蛮荆，大邦为仇。方叔元老，克壮其犹。方叔率止，执讯获丑。戎车啴啴，啴啴焞焞，如霆如雷。显允方叔，征伐玁狁，蛮荆来威。

诗－车攻

我车既攻，我马既同。四牡庞庞，驾言徂东。
田车既好，田牡孔阜。东有甫草，驾言行狩。
之子于苗，选徒嚣嚣。建旐设旄，搏兽于敖。
驾彼四牡，四牡奕奕。赤芾金舄，会同有绎。
决拾既佽，弓矢既调。射夫既同，助我举柴。
四黄既驾，两骖不猗。不失其驰，舍矢如破。
萧萧马鸣，悠悠旆旌。徒御不惊，大庖不盈。
之子于征，有闻无声。允矣君子，展也大成。

诗－正月

正月繁霜，我心忧伤。民之讹言，亦孔之将。念我独兮，忧心京京。哀我小心，癙忧以痒。

父母生我，胡俾我愈？不自我先，不自我后。好言自口，莠言自口。忧心愈愈，是以有侮。

忧心惸惸，念我无禄。民之无辜，并其臣仆。哀我人斯，于何从禄？瞻乌爰止？于谁之屋？

瞻彼中林，侯薪侯蒸。民今方殆，视天梦梦。既克有定，靡人弗胜。有皇上帝，伊谁云憎？

谓山盖卑，为冈为陵。民之讹言，宁莫之惩。召彼故老，讯之占梦。具曰予圣，谁知乌之雌雄！

谓天盖高，不敢不局。谓地盖厚，不敢不蹐。维号斯言，有伦有脊。哀今之人，胡为虺蜴？

瞻彼阪田，有菀其特。天之杌我，如不我克。彼求我则，如不我得。执我仇仇，亦不我力。

心之忧矣，如或结之。今兹之正，胡然厉矣？燎之方扬，宁或灭之？赫赫宗周，褒姒灭之！

终其永怀，又窘阴雨。其车既载，乃弃尔辅。载输尔载，将伯助予！

无弃尔辅，员于尔辐。屡顾尔仆，不输尔载。终逾绝险，曾是不意。

鱼在于沼，亦匪克乐。潜虽伏矣，亦孔之照。忧心惨惨，念国之为虐！

彼有旨酒，又有嘉肴。洽比其邻，婚姻孔云。念我独兮，忧心殷殷。

仳仳彼有屋，蔌蔌方有谷。民今之无禄，天夭是椓。哿矣富人，哀此惸独。

诗－绵

绵绵瓜瓞。民之初生，自土沮漆。古公亶父，陶复陶冗，未有家室。

古公亶父，来朝走马。率西水浒，至于岐下。爰及姜女，聿来胥宇。

周原膴膴，堇荼如饴。爰始爰谋，爰契我龟，曰止曰时，筑室于兹。

乃慰乃止，乃左乃右，乃疆乃理，乃宣乃亩。自西徂东，周爰执事。

乃召司空，乃召司徒，俾立室家。其绳则直，缩版以载，作庙翼翼。

救之陾陾，度之薨薨，筑之登登，削屡冯冯。百堵皆兴，鼛鼓弗胜。

乃立皋门，皋门有伉。乃立应门，应门将将。乃立冢土，戎丑攸行。

肆不殄厥愠，亦不陨厥问。柞棫拔矣，行道兑矣。混夷駾矣，维其喙矣！

虞芮质厥成，文王蹶厥生。予曰有疏附，予曰有先后。予曰有奔奏，予曰有御侮！

诗－皇矣

皇矣上帝，临下有赫。监观四方，求民之莫。维此二国，其政不获。维彼四国，爰究爰度。上帝耆之，憎其式廓。乃眷西顾，此维与宅。

作之屏之，其灾其翳。修之平之，其灌其栵。启之辟之，其柽其椐。攘之剔之，其檿其柘。帝迁明德，串夷载路。天立厥配，受命既固。

帝省其山，柞棫斯拔，松柏斯兑。帝作邦作对，自大伯王季。维此王季，因心则友。则友其兄，则笃其庆，载锡之光。受禄无丧，奄有四方。

维此王季，帝度其心。貊其德音，其德克明。克明克类，克长克君。王此大邦，克顺克比。比于文王，其德靡悔。既受帝祉，施于孙子。

帝谓文王：无然畔援，无然歆羡，诞先登于岸。密人不恭，敢距大邦，侵阮徂共。王赫斯怒，爰整其旅，以按徂旅。以笃于周祜，以对于天下。

依其在京，侵自阮疆。陟我高冈，无矢我陵。我陵我阿，无饮我泉，我泉我池。度其鲜原，居岐之阳，在渭之将。万邦之方，下民之王。

帝谓文王：予怀明德，不大声以色，不长夏以革。不识不知，顺帝之则。帝谓文王：詢尔仇方，同尔弟兄。以尔钩援，与尔临冲，以伐崇墉。

临冲闲闲，崇墉言言。执讯连连，攸馘安安。是类是示马，是致是附，四方以无侮。临冲茀茀，崇墉仡仡。是伐是肆，是绝是忽。四方以无拂。

诗－崧高

崧高维岳，骏极于天。维岳降神，生甫及申。维申及甫，维周之翰。四国于蕃。四方于宣。

亹亹申伯，王缵之事。于邑于谢，南国是式。王命召伯，定申伯之宅。登是南邦，世执其功。

王命申伯，式是南邦。因是谢人，以作尔庸。王命召伯，彻申伯土田。王命傅御，迁其私人。

申伯之功，召伯是营。有俶其城，寝庙既成。既成藐藐，王锡申伯。四牡蹻蹻，钩膺濯濯。

王遣申伯，路车乘马。我图尔居，莫如南土。锡尔介圭，以作尔宝。往近王舅，南土是保。

申伯信迈，王饯于郿。申伯还南，谢于诚归。王命召伯，彻申伯土疆。以峙其粻，式遄其行。

申伯番番，既入于谢。徒御啴啴。周邦咸喜，戎有良翰。不显申伯，王之元舅，文武是宪。

申伯之德，柔惠且直。揉此万邦，闻于四国。吉甫作诵，其诗孔硕。其风肆好，以赠申伯。

诗－烝民

天生烝民，有物有则。民之秉彝，好是懿德。天监有周，昭假于下。保兹天子，生仲山甫。

仲山甫之德，柔嘉维则。令仪令色。小心翼翼。古训是式。威仪是力。天子是若，明命使赋。

王命仲山甫，式是百辟，缵戎祖考，王躬是保。出纳王命，王之喉舌。赋政于外，四方爰发。

肃肃王命，仲山甫将之。邦国若否，仲山甫明之。既明且哲，以保其身。夙夜匪解，以事一人。

人亦有言，柔则茹之，刚则吐之。维仲山甫，柔亦不茹，刚亦不吐。不侮矜寡，不畏强御。

人亦有言，德輶如毛，民鲜克举之。我仪图之，维仲山甫举之。爱莫助之。衮职有阙，维仲山甫补之。

仲山甫出祖。四牡业业。征夫捷捷，每怀靡及。四牡彭彭，八鸾锵锵。王命仲山甫，城彼东方。

四牡骙骙，八鸾喈喈。仲山甫徂齐，式遄其归。吉甫作诵，穆如清风。仲山甫永怀，以慰其心。

荀子－赋篇

爰有大物，非丝非帛，文理成章。非日非月，为天下明。生者以寿，死者以葬。城郭以固，三军以强。粹而王，驳而伯，无一焉而亡。臣愚不识，敢请之王。王曰：此夫文而不采者与？简然易知而致有理者与？君子所敬而小人所不者与？性不得则若禽兽，性得之则甚雅似者与？匹夫隆之则为圣人，诸侯隆之则一四海者与？致明而约，甚顺而体，请归之礼。

皇天隆物，以示下民，或厚或薄，常不齐均。桀、纣以乱，汤、武以贤。涽涽淑淑，皇皇穆穆。周流四海，曾不崇日。君子以修，跖以穿室。大参乎天，精微而无形。行义以正，事业以成。可以禁暴足穷，百姓待之而后泰宁。臣愚不识，愿问其名。曰：此夫安宽平而危险隘者邪？修洁之为亲而杂污之为狄者邪？甚深藏而外胜敌者邪？法禹、舜而能弇迹邪？行为动静，待之而后适者邪？血气之精也，志意之荣也。百姓待之而后宁也，天下待之而后平也。明达纯粹而无疵也，夫是之谓君子之知。

有物于此，居则周静致下，动则綦高以钜。圆者中规，方者中矩。大参天地，德厚尧、禹。精微乎毫毛，而充盈乎大宇。忽兮其极之远也，攭兮其相逐而反也，卬卬兮天下之咸蹇也。德厚而不捐，五采备而成文。往来惛惫，通于大神，出入甚极，莫知其门。天下失之则灭，得之则存。弟子不敏，此之愿陈，君子设辞，请测意之。曰：此夫大而不塞者与？充盈大宇而不窕，入郤穴而不逼者与？行远疾速而不可托讯者与？往来惛惫而不可为固塞者与？暴至杀伤而不亿忌者与？功被天下而不私置者与？托地而游宇，友风而子雨。冬日作寒，夏日作暑。广大精神，请归之云。

有物于此，人蠡蠡兮其状，屡化如神。功被天下，为万世文。礼乐以成，贵贱以分。养老长幼，待之而后存。名号不美，与暴为邻。功立而身废，事成而家败。弃其耆老，收其后世。人属所利，飞鸟所害。臣愚而不识，请占之五泰。五泰占之曰：此夫身女好而头马首者与？屡化而不寿者与？善壮而拙老者与？有父母而无牝牡者与？冬伏而夏游，食桑而吐丝，前乱而后治，夏生而恶暑，喜湿而恶雨。蛹以为母，蛾以为父。三俯三起，事乃大已。夫是之谓蚕理。

有物于此，生于山阜，处于室堂。无知无巧，善治衣裳。不盗不窃，穿窬而行。日夜合离，以成文章。以能合从，又善连衡。下覆百姓，上饰帝王。

功业甚博，不见贤良。时用则存，不用则亡。臣愚不识，敢请之王。王曰：此夫始生钜，其成功小者邪？长其尾而锐其剽者邪？头銛达而尾赵缭者邪？一往一来，结尾以为事。无羽无翼，反覆甚极。尾生而事起，尾邅而事已。簪以为父，管以为母。既以缝表，又以连里。夫是之谓箴理。

天下不治，请陈佹诗：天地易位，四时易乡。列星殒坠，旦暮晦盲。幽晦登昭，日月下藏。公正无私，反见从横。志爱公利，重楼疏堂。无私罪人，憼革贰兵。道德纯备，谗口将将。仁人绌约，敖暴擅强。天下幽险，恐失世英。螭龙为蝘蜓，鸱枭为凤皇。比干见刳，孔子拘匡。昭昭乎其知之明也，郁郁乎其遇时之不祥也。拂乎其欲礼义之大行也，暗乎天下之晦盲也。皓天不复，忧无疆也。千岁必反，古之常也。弟子勉学，天不忘也。圣人共手，时几将矣。与愚以疑，愿闻反辞。其《小歌》曰：念彼远方，何其塞矣！仁人绌约，暴人衍矣。忠臣危殆，谗人服矣。

璇、玉、瑶、珠，不知佩也。杂布与锦，不知异也。闾娵、子奢，莫之媒也。嫫母、力父，是之喜也。以盲为明，以聋为聪，以危为安，以吉为凶。呜呼上天，曷维其同！

屈原－离骚

帝高阳之苗裔兮，朕皇考曰伯庸。摄提贞于孟陬兮，惟庚寅吾以降。皇览揆余于初度兮，肇锡余以嘉名。名余曰正则兮，字余曰灵均。

纷吾既有此内美兮，又重之以修能。扈江离与辟芷兮，纽，秋兰以为佩。汨余若将不及兮，恐年岁之不吾与。朝搴阰之木兰兮，夕揽洲之宿莽。日月忽其不淹兮，春与秋其代序。惟草木之零落兮，恐美人之迟暮。不抚壮而弃秽兮，何不改此度也。乘骐骥以驰骋兮，来吾导夫先路！

昔三后之纯粹兮，固众芳之所在。杂申椒与菌桂兮，岂维纽夫蕙茝？彼尧舜之耿介兮，既遵道而得路。何桀纣之昌披兮，夫唯捷径以窘步！惟党人之偷乐兮，路幽昧以险隘。岂余身之惮殃兮，恐皇舆之败绩。忽奔走以先后兮，及前王之踵武。荃不察余之忠情兮，反信谗而齐怒。余固知謇謇之为患兮，忍而不能舍也。指九天以为正兮，夫唯灵修之故也。初既与余成言兮，后悔遁而有他。余既不难离别兮，伤灵修之数化。

余既滋兰之九畹兮，又树蕙之百亩。畦留夷与揭车兮，杂杜衡与芳芷。冀枝叶之峻茂兮，原竢时乎吾将刈。虽萎绝其亦何伤兮，哀众芳之芜秽。

众皆竞进以贪婪兮，凭不厌乎求索。羌内恕己以量人兮，各兴心而嫉妒。忽驰骛以追逐兮，非余心之所急。老冉冉其将至兮，恐修名之不立。朝饮木兰之坠露兮，夕餐秋菊之落英。苟余情其信姱以练要兮，长顑颔亦何伤。揽木根以结茝兮，贯薜荔之落蕊。矫菌桂以纫蕙兮，索胡绳之纚纚。謇吾法夫前修兮，非时俗之所服。虽不周于今之人兮，愿依彭咸之遗则。长太息以掩涕兮，哀人生之多艰。余虽好修姱以鞿羁兮，謇朝谇而夕替。既替余以蕙纕兮，又申之以揽茝。亦余心之所善兮，虽九死其犹未悔。怨灵修之浩荡兮，终不察夫人心。众女嫉余之娥眉兮，谣诼谓余以善淫。固时俗之工巧兮，偭规矩而改错。背绳墨以追曲兮，竞周容以为度。忳郁邑余侘傺兮，吾独穷困乎此时也。宁溘死以流亡兮，余不忍为此态也！鸷鸟之不群兮，自前代而固然。何方圆之能周兮，夫孰异道而相安？屈心而抑志兮，忍尤而攘诟。伏清白以死直兮，固前圣之所厚。

悔相道之不察兮，延伫乎吾将反。回朕车以复路兮，及行迷之未远。步余马于兰皋兮，驰椒丘且焉止息。进不入以离尤兮，退将复修吾初服。制芰荷以为衣兮，集芙蓉以为裳。不吾知其亦已兮，苟余情其信芳。高余冠之岌岌兮，长余佩之陆离。芳与泽其杂糅兮，唯昭质其犹未亏。忽反顾以游目兮，将往观乎四荒。佩缤纷其繁饰兮，芳菲菲其弥章。人生各有所乐兮，余独好修以为常。虽体解吾犹未变兮，岂余心之可惩。

女媭之婵媛兮，申申其詈予。曰：鲧婞直以亡身兮，终然夭乎羽之野。汝何博謇而好修兮，纷独有此姱节？薋菉葹以盈室兮，判独离而不服。众不可户说兮，孰云察余之中情？世并举而好朋兮，夫何茕独而不予听？

依前圣之节中兮，喟凭心而历兹。济沅湘以南征兮，就重华而陈词。启《九辩》与《九歌》兮，夏康娱以自纵。不顾难以图后兮，五子用失乎家巷。羿淫游以佚田兮，又好射夫封狐。固乱流其鲜终兮，浞又贪夫厥家。浇身被服强圉兮，纵欲而不忍。日康娱而自忘兮，厥首用夫颠陨。夏桀之常违兮，乃遂焉而逢殃。后辛之菹醢兮，殷宗用而不长。汤禹严而祗敬兮，周论道而莫差。举贤而授能兮，修绳墨而不陂。皇天无私阿兮，览人德焉错辅。夫维圣哲以茂行兮，苟得用此下土。瞻前而顾后兮，相观人之计极。夫孰非义而可用兮，孰非善而可服？阽余身而危死兮，览余初其犹未悔。不量凿而正枘兮，固前修以菹醢。曾歔欷余郁邑兮，哀朕时之不当。揽茹蕙以掩涕兮，沾余襟之浪浪。

跪敷衽以陈词兮，耿吾既得此中正。驷玉虬以乘鷖兮，溘埃风余上征。朝发轫于苍梧兮，夕余至乎县圃。欲少留此灵琐兮，日忽忽其将暮。吾令羲和弭节兮，望崦嵫而勿迫。路曼曼其修远兮，吾将上下而求索。饮余马于咸池兮，总余辔乎扶桑。折若木以拂日兮，聊须臾以相羊。前望舒使先驱兮，后飞廉使奔属。鸾皇为余先戒兮，雷师告余以未具。吾令凤皇飞腾兮，又继之以日夜。飘风屯其相离兮，帅云霓而来御。纷总总其离合兮，班陆离其上下。吾令帝阍开关兮，倚阊阖而望予。时暧暧其将罢兮，结幽兰而延伫。世溷浊而不分兮，好蔽美而嫉妒。

朝吾将济于白水兮，登阆风而緤马。忽反顾以流涕兮，哀高丘之无女。溘吾游此春宫兮，折琼枝以继佩。及荣华之未落兮，相下女之可贻。吾令丰隆乘云兮，求宓妃之所在。解佩纕以结言兮，吾令蹇修以为理。纷总总其离合兮，忽纬繣其难迁。夕归次于穷石兮，朝濯发乎洧盘。保厥美以骄傲兮，日康娱以淫游。虽信美而无礼兮，来违弃而改求。览相观于四极兮，周流乎天余乃下。望瑶台之偃蹇兮，见有娀之佚女。吾令鸩为媒兮，鸩告余以不好。雄鸠之鸣逝兮，余犹恶其佻巧。心犹豫而狐疑兮，欲自适而不可。凤皇既受诒兮，恐高辛之先我。欲远集而无所止兮，聊浮游以逍遥。及少康之未家兮，留有虞之二姚。理弱而媒拙兮，恐导言之不固。时溷浊而嫉贤兮，好蔽美而称恶。闺中既邃远兮，哲王又不寤。怀朕情而不发兮，余焉能忍與此终古！

索琼茅以筳篿兮，命灵氛为余占之。曰：两美其必合兮，孰信修而慕之？思九州之博大兮，岂唯是其有女？曰：勉远逝而无疑兮，孰求美而释女？何所独无芳草兮，尔何怀乎故宇？时幽昧以眩曜兮，孰云察余之美恶？人好恶其不同兮，惟此党人其独异！户服艾以盈要兮，谓幽兰其不可佩。览察草木其独未得兮，岂珵美之能当？苏粪壤以充帏兮，谓申椒其不芳。

欲从灵氛之吉占兮，心犹豫而狐疑。巫咸将夕降兮，怀椒糈而要之。百神翳其备降兮，九疑缤其并迎。皇剡剡其扬灵兮，告余以吉故。曰：勉升降以上下兮，求矩矱之所同。汤禹俨而求合兮，挚咎繇而能调。苟中情其好修兮，何必用夫行媒。说操筑于傅岩兮，武丁用而不疑。吕望之鼓刀兮，遭周文而得举。甯戚之讴歌兮，齐桓闻以该辅。及年岁之未晏兮，时亦犹其未央。恐鹈鴂之先鸣兮，使百草为之不芳。

何琼佩之偃蹇兮，众薆然而蔽之？惟此党人之不亮兮，恐嫉妒而折之。时缤纷其变易兮，又何可以淹留？兰芷变而不芳兮，荃蕙化而为茅。何昔日之芳草兮，今直为此萧艾也？岂其有他故兮，莫好修之害也！余以兰为可恃兮，羌无实而容长。委厥美以从俗兮，苟得引乎众芳。椒专佞以慢謟兮，榝又欲充其佩帏。既乾进而务入兮，又何芳之能祗？固时俗之从流兮，又孰能无变化？览椒兰其若兹兮，又况揭车与江离。惟兹佩之可贵兮，委厥美而历兹。芳菲菲而难亏兮，芬至今犹未沬。和调度以自娱兮，聊浮游而求女。及余饰之方壮兮，周流观乎上下。

灵氛既告余以吉占兮，历吉日乎吾将行。折琼枝以为羞兮，精琼靡以为粻。为余驾飞龙兮，杂瑶象以为车。何离心之可同兮，吾将远逝以自疏。邅吾道夫昆仑兮，路修远以周流。扬云霓之晻蔼兮，鸣玉鸾之啾啾。朝发轫于天津兮，夕余至乎西极。凤皇翼其乘旂兮，高翱翔之翼翼。忽吾行此流沙兮，遵赤水而容与。麾蛟龙使梁津兮，诏西皇使涉予。路修远以多艰兮，腾众车使径待。路不周以左转兮，指西海以为期。屯余车其千乘兮，齐玉軑而并驰。驾八龙之婉婉兮，载云旗之委移。抑志而弭节兮，神高驰之邈邈。奏《九歌》而舞《韶》兮，聊假日以娱乐。陟升皇之赫戏兮，忽临睨夫旧乡。仆夫悲余马怀兮，蜷局顾而不行。

乱曰：已矣哉！国无人莫我知兮，又何怀乎故都！既莫足与为美政兮，吾将从彭咸之所居。

屈原－九歌

东皇太一

吉日兮辰良，穆将愉兮上皇。抚长剑兮玉珥，璆锵鸣兮琳琅。瑶席兮玉瑱，盍将把兮琼芳。蕙肴蒸兮兰藉，奠桂酒兮椒浆。扬枹兮拊鼓，疏缓节兮安歌。陈竽瑟兮浩倡，灵偃蹇兮姣服，芳菲菲兮满堂。五音纷兮繁会，君欣欣兮乐康。

云中君

浴兰汤兮沐芳，华采衣兮若英。灵连蜷兮既留，烂昭昭兮未央。蹇将憺兮寿宫，与日月兮齐光。龙驾兮帝服，聊翱游兮周章。灵皇皇兮既降，猋远举兮云中。览冀州兮有余，横四海兮焉穷。思夫君兮太息，极劳心兮忡忡。

湘君

君不行兮夷犹，蹇谁留兮中洲？美要眇兮宜修，沛吾乘兮桂舟。令沅湘兮无波，使江水兮安流。望夫君兮归来，吹参差兮谁思？驾飞龙兮北征，邅吾道兮洞庭。薜荔拍兮蕙绸，承荃桡兮兰旌。望涔阳兮极浦，横大江兮扬灵。扬灵兮未极，女婵媛兮为余太息。横流涕兮潺湲，隐思君兮陫侧。桂棹兮兰枻，斫冰兮积雪。采薜荔兮水中，搴芙蓉兮木末。心不同兮媒劳，恩不甚兮轻绝。石濑兮浅浅，飞龙兮翩翩。交不忠兮怨长，期不信兮告余以不闲。朝骋骛兮江皋，夕弭节兮北渚。鸟次兮屋上，水周兮堂下。捐余玦兮江中，遗余佩兮澧浦。采芳洲兮杜若，将以遗兮下女。时不可兮再得，聊逍遥兮容与。

湘夫人

帝子降兮北渚，目眇眇兮愁予。袅袅兮秋风，洞庭波兮木叶下。登白苹兮骋望，与佳期兮夕张。鸟萃兮苹中，罾何为兮木上。沅有芷兮澧有兰，思公子兮未敢言。慌忽兮远望，观流水兮潺湲。麋何为兮庭中，蛟何为兮水裔？朝驰余马兮江皋，夕济兮西澨。闻佳人兮召予，将腾驾兮偕逝。筑室兮水中，葺之兮以荷盖。荃壁兮紫坛，播芳椒兮成堂。桂栋兮兰橑，以桂木为屋栋，辛夷楣兮药房。辛夷，香草，以作户楣。罔薜荔兮为帷，擗蕙榜兮既张。白玉兮为镇，疏石兰以为芳。芷葺兮荷屋，缭之兮杜衡。合百草兮实庭，建芳馨兮庑门。九嶷缤兮并迎，灵之来兮如云。捐余袂兮江中，遗余褋兮澧浦。搴汀洲兮杜若，将以遗兮远者。时不可兮骤得，聊逍遥兮容与。

大司命

广开兮天门，纷吾乘兮玄云。令飘风兮先驱，使涷雨兮洒尘。君回翔兮以下，逾空桑兮从女。纷总总兮九州，何寿夭兮在予！高飞兮安翔，乘清气兮御阴阳。吾与君兮齐速，导帝之兮九坑。灵衣兮被被，玉佩兮陆离。壹阴兮壹阳，众莫知兮余所为。折疏麻兮瑶华，将以遗兮离居。老冉冉兮既极，不浸近兮愈疏。乘龙兮辚辚，高驰兮冲天。结桂枝兮延伫，羌愈思兮愁人。愁人兮奈何！原若今兮无亏。固人命兮有当，孰离合兮可为？

少司命

秋兰兮蘼芜，罗生兮堂下。绿叶兮素华，芳菲菲兮袭予。夫人自有兮美子，荪何以兮愁苦？秋兰兮青青，绿叶兮紫茎。满堂兮美人，忽独与余兮目成。入不言兮出不辞，乘回风兮载云旗。悲莫悲兮生别离，乐莫乐兮新相知。荷衣兮蕙带，倏而来兮忽而逝。夕宿兮帝郊，君谁须兮云之际？与汝游兮九河，冲飙起兮水扬波。与汝沐兮咸池，晞汝发兮阳之阿。望美人兮未来，临风怳兮浩歌。孔盖兮翠旌，登九天兮抚彗星。竦长剑兮拥幼艾，荃独宜兮为民正。

东君

暾将出兮东方，照吾槛兮扶桑。抚余马兮安驱，夜皎皎兮既明。驾龙辀兮乘雷，载云旗兮委蛇。长太息兮将上，心低徊兮顾怀。羌声色兮娱人，观者憺兮忘归。縆瑟兮交鼓，箫锺兮瑶虡。鸣篪兮吹竽，思灵保兮贤姱。翾飞兮翠曾，展诗兮会舞。应律兮合节，灵之来兮蔽日。青云衣兮白霓裳，举长矢兮射天狼。操余弧兮反沦降，援北斗兮酌桂浆。撰余辔兮高驰翔，杳冥冥兮以东行。

河伯

与女游兮九河，冲风起兮横波。乘水车兮荷盖，驾两龙兮骖螭。登昆仑兮四望，心飞扬兮浩荡。日将暮兮怅忘归，惟极浦兮寤怀。鱼鳞屋兮龙堂，紫贝阙兮朱宫。灵何为兮水中？乘白鼋兮逐文鱼，与女游兮河之渚，流澌纷兮将来下。子交手兮东行，送美人兮南浦。波滔滔兮来迎，鱼邻邻兮媵予。

山鬼

若有人兮山之阿，被薜荔兮带女萝。既含睇兮又宜笑，子慕予兮善窈窕。乘赤豹兮从文狸，辛夷车兮结桂旗。被石兰兮带杜衡，折芳馨兮遗所思。余处幽篁兮终不见天，路险难兮独后来。表独立兮山之上，云容容兮而在下。杳冥冥兮羌昼晦，东风飘兮神灵雨。留灵修兮憺忘归，岁既晏兮孰华予？采三秀兮于山间，石磊磊兮葛蔓蔓。怨公子兮怅忘归，君思我兮不得闲。山中人兮芳杜若，饮石泉兮荫松柏。君思我兮然疑作。雷填填兮雨冥冥，猿啾啾兮狖夜鸣。风飒飒兮木萧萧，思公子兮徒离忧。

国殇

操吴戈兮披犀甲，车错毂兮短兵接。旌蔽日兮敌若云，矢交坠兮士争先。凌余阵兮躐余行，左骖殪兮右刃伤。霾两轮兮絷四马，援玉枹兮击鸣鼓。天时封心兮威灵怒，严杀尽兮弃原野。出不入兮往不反，平原忽兮路超远。带长剑兮挟秦弓，首身离兮心不惩。诚既勇兮又以武，终刚强兮不可凌。身既死兮神以灵，魂魄毅兮为鬼雄。

礼魂

成礼兮会鼓，传芭兮代舞。姱女倡兮容与。春兰兮秋菊，长无绝兮终古。

屈原－九章

惜诵

惜诵以致愍兮，发愤以抒情。所作忠而言之兮，指苍天以为正。令五帝以折中兮，戒六神与向服。俾山川以备御兮，命咎繇使听直。竭忠诚以事君兮，反离群而赘肬。忘儇媚以背众兮，待明君其知之。言与行其可迹兮，情与貌其不变。故相臣莫若君兮，所以证之不远。吾谊先君而后身兮，羌众人之所仇也。专惟君而无他兮，又众兆之所雠也。壹心而不豫兮，羌不可保也。疾亲君而无他兮，有招祸之道也。

思君其莫我忠兮，忽忘身之贱贫。事君而不贰兮，迷不知宠之门。忠何罪以遇罚兮，亦非余心之所志。行不群以巅越兮，又众兆之所咍。纷逢尤以离谤兮，謇不可释也。情沉抑而不达兮，又蔽而莫之白也。心郁邑余侘傺兮，又莫察余之中情。固烦言不可结诒兮，愿陈志而无路。退静默而莫余知兮，进号呼又莫吾闻。申侘傺之烦惑兮，中闷瞀之忳忳。

昔余梦登天兮，魂中道而无杭。吾使厉神占之兮，曰：“有志极而无旁。”终危独以离异兮，曰君可思而不可恃。故众口其铄金兮，初若是而逢殆。惩于羹者而吹齑兮，何不变此志也？欲释阶而登天兮，犹有曩之态也。众骇遽以离心兮，又何以为此伴也？同极而异路兮，又何以为此援也？晋申生之孝子兮，父信谗而不好。行婞直而不豫兮，鲧功用而不就。吾闻作忠以造怨兮，忽谓之过言。九折臂而成医兮，吾至今而知其信然。

矰弋机而在上兮，罻罗张而在下。设张辟以娱君兮，愿侧身而无所。欲儃佪以干傺兮，恐重患而离尤。欲高飞而远集兮，君罔谓女何之？欲横奔而失路兮，坚志而不忍。背膺胖以交痛兮，心郁结而纡轸。

捣木兰以矫蕙兮，申椒以为粮。播江离与滋菊兮，愿春日以为糗芳。恐情质之不信兮，故重著以自明。矫兹媚以私处兮，愿曾思而远身。

涉江

余幼好此奇服兮，年既老而不衰。带长铗之陆离兮，冠切云之崔嵬。被明月兮佩宝璐，世溷浊而莫余知兮。吾方高驰而不顾，驾青虬兮骖白螭。吾与重华游兮瑶之圃，登昆仑兮食玉英。与天地兮同寿，与日月兮齐光。

哀南夷之莫吾知兮，旦余济乎江、湘。乘鄂渚而反顾兮，欸秋冬之绪风。步余马兮山皋，邸余车兮方林。乘舲船余上沅兮，齐吴榜以击汰。船容与而不进兮，淹回水而凝滞。朝发枉陼兮，夕宿辰阳。苟余心其端直兮，虽僻远之何伤！

入溆浦余儃徊兮，迷不知吾所如。深林杳以冥冥兮，乃猿狖之所居。山峻高以蔽日兮，下幽晦以多雨。霰雪纷其无垠兮，云霏霏而承宇。哀吾生之无乐兮，幽独处乎山中。吾不能变心而从俗兮，固将愁苦而终穷。

接舆髡首兮，桑扈裸行。忠不必用兮，贤不必以。伍子逢殃兮，比干菹醢。与前世而皆然兮，吾又何怨乎今之人！余将董道而不豫兮，固将重昏而终身。

乱曰：鸾鸟凤皇，日以远兮。燕雀乌鹊，巢堂坛兮。露申辛夷，死林薄兮。腥臊并御，芳不得薄兮。阴阳易位，时不当兮。怀信侘傺，忽乎吾将行兮。

哀郢

皇天之不纯命兮，何百姓之震愆？民离散而相失兮，方仲春而东迁。去故乡而就远兮，遵江、夏以流亡。出国门而轸怀兮，甲之鼂吾以行。发郢都而去闾兮，怊荒忽其焉极？楫齐扬以容与兮，哀见君而不再得。

望长楸而太息兮，涕淫淫其若霰。过夏首而西浮兮，顾龙门而不见。心婵媛而伤怀兮，眇不知其所跖。顺风波以从流兮，焉洋洋而为客。凌阳侯之泛滥兮，忽翱翔之焉薄？心絓结而不解兮，思蹇产而不释。

将运舟而下浮兮，上洞庭而下江。去终古之所居兮，今逍遥而来东。羌灵魂之欲归兮，何须臾而忘反！背夏浦而西思兮，哀故都之日远。登大坟以远望兮，聊以舒吾忧心。哀州土之平乐兮，悲江介之遗风。当陵阳之焉至兮，淼南渡之焉如？曾不知夏之为丘兮，孰两东门之可芜？心不怡之长久兮，忧与愁其相接。惟郢路之遥远兮，江与夏之不可涉。忽若去不信兮，至今九年而不复。惨郁郁而不通兮，蹇侘傺而含戚。

外承欢之汋约兮，谌荏弱而难持。忠湛湛而愿进兮，妒被离而鄣之。尧、舜之抗行兮，了杳杳而薄天。众谗人之嫉妒兮，被以不慈之伪名。憎愠惀之修美兮，好夫人之忼慨。众踥蹀而日进兮，美超远而逾迈。

乱曰：曼余目以流观兮，冀壹反之何时？鸟飞反故乡兮，狐死必首丘。信非吾罪而弃逐兮，何日夜而忘之？

抽思

心郁郁之忧思兮，独永叹乎增伤。思蹇产之不释兮，曼遭夜之方长。悲秋风之动容兮，何回极之浮浮！数惟荪之多怒兮，伤余心之忧忧。愿摇起而横奔兮，览民尤以自镇。结微情以陈辞兮，矫以遗夫美人。

昔君与我成言兮，曰：「黄昏以为期。」羌中道而回畔兮，反既有此他志。憍吾以其美好兮，览余以其修姱。与余言而不信兮，盖为余而造怒。愿承闲而自察兮，心震悼而不敢。悲夷犹而冀进兮，心怛伤之憺憺。

历兹情以陈辞兮，荪详聋而不闻。固切人之不媚兮，众果以我为患。初吾所陈之耿著兮，岂不至今其庸亡？何独乐斯之蹇蹇兮？愿荪美之可完。望三五以为像兮，指彭咸以为仪。夫何极而不至兮，故远闻而难亏。善不由外来兮，名不可以虚作。孰无施而有报兮，孰不实而有获？

少歌曰：与美人抽怨兮，并日夜而无正。憍吾以其美好兮，敖朕辞而不听。

倡曰：有鸟自南兮，来集汉北。好姱佳丽兮，牉独处此异域。既惸独而不群兮，又无良媒在其侧。道卓远而日忘兮，愿自申而不得。望北山而流涕兮，临流水而太息。望孟夏之短夜兮，何晦明之若岁！惟郢路之辽远兮，魂一夕而九逝。曾不知路之曲直兮，南指月与列星。愿径逝而不得兮，魂识路之营营。何灵魂之信直兮，人之心不与吾心同！理弱而媒不通兮，尚不知余之从容。

乱曰：长濑湍流，溯江潭兮。狂顾南行，聊以娱心兮。轸石崴嵬，蹇吾愿兮。超回志度，行隐进兮。低徊夷犹，宿北姑兮。烦冤瞀容，实沛徂兮。愁叹苦神，灵遥思兮。路远处幽，又无行媒兮。道思作颂，聊以自救兮。忧心不遂，斯言谁告兮！

怀沙

滔滔孟夏兮，草木莽莽。伤怀永哀兮，汩徂南土。眴兮杳杳，孔静幽默。郁结纡轸兮，离慜而长鞠。抚情效志兮，冤屈而自抑。刓方以为圜兮，常度未替。

易初本迪兮，君子所鄙。章画志墨兮，前图未改。内厚质正兮，大人所晟。巧倕不斫兮，孰察其拨正。

玄文处幽兮，蒙瞍谓之不章。离娄微睇兮，瞽谓之不明。变白以为黑兮，倒上以为下。凤皇在笯兮，鸡鹜翔舞。同糅玉石兮，一概而相量。夫惟党人鄙固兮，羌不知余之所臧。任重载盛兮，陷滞而不济。怀瑾握瑜兮，穷不知所示。

邑犬群吠兮，吠所怪也。非俊疑杰兮，固庸态也。文质疏内兮，众不知余之异采。材朴委积兮，莫知余之所有。重仁袭义兮，谨厚以为丰。重华不可遌兮，孰知余之从容！古固有不并兮，岂知何其故！汤、禹久远兮，邈而不可慕。惩连改忿兮，抑心而自强。离慜而不迁兮，愿志之有像。进路北次兮，日昧昧其将暮。舒忧娱哀兮，限之以大故。

乱曰：浩浩沅、湘，分流汨兮。修路幽蔽，道远忽兮。怀质抱情，独无匹兮。伯乐既没，骥焉程兮。民生禀命，各有所错兮。定心广志，余何畏惧兮！曾伤爰哀，永叹喟兮。世溷浊莫吾知，人心不可谓兮。知死不可让，愿勿爱兮。明告君子，吾将以为类兮。

思美人

思美人兮，揽涕而伫眙。媒绝路阻兮，言不可结而诒。蹇蹇之烦冤兮，陷滞而不发。申旦以舒中情兮，志沉菀而莫达。愿寄言于浮云兮，遇丰隆而不将。因归鸟而致辞兮，羌迅高而难当。高辛之灵晟兮，遭玄鸟而致诒。欲变节以从俗兮，愧易初而屈志。独历年而离愍兮，羌冯心犹未化。宁隐闵而寿考兮，何变易之可为。

知前辙之不遂兮，未改此度。车既覆而马颠兮，蹇独怀此异路。勒骐骥而更驾兮，造父为我操之。迁逡次而勿驱兮，聊假日以须时。指嶓冢之西隈兮，与纁黄以为期。

开春发岁兮，白日出之悠悠。吾将荡志而愉乐兮，遵江、夏以娱忧。揽大薄之芳茝兮，搴长洲之宿莽。惜吾不及古人兮，吾谁与玩此芳草。解萹薄与杂菜兮，备以为交佩。佩缤纷以缭转兮，遂萎绝而离异。吾且儃佪以娱忧兮，观南人之变态。窃快在其中心兮，扬厥凭而不俟。

芳与泽其杂糅兮，羌芳华自中出。纷郁郁其远蒸兮，满内而外扬。情与质信可保兮，羌居蔽而闻章。令薜荔以为理兮，惮举趾而缘木。因芙蓉而为媒兮，惮褰裳而濡足。登高吾不说兮，入下吾不能。固朕形之不服兮，然容与而狐疑。

广遂前画兮，未改此度也。命则处幽吾将罢兮，愿及白日之未暮也。独茕茕而南行兮，思彭咸之故也。

惜往日

惜往日之曾信兮，受命诏以昭诗。奉先功以照下兮，明法度之嫌疑。国富强而法立兮，属贞臣而日娭。秘密事之载心兮，虽过失犹弗治。心纯庬而不泄兮，遭谗人而嫉之。君含怒而待臣兮，不清澄其然否。蔽晦君之聪明兮，虚惑误又以欺。弗参验以考实兮，远迁臣而弗思。信谗谀之溷浊兮，晟气志而过之。何贞臣之无罪兮，被讟谤而见尤！惭光景之诚信兮，身幽隐而备之。

临沅、湘之玄渊兮，遂自忍而沉流。卒没身而绝名兮，惜廱君之不昭。君无度而弗察兮，使芳草为薮幽。焉舒情而抽信兮，恬死亡而不聊。独鄣廱而蔽隐兮，使贞臣为无由。闻百里之为虏兮，伊尹烹于庖厨。吕望屠于朝歌兮，甯戚歌而饭牛。不逢汤、武与桓、缪兮，世孰云而知之！吴信谗而弗味兮，子胥死而后忧。介子忠而立枯兮，文君寤而追求；封介山而为之禁兮，报大德之优游。

思久故之亲身兮，因缟素而哭之。或忠信而死节兮，或訑谩而不疑。弗省察而按实兮，听谗人之虚辞。芳与泽其杂糅兮，孰申旦而别之？何芳草之早夭兮，微霜降而下戒。谅聪不明而蔽廱兮，使谗谀而日得。自前世之嫉贤兮，谓蕙若其不可佩。妒佳冶之芬芳兮，嫫母姣而自好。虽有西施之美容兮，谗妒入以自代。愿陈情以白行兮，得罪过之不意。情冤见之日明兮，如列宿之错置。

乘骐骥而驰骋兮，无辔衔而自载。乘泛泭以下流兮，无舟楫而自备。背法度而心治兮，辟与此其无异。宁溘死而流亡兮，恐祸殃之有再。不毕辞而赴渊兮，惜廱君之不识。

橘颂

后皇嘉树，橘徕服兮。受命不迁，生南国兮。深固难徙，更壹志兮。绿叶素荣，纷其可喜兮。曾枝剡棘，圆果抟兮。青黄杂糅，文章烂兮。精色内白，类任道兮。纷緼宜修，姱而不丑兮。

嗟尔幼志，有以异兮。独立不迁，岂不可喜兮。深固难徙，廓其无求兮。苏世独立，横而不流兮。闭心自慎，不终失过兮。秉德无私，参天地兮。愿岁并谢，与长友兮。淑离不淫，梗其有理兮。年岁虽少，可师长兮。行比伯夷，置以为像兮。

悲回风

悲回风之摇蕙兮，心冤结而内伤。物有微而陨性兮，声有隐而先倡。夫何彭咸之造思兮，暨志介而不忘！万变其情岂可盖兮，孰虚伪之可长！鸟兽鸣以号群兮，草苴比而不芳。鱼葺鳞以自别兮，蛟龙隐其文章。故荼荠不同亩兮，兰茝幽而独芳。

惟佳人之永都兮，更统世而自贶。眇远志之所及兮，怜浮云之相羊。介眇志之所惑兮，窃赋诗之所明。惟佳人之独怀兮，折若椒以自处。曾歔欷之嗟嗟兮，独隐伏而思虑。涕泣交而凄凄兮，思不眠以至曙。终长夜之曼曼兮，掩此哀而不去。寤从容以周流兮，聊逍遥以自恃。伤太息之愍怜兮，气于邑而不可止。糺思心以为纕兮，编愁苦以为膺。折若木以蔽光兮，随飘风之所仍。存仿佛而不见兮，心踊跃其若汤。抚佩衽以案志兮，超惘惘而遂行。

岁曶曶其若颓兮，时亦冉冉而将至。薠蘅槁而节离兮，芳以歇而不比。怜思心之不可惩兮，证此言之不可聊。宁溘死而流亡兮，不忍此心之常愁。孤子吟而抆泪兮，放子出而不还。孰能思而不隐兮，照彭咸之所闻。登石峦以远望兮，路眇眇之默默。入景响之无应兮，闻省想而不可得。愁郁郁之无快兮，居戚戚而不可解。心鞿羁而不开兮，气缭转而自缔。

穆眇眇之无垠兮，莽芒芒之无仪。声有隐而相感兮，物有纯而不可为。邈蔓蔓之不可量兮，缥绵绵之不可纡。愁悄悄之常悲兮，翩冥冥之不可娱。凌大波而流风兮，讬彭咸之所居。上高岩之峭岸兮，处雌霓之标颠。据青冥而摅虹兮，遂儵忽而扪天。吸湛露之浮凉兮，漱凝霜之雰雰。依风穴以自息兮，忽倾寤以婵媛。

冯昆仑以瞰雾兮，隐岷山以清江。惮涌湍之礚々兮，听波声之汹汹。纷容容之无经兮，罔芒芒之无纪。轧洋洋之无从兮，驰委移之焉止。漂翻翻其上下兮，翼遥遥其左右。泛潏潏其前后兮，伴张驰之信期。观炎气之相仍兮，窥烟液之所积。悲霜雪之俱下兮，听潮水之相击。借光景以往来兮，施黄棘之枉策。求介子之所存兮，见伯夷之放迹。心调度而弗去兮，刻著志之无适。

曰：吾怨往昔之所冀兮，悼来者之愁々。浮江、淮而入海兮，从子胥而自适。望大河之洲渚兮，悲申徒之抗迹。骤谏君而不听兮，重任石之何益！心絓结而不解兮，思蹇产而不释。

屈原－卜居

屈原既放，三年，不得复见。竭智尽忠，蔽鄣于谗，心烦意乱，不知所从。乃往见太卜郑詹尹，曰：余有所疑，原因先生决之。詹尹乃端策拂龟，曰：君将何以教之？

屈原曰："吾宁悃悃款款。朴以忠乎？将送往劳来斯无穷乎。宁诛锄草茅以力耕乎？将游大人以成名乎？宁正言不讳以危身乎？将从俗富贵以娱生乎？宁超然高举以保真乎？将呢訾栗斯喔咿嚅唲以事妇人乎？宁廉洁正直以自清乎？将突梯滑稽如脂如韦以洁楹乎？宁昂昂若千里之驹乎？将氾氾若水中之凫乎？与波上下偷以全吾躯乎？宁与骐骥抗轭乎？将随驽马之迹乎？宁与黄鹄比翼乎？将与鸡鹜争食乎？此孰吉孰凶？何去何从？世混浊而不清：蝉翼为重，千钧为轻；黄锺毁弃，瓦釜雷鸣；谗人高张，贤士无名。吁嗟嘿嘿兮，谁知吾之廉贞！"

詹尹乃释策而谢，曰：夫尺有所短，寸有所长；物有所不足，智有所不明；数有所不逮，神有所不通。用君之心，行君之意，龟策诚不能知此事。

贾谊－鹏鸟赋

谊为长沙王傅。三年，有鹏鸟飞入谊舍，止于坐隅。鹏似鸮，不祥鸟也。谊既以谪居长沙。长沙卑湿，谊自伤悼，以为寿不得长，乃为赋以自广。其辞曰：

单阏之岁兮，四月孟夏。庚子日斜兮，鹏集予舍。止于坐隅兮，貌甚闲暇。异物来萃兮，私怪其故。发书占之兮，谶言其度。曰：野鸟入室兮，主人将去。请问于鹏兮，予去何之？吉乎告我，凶言其灾。淹速之度兮，语予其期。鹏乃叹息，举首奋翼。口不能言，请对以臆：

万物变化兮，固无休息。斡流而迁兮，或推而还。形气转续兮，变化而蟺。沕穆无穷兮，胡可胜言。祸兮福所倚，福兮祸所伏。忧喜聚门兮，吉凶同域。彼吴强大兮，夫差以败。越栖会稽兮，勾践霸世。斯游遂成兮，卒被五刑。傅说胥靡兮，乃相武丁。夫祸之与福兮，何异纠缠！命不可说兮，孰知其极。

水激则旱兮，矢激则远。万物回薄兮，振荡相转。云蒸雨降兮，纠错相纷。大钧播物兮，坱圠无垠。天不可预虑兮，道不可预谋。迟速有命兮，焉识其时？

且夫天地为炉兮，造化为工。阴阳为炭兮，万物为铜。合散消息兮，安有常则？千变万化兮，未始有极？忽然为人兮，何足控抟？化为异物兮，又何足患？小智自私兮，贱彼贵我。达人大观兮，物无不可。贪夫殉财兮，烈士殉名。夸者死权兮，品庶每生。怵迫之徒兮，或趋东西。大人不曲兮，意变齐同。愚士系俗兮，窘若囚拘。至人遗物兮，独与道俱。众人惑惑兮，好恶积亿。真人恬漠兮，独与道息。释智遗形兮，超然自丧。寥廓忽荒兮，与道翱翔。乘流则逝兮，得坻则止。纵躯委命兮，不私与己。

其生兮若浮，其死兮若休。澹乎若深泉之静，泛乎若不系之舟。不以生故自宝兮，养空而浮。德人无累，知命不忧，细故蒂芥，何足以疑！

贾谊－惜誓

惜余年老而日衰兮，岁忽忽而不反。登苍天而高举兮，历众山而日远。观江河之纡曲兮，离四海之沾濡。攀北极而一息兮，吸沆瀣以充虚。飞朱鸟使先驱兮，驾太乙之象舆。苍龙蚴虬于左骖兮，白虎骋而为右騑。建日月以为盖兮，载玉女于后车。驰骛于杳冥之中兮。休息乎昆仑之墟。乐穷极而不厌兮，愿从容乎神明。涉丹水而驰骋兮，右大夏之遗风。

黄鹄之一举兮，知山川之纡曲；再举兮，睹天地之圜方。临中国之众人兮，托回飙乎尚羊。乃至少原之野兮，赤松、王乔皆在旁。二子拥瑟而调均兮，予因称乎清、商。澹然而自乐兮，吸众气而翱翔。念我长生而久仙兮，不如反予之故乡。黄鹄后时而寄处兮，鸱枭群而制之。神龙失水而陆居兮，为蝼蚁之所裁。夫黄鹄神龙犹如此兮，况贤者之逢乱世哉！

寿冉冉而日衰兮，固儃回而不息。俗流从而不止兮，众枉聚而矫直。或偷合而苟进兮，或隐居而深藏。苦称量之不审兮，同权概而就衡。或推移而苟容兮，或直言之谔谔。伤诚是之不察兮，并纫茅丝以为索。方世俗之幽昏兮，眩白黑之美恶。放山渊之龟玉兮，相与贵夫砾石。梅伯数谏而至醢兮，来、革顺志而用国。悲仁人之尽节兮，反为小人之所贼。比干忠谏而剖心兮。

箕子被发而佯狂。水背流而源竭兮，木去根而不长。非重躯以虑难兮，惜伤身之无功。

已矣哉！独不见夫鸾凤之高翔兮，乃集六皇之野。循四极而回周兮，见盛德而后下。彼圣人之神德兮，远浊世而自藏。使麒麟可得羁而系兮，又何以异乎犬羊！

司马相如－子虚赋

楚使子虚使于齐，王悉发车骑，与使者出畋，畋罢，子虚过姹乌有先生。亡是公存焉。坐定，乌有先生问曰：今日畋乐乎？子虚曰：乐。获多乎？曰：少。然则何乐？对曰：仆乐齐王之欲夸仆以车骑之众，而仆对以云梦之事也。曰：可得闻乎？

子虚曰：可。王车驾千乘，选徒万骑，畋于海滨。列卒满泽，罘网弥山。掩兔辚鹿，射麋脚麟。骛于盐浦，割鲜染轮。射中获多，矜而自功，顾谓仆曰：楚亦有平原广泽游猎之地，饶乐若此者乎？楚王之猎孰与寡人乎？仆下车对曰：臣楚国之鄙人也。幸得宿卫，十有余年，时从出游，游于后园，览于有无，然犹未能遍睹也。又焉足以言其外泽乎？齐王曰：虽然，略以子之所闻见而言之。

仆对曰：唯唯。臣闻楚有七泽，尝见其一，未睹其余也。臣之所见，盖特其小小者耳。名曰云梦。云梦者，方九百里，其中有山焉。其山则盘纡岪郁，隆崇嵂崒。岑崟参差，日月蔽亏。交错纠纷，上干青云。罢池陂陀，下属江河。其土则丹青赭垩，雌黄白坿，锡碧金银。众色炫耀，照烂龙鳞。其石则赤玉玫瑰，琳瑉昆吾。瑊玏玄厉，碝石碔砆。其东则有蕙圃；衡兰芷若，芎藭菖蒲，茳蓠蘪芜，诸柘巴苴。其南则有平原广泽，登降陁靡，案衍坛曼，缘以大江，限以巫山。其高燥则生葴菥苞荔，薛莎青薠。其埤湿则生藏莨蒹葭，东蘠雕胡，莲藕觚卢，菴闾轩于。众物居之，不可胜图。其西则有涌泉清池，激水推移，外发芙蓉菱华，内隐钜石白沙。其中则有神龟蛟鼍，玳瑁鳖鼋。其北则有阴林：其树楩楠豫章，桂椒木兰，檗离朱杨。栌梨梬栗，橘柚芬芳。其上则有鹓雏孔鸾，腾远射干。其下则有白虎玄豹，蟃蜒貙犴。于是乎乃使剸诸之伦，手格此兽。楚王乃驾驯驳之驷，乘雕玉之舆，靡鱼须之桡旃，曳明月之珠旗，建干将之雄戟。左乌号之雕弓，右夏服之劲箭。阳子骖乘，孅阿为御。案节未舒，即陵狡兽。蹵蛩蛩，辚距虚，轶野马，車惠陶駼，乘遗风，射游骐。倏眒倩利，雷动飙至，星流霆击，弓不虚发，中必决眦。洞胸达掖，绝乎心系。获若雨兽，揜草蔽地。于是楚王乃弭节徘徊，翱翔容与。览乎阴林，观壮士之暴怒，与猛兽之恐惧。徼剧受诎，殚睹众物之变态。

于是郑女曼姬，被阿緆，揄紵缟，杂纤罗，垂雾縠。襞积褰绉，纡徐委曲，郁桡溪谷。衯衯裶裶，扬袘戌削。蜚襳垂髾，扶舆猗靡，翕呷萃蔡。下靡兰蕙，上拂羽盖。错翡翠之威蕤，缪绕玉绥。眇眇忽忽，若神仙之仿佛。于是乃相与獠于蕙圃，媻姗勃窣，上乎金堤。揜翡翠，射鵔鸃。微矰出，纤缴施，弋白鹄，连駕鹅。双鶬下，玄鹤加。怠而后发，游于清池。浮文鷁，扬旌枻。张翠帷，建羽盖。罔玳瑁，钩紫贝。摐金鼓，吹鸣籁，榜人歌，声流喝。水虫骇，波鸿沸。涌泉起，奔扬会。礧石相击，硠硠礚礚。若雷霆之声，闻乎数百里之外。将息獠者，击灵鼓，起烽燧，车按行，骑就队。纚乎淫淫，般乎裔裔。于是楚王乃登云阳之台，怕乎无为，憺乎自持。勺药之和具，而后御之。不若大王终日驰骋，曾不下舆，脟割轮焠，自以为娱。臣窃观之，齐殆不如，于是齐王无以应仆也。乌有先生曰：是何言之过也！足下不远千里，来贶齐国。王悉发境内之士，备车骑之众，与使者出畋，乃欲戮力致获，以娱左右。何名为夸哉？问楚地之有无者，原闻大国之风烈，先生之余论也。今足下不称楚王之德厚，而盛推云梦以为高，奢言淫乐而显侈靡，窃为足下不取也。必若所言，固非楚国之美也。无而言之，是害足下之信也。彰君恶，伤私义。二者无一可，而先生行之，必且轻于齐，而累于楚矣。且齐东陼钜海，南有琅邪。观乎成山，射乎之罘。浮渤澥，游孟诸。邪与肃慎为邻，右以汤谷为界，秋田乎青丘，旁徨乎海外。吞若云梦者八九，于其胸中，曾不蒂芥。若乃俶傥瑰玮，异方殊类。珍怪鸟兽，万端鳞崒。充牣其中，不可胜记。禹不能名，离不能计。然在诸侯之位，不敢言游戏之乐，苑囿之大，先生又见客，是以王辞不复，何为无以应哉？

司马相如－上林赋

亡是公听然而笑曰："楚则失矣，而齐亦未为得也。夫使诸侯纳贡者，非为财币，所以述职也；封疆画界者，非为守御，所以禁淫也。今齐列为东藩，而外私肃慎，捐国逾限，越海而田，其于义固未可也。且二君之论，不务明君臣之义，正诸侯之礼，徒事争游戏之乐，苑囿之大，欲以奢侈相胜，荒淫相越，此不可以扬名发誉，而适足以贬粤君自损也。"

且夫齐、楚之事，又乌足道乎！君未睹夫巨丽也，独不闻天子之上林乎？左苍梧，右西极，丹水更其南，紫渊径其北。终始灞、浐，出入泾、渭；酆、镐、潦、潏，纡余委蛇，经营乎其内，荡荡乎八川分流，相背而异态。东西南北，驰骛往来：出乎椒丘之阙，行乎洲淤之浦，经乎桂林之中，过乎泱漭之野。汩乎混流，顺阿而下，赴隘狭之口；触穹石，激堆埼，沸乎暴怒，汹涌彭湃。滭弗宓汩，逼侧泌瀄，横流逆折，转腾潎洌。滂濞沆溉，穹隆云桡，宛潬胶盭，逾波趋浥，莅莅下濑。批岩冲拥，奔扬滞沛，临坻注壑，瀺灂霣坠。沉沉隐隐，砰磅訇礚，潏潏淈淈，湁潗鼎沸。驰波跳沫，汩水急漂疾。悠远长怀，寂漻无声，肆乎永归。然后灏溔潢漾，安翔徐回，翯乎滈滈，东注太湖，衍溢陂池。

于是乎蛟龙赤螭鱼亘鳢渐离，鰅鰫鰬魠，禺禺鲑鳎，揵鳍掉尾，振鳞奋翼，潜处乎深岩。鱼鳖欢声，万物众夥，明月珠子，的蛛江靡，蜀石黄碝，水玉磊砢。磷磷烂烂，采色浩汗，丛积乎其中。鸿鹔鹄鸨，驾鹅属玉，交精旋目，烦鹜庸渠，箴疵？卢，群浮乎其上。沉淫泛滥，随风澹淡，与波摇荡，奄薄水渚，唼喋菁藻，咀嚼菱藕。

于是乎崇山矗矗，宠嵸崔巍，深林巨木，崭岩参嵯。九嵕截嶭，南山峨峨，岩阜也甗锜，摧巍崛崎。振溪通谷，蹇产沟渎，谽呀豁闭，阜陵别隖，崴磈畏廆，丘虚堀礨，隐辚郁櫑，登降施靡，陂池貏豸，沇溶淫鬻，散涣夷陆，亭皋千里，靡不被筑。揜以绿蕙，被以江离，糅以蘼芜，杂以留夷。布结缕，攒戾莎，揭车衡兰，稿本射干，茈姜蘘荷，葴橙若荪，鲜支黄砾，蒋苎青薠，布濩闳泽，延曼太原。离靡广衍，应风披靡，吐芳扬烈，郁郁菲菲。众香发越，肸蚃布写，晻薆咇茀。

于是乎周览泛观，缜纷轧芴，芒芒恍忽，视之无端，察之无崖，日出东沼，人乎西陂。其南则隆冬生长，涌水跃波；其兽则猜旄貘牦，沉牛麈麋，赤首圜题，穷奇象犀。其北则盛夏含冻裂地，涉冰揭河；其兽则麒麟角端，騊駼橐驼，蛩蛩驒騱，駃騠驴骡。

于是乎离宫别馆，弥山跨谷，高廊四注，重坐曲阁，华榱璧珰，辇道纚属，步櫩周流，长途中宿。夷峻筑堂，累台增成，岩窔洞房，俯杳眇而无见，仰攀橑而扪天，奔星更于闺闼，宛虹拖于楯轩。青龙蚴蟉于东箱，象舆婉僤于西清。灵圄燕于闲馆，偓佺之伦，暴于南荣。醴泉涌于清室，通川过于中庭。盘石振崖，嵚岩倚倾，嵯峨集嶪，刻削峥嵘。玫瑰碧琳，珊瑚丛生，瑉玉旁唐，玢豳文鳞。赤瑕驳荦，杂臿其间，朝采琬琰，和氏出焉。

于是乎卢橘夏熟，黄甘橙楱，枇杷橪柿，亭柰厚朴，梬枣杨梅，樱桃蒲陶，隐夫薁棣，荅遝离支，罗乎后宫，列乎北园，陁丘陵，下平原。扬翠叶，杌紫茎，发红华，垂朱荣，煌煌扈扈，照曜巨野。沙棠栎槠，华枫枰栌，留落胥邪，仁频并闾。欃檀木兰，豫章女贞，长千仞，大连抱，夸条直畅，实叶葰茂。攒立丛倚，连卷俪佹，崔错登骫，抗衡閜砢，垂条扶疏，落英幡缅。纷溶箾蔘，猗犯从风。莅莅卉歙，盖象金石之声，管籥之音。偨池茈虒，旋还乎后宫，杂袭累辑，被山缘谷，循阪下隰，视之无端，究之无穷。

于是乎玄猿素雌，帷玃飞蠝，蛭蜩蠼猱，獑胡豰蛇，栖息乎其间。长啸哀鸣，翩幡互经，夭蟜枝格，偃蹇杪颠。逾绝梁，腾殊榛，捷垂条，掉希间，牢落陆离，烂漫远迁。若此者数百千处，娱游往来，宫宿馆舍，庖厨不徙，后宫不移，百官备具。

于是乎背秋涉冬，天子校猎。乘镂象，六玉虬，拖蜺旌，靡云旗，前皮轩，后道游。孙叔奉辔，卫公骖乘，扈从横行，出乎四校之中。鼓严簿，纵猎者。江河为阹，泰山为橹。车骑雷起，殷天动地，先后陆离，离散别追，淫淫裔裔，缘陵流泽，云布雨施。生貔豹，搏豺狼，手熊罴，足野羊。蒙鹖苏，绔白虎，被班文，跨野马。凌三峻之危，下碛历之坻，径峻赴险，越壑厉水。推蜚廉，弄獬豸，格虾蛤，鋋猛氏，羂褭，射封豕。箭不苟害，解脰陷脑；弓不虚发，应声而倒。

于是乎乘舆弭节徘徊，翱翔往来，睨部曲之进退，览将帅之变态。然后侵淫促节，倏复远去，流离轻禽，蹴履狡兽。慧白鹿，捷狡兔，轶赤电，遗光耀。追怪物，出宇宙，弯蕃弱，满白羽。射游枭，栎蜚遽。择肉而后发，先中而命处；弦矢分，艺殪仆。然后扬节而上浮，凌惊风，历骇猋，乘虚无，与神俱。躏玄鹤，乱昆鸡，遒孔鸾，促鵕鸃，拂翳鸟，捎风皇，捷鹓雏，掩焦明。道尽涂殚，回车而还；招摇乎襄羊，降集乎北纮，率乎直指，晻乎反乡。蹶石阙，历封峦，过鳷鹊，望露寒，下棠梨，息宜春。西驰宣曲，濯鷁牛首，登龙台，掩细柳。观士大夫之勤略，均猎者之所得获，徒车之所辅轹，步骑之所蹂若，人臣之所蹈藉，与其穷极倦却，惊惮讋伏，不被创刃而死者，他他藉藉，填坑满谷，掩平弥泽。

于是乎游戏懈怠，置酒乎颢天之台，张乐乎胶葛之宇。撞千石之钟，立万石之虡，建翠华之旗，树灵鼍之鼓，奏陶唐氏之舞，听葛天氏之歌。千人唱，万人和，山陵为之震动，川谷为之荡波。《巴渝》、宋、蔡，淮南《干遮》，文成、颠歌，族居递奏，金鼓迭起，铿枪镗，洞心骇耳。荆、吴、郑、卫之声，《韶》、《濩》、《武》、《象》之乐，阴淫案衍之音，鄢、郢缤纷，《激楚》、《结风》，俳优侏儒，狄鞮之倡，所以娱耳目乐心意者，丽靡烂漫于前，靡曼美色。若夫青琴宓妃之徒，绝殊离俗，妖冶娴都，靓妆刻饰，便嬛绰约，柔桡嫚嫚，妩媚姌弱。曳独茧之褕绁，眇阎易以恤削。便姗嫳屑，与俗殊服。芬芳沤郁，酷烈淑郁。皓齿粲烂，宜笑的。长眉连娟，微睇绵藐，色授魂与，心愉于侧。

于是酒中乐酣，天子芒然而思，似若有亡，曰：嗟乎！此大奢侈！朕以览听余闲，无事弃日，顺天道以杀伐，时休息于此，恐后叶靡丽，遂往而不返，非所以为继嗣创业垂统也。于是乎乃解酒罢猎，而命有司曰：『地可垦辟，悉为农郊，以赡萌隶。隤墙填堑，使山泽之人得至焉。实陂池而勿禁，虚宫馆而勿仞。发仓廪以救贫穷，补不足，恤鳏寡，存孤独。出德号，省刑罚，改制度，易服色，革正朔，与天下为更始。

于是历吉日以斋戒，袭朝服，乘法驾，建华旗，鸣玉鸾，游乎六艺之囿，驰骛乎仁义之途，览观《春秋》之林，射《狸首》，兼《驺虞》，弋玄鹤，舞干戚，载云罕，掩群雅，悲《伐檀》，乐乐胥。修容乎《礼》园，翱翔乎《书》圃，述《易》道，放怪兽，登明堂，坐清庙。次群臣，奏得失。四海之内，靡不受获。于斯之时，天下大说，乡风而听，随流而化，卉然兴道而迁义。刑错而不用，德隆于三王，而功羡于五帝。若此，故猎乃可喜也。若夫终日驰骋，劳神苦形，罢车马之用，抚士卒之精，费府库之财，而无德厚之恩；务在独乐，不顾众庶；忘国家之政，贪雉兔之获，则仁者不由也。从此观之，齐、楚之事，岂不哀哉！地方不过千里，而囿居九百，是草木不得垦辟而民无所食也。夫以诸侯之细，而乐万乘之所侈，仆恐百姓被其尤也。

于是二子愀然改容，超若自失，逡巡避席，曰："鄙人固陋，不知忌讳。乃今日见教，谨受命矣。"

司马相如－大人赋

世有大人兮，在于中州。宅弥万里兮，曾不足以少留。悲世俗之迫隘兮，竭轻举而远游。垂绛幡之素霓兮，载云气而上浮。建格泽之长竿兮，总光耀之采旄。垂旬始以为惨兮，抴彗星而为髾。掉指挢以偃蹇兮，又旖旎以招摇。揽欃枪以为旌兮，靡屈虹而为绸。红杳渺以眩湣兮，猋风涌而云浮。驾应龙象舆之蠖略逶丽兮，骖赤螭青虬之蟉蚴蜿蜒。低卬夭娇据以骄骜兮，诎折隆穷躩以连卷。沛艾赳螑仡以佁拟兮，放散畔岸骧以孱颜。蛭踱輵辖容以逶丽兮，绸缪偃蹇怵奂以梁倚。纠蓼叫奡蹋以艐路兮，蔑蒙踊跃而狂趡。莅飒卉翕熛至电过兮，焕然雾除，霍然云消。

邪绝少阳而登太阴兮，与真人乎相求。互折窈窕以右转兮，横厉飞泉以正东。悉徵灵圉而选之兮，部署众神于瑶光。使五帝先导兮，反太一而从陵阳。左玄冥而右含雷兮，前陆离而后潏湟。厮征伯侨而役羡门兮，属岐伯使尚方。祝融警而跸御兮，清气氛而后行。屯余车其万乘兮，綷云盖而树华旗。使句芒其将行兮，吾欲往乎南嬉。

历唐尧于崇山兮，过虞舜于九疑。纷湛湛其差错兮，杂遝胶葛以方驰。骚扰冲苁其相纷挐兮，滂濞泱轧洒以林离。钻罗列聚丛以茏茸兮，衍曼流烂坛以陆离。径人雷室之砰磷郁律兮，洞出鬼谷之崛礨崴魁。遍览八紘而观四荒兮，竭度九江而越五河。经营炎火而浮弱水兮，杭绝浮渚而涉流沙。奄息总极泛滥水嬉兮，使灵娲鼓瑟而舞冯夷。时若薆薆将混浊兮，召屏翳诛风伯而刑雨师。西望昆仑之轧沕洸忽兮，直径驰乎三危。排阊阖而人帝宫兮，载玉女而与之归。舒阆风而摇集兮，亢乌腾而一止。低回阴山翔以纡曲兮，吾乃今目睹西王母。霍然白首戴胜而穴处兮，亦幸有三足乌为之使。必长生若此而不死兮，虽济万世不足以喜。

回车竭来兮，绝道不周，会食幽都。呼吸沆瀣兮餐朝霞，噍咀芝英兮叽琼华。佥侵浔而高纵兮，纷鸿涌而上厉。贯列缺之倒景兮，涉丰隆之滂沛。驰游道而修降兮，骛遗雾而远逝。迫区中之隘陕兮，舒节出乎北垠。遗屯骑于玄阙兮，轶先驱于寒门。下峥嵘而无地兮，上寥廓而无天。视眩眠而无见兮，听惝恍而无闻。乘虚无而上假兮，超无友而独存。

司马相如－长门赋

孝武皇帝陈皇后，时得幸，颇妒。别在长门宫，愁闷悲思。闻蜀郡成都司马相如，天下工为文，奉黄金百斤，为相如文君取酒，因于解悲愁之辞。而相如为文以悟主上，陈皇后复得亲幸。其辞曰：

夫何一佳人兮，步逍遥以自虞。魂逾佚而不反兮，形枯槁而独居。言我朝往而暮来兮，饮食乐而忘人。心慊移而不省故兮，交得意而相亲。

伊予志之慢愚兮，怀贞悫之欢心。原赐问而自进兮，得尚君之玉音。奉虚言而望诚兮，期城南之离宫。修薄具而自设兮，君曾不肯乎幸临。廓独潜而专精兮，天漂漂而疾风。登兰台而遥望兮，神怳怳而外淫。浮云郁而四塞兮，天窈窈而昼阴。雷殷殷而响起兮，声象君之车音。飘风回而起闺兮，举帷幄之襜襜。桂树交而相纷兮，芳酷烈之訚訚。孔雀集而相存兮，玄猿啸而长吟。翡翠协翼而来萃兮，鸾凤翔而北南。

心凭噫而不舒兮，邪气壮而攻中。下兰台而周览兮，步从容于深宫。正殿块以造天兮，郁并起而穹崇。间徙倚于东厢兮，观夫靡靡而无穷。挤玉户以撼金铺兮，声噌吰而似锺音。

刻木兰以为榱兮，饰文杏以为梁。罗丰茸之游树兮，离楼梧而相撑。施瑰木之欂栌兮，委参差以槺梁。时仿佛以物类兮，象积石之将将。五色炫以相曜兮，烂耀耀而成光。致错石之瓴甓兮，象玳瑁之文章。张罗绮之幔帷兮，垂楚组之连纲。

抚柱楣以从容兮，览曲台之央央。白鹤噭以哀号兮，孤雌峙于枯杨。日黄昏而望绝兮，怅独托于空堂。悬明月以自照兮，徂清夜于洞房。援雅琴以变调兮，奏愁思之不可长。案流徵以却转兮，声幼妙而复扬。贯历览其中操兮，意慷慨而自卬。左右悲而垂泪兮，涕流离而从横。舒息悒而增欷兮，蹝履起而彷徨。揄长袂以自翳兮，数昔日之諐殃。无面目之可显兮，遂颓思而就床。抟芬若以为枕兮，席荃兰而茝香。

忽寝寐而梦想兮，魄若君之在旁。惕寤觉而无见兮，魂迋迋若有亡。众鸡鸣而愁予兮，起视月之精光。观众星之行列兮，毕昴出于东方。望中庭之蔼蔼兮，若季秋之降霜。夜曼曼其若岁兮，怀郁郁其不可再更。澹偃蹇而待曙兮，荒亭亭而复明。妾人窃自悲兮，究年岁而不敢忘。

扬雄－羽猎赋

孝成帝时羽猎，雄从。以为昔在二帝三王，宫馆台榭，沼池苑囿，林麓薮泽，财足以奉郊庙，御宾客，充庖厨而已。不夺百姓膏腴谷土桑柘之地，女有余布，男有余粟，国家殷富，上下交足。故甘露零其庭，醴泉流其唐，凤凰巢其树，黄龙游其沼，麒麟臻其囿，神爵栖其林。昔者禹任益虞，而上下和，草木茂，成汤好田而天下用足。文王囿百里，民以为尚小；齐宣王囿四十里，民以为大。裕民之与夺民也。武帝广开上林，东南至宜春、鼎湖，御宿昆吾。旁南山，西至长杨、五柞，北绕黄山，滨渭而东，周袤数百里。穿昆明池，象滇河。营建章凤阙，神明馺娑。渐台泰液，象海水周流方丈、瀛洲、蓬莱。游观侈靡，穷妙极丽。虽颇割其三垂，以赡齐民，然至羽猎甲车戎马，器械储偫，禁御所营，尚泰奢丽夸诩，非尧舜成汤文王三驱之意也。又恐后世复修前好，不折中以泉台，故聊因校猎，赋以风之。其辞曰：

或称羲农，岂或帝王之弥文哉？论者云：否。各以并时而得宜，奚必同条而共贯？则泰山之封，焉得七十而有二仪？是以创业垂统者，俱不见其爽，遐迩五三孰知其是非？遂作颂曰：丽哉神圣，处于玄宫。富既与地乎侔訾，贵正与天乎比崇。齐桓曾不足使扶毂，楚严未足以为骖乘。狭三王之厄僻，峤高举而大兴。历五帝之寥廓，涉三皇之登闳。建道德以为师，友仁义与之为朋。

于是玄冬季月，天地隆烈，万物权舆于内，徂落于外。帝将惟田于灵之囿，开北垠受不周之制，以奉终始颛顼玄冥之统。乃诏虞人典泽，东延昆邻，西驰闾阖。储积共偫，戍卒夹道；斩丛棘，夷野草。御自汧渭，经营酆镐。章皇周流，出入日月，天与地沓。尔乃虎路三嵕，以为司马，围经百里，而为殿门。外则正南极海，邪界虞渊。鸿蒙沆茫，揭以崇山。营合围会，然后先置乎白杨之南，昆明灵沼之东。贲育之伦，蒙盾负羽，杖镆邪而罗者以万计。其余荷垂天之罼，张竟野之罘。靡日月之朱竿，曳彗星之飞旗。青云为纷，红霓为缳，属之乎昆仑之虚。涣若天星之罗，浩如涛水之波。淫淫与与，前后要遮。欃枪为闉，明月为候。荧惑司命，天弧发射。鲜扁陆离，骈衍佖路。徽车轻武，鸿絧緁猎。殷殷轸轸，被陵缘岅，穷夐极远者，相与列乎高原之上。羽骑营营，昈分殊事。缤纷往来，轠轳不绝，若光若灭者，布乎青林之下。

于是天子乃以阳晁，始出乎玄宫。撞鸿锺，建九旒，六白虎，载灵舆。蚩尤并毂，蒙公先驱。立历天之旗，曳捎星之旃。霹雳烈缺，吐火施鞭。萃傱沇溶，淋离廓落，戏八镇而开关。飞廉云师，吸鼻潚率。鳞罗布烈，攒以龙翰。啾啾跄跄，入西园，切神光，望平乐，径竹林，蹂蕙圃，践兰唐。举䡴烈火，辔者施技，方驰千驷，狡骑万帅。虓虎之陈，从横胶輵。猋拉雷厉，騈駍駍磕。汹汹旭旭，天动地岋。羡漫半散，萧条数千里外。

若夫壮士慷慨，殊乡别趣。东西南北，骋耆奔欲。拖苍豨，跋犀犛，蹶浮麋，斮巨狿，搏玄猿。腾空虚，距连卷，踔夭蟜，娭涧间，莫莫纷纷。山谷为之风猋，林丛为之生尘。及至获夷之徒，蹶松柏，掌蒺藜，猎蒙茏，辚轻飞，履般首，带修蛇，钩赤豹，摼象犀。跇峦坑，超唐陂。车骑云会，登降暗蔼。泰华为旒，熊耳为缀。木仆山还，漫若天外。储与乎大浦，聊浪乎宇内。

于是天清日晏，逢蒙列眦，羿氏控弦。皇车幽輵，光纯天地，望舒弥辔，翼乎徐至于上兰。移围徙阵，浸淫靮筒俊G队坚重，各按行伍。壁垒天旋，神抶电击。逢之则碎，近之则破。鸟不及飞，兽不得过。军惊师骇，刮野扫地。及至罕车飞扬，武骑聿皇。蹈飞豹，羂枭阳。追天宝，出一方，应駍声，击流光。野尽山穷，囊括其雌雄。沇沇溶溶，遥噱乎弦中。三军芒然，穷阏与。亶观夫剽禽之绁踰，犀兕之抵触，熊罴之挐玃，虎豹之凌遽。徒角枪题注，㱀蹵翟怖。怖魂亡魄，触辐关脰。妄发期中，进退履获。创淫轮夷，丘累陵聚。

于是禽殚中衰，相与集于靖冥之馆，以临珍池，灌以岐梁，溢以江河。东瞰目尽，西畅无崖。随珠和氏，焯烁其陂。玉石嶜崟，眩耀青荧。汉女水潜，怪物暗冥，不可殚形。玄鸾孔雀，翡翠垂荣。王雎关关，鸿雁嘤嘤，群娱乎其中，噍噍昆鸣。凫鹥振鹭，上下砰磕，声若雷霆。乃使文身之技，水格鳞虫。凌坚冰，犯严渊，探岩排碕，薄索蛟螭。蹈獱獭，据鼋鼍，抾灵蠵，入洞穴，出苍梧。乘巨鳞，骑京鱼，浮彭蠡，目有虞。方椎夜光之流离，剖明月之珠胎。鞭洛水之宓妃，饷屈原与彭胥。于兹乎鸿生钜儒，俄轩冕，杂衣裳，修唐典，匡雅颂，揖让于前，昭光振耀，蚃曶如神。仁声惠于北狄，武谊动于南邻。是以旃裘之王，胡貉之长，移珍来享，抗手称臣。前入围口，后陈卢山。群公常伯阳朱墨翟之徒，喟然并称曰：崇哉乎德！虽有唐虞大夏成周之隆，何以侈兹！夫古之觐东岳，禅梁基，舍此世也，其谁与哉？

上犹谦让而未俞也。方将上猎三灵之流，下决醴泉之滋，发黄龙之穴，窥凤凰之巢，临麒麟之囿，幸神雀之林。奢云梦，侈孟诸。非章华，是灵台，罕徂离宫，而辍观游。土事不饰，木功不雕。丞民乎农桑，劝之以弗怠。侪男女，使莫违，恐贫穷者不遍被洋溢之饶，开禁苑，散公储，创道德之囿，弘仁惠之虞。驰弋乎神明之囿，览观乎群臣之有亡。放雉兔，收置罘，麋鹿刍荛，与百姓共之：盖所以臻兹也。于是醇洪鬯之德，丰茂世之规。加劳三皇，勖勤五帝，不亦至乎。乃祗庄雍穆之徒，立君臣之节，崇贤圣之业，未遑苑囿之丽，游猎之靡也。因回轸还衡，背阿房，反未央。

扬雄－长杨赋

明年，上将大夸胡人以多禽兽。秋，命右扶风发民入南山，西自褒斜，东至弘农，南驱汉中，张罗网置罘，捕熊罴、豪猪、虎豹、狖玃、狐兔、麋鹿，载以槛车，输长杨射熊馆。以网为周阹，纵禽兽其中，令胡人手搏之，自取其获，上亲临观焉。是时，农民不得收敛。雄从至射熊馆，还，上《长杨赋》，聊因笔墨之成文章，故藉翰林以为主人，子墨为客卿以风。其辞曰：子墨客卿问于翰林主人曰："盖闻圣主之养民也，仁沾而恩洽，动不为身。今年猎长杨，先命右扶风，左太华而右褒斜，椓截嶭而为弋，纡南山以为置，罗千乘于林莽，列万骑于山隅，帅军碎阹，锡戎获胡。扼熊罴，拖豪猪，木拥枪累，以为储胥，此天下之穷览极观也。虽然，亦颇扰于农人。三旬有余，其勤至矣，而功不图。恐不识者，外之则以为娱乐之游，内之则不以为乾豆之事，岂为民乎哉！且人君以玄默为神，澹泊为德。今乐远出以露威灵，数摇动以罢车甲，本非人主之急务也，蒙窃惑焉。"

翰林主人曰："吁，客何谓兹邪！若客，所谓知其一未睹其二，见其外不识其内也。仆尝倦谈，不能一二其详，请略举其凡，而客自览其切焉。"客曰："唯唯。"

主人曰："昔有强秦，封豕其士，窫窳其民，凿齿之徒相与磨牙而争之，豪俊麋沸云扰，群黎为之不康，于是上帝眷顾高祖。高祖奉命，顺斗极，运天关，横巨海，漂昆仑，提剑而叱之，所过麾城撕邑，下将降旗，一日之战，不可殚记。

当此之勤，头蓬不暇梳，饥不及餐，鞮鍪生虮虱，介胄被沾汗，以为万姓请命乎皇天。乃展民之所诎，振民之所乏，规亿载，恢帝业，七年之间而天下密如也。”

逮至圣文，随风乘流，方垂意于至宁。躬服节俭，绨衣不敝，革鞜不穿，大厦不居，木器无文。于是后宫贱玳瑁而疏珠玑，却翡翠之饰，除雕琢之巧，恶丽靡而不近，斥芬芳而不御，抑止丝竹晏衍之乐，憎闻郑、卫幼眇之声，是以玉衡正而太阶平也。

其后熏鬻作虐，东夷横畔，羌戎睚眦，闽越相乱，遐氓为之不安，中国蒙被其难。于是圣武勃怒，爰整其旅，乃命骠卫，汾坛沸渭，云合电发，猋腾波流，机骇蜂轶，疾如奔星，击如震霆。碎轒辒，破穹庐，脑沙幕，髓余吾。遂蹶乎王庭，驱橐驼，烧熐蠡，分嫠单于，磔裂属国。夷坑谷，拔卤莽，刊山石，蹂尸舆厮，系累老弱。吮铤瘢耆、金镞淫夷者数十万人，皆稽颡树颔，扶服蛾伏。二十余年矣，尚不敢惕息。夫天兵四临，幽都先加，回戈邪指，南越相夷，靡节西征，羌僰东驰。是以遐方疏俗、殊邻绝党之域，自上仁所不化，茂德所不绥，莫不跻足抗手，请献厥珍，使海内澹然，永亡边城之灾、金革之患。

今朝廷纯仁，遵道显义，并包书林，圣风云靡。英华沉浮，洋溢八区，普天所覆，莫不沾濡。士有不谈王道者，则樵夫笑之。意者以为事罔隆而不杀，物靡盛而不亏，故平不肆险，安不忘危。乃时以有年出兵，整舆竦戎，振师五柞，习马长杨，简力狡兽，校武票禽。乃萃然登南山，瞰乌弋，西厌月蜡，东震日域。又恐后代迷于一时之事，常以此为国家之大务，淫荒田猎，陵夷而不御也。是以车不安轫，日未靡旃，从者旁佛，骫属而还。亦所以奉太尊之烈，遵文、武之度，复三王之田，反五帝之虞；使农不辍耰，工不下机，婚姻以时，男女莫违；出恺悌，行简易，矜劬劳，休力役；见百年，存孤弱，帅与之同苦乐。然后陈钟鼓之乐，鸣鞀磬之和，建碣磍之虡，拮隔鸣球，掉八列之舞。酌允铄，肴乐胥，听庙中之雍雍，受神人之福祜。歌投颂，吹合雅。其勤若此，故真神之所劳也。方将俟元符，以禅梁甫之基，增泰山之高，延光于将来，比荣乎往号。岂徒欲淫览浮观，驰骋粳稻之地，周流梨栗之林，蹂践刍荛，夸诩众庶，盛抗攫之收，多麋鹿之获哉！且盲者不见咫尺，而离娄烛千里之隅；客徒爱胡人之获我禽兽，曾不知我亦已获其王侯。

言未卒，墨客降席再拜稽首曰：“大哉体乎！允非小人之所能及也。乃今日发蒙，廓然已昭矣。”

扬雄－甘泉赋

孝成帝时，客有荐雄文似相如者，上方郊祠甘泉泰畤、汾阴后土，以求继嗣，召雄待诏承明之庭。正月，从上甘泉，还，奏《甘泉赋》以风。其辞曰：惟汉十世，将郊上玄，定泰畤，雍神休，尊明号，同符三皇，录功五帝，恤胤锡羡，拓迹开统。于是乃命群僚，历吉日，协灵辰，星陈而天行。诏招摇与太阴兮，伏钩陈使当兵。属堪舆以壁垒兮，梢夔魖而抶獝狂。八神奔而警跸兮，振殷辚而军装。蚩尤之伦带干将而秉玉戚兮，飞蒙茸而走陆梁。齐总总以撙撙，其相胶葛兮，猋骇云迅，奋以方攘；骈罗列布，鳞以杂沓兮，柴虒参差，鱼颉而鸟行；翕赫曶霍，雾集而蒙合兮，半散照烂，粲以成章。

于是乘舆乃登夫凤皇兮而翳华芝，驷苍螭兮六素虬，蠖略蕤绥，漓呼参纚。帅尔阴闭，霅然阳开，腾清霄而轶浮景兮，夫何旟旐郅偈之旖旎也！流星旄以电烛兮，咸翠盖而鸾旗。屯万骑于中营兮，方玉车之千乘。声乎隐以陆离兮，轻先疾雷而驭遗风。凌高衍之嵱嵷兮，超纡谲之清澄。登椽栾而狃天门兮，驰阊阖而人凌兢。

是时未臻夫甘泉也，乃望通天之绎绎。下阴潜以惨懔兮，上洪纷而相错。直蛲蛲以造天兮，厥高庆而不可乎弥度。平原唐其坛曼兮，列新雉于林薄。攒并闾与茇葀兮，纷被丽其亡鄂。崇丘陵之駊騀兮，深沟嵌岩而为谷。往往离宫般以相烛兮，封峦、石关迪靡乎延属。于是大厦云谲波诡，摧唯而成观。仰挢首以高视兮，目冥眴而亡见。正浏滥以弘惝兮，指东西之漫漫。徒徊徊以徨徨兮，魂魄眇眇而昏乱。据转轩而周流兮，忽块儿而亡垠。翠玉树之青葱兮，璧马犀之瞵扁。金人仡仡其承钟虡兮，嵌岩岩其龙鳞。扬光曜之燎烛兮，垂景炎之炘炘。配帝居之悬圃兮，象泰壹之威神。洪台崛其独出兮，橄北极之尊尊。列宿乃施于上荣兮，日月才经于柍桭。雷郁律于岩窔兮，电倏忽于墙藩。鬼魅不能自逮兮，半长途而下颠。历倒景而绝飞梁兮，浮蠛蠓而撇天。

左欃枪而右玄冥兮，前熛阙而后应门。荫西海与幽都兮，涌醴汨以生川。蛟龙连蜷于东厓兮，白虎敦圉乎昆仑。览樛流于高光兮，溶方皇于西清。前殿崔巍兮，和氏珑玲。抗浮柱之飞榱兮，神莫莫而扶倾。闶阆阆其寥廓兮，似紫宫之峥嵘。骈交错而曼衍兮，妥皋要隗隗乎其相婴。乘云阁而上下兮，纷蒙笼以棍成。曳红采之流离兮，飙翠气之宛延。袭旋室与倾宫兮，若登高眇远，亡国肃乎临渊。

回猋肆其砀骇兮，翍桂椒而郁移杨。香芬以以穹隆兮，击薄栌而将荣。芗呹以棍批兮，声乎隐而历钟。排玉户而扬金铺兮，发兰蕙与芎劳。帷硼强其拂汩兮，稍暗暗而靓深。阴阳清浊穆羽相和兮，若夔、牙之调琴。般、任弃其剞劂兮，王尔投其钩绳。虽方征侨与偓佺兮、犹仿佛其若梦。

于是事变物化，目骇耳回。盖天子穆然，珍台闲馆，璇题玉英，蝡蜎蠖之中。惟夫所以澄心清魂，储精垂恩，感动天地，逆厘三神者；乃搜逑索偶皋、伊之徒，冠伦魁能，函甘棠之惠，挟东征之意，相与齐乎阳灵之宫。靡薜荔而为席兮，折琼枝以为芳。喻清云之流瑕兮，饮若木之露英。集乎礼神之囿，登乎颂祇之堂。建光耀之长旓兮，昭华覆之威威。攀旋玑而下视兮，行游目乎三危。陈众车于东坑兮，肆玉轪而下驰。漂龙渊而还九垠兮，窥地底而上回。风从从而扶辖兮，鸾凤纷其衔蕤。梁弱水之涌淡兮，蹑不周之逶蛇。想西王母欣然而上寿兮，屏玉女而却宓妃。玉女亡所眺其清卢兮，宓妃曾不得施其蛾眉。方揽道德之精刚兮，侔神明与之为资。

于是钦柴宗祈，燎薰皇天，招摇泰壹。举洪颐，树灵旗。樵蒸昆上，配藜四施。东烛沧海，西耀流沙，北熿幽都，南炀丹压。玄瓒觩角翏，秬鬯泔淡，蚃丰融，懿懿芬芬。炎感黄龙兮，熛讹硕麟。选巫咸兮叫帝阍，开天庭兮延群神。傧暗蔼兮降清坛，瑞穰穰兮委如山。

于是事毕功弘，回车而归，度三峦兮偈棠梨。天阃决兮地垠开，八荒协兮万国谐。登长平兮雷鼓磕，天声起兮勇士厉。云飞扬兮雨滂沛，于胥德兮丽万世。

乱曰：崇崇圜丘，隆隐天兮。登降列施，单蜷垣兮。增宫参差，骈嵯峨兮。岭营嶙峋，洞无压兮。上天之縡，杳旭卉兮。圣皇穆穆，信厥对兮。徕祇郊禋，神所依兮。徘徊招摇，灵迟迟兮。辉光眩耀，降厥福兮。子子孙孙，长无极兮。

扬雄－河东赋

伊年暮春，将瘗后土，礼灵祇，谒汾阴于东郊。因兹以勒崇垂鸿，发祥隤祉，钦若神明者，盛哉铄乎，越不可载已！于是命群臣，齐法服，整灵舆，乃抚翠凤之驾，六先景之乘，掉奔星之流旃，攫天狼之威弧。张耀日之玄旄，扬左纛，被云梢，奋电鞭，骖雷辎，鸣洪钟，建五旗。羲和司日，颜伦奉舆，风发飙拂，神腾鬼越；千乘霆乱，万骑屈桥，嘻嘻旭旭，天地稠寂。簸丘跳峦，涌渭跃泾。秦神下詟，跖魂负沴；河灵矍踢，爪华蹈衺。遂臻阴宫，穆穆肃肃，蹲蹲如也。灵祇既乡，五位时叙，絪组玄黄，将绍厥后。于是灵舆安步，周流容与，以览乎介山。嗟文公而愍推兮，勤大禹于龙门。洒沉灾于豁渎兮，播九河于东濒。登历观而遥望兮，聊浮游以经营。乐往昔之遗风兮，喜虞氏之所耕。瞰帝唐之嵩高兮，觅隆周之大宁。汩低回而不能去兮，行睨陔下与彭城。涉南巢之坎坷兮，易豳、岐之夷平。乘翠龙而超河兮，陟西岳之峣青。云霏霏而来迎兮，泽渗漓而下降。郁萧条其幽蔼兮，浴泛沛以丰隆。叱风伯于南北兮，呵雨师于西东。参天地而独立兮，廓荡荡其亡双。

遵逝乎归来，以函夏之大汉兮，彼曾何足与比功？建《乾》、《坤》之贞兆兮，将悉总之以群龙。丽钩芒与骖蓐收兮，服玄冥及祝融。敦众神使式道兮，奋六经以摅颂。隃于穆之缉熙兮，过《清庙》之雍雍。轶五帝之遐迹兮，蹑三皇之高踪。既发轫于平盈兮，谁谓路远而不能从？

扬雄－反离骚

有周氏之蝉嫣兮，或鼻祖于汾隅，灵宗初谍伯侨兮，流于末之扬侯。淑周楚之丰烈兮，超既离乎皇波，因江潭而水往托兮，钦吊楚之湘累。

惟天轨之不辟兮，何纯洁而离纷！纷累以其淟涊兮，暗累以其缤纷。

汉十世之阳朔兮，招摇纪于周正，正皇天之清则兮，度后土之方贞。图累承彼洪族兮，又览累之昌辞，带钩矩而佩衡兮，履欃枪以为綦。素初贮厥丽服兮，何文肆而质 E ！资娵、娃炎珍彭也兮，鬻九戎而索赖。

凤皇翔于蓬陼兮，岂驾鹅之能捷！骋骅骝以曲艰兮，驴骡连蹇而齐足。枳棘之榛榛兮，猿虫穴拟而不敢下，灵修既信椒、兰之唼佞兮，吾累忽焉而不蚤睹？

衿芰茄之绿衣兮，被夫容之朱裳，芳酷烈而莫闻兮，不如襞而幽之离房。闺中容竞淖约兮，相态以丽佳，知众嫭之嫉妒兮，何必扬累之蛾眉？

懿神龙之渊潜，俟庆云而将举，亡春风之被离兮，孰焉知龙之所处？愍吾累之众芬兮，扬烨烨之芳苓，遭季夏之凝霜兮，庆夭悴而丧荣。

横江、湘以南水往兮，云走乎彼苍吾，驰江潭之泛溢兮，将折衷乎重华。舒中情之烦或兮，恐重华之不累与，陵阳侯之素波兮，岂吾累之独见许？

精琼靡与秋菊兮，将以延夫天年；临汨罗而自陨兮，恐日薄于西山。解扶桑之总辔兮，纵令之遂奔驰，鸾皇腾而不属兮，岂独飞廉与云师！

卷薜芷与若蕙兮，临湘渊而投之；棍申椒与菌桂兮，赴江湖而沤之。费椒稰以要神兮，又勤索彼琼茅，违灵氛而不从兮，反湛身于江皋！

累既攀夫傅说兮，奚不信而遂行？徒恐鶗圭鸟之将鸣兮，顾先百草为不芳！

初累弃彼虙妃兮，更思瑶台之逸女，抨雄鸩以作媒兮，何百离而曾不一耦！乘云霓之旖柅兮，望昆仑以樛流，览四荒而顾怀兮，奚必云女彼高丘？

既亡鸾车之幽蔼兮，驾八龙之委蛇？临江濒而掩涕兮，何有《九招》与《九歌》？夫圣哲之遭兮，固时命之所有；虽增欷以于邑兮，吾恐灵修之不累改。昔仲尼之去鲁兮，婓々迟迟而周迈，终回复于旧都兮，何必湘渊与涛濑！混渔父之餔歠兮，洁沐浴之振衣，弃由、聃之所珍兮，劻彭咸之所遗！

扬雄－解嘲

哀帝时，丁、傅、董贤用事，诸附离之者，起家至二千石。时雄方草创《大玄》，有以自守，泊如也。人有嘲雄以玄之尚白，雄解之，号曰《解嘲》。其辞曰：

客嘲杨子曰：吾闻上世之士，人纲人纪，不生则已，生必上尊人君，上荣父母，析人之圭，儋人之爵，怀人之符，分人之禄，纡青拖紫，朱丹其毂。今吾子幸得遭明盛之世，处不讳之朝，与群贤同行，历金门，上玉堂有日矣。曾不能画一奇，出一策，上说人主，下谈公卿，目如耀星，舌如电光，一从一横，论者莫当，顾默而作《太玄》五千文，枝叶扶疏，独说数十余万言。深者入黄泉，高者出苍天，大者含元气，细者入无间。然而位不过侍郎，擢才给事黄门，意者玄得无尚白乎？何为官之拓落也？

杨子笑而应之曰："客徒朱丹吾毂，不知一跌将赤吾之族也。往昔周网解结，群鹿争逸，离为十二，合为六七，四分五剖，并为战国。士无常君，国无定臣，得士者富，失士者贫，矫翼厉翮，恣意所存，故士或自盛以橐，或凿坏以遁。是故邹衍以颉颃而取世资，孟轲虽连蹇，犹为万乘师。”

今大汉左东海，右渠搜，前番禺，后椒涂，东南一尉，西北一侯。徽以纠墨，制以锁鈇，散以《礼乐》，风以《诗》、《书》，旷以岁月，结以倚庐。天下之士，雷动云合，鱼鳞杂袭，咸营于八区。家家自以为稷契，人人自以为皋陶。戴纵垂缨，而谈者皆拟于阿衡。五尺童子，羞比晏婴与夷吾。当涂者升青云，失路者委沟渠。旦握权则为卿相，夕失势则为匹夫。譬若江湖之崖，渤澥之岛，乘雁集不为之多，双凫飞不为之少。昔三仁去而殷墟，二老归而周炽，子胥死而吴亡，种蠡存而越霸，五羖入而秦喜，乐毅出而燕惧。范雎以折摺而危穰侯，蔡泽以噤吟而笑唐举。故当其有事也，非萧、曹、子房、平、勃、樊、霍，则不能安；当其无事也，章句之徒，相与坐而守之，亦无所患。故世乱则圣哲驰骛而不足，世治则庸夫高枕而有余。

夫上世之士，或解缚而相，或释褐而傅；或倚夷门而笑，或横江潭而渔；或七十说而不遇，或立谈而封侯；或枉千乘于陋巷，或拥篲而先驱。是以士颇得信其舌而奋其笔，窒隙蹈瑕，而无所诎也。当今县令不请士，郡守不迎师，群卿不揖客，将相不俯眉。言奇者见疑，行殊者得辟。是以欲谈者卷舌而同声，欲步者拟足而投迹。向使上世之士，处乎今世，策非甲科，行非孝廉，举非方正，独可抗疏，时道是非，高得待诏，下触闻罢，又安得青紫？

且吾闻之，炎炎者灭，隆隆者绝。观雷观火，为盈为实。天收其声，地藏其热。高明之家，鬼瞰其室。攫拿者亡，默默者存；位极者高危，自守者身全。是故知玄知默，守道之极；爰清爰静，游神之庭。惟寂惟漠，守德之宅。世异事变，人道不殊，彼我易时，未知何如。今子乃以鸱枭而笑凤皇，执蝘蜓而嘲龟龙，不亦病乎？子之笑我玄之尚白，吾亦笑子病甚不遇俞跗与扁鹊也，悲夫！

客曰：然则靡玄无所成名乎？范蔡以下，何必玄哉？

杨子曰：范雎，魏之亡命也，折肋摺髂，免于徽索，翕肩蹈背，扶服入橐，激卬万乘之主，介泾阳抵穰侯而代之，当也；蔡泽，山东之匹夫也，顩颐折頞，涕唾流沫，西揖强秦之相，扼其咽而亢其气，拊其背而夺其位，时也。天下已定，金革已平，都于洛阳，娄敬委辂脱挽，掉三寸之舌，建不拔之策，举中国徙之长安，适也；五帝垂典，三王传礼，百世不易，叔孙通起于桴鼓之间，解甲投戈，遂作君臣之仪，得也；吕刑靡敝，秦法酷烈，圣汉权制，而萧何造律，宜也。故有造萧何之律于唐虞之世，则悂矣；有作叔孙通仪于夏殷之时，则惑矣；有建娄敬之策于成周之世，则乖矣；有谈范、蔡之说于金、张、许、史之间，则狂矣。夫萧规曹随，留侯画策，陈平出奇，功若泰山，响若坻隤，虽其人之胆智哉，亦会其时之可为也。故为可为于可为之时，则从；为不可为于不可为之时，则凶。若夫蔺生收功于章台，四皓采荣于南山，公孙创业于金马，骠骑发迹于祁连，司马长卿窃赀于卓氏，东方朔割炙于细君，仆诚不能与此数子并，故默然独守吾《太玄》。

扬雄 – 解难

客难扬子曰："凡著书者，为众人之所好也。美味期乎合口，工声调于比耳。今吾子乃抗辞幽说，闳意眇指，独驰骋于有亡之际。而陶冶大炉，旁薄群生，历览者兹年矣，而殊不寤。亶费精神于此，而烦学者于彼，譬画者画于无形，弦者放于无声，殆不可乎？"

扬子曰："俞。若夫闳言崇议，幽微之涂，盖难与览者同也。昔人有观象于天，视度于地，察法于人者；天丽且弥，地普而深，昔人之辞，乃玉乃金。彼岂好为艰难哉？埶不得已也。独不见夫翠虬绛螭之将登宓天，必耸身于苍梧之渊，不阶浮云，翼疾风，虚举而上升，则不能浮胶葛，腾九闳；日月之经，不千里，则不能烛六合，耀八紘；泰山之高，不嶕峣，则不能浡滃云而散歊烝。是以宓牺氏之作《易》也，绵络无地，经以八卦。文王附六爻。孔子错其象而象其辞。然后发天地之藏，定万物之基。《典》《谟》之篇，《雅》《颂》之声，不温纯深润，则不足以扬鸿烈而章缉熙。盖胥靡为宰，寂寞为尸，大味必淡，大音必希，大语叫叫，大道低回。是以声之眇者，不可同于众人之耳；形之美者，不可混于世俗之目；辞之衍者，不可齐于庸人之听。今夫弦者高张急徽，追趋逐耆，则坐者不期而附矣。试为之施《咸池》，揄《六茎》，发《萧韶》，咏《九成》则莫有和也。是故钟期死，伯牙绝弦破琴而不肯与众鼓；獿人亡，则匠石辍斤而不敢妄斫。师旷之调钟，俟知音者之在后也；孔子作《春秋》，几君子之前睹也。老蚺有遗言，贵知我者希。此非其操与！"

班固－幽通赋

系高顼之玄胄兮，氏中叶之炳灵。摇飖风而蝉蜕兮，雄朔野以扬声。皇十纪而鸿渐兮，有羽仪于上京。巨滔天而泯夏兮，考遘愍以行谣。终保己而贻则兮，里上仁之所庐。懿前烈之纯淑兮，穷与达其必济。咨孤蒙之眇眇兮，将圮绝而罔阶。岂余身之足殉兮，违世业之可怀。靖潜处以永思兮，经日月而弥远。匪党人之敢拾兮，庶斯言之不玷。

魂猳猳与神交兮，精诚发于宵寐。梦登山而迥眺兮，觌幽人之仿佛。揽葛藟授余兮，眷峻谷曰勿坠。吻昕寤而仰思兮，心蒙蒙犹未察。黄神邈而靡质兮，仪遣谶以臆对。曰乘高而遌神兮，道遐通而不迷。葛绵绵于樛木兮，咏南风以为绥。盖惴惴之临深兮，乃二雅之所祗。既讯尔以吉象兮，又申之以火同戒。盍孟晋以迨群兮，辰倏忽其不再。

承灵训其虚徐兮，伫盘桓而且俟。惟天地之无穷兮，鲜生民之晦在。纷屯邅与蹇连兮，何艰多而智寡？上圣迕而后拔兮，虽群黎之所御？昔卫叔之御昆兮，昆为寇而丧予。管弯弧欲毙雠兮，雠作后而成己。变化故而相诡兮，孰云预其终始。雍造怨而先赏兮，丁繇惠而被戮。栗取吊于逌吉兮，王膺庆于所戚。叛回穴其若兹兮，北叟颇识其倚伏。单治里而外凋兮！张修襮而内逼。聿中和为庶几兮，颜与冉又不得。溺招路以从己兮，谓孔氏犹未可。安慆々而不葩兮，卒陨身乎世祸。游圣门而靡救兮，虽覆醢其何补？固行行其必凶兮，免盗乱为赖道。形气发于根柢兮，柯叶汇而零茂。恐魍魉之责景兮，羌未得其云已。

黎淳耀于高辛兮，芈强大于南汜。嬴取威于伯仪兮，姜本支乎三趾。既仁得其信然兮，仰天路而同轨。东邻虐而歼仁兮，王合位乎三五。戎女烈而丧孝兮，伯徂归于龙虎。发还师以成命兮，重醉行而自耦。震鳞漦于夏庭兮，匝三正而灭姬。巽羽化于宣宫兮，弥五辟而成灾。道修长而世短兮，夐冥默而不周。胥仍物而鬼诹兮，乃穷宙而达幽。妫巢姜于孺筮兮，旦算祀于契龟。宣曹兴败于下梦兮，鲁卫名谥于铭谣。妣聆呱而劾石兮，许相理而鞫条。道混成而自然兮，术同原而分流。神先心以定命兮，命随行以消息。斡流迁其不济兮，故遭罹而嬴缩。三栾同于一体兮，虽移易而不忒。洞参差其纷错兮，斯众兆之所惑。周贾荡而贡愤兮，齐死生与祸福。抗爽言以矫情兮，信畏牺而忌鹏。

所贵圣人至论兮，顺天性而断谊。物有欲而不居兮，亦有恶而不避。守孔约而不贰兮，乃輶德而无累。三仁殊于一致兮，夷惠舛而齐声。木偃息以蕃魏兮，申重茧以存荆。纪焚躬以卫上兮，皓颐志而弗倾。侯草木之区别兮，苟能实其必荣。要没世而不朽兮，乃先民之所程。观天网之紘覆兮，实棐谌而相训。谟先圣之大猷兮，亦邻德而助信。虞韶美而仪凤兮，孔忘味于千载。素文信而砥麟兮，汉宾祚于异代。精通灵而感物兮，神动气而入微。养流睇而猿号兮，李虎发而石开。非精诚其焉通兮，苟无实其孰信。操末技犹必然兮，矧耽躬于道真。登孔昊而上下兮，纬群龙之所经。朝贞观而夕化兮，犹喧己而遗形。若胤彭而偕老兮，诉来哲而通情。

乱曰：天造草昧，立性命兮。复心弘道，惟圣贤兮。浑元运物，流不处兮。保身遗名，民之表兮。舍生取谊，以道用兮。尤伤夭物，忧莫痛兮。皓尔太素，曷渝色兮。尚越其几，沦神域兮。

班固－答宾戏

永平中为郎，典校秘书，专笃志于儒学，以著述为业。或讥以无功，又感东方朔扬雄自喻以不遭苏张、范、蔡之时，曾不折之以正道，明君子之所守，故聊复应焉。其辞曰：

宾戏主人曰：盖闻圣人有一定之论，烈士有不易之分，亦云名而已矣。故太上有立德，其次有立功。夫德不得后身而特盛，功不得背时而独彰。是以圣哲之治，栖栖遑遑，孔席不暖，墨突不黔。由此言之，取舍者，昔人之上务，著作者，前列之余事耳。今吾子幸游帝王之世，躬带绂冕之服，浮英华，湛道德，矕龙虎之文，旧矣。卒不能摅首尾，奋翼鳞，振拔洿涂，跨腾风云，使见之者影骇，闻之者响震。徒乐枕经籍书，纡体衡门，上无所蒂，下无所根。独摅意乎宇宙之外，锐思于毫芒之内，潜神默记，緪以年岁。然而器不贾于当己，用不效于一世。虽驰辩如涛波，摛藻如春华，犹无益于殿最也。意者，且运朝夕之策，定合会之计，使存有显号，亡有美谥，不亦优乎？

主人逌尔而笑曰：若宾之言，所谓见世利之华，暗道德之实，守窔奥之荧烛。未仰天庭而睹白日也。曩者王涂芜秽，周失其驭。侯伯方轨，战国横骛，于是七雄虓阚，分裂诸夏，龙战虎争。游说之徒，风飑电激，并起而救之，其余猋飞景附，霅煜其间者，盖不可胜载。当此之时，搦朽摩钝，铅刀皆能一断。是故鲁连飞一矢而蹶千金，虞卿以顾眄而捐相印。夫啾发投曲，感耳之声，合之律度，淫哇而不可听者，非《韶》、《夏》之乐也。因势合变，遇时之容，风移俗易，乖迕而不可通者，非君子之法也。及至从人合之，衡人散之，亡命漂说，羁旅骋辞，商鞅挟三术以钻孝公，李斯奋时务而要始皇。彼皆蹑风尘之会，履颠沛之势，据徼乘邪，以求一日之富贵，朝为荣华，夕为憔悴，福不盈眦，祸溢于世，凶人且以自悔，况吉士而是赖乎？且功不可虚成，名不可以伪立。韩设辨以激君，吕行诈以贾国。《说难》既遒，其身乃囚；秦货既贵，厥宗亦坠。是以仲尼抗浮云之志，孟轲养浩然之气，彼岂乐为迂阔哉？道不可以贰也。方今大汉洒埽群秽，夷险芟荒，廓帝紘，恢皇纲。基隆于羲农，规广于黄唐，其君天下也，炎之如日，威之如神，函之如海，养之如春。是以六合之内，莫不同源共流，沐浴玄德，禀仰太和，枝附叶著，譬犹草木之植山林，鸟鱼之毓川泽，得气者蕃滋，失时者零落，参天地而施化，岂云人事之厚薄哉！今吾子处皇代而论战国，曜所闻而疑所觌，欲从敦而度高乎泰山，怀氿滥而测深乎重渊，亦未至也。

宾曰：若夫鞅、斯之伦，衰周之凶人，既闻命矣。敢问上古之士，处身行道，辅世成名，可述于后者，默而已乎？

主人曰：何为其然也？昔者咎繇谟虞，箕子访周，言通帝王，谋合神圣。殷说梦发于傅岩，周望兆动于渭滨；齐甯激声于康衢，汉良受书于邳垠，皆竢命而神交，匪词言之所信，故能建必然之策，展无穷之勋也。近者陆子优游，《新语》以兴；董生下帷，发藻儒林；刘向司籍，辨章旧闻；扬雄谭思，《法言》、《太玄》。皆及时君之门闱，究先圣之壸奥，婆娑乎术艺之场，休息乎篇籍之囿，以全其质，而发其文，用纳乎圣德，烈炳乎后人，斯非亚与！若乃伯夷抗行于首阳，柳惠降志于辱仕，颜潜乐于箪瓢，孔终篇于西狩，声盈塞于天渊，真吾徒之师表也。且吾闻之：一阴一阳，天地之方；乃文乃质，王道之纲；有同有异，圣哲之常。故曰：慎修所志，守尔天符，委命供己，味道之腴，神之听之，名其舍诸！宾又不闻和氏之璧，韫于荆石；隋侯之珠，藏于蚌蛤乎？历世莫视，不知其将含景曜，吐英精，旷千载而流光也。应龙潜于潢污，鱼鼋媟之，不睹其能奋灵德，合风云，超忽荒而躆昊苍也。故夫泥蟠而天飞者，应龙之神也；先贱而后贵者，和隋之珍也；时暗而久章者，君子之真也。若乃牙、旷清耳于管弦，离娄眇目于毫分；逢蒙绝技于弧矢，般输摧巧于斧斤；良乐轶能于相驭，乌获抗力于千钧；和、鹊发精于针石，研、桑心计于无垠。走亦不任厕技于彼列，故密尔自娱于斯文。

张衡－思玄赋

仰先哲之玄训兮，虽弥高而弗违。匪仁里其焉宅兮，匪义迹其焉追。潜服膺以永靓兮，绵日月而不衰。伊中情之信修兮，慕古人之贞节。竦余身而顺止兮，遵绳墨而不跌。志抟抟以应悬兮，诚心固其如结。旌性行以制佩兮，佩夜光与琼枝。纗幽兰之秋华兮，又缀之以江离。美襞积以酷烈兮，允尘邈而难亏。既姱丽而鲜双兮，非是时之攸珍。奋余荣而莫见兮，播余香而莫闻。幽独守此仄陋兮，敢怠遑而舍勤。幸二八之遻虞兮，嘉傅说之生殷。尚前良之遗风兮，恫后辰而无及。何孤行之㷀㷀兮，孑不群而介立。感鸾鷖之特栖兮，悲淑人之希合。

彼无合而何伤兮，患众伪之冒真。旦获讟于群弟兮，启金縢而后信。览蒸民之多僻兮，畏立辟以危身。增烦毒以迷惑兮，羌孰可为言己。私湛忧而深怀兮，思缤纷而不理。愿竭力以守谊兮，虽贫穷而不改。执雕虎而试象兮，阽焦原而跟趾。庶斯奉以周旋兮，恶既死而后已。俗迁渝而事化兮，泯规矩之员方。宝萧艾于重笥兮，谓蕙茝之不香。斥西施而弗御兮，絷騕褭以服箱。行颇僻而获志兮，循法度而离殃。惟天地之无穷兮，何遭遇之无常。

不抑操而苟容兮，譬临河而无航。欲巧笑以干媚兮，非余心之所尝。袭温恭之黻衣兮，被礼义之绣裳。辫贞亮以为鞶兮，杂伎艺以为珩。昭彩藻与雕琭兮，璜声远而弥长。淹栖迟以恣欲兮，耀灵忽其西藏。恃己知而华予兮，鶗鴂鸣而不芳。冀一年之三秀兮，遒白露之为霜。时亹亹而代序兮，畴可与乎比伉。咨姤嫮之难并兮，想依韩以流亡。恐渐冉而无成兮，留则蔽而不彰。

心犹豫而狐疑兮，即岐址而胪情。文君为我端蓍兮，利飞遁以保名。历众山以周流兮，翼迅风以扬声。二女感于崇岳兮，或冰折而不营。天盖高而为泽兮，谁云路之不平？勔自强而不息兮，蹈玉阶之峣峥。惧筮氏之长短兮，钻东龟以观祯。遇九皋之介鸟兮，怨素意之不逞。游尘外而瞥天兮，据冥翳而哀鸣。雕鹗竞于贪婪兮，我修洁以益荣。子有故于玄鸟兮，归母氏而后宁。

占既吉而无悔兮，简元辰而俶装。旦余沐于清源兮，晞余发于朝阳。漱飞泉之沥液兮，咀石菌之流英。翾鸟举而鱼跃兮，将往走乎八荒。过少皞之穷野兮，问三丘于句芒。何道真之淳粹兮，去秽累而飘轻。登蓬莱而容与兮，鳌虽抃而不倾。留瀛洲而采芝兮，聊且以乎长生。凭归云而遐逝兮，夕余宿乎扶桑。饮青岑之玉醴兮，餐沆瀣以为粻。发昔梦于木禾兮，谷昆仑之高岗。朝吾行于汤谷兮，从伯禹乎稽山。嘉群神之执玉兮，疾防风之食言。

指长沙之邪径兮，存重华乎南邻。哀二妃之未从兮，翩缤处彼湘滨。流目眺夫衡阿兮，睹有黎之圮坟。痛火正之无怀兮，讬山阪以孤魂。愁郁郁以慕远兮，越印州而游遨。跻日中于昆吾兮，憩炎火之所陶。杨芒熛而绛天兮，水泫沄而涌涛。温风翕其增热兮，惄郁悒其难聊。顝羁旅而无友兮，余安能乎留兹。

顾金天而叹息兮，吾欲往乎西嬉。前祝融使举麾兮，丽朱鸟以承旗。躔建木于广都兮，摭若华而踌躇。超轩辕于西海兮，跨汪氏之龙鱼。闻此国之千岁兮，曾焉足以娱余。

思九土之殊风兮，从蓐收而遂徂。欻神化而蝉蜕兮，朋精粹而为徒。蹶白门而东驰兮，云台行乎中野。乱弱水之潺湲兮，逗华阴之湍渚。号冯夷俾清津兮，棹龙舟以济予。会帝轩之未归兮，怅徜徉而延伫。惆河林之蓁蓁兮，伟关雎之戒女。

黄灵詹而访命兮，樛天道其焉如。曰近信而远疑兮，六籍缺而不书。神逵昧其难覆兮，畴克谋而从诸？牛哀病而成虎兮，虽逢昆其必噬。鳖令殪而尸亡兮，取蜀禅而引世。死生错其不齐兮，虽司命其不目制。窦号行于代路兮，后膺祚而繁庑。王肆侈于汉庭兮，卒衔恤而绝绪。尉龙眉而郎潜兮，逮三叶而遘武。董弱冠而司衮兮，设王隧而弗处。夫吉凶之相仍兮，恒反仄而靡所。

穆届天以悦牛兮，竖乱叔而幽主。文断袪而忌伯兮，阉谒贼而宁后。通人暗于好恶兮，岂昏惑而能剖。嬴掷谶而戒胡兮，备诸外而发内。或辇贿而违车兮，孕行产而为对。慎灶显以言天兮，占水火而妄讯。梁叟患夫黎丘兮，丁厥子而剚刃。亲所睼而弗识兮，矧幽冥之可信。毋绵挛以幸己兮，思百忧以自疹。

彼天监之孔明兮，用棐忱而佑仁。汤蠲体以祷祈兮，蒙厖褫以拯民。景三虑以营国兮，荧惑次于他辰。魏颗亮以从治兮，鬼亢回以毙秦。咎繇迈而种德兮，树德懋于英六。桑末寄夫根生兮，卉既凋而已育。有无言而不酬兮，又何往而不复？盍远迹以飞声兮，孰谓时之可蓄？

仰矫首以遥望兮，魂惝惘而无俦。逼区中之隘陋兮，将北度而宣游。行积冰之磑磑兮，清泉冱而不流。寒风凄其永至兮，拂穹岫之骚骚。玄武缩于壳中兮，腾蛇蜿而自纠。鱼矜鳞而并凌兮，鸟登木而失条。坐太阴之屏室兮，慨含唏而增愁。怨高阳之相寓兮，人曲颛顼而宅幽。庸织路于四裔兮，斯与彼其何瘳？望寒门之绝垠兮，纵余緤乎不周。迅猋潇其媵我兮，骛翩飘而不禁。越谽嗋洞穴兮，漂通川之磷磷。经重广音乎寂漠兮，慜坟羊之深潜。

追荒忽于地底兮，轶无形而上浮。出石密之暗野兮，不识蹊之所由。速烛龙令执炬兮，过锺山而中休。瞰瑶溪之赤岸兮，吊祖江之见刘。聘王母于银台兮，羞玉芝以疗饥。戴胜慭其既欢兮，又诮余之行迟。载太华之玉女兮，召洛浦之宓妃。咸姣丽以蛊媚兮，增嫮眼而蛾眉。舒訬婧之纤腰兮，扬杂错之袿徽。离朱唇而微笑兮，颜的砾以遗光。献环琨与琛离兮，申厥好以玄黄。虽色艳而赂美兮，志皓荡而不嘉。双材悲于不纳兮，并咏诗而清歌。歌曰：天地烟煴，百卉含葩。鸣鹤交颈，鵾鸠相和。处子怀春，精魂回移。如何淑明，忘我实多。

将答赋而不暇兮，爰整驾而亟行。瞻昆仑之巍巍兮，临萦河之洋洋。伏灵龟以负坻兮，亘螭龙之飞梁。登阆风之层城兮，构不死而为床。屑瑶蕊以为糇兮，斞斗白水以为浆。抨巫咸作占梦兮，乃贞吉之元符。滋令德于正中兮，含嘉秀以为敷。既垂颖而顾本兮，亦要思乎故居。安和静而随时兮，姑纯懿之所庐。

戒庶僚以夙会兮，佥供职而并讶。丰隆軯其震霆兮，列缺晔其照夜。云师云甚以交集兮，涷雨沛其洒涂。轙雕舆而树葩兮，扰应龙以服路。百神森其备从兮，屯骑罗而星布。

振余袂而就车兮，修剑揭以低昂。冠咢咢其映盖兮，佩綝纚以辉煌。仆夫俨其正策兮，八乘腾而超骧。氛旄溶以天旋兮，霓旌飘以飞扬。抚軨轵而还睨兮，心勺药其若汤。羡上都之赫戏兮，何迷故而不忘。左青雕之揵芝兮，右素威以司钲。前长离使拂羽兮，后委衡乎玄冥。属箕伯以函风兮，惩洪涊而为清。拽云旗之离离兮，鸣玉鸾之嘤嘤。涉清霄而升遐兮，浮蠛蠓而上征。纷翼翼以艇戾兮，猋回回其扬灵。叫帝阍使辟扉兮，觌天皇于琼宫。聆广乐之九奏兮，展泄泄以肜肜。考治乱于律均兮，意建始而思终。惟般逸之无斁兮，惧乐往而哀来。素女抚弦而余音兮，太容吟曰念哉。既防溢而靖志兮，迨我暇以翱翔。

出紫宫之肃肃兮，集太微之阆阆。命王良掌策驷兮，逾高阁之将将。建罔车之幕幕兮，猎青林之芒芒。弯威弧之拨刺兮，射嶓冢之封狼。观壁垒于北落兮，伐河鼓之磅硠。乘天潢之泛泛兮，浮云汉之汤汤。倚招摇摄提以低徊戮流兮，察二纪五纬之绸缪遹皇。偃蹇夭矫娩以连卷兮，杂沓丛顇飒以方骧。駴汨翏风水戾沛以罔象兮，烂漫丽靡藐以迭逿。凌惊雷之砊磕兮，弄狂电之淫裔。逾庞鸿于宕冥兮，贯倒景而高厉。廓荡荡其无涯兮，乃今窥乎天外。

据开阳而俯眂兮，临旧乡之暗蔼。悲离居之劳心兮，情悁悁而思归。魂眷眷而屡顾兮，马倚辀而徘徊。虽游娱以媮乐兮，岂愁慕之可怀。出阊阖兮降天途，乘猋忽兮驰虚无。云菲菲兮绕余轮，风眇眇兮震余旟。缤连翩兮纷暗暧，儵眩眃兮反常闾。

收畴昔之逸豫兮，卷淫放之遐心。修初服之娑娑兮，长余佩之参参。文章奂以粲烂兮，美纷纭以从风。御六艺之珍驾兮，游道德之平林。结典籍而为罟兮，驱儒墨以为禽。玩阴阳之变化兮，咏雅颂之徽音。嘉曾氏之归耕兮，慕历阪之嵚崟。恭夙夜而不贰兮，固终始之所服。夕惕若厉以省保言兮，惧余身之未敕。苟中情之端直兮，莫吾知而不恧。默无为以凝志兮，与仁义乎逍遥。不出户而知天下兮，何必历远以劬劳？

系曰：天长地久岁不留，俟河之清秖怀忧。原得远渡以自娱，上下无常穷六区。超逾腾跃绝世俗，飘遥神举逞所欲。天不可阶仙夫稀，柏舟悄悄却不飞。松乔高峙孰能离，结精远游使心携。回志朅来从玄谋，获我所求夫何思？

王粲－登楼赋

登兹楼以四望兮，聊暇日以销忧。览斯宇之所处兮，实显敞而寡仇。挟清漳之通浦兮，倚曲沮之长洲；背坟衍之广陆兮，临皋隰之沃流。北弥陶牧，西接昭丘；华实蔽野，黍稷盈畴。虽信美而非吾土兮，曾何足以少留？

遭纷浊而迁逝兮，漫逾纪以迄今。情眷眷而怀归兮，孰忧思之可任？凭轩槛以遥望兮，向北风而开襟。平原远而极目兮，蔽荆山之高岑。路逶迤而修迥兮，川既漾而济深。悲旧乡之壅隔兮，涕横坠而弗禁。昔尼父之在陈兮，有归欤之叹音锺仪幽而楚奏兮，庄舄显而越吟。人情同于怀土兮，岂穷达而异心？

惟日月之逾迈兮，俟河清其未极。冀王道之一平兮，假高衢而骋力。惧匏瓜之徒悬兮，畏井渫之莫食。步栖迟以徙倚兮，白日忽其将匿。风萧瑟而并兴兮，天惨惨而无色。兽狂顾以求群兮，鸟相鸣而举翼。原野阒其无人兮，征夫行而未息。心凄怆以感发兮，意忉怛而憯恻。循堦除而下降兮，气交愤于胸臆夜参半而不寐兮，怅盘桓以反侧。

刘伶 – 酒德颂

有大人先生，以天地为一朝，万期为须臾，日月为扃牖，八荒为庭衢。行无辙迹，居无室庐。幕天席地，纵意所如，止则操卮执觚，动则挈榼提壶，唯酒是务，焉知其余。有贵介公子，搢绅处士，闻吾风声，议其所以。乃奋袂攘襟，怒目切齿。陈说礼法，是非锋起。先生于是方捧罂承槽，衔杯漱醪。奋髯踑踞，枕麴籍糟！无思无虑，其乐陶陶。兀然而醉，豁尔而醒，静听不闻雷霆之声，熟视不睹泰山之形，不觉寒暑之切肌，利欲之感情。俯观万物扰扰，焉如江汉之载浮萍。二豪侍侧，焉如蜾蠃之与螟蛉。

卷五 • 词赋之属上编三

潘岳－西征赋

岁次玄枵，月旅蕤宾，丙丁统日，乙未御辰。潘子凭轼西征，自京徂秦。乃喟然叹曰：古往今来，邈矣悠哉！寥廓惚恍，化一气而甄三才。此三才者，天地人道。唯生与位，谓之大宝。生有修短之命，位有通塞之遇。鬼神莫能要，圣智弗能豫。当休明之盛世，讬菲薄之陋质。纳旌弓于铉台，赞庶绩于帝室。嗟鄙夫之常累，固既得而患失。无柳季之直道，佐士师而一黜。武皇忽其升遐，八音遏于四海。天子寝于谅暗，百官听于冢宰。彼负荷之殊重，虽伊、周其犹殆。窥七贵于汉庭，诗一姓之或在？无危明以安位，秖居逼以示专。陷乱逆以受戮，匪祸降之自天。孔随时以行藏，蘧与国而舒卷。苟蔽微以缪章，患过辟之未远。悟山潜之逸士，卓长往而不反。陋吾人之拘挛，飘萍浮而蓬转。寮位儡其隆替，名节漼以隳落。危素卵之累壳，甚玄燕之巢幕。心战惧兢悚，如临深而履薄。夕获归于都外，宵未中而难作。匪择木以栖集，鲜林焚而鸟存。遭千载之嘉会，皇合德于乾坤弛秋霜之严威，流春泽之渥恩。甄大义以明责，反初服于私门。皇鉴揆余之忠诚，俄命余以末班。牧疲人于西夏，携老幼而入关。丘去鲁而顾叹，季过沛而涕零。伊故乡之可怀，疚圣达之幽情。矧匹夫之安土，邈投身于镐京。犹犬马之恋主，窃托慕于阙庭。眷巩洛而掩涕，思缠绵于坟茔。尔乃越平乐，过街邮。秣马皋门，税驾西周。远矣姬德，兴自高辛。思文后稷，厥初生民。率西水浒，化流岐、豳。祚隆昌、发，旧邦惟新。旋牧野而历兹，愈守柔以执竞。夜申旦而不寐，忧天保之未定。惟泰山其犹危，祀八百而余庆。鉴亡王之骄淫，窜南巢以投命。坐积薪以待然，方指日而比盛。人度量之乖舛，何相越之辽迥。考土中于斯邑，成建都而营筑。既定鼎于郏鄏，遂钻龟而启繇。平失道而来迁，緊二国而是佑岂时王之无僻？赖先哲以长懋。望圉北之两门，感虢郑之纳惠。讨子颓之乐祸，尤阙西之效戾。重戮带以定襄，弘大顺以霸世。灵壅川以止斗，晋演义以献说。咨景悼以迄丐，政凌迟而弥季。俾庶朝之构逆，历两王而乾位。逾十叶以逮赧，邦分崩而为二。竟横噬于虎口，输文武之神器。澡孝水而濯缨，嘉美名之在兹。夭赤子于新安，坎路侧而瘗之。亭有千秋之号，子无七旬之期。虽勉励于延吴，实潜恸乎余慈。眄山以怀古，怅揽辔于中途。虐项氏之肆暴，坑降卒之无辜。激秦人以归德，成刘后之来苏。事回泬而好还，卒宗灭而身屠。经渑池而长想，停余车而不进。秦虎狼之强国，赵侵弱之余烬。超入险而高会，杖命世之英蔺。耻东瑟之偏鼓，提西缶而接刃；辱十城这虚寿，奄咸阳以取隽。出申威于河外，何猛气之咆勃；入屈节于廉公，若四体之无骨。处智勇之渊伟，方鄙却之忿悁；虽改日而易岁，无等级以寄言。

当光武之蒙尘，致王诛于赤眉。异奉辞以伐罪，初垂翅于回溪。不尤眚以掩德，终奋翼而高挥。建佐命之元勋，振皇纲而更维。

登峭阪之威夷，仰崇岭之嵯峨。皋记坟于南陵，文违风于北阿。蹇哭孟以审败，襄墨縗以授戈。曾只轮之不反，緤三帅以济河。值庸主之矜愎，殆肆叔于朝市。任好绰其余裕，独引过以归已。明三败而不黜，卒陵晋以雪耻。岂虚名之可立？良致霸其有以。降曲崤而怜虢，托与国于亡虞。贪诱赂以卖邻，不及腊而就拘。垂棘反于故府，屈产服于晋舆。德不建而民无援。仲雍之祀忽诸。我徂安阳，言陟陕郛，行乎漫渎之口，憩乎曹阳之墟。美哉邈乎，兹土之旧也！固乃周邵之所分，二南之所交。麟趾信于关雎，驺虞应乎鹊巢。愍汉氏之剥乱，朝流亡以离析。卓滔天以大涤，劫宫庙而迁迹。俾万乘之盛尊，降遥思于征役。顾请旋于傕泛，既获许而中惕；追皇驾而骤战，望玉略而纵镝。痛百寮之勤王，咸毕力以致死；分身首于锋刃，洞胸腋以流矢；有褰裳以投岸，或攘袂以赴水；伤桴楫之褊小，撮舟中而掬指。

升曲沃而惆怅，惜兆乱而兄替；枝末大而本披，都偶国而祸结。臧札飘其高厉，委曹吴而成节；何庄武之无耻，徒利开而义闭。蹑函谷之重阻，看天险之衿带。迹诸侯之勇怯，算嬴氏之利害：或开关以延敌，竞遁逃以奔窜；有噤门而莫启，不窥兵于山外。连鸡互而不栖，小国合而成大。岂地势之安危，信人事之否泰？

汉六叶而拓畿，县弘农而远关。厌紫极之闲敞，甘微行以游盘。长傲宾于柏谷，妻睹貌而献餐；畴匹妇其已泰，胡厥夫之缪官？昔明王之巡幸，固清道而后往，惧衔橛之或变，峻徒御以诛赏。彼白龙之鱼服，挂豫且之密糸网。轻帝重于天下，奚斯渐之可长？吊戾园于湖邑，谅遭世之巫蛊。探隐伏于难明，委谗贼之赵虏。加显戮于储贰，绝肌肤而不顾。作归来之悲台，徒望思其何补？

纷吾既迈此全节，又继之以盘桓。问休牛之故林，感徽名于桃园。发阌乡而警策，诉黄巷以济潼。眺华岳之阴崖，觌高掌之遗踪。忆江使之反璧，告亡期于祖龙。不语怪以徽异，我闻之于孔公。

愠韩马之大憝，阻关谷以称乱。魏武赫以霆震，奉义辞以伐叛。彼虽众其焉用？故制胜于庙算。砰扬桴以振尘，瓦解而冰泮。超遂遁而奔狄，甲卒化为京观。

倦狭路之迫隘，轨崎岖以低仰。蹈秦郊而始辟，豁爽垲以宏壮。黄壤千里，沃野弥望。华实纷敷，桑麻条畅。邪界褒斜，右滨汧陇。宝鸡前鸣，甘泉后涌。面终南而背云阳，跨平原而连嶓冢。九嵕山截嶭，太一巃嵸。吐清风之飂戾，纳归云之郁蓊。南有玄灞素浐，汤井温谷；北有清渭浊泾，兰池周曲。浸决郑、白之渠，漕引淮海之粟；林茂有鄠之竹，山挺蓝田之玉。班述"陆海珍藏"，张叙"神皋隩区"。此西宾所以言于东主，安处所以听于凭虚也，可不谓然乎？

劲松彰于岁寒，贞臣见于国危。入郑都而抵掌，义桓友之忠规。竭股肱于昏主，赴涂炭而不移。世善职于司徒，缁衣弊而改为。

履犬戎之侵地，疾幽后之诡惑。举伪烽以沮众，淫嬖褒以纵慝。军败戏水之上，身死骊山之北。赫赫宗周，灭为亡国。

又有继于此者，异哉，秦始皇之为君也！倾天下以厚葬，自开辟而未闻。匠人劳而弗图，俾生埋以报勤。外罹西楚之祸，内受牧竖之焚。《语》曰：行无礼，必自及，此非其效与？

乾坤以有亲可久，君子以厚德载物。观夫汉高之兴也，非徒聪明神武，豁达大度而已也。乃实慎终追旧，笃诚款爱。泽靡不渐，恩无不逮。率土且弗遗，而况于邻里乎？况于卿士乎？

于斯时也，乃摹写旧丰，制造新邑。故社易置，枌榆迁立。街衢如一，庭宇相袭。浑鸡犬而乱放，各识家而竞入。

籍含怒于鸿门，沛局蹐而来王。范谋害而弗许，阴授剑以约庄。撝白刃以万舞，危冬叶之待霜。履虎尾而不噬，寔要伯于子房。樊抗愤以卮酒，咀彘肩以激扬。忽蛇变而龙摅，雄霸上而高骧。曾迁怒而横撞，碎玉斗其何伤？

婴罥组于轵涂，投素车而肉袒。疏饮饯于东都，畏极位之盛满。金墉郁其万雉，峻嵽嵲以绳直。戾饮马之阳桥，践宣平之清阈。都中杂遝，户千人亿；华夷士女，骈田逼侧。展名京之初仪，即新馆而莅职；励疲钝以临朝，勖自强而不息。

于是孟秋爰谢，听览余日，巡省农功，周行庐室。街里萧条，邑居散逸。营宇寺署，肆廛管库，蕞芮于城隅者，百不处一。所谓尚冠，修成，黄棘、宣明，建阳昌阴，北焕南平，皆夷漫涤荡，亡其处而有其名。尔乃阶长乐，登未央，泛太液，凌建章。萦駊娑而款骀荡，轥枍诣而轹承光。徘徊桂宫，惆怅柏梁。

鹫雉鸲于台陂，狐兔窟于殿傍。何黍苗之离离，而余思之芒芒！洪锺顿于毁庙，乘风废而弗县。禁省鞠为茂草，金狄迁于灞川。

怀夫萧、曹、魏、邴之相，辛、李、卫、霍之将；衔使则苏属国，震远则张博望。教敷而彝伦叙，兵举而皇威畅；临危而智勇奋，投命而高节亮。暨乎秺侯之忠孝淳深，陆贾之优游宴喜；长卿、渊、云之文，子长、政、骏之史；赵张三王之尹京，定国、释之之听理；汲长孺之正直，郑当时之推士；终童山东之英妙，贾生洛阳之才子。飞翠緌，拖鸣玉，以出入禁门者众矣。或被发左衽，奋迅泥滓。或从容附会，望表知里。或著显绩而婴时戮，或有大才而无贵仕。皆扬清风于上烈，垂令闻而不已。想佩声之遗响，若铿锵之在耳。当音、凤、恭、显之任势也，乃熏灼四方，震耀都鄙。而死之日，曾不得与夫十余公之徒隶齿。才难，不其然乎？

望渐台而扼腕，枭巨猾而余怒。揖不疑于北阙，轼樗里于武库。酒池鉴于商辛，追覆车而不寤；曲阳僭于白虎，化奢淫而无度。命有始而必终，孰长生而久视。武雄略其焉在？近惑文成而溺五利。侔造化以制作，穷山海之奥秘。灵若翔于神岛，奔鲸浪而失水；爆鳞骼于漫沙，陨明月以双坠。擢仙掌以承露，干云汉而上至。致邛、蒟其奚难？惟余欲而是恣。纵逸游于角恚络甲乙以珠翠。忍生民之减半，勒东岳以虚美。超长怀以遐念，若循环之无赐。

较面朝之焕炳，次后庭之猗靡。壮当熊之忠勇，深辞辇之明智。卫鬒发以光鉴，赵轻体之纤丽。咸善立而声流，亦宠极而祸侈。

津便门以右转，究吾境之所暨。掩细柳而抚剑，快孝文之命帅。周受命以忘身，明戎政之果毅；距华盖于垒和，案乘舆之尊辔；肃天威之临颜，率军礼以长揖。轻棘、霸之儿戏，重条侯之倨贵。

索杜邮其焉在？云孝里之前号。惘辍驾而容与，哀武安以兴悼。争伐赵以徇国，定庙算之胜负；捍矢言而不纳，反推怨以归咎；未十里于迁路，寻赐剑以刎首。嗟主暗而臣嫉，祸于何而不有？

窥秦墟于渭城，冀阙缅其堙尽；觅陛殿之余基，裁岐屺以隐嶙。想赵使之抱璧，浏睨楹以抗愤。燕图穷而荆发，纷绝袖而自引。筑声厉而高奋，狙潜铅以脱膑。据天位其若兹，亦狼狈而可愍！简良人以自辅，谓斯忠而鞅贤。寄苛制于捐灰，矫扶苏于朔边。儒林填于坑阱，诗书炀而为烟。国灭亡以断后，身刑轘以启前。商法焉得以宿，黄犬何可复牵？野蒲变而成脯，苑鹿化以为马。假谗逆以天权，钳众口而寄坐。兵在颈而顾问，何不早而告我？原黔黎其谁听，惟请死而获可。健子婴之果决，敢讨贼以纾祸。势土崩而莫振，作降王于路左。

萧收图以相刘，料险易与众寡。羽天与而弗取，冠沐猴而纵火。贯三光而洞九泉，曾未足以喻其高下也。

感市闾之菆井，叹尸韩之旧处。丞属号而守阙，人百身以纳赎。岂生命之易投，诚惠爱之洽著。讦望之以求直，亦余心之所恶。思夫人之政术，实乾时之良具。苟明法以释憾，不爱才以成务。弘大体以高贵，非所望于萧傅。

造长山而慷慨，伟龙颜之英主。胸中豁其洞开，群善凑而必举。存威格乎天区，亡坟掘而莫御。临揜坎而累抃，步毁垣以延伫。

越安陵而无讥，谅惠声之寂寞。吊爰丝之正义，伏梁剑于东郭。讯景皇于阳丘，奚信谮而矜谑？陨吴嗣于局下，盖发怒于一博。成七国之称乱，翻助逆以诛错。恨过听而无讨，兹沮善而劝恶。

呰孝元于渭茔，执奄尹以明贬。褒夫君之善行，废园邑以崇俭。过延门而责成，忠何辜而为戮？陷社稷之王章，俾幽死而莫鞠。忲淫嬖之匈忍，剿皇统之孕育。张舅氏之奸渐，贻汉宗以倾覆。

刺哀主于义域，僭天爵于高安。欲法尧而承羞，永终古而不刊。瞰康园之孤坟，悲平后之专洁。殃厥父之篡逆，蒙汉耻而不雪。激义诚而引决，赴丹焰以明节。投宫火而焦糜，从灰熛而俱灭。

骛横桥而旋轸，历敝邑之南垂。门磁石而梁木兰兮，构阿房之屈奇。疏南山以表阙，倬樊川以激池。役鬼佣其犹否，矧人力之所为？工徒斫而未息，义兵纷以交驰。宗祧污而为沼，岂斯宇之独隳？

由伪新之九庙，夸宗虞而祖黄。驱吁嗟而妖临，搜佞哀以拜郎。诵六艺以饰奸，焚诗书而面墙。心不则于德义，虽异术而同亡。

宗孝宣于乐游，绍衰绪以中兴。不获事于敬养，尽加隆于园陵。兆惟奉明，邑号千人。讯诸故老，造自帝询。隐王母之非命，纵声乐以娱神。虽靡率于旧典，亦观过而知仁。

凭高望之阳隈，体川陆之污隆。开襟乎清暑之馆，游目乎五柞之宫。交渠引漕，激湍生风，乃有昆明，池乎其中。其池则汤汤汗汗，滉瀁弥漫，浩如河汉。日月丽天，出入乎东西，旦似汤谷，夕类虞渊。昔豫章之名宇，披玄流而特起。仪景星于天汉，列牛女以双峙。图万载而不倾，奄摧落于十纪。擢百寻之层观，今数仞之余趾。振鹭于飞，凫跃鸿渐。乘云颉颃，随波澹淡。瀺灂惊波，唼喋芡。华莲烂于渌沼，青蕃蔚乎翠潋。

伊兹池之肇穿，肄水战于荒服。志勤远以极武，良无要于后福。而菜蔬芼实，水物惟错，乃有赡乎原陆。在皇代而物土，故毁之而又复。凡厥寮司，既富而教。

咸帅贫惰，同整楫棹。收罟课获，引缴举效。鳏夫有室，悉民以乐。徒观其鼓枻回轮，洒钓投网，垂饵出入，挺义来往。纤经连白，鸣根厉响。贯鱼思罗尾，掣三牵两。于是弛青鲲于网钜，解赪鲤于黏徽。华鲂跃鳞，素鱮扬鬐。雍人缕切，鸾刀若飞，应刃落俎，霍霍霏霏。红鲜纷其初载，宾旅竦而迟御。既餐服以属厌，泊恬静以无欲。回小人之腹，为君子之虑。

尔乃端策拂茵，弹冠振衣，徘徊丰镐，如渴如饥，心翘勤心以仰止，不加敬而自祗。岂三圣之敢梦？窃十乱之或希。经始灵台，成之不日，惟酆及镐，仍京其室。庶人子来，神降之吉。积德延祚，莫二其一。永惟此邦，云谁之识？越可略闻，而难臻其极。子赢锄以借父，训秦法而著色。耕让畔以闲田，沾姬化而生棘。苏张喜而诈骋，虞芮愧而讼息。由此观之，土无常俗，而教有定式；上之迁下，均之埏埴。五方杂会，风流溷淆，惰农好利，不昏作劳。密迩猃狁，戎马生郊。而制者必割，实存操刀。人之升降，与政隆替。杖信则莫不用情，无欲则赏之不窃。虽智弗能理，明弗能察。信此心也，庶免夫戾。如其礼乐，以俟来哲。

潘岳－秋兴赋

晋十有四年，余春秋三十有二，始见二毛。以太尉掾兼虎贲中郎将，寓直于散骑之省。高阁连云，阳景罕曜。珥蝉冕而袭纨绮之士，此焉游处。仆野人也，偃息不过茅屋茂林之下，谈话不过农夫田父之客。摄官承乏，猥厕朝列，夙兴晏寝，匪遑底宁。譬犹池鱼笼鸟，有江湖山薮之思。于是染翰操纸，慨然而赋。于时秋也，故以秋兴命篇。其辞曰：

四时忽其代序兮，万物纷以回薄。览花莳之时育兮，察盛衰之所讬。感冬索而春敷兮，嗟夏茂而秋落。虽末士之荣悴兮，伊人情之美恶。善乎宋玉之言曰："悲哉！秋之为气也。萧瑟兮，草木摇落，而变衰。憀栗兮，若在远行，登山临水送将归。"夫送归怀慕徒之恋兮，远行有羁旅之愤。临川感流以叹逝兮，登山怀远而悼近。彼四戚之疚心兮，遭一涂而难忍。嗟秋日之可哀兮，谅无愁而不尽。野有归燕，隰有翔隼。游氛朝兴，槁叶夕殒。

于是乃屏轻箑，释纤絺。藉莞蒻，御袷衣。庭树槭以洒落兮，劲风戾而吹帷。

蝉嘒嘒而寒吟兮，雁飘飘而南飞。天晃朗以弥高兮，日悠阳而浸微。何微阳之短晷，觉凉夜之方永，月曈胧以含光兮，露凄清以凝冷。熠耀粲于阶闼兮，蟋蟀鸣乎轩屏。听离鸿之晨吟兮，望流火之余景。宵耿介而不寐兮，独展转于华省。悟时岁之遒尽兮，慨俯首而自省。斑鬓髟以承弁兮，素发飒以垂领。仰群俊之逸轨兮，攀云汉以游骋。登春台之熙熙兮，珥金貂之火冋々。苟趣舍之殊途兮，庸讵识其躁静。闻至人之休风兮，齐天地于一指。彼知安而忘危兮，故出生而入死。行投趾于容迹兮，殆不践而获底。阙侧足以及泉兮，虽猴猿而不履。龟祀骨于宗祧兮，思反身于绿水。

且敛衽以归来兮，忽投绂以高厉。耕东皋之沃壤兮，输黍稷之余税。泉涌湍于石间兮，菊扬芳于崖澨。澡秋水之涓涓兮，玩游儵之潎潎。逍遥乎山川之阿，放旷乎人间之世。优哉游哉！聊以卒岁。

潘岳－笙赋

河汾之宝，有曲沃之悬匏焉。邹鲁之珍，有汶阳之孤篠焉。若乃绵蔓纷敷之丽，浸润灵液之滋，隅隈夷险之势，禽鸟翔集之嬉，固众作者之所详，余可得而略之也。徒观其制器也，则审洪纤，面短长，戾生竿，裁熟簧，设宫分羽，经徵列商，泄之反谧，厌焉乃扬。管攒罗而表列，音要妙而含清。各守一以司应，统大魁以为笙。基黄锺以举韵，望凤仪以擢形。写皇翼以插羽，摹鸾音以厉声。如鸟斯企，翾翾歧歧。明珠在咮，若衔若垂。修樢内辟，余箫外逶，骈田獦攦，鉀鰈参差。

于是乃有始泰终约，前荣后悴，激愤于今贱，永怀乎故贵。众满堂而饮酒，独向隅以掩泪。援鸣笙而将吹，先嗢哕以理气。初雍容以安暇，中佛郁以怫心胃，终嵬峨以蹇愣，又飒遝而繁沸。罔浪孟以惆怅，若欲绝而复肆。懰檄尖以奔邀，似将放而中匮。愀怆恻淢，飑韡煜熠，泛滛汜艳，霅晔岌岌。或桉衍夷靡，或竦踊剽急，或既往不反，或已出复入，徘徊布濩，涣衍葺袭。舞既蹈而中辍，节将抚而弗及。乐声发而尽室欢，悲音奏而列坐泣。搦纤翮以震幽簧，越上筒而通下管。应吹噏以往来，随抑扬以虚满。勃慷慨以憀亮，顾踌躇以舒缓。辍张女之哀弹，流广陵之名散，咏《园桃》之夭夭，歌《枣下》之纂纂。歌曰：

枣下纂纂，朱实离离，宛其落矣，化为枯枝。人生不能行乐，死何以虚谥为？

尔乃引飞龙，鸣鹍鸡，双鸿翔，白鹤飞。子乔轻举，明君怀归，荆王喟其长吟，楚妃叹而增悲。夫其凄戾辛酸，嘤嘤关关，若离鸿之鸣子也。含口胡嘽谐，雍雍喈喈，若群雏之从母也。郁捋劫悟，泓宏融裔，哇咬嘲哲，一何察惠！诀厉悄切，又何磬折！

若夫时阳初暖，临川送离，酒酣徒扰，乐阕日移，疏客始阑，主人微疲。弛弦韬籥，彻埙屏篪。

尔乃促中筵，携友生，解严颜，擢幽情。披黄包以授甘，倾缥瓷以酌酃。光歧俨其偕列，双凤嘈以和鸣。晋野悚而投琴，况齐瑟与秦筝。新声变曲，奇韵横逸，萦缠歌鼓，网罗锺律，烂熠爚以放艳，郁蓬勃以气出。秋风咏于燕路，天光重乎朝日。大不逾宫，细不过羽。唱发章夏，导扬韶武。协和陈宋，混一齐楚。迩不逼而远无携，声成文而节有叙。

彼政有失得，而化以醇薄，乐所以移风于善，亦所以易俗于恶。故丝竹之器未改，而桑濮之流已作。惟簧也，能研群声之清；以惟笙也，能总众清之林。卫无所措其邪，郑无所容其淫，非天下之和乐，不易之德音，其孰能与于此乎？

陶潜－归去来辞

归去来兮，田园将芜胡不归。既自以心为形役，奚惆怅而独悲？悟已往之不谏，知来者之可追；寔迷途其未远，觉今是而昨非。舟遥遥以轻扬，风飘飘而吹衣。问征夫以前路，恨晨光之熹微。乃瞻衡宇，载欣载奔，僮仆欢迎，稚子候门。三迳就荒，松菊犹存。携幼入室，有酒盈樽。引壶觞以自酌，眄庭柯以怡颜。倚南窗以寄沉，审容膝之易安。园日涉以成趣，门虽设而常关；策扶老以流憩，时矫首而遐观。云无心以出岫，鸟倦飞而知还；景翳翳以将入，抚孤松而盘桓。

归去来兮，请息交以绝游。世与我而相遗，复驾言兮焉求？悦亲戚之情话，乐琴书以消忧。农人告余以春兮，将有事乎西畴。或命巾车，或棹孤舟，既窈窕以寻壑，亦崎岖而经丘。木欣欣以向荣，泉涓涓而始流；善万物之得时，感吾生之行休。已矣乎！寓形宇内复几时，曷不委心任去留？胡为遑遑欲何之？富贵非吾原，帝乡不可期。怀良辰以孤往，或植杖而耘耔；登东皋以舒啸，临清流而赋诗。聊乘化以归尽，乐夫天命复奚疑？

鲍照－芜城赋

弥迤平原，南驰苍梧、涨海，北走紫塞、雁门。柂以漕渠，轴以昆岗。重江复关之隩，四会五达之庄。当昔全盛之时，车挂轊，人驾肩；廛閈扑地，歌吹沸天。孳货盐田，铲利铜山。才力雄富，士马精妍。故能侈秦法，佚周令，划崇墉，刳浚洫，图修世以休命。

是以板筑雉堞之殷，井干烽橹之勤，格高五岳，袤广三坟。崒若断岸，矗似长云。制磁石以御冲，糊赪坏以飞文。观基扃之固护，将万祀而一君。出入三代，五百余载，竟瓜剖而豆分。

泽葵依井，荒葛罥途。坛罗虺蜮，阶斗麏鼯。木魅山鬼，野鼠城狐，风嗥雨啸，昏见晨趋。饥鹰厉吻，寒鸱吓雏。伏虣藏虎，乳血飧肤。

崩榛塞路，峥嵘古馗。白杨早落，塞草前衰。棱棱霜气，蔌蔌风威。孤蓬自振，惊砂坐飞。灌莽杳而无际，丛薄纷其相依。通池既已夷，峻隅又已颓。直视千里外，唯见起黄埃。凝思寂听，心伤已摧。

若夫藻扃黼帐，歌堂舞阁之基。璇渊碧树，弋林钓渚之馆。吴、蔡、齐、秦之声，鱼、龙、爵、马之玩。皆薰歇烬灭，光沉响绝。东都妙姬，南国丽人，蕙心纨质，玉貌绛唇，莫不埋魂幽石，委骨穷尘。岂忆同舆之愉乐，离宫之苦辛哉？

天道如何？吞恨者多。抽琴命操，为芜城之歌。歌曰：边风急兮城上寒，井迳灭兮丘陇残。上千龄兮万代，共尽兮何言！

庾信－哀江南赋

粤以戊辰之年，建亥之月，大盗移国，金陵瓦解。余乃窜身荒谷，公私涂炭。华阳奔命，有去无归，中兴道消，穷于甲戌。三日哭于都亭，三年囚于别馆。天道周星，物极不反。傅燮之但悲身世，无所求生；袁安之每念王室，自然流涕。昔桓君山之志事，杜元凯之生平，并有著书，咸能自序。潘岳之文彩，始述家风；陆机之词赋，多陈世德。信年始二毛，即逢丧乱，藐是流离，至于暮齿。《燕歌》远别，悲不自胜；楚老相逢，泣将何及。畏南山之雨，忽践秦庭；让东海之滨，遂餐周粟。下亭漂泊，皋桥羁旅，楚歌非取乐之方，鲁酒无忘忧之用。追为此赋，聊以记言，不无危苦之辞，唯以悲哀为主。

日暮途远，人间何世。将军一去，大树飘零；壮士不还，寒风萧瑟。荆璧睨柱，受连城而见欺；载书横阶，捧珠盘而不定。钟仪君子，入就南冠之囚；季孙行人，留守西河之馆。申包胥之顿地，碎之以首；蔡威公之泪尽，加之以血。钓台移柳，非玉关之可望；华亭唳鹤，岂河桥之可闻。

孙策以天下为三分，众裁一旅；项羽用江东之子弟，人唯八千。遂乃分裂山河，宰割天下。岂有百万义师，一朝卷甲，芟夷斩伐，如草木焉。江、淮无涯岸之阻，亭壁无藩篱之固。头会箕敛者，合从缔交；锄耰棘矜者，因利乘便。将非江表王气，应终三百年乎？是知并吞六合，不免轵道之灾；混一车书，无救平阳之祸。呜呼！山岳崩颓，既履危亡之运；春秋迭代，必有去故之悲。天意人事，可以凄怆伤心者矣。况复舟楫路穷，星汉非乘槎可上；风飙道阻，蓬莱无可到之期。穷者欲达其言，劳者须歌其事。陆士衡闻而抚掌，是所甘心；张平子见而陋之，固其宜矣。

我之掌庾承周，以世功而为族；经邦佐汉，用论道而当官。禀嵩、华之玉石，润河、洛之波澜。居负洛而重世，邑临河而晏安。逮永嘉之艰虞，始中原之乏主。民枕倚于墙壁，路交横于豺虎。值五马之南奔，逢三星之东聚。彼凌江而建国，此播迁于吾祖。分南阳而赐田，裂东岳而胙土。诛茅宋玉之宅，穿径临江之府。水木交运，山川崩竭。家有直道，人多全节。训子见于纯深，事君彰于义烈。新野有生祠之庙，河南有胡书之碣。况乃少微真人，天山逸民。阶庭空谷，门巷蒲轮。移谈讲树，就简书[illegible]筠。降生世德，载诞贞臣。文词高于甲观，模楷盛于漳滨。嗟有道而无凤，叹非时而有麟。既奸回之赑匿，终不悦于仁人。

王子洛滨之岁，兰成射策之年，始含香于建礼，仍矫翼于崇贤。游洊雷之讲肆，齿明离之胄筵。既倾蠡而酌海，遂侧管以窥天。方塘水白，钓渚池圆。侍戎韬于武帐，听雅曲于文弦。乃解悬而通籍，遂崇文而会武。居笠毂而掌兵，出兰池而典午。论兵于江汉之君，拭圭于西河之主。

于时朝野欢娱，池台钟鼓。里为冠盖，门成邹鲁。连茂苑于海陵，跨横塘于江浦。东门则鞭石成桥，南极则铸铜为柱。树则园植万株，竹则家封千户。西赆浮玉，南琛没羽。吴歈越吟，荆艳楚舞。草木之藉春阳，鱼龙之得风雨。五十年中，江表无事。王歙为和亲之侯，班超为定远之使。马武无预于兵甲，冯唐不论于将帅。岂知山岳暗然，江湖潜沸。渔阳有闾左戍卒，离石有将兵都尉。

天子方删诗书，定礼乐。设重云之讲，开士林之学。谈劫烬之灰飞，辩常星之夜落。地平鱼齿，城危兽角。卧刁斗于荥阳，绊龙媒于平乐。宰衡以干戈为儿戏，缙绅以清谈为庙略。乘渍水而胶船，驭奔驹以朽索。小人则将及水火，君子则方成猿鹤。弊箄不能救盐池之咸，阿胶不能止黄河之浊。既而鲂鱼赪尾，四郊多垒。殿狎江鸥，宫鸣野雉。湛卢去国，艅皇失水。见被发于伊川，知其时为戎矣。

彼奸逆之炽盛，久游魂而放命。大则有鲸有鲵，小则为枭为獍。负其牛羊之力，凶其水草之性。非玉烛之能调，岂璇玑之可正。值天下之无为，尚有欲于羁縻。饮其琉璃之酒，赏其虎豹之皮。见胡桐于大夏，识鸟卵于条支。豺牙密厉，虺毒潜吹。轻九鼎而欲问，闻三川而遂窥。

始则王子召戎，奸臣介胄。既官政而离逷，遂师言而泄漏。望廷尉之逋囚，反淮南之穷寇。飞狄泉之苍鸟，起横江之困兽。地则石鼓鸣山，天则金精动宿。北阙龙吟，东陵麟斗。尔乃桀黠构扇，凭陵畿甸。拥狼望于黄图，填卢山于赤县。青袍如草，白马如练。天子履端废朝，单于长围高宴。两观当戟，千门受箭。白虹贯日，苍鹰击殿。竟遭夏台之祸，遂视尧城之变。官守无奔问之人，干戚非平戎之战。陶侃则空装米船，顾荣则虚摇羽扇。将军死绥，路绝重围。烽随星落，书逐鸢飞。遂乃韩分赵裂，鼓卧旗折。失群班马，迷轮乱辙。猛士婴城，谋臣卷舌。昆阳之战象走林，常山之阵蛇奔穴。五郡则兄弟相悲，三州则父子离别。

护军慷慨，忠能死节。三世为将，终于此灭。济阳忠壮，身参末将。兄弟三人，义声俱唱。主辱臣死，名存身丧。狄人归元，三军凄怆。尚书多算，守备是长。云梯可拒，地道能防。有齐将之闭壁，无燕师之卧墙。大事去矣，人之云亡。申子奋发，勇气咆勃。实总元戎，身先士卒。胄落鱼门，兵填马窟。屡犯通中，频遭刮骨。功业夭枉，身名埋没。或以隼翼鷃披，虎威狐假。

沾渍锋镝，脂膏原野。兵弱虏强，城孤气寡。闻鹤唳而虚惊，听胡笳而泪下。据神亭而亡戟，临横江而弃马。崩于钜鹿之沙，碎于长平之瓦。于是桂林颠覆，长洲麋鹿。溃溃沸腾，茫茫惨黩。天地离阻，人神怨酷。晋郑靡依，鲁卫不睦。竞动天关，争回地轴。探雀而未饱，待熊蹯而讵熟。乃有车侧郭门，筋悬庙屋。鬼同曹社之谋，人有秦庭之哭。

余乃假刻蜜于关塞，称使者之酬对。逢鄂阪之讥嫌，值彨门之徵税。乘白马而不前，策青骡而转碍。吹落叶之扁舟，飘长帆于上游。彼锯牙而勾爪，又巡江而习流，排青龙之战舰，斗飞燕之船楼。张辽临于赤壁，王浚下于巴丘。乍风惊而射火，或箭重而回舟。未辨声于黄盖，已先沈于杜侯。落帆黄鹤之浦，藏船鹦鹉之洲。路已分于湘汉，星犹看于斗牛。若乃阴陵失路，钓台斜趣。望赤岸而沾衣，舣乌江而不度。雷池栅浦，鹊陵焚戍。旅舍无烟，巢禽失树。谓荆、衡之杞梓，庶江、汉之可恃。淮海维扬，三千余里。过漂渚而寄食，托芦中而度水。届于七泽，滨于十死。嗟天保之未定，见殷忧之方始。本不达于危行，又无情于禄仕。谬掌卫于中军，滥尸丞于御史。

信生世等于龙门，辞亲同于河洛。奉立身之遗训，受成书之顾托。昔三世而无惭，今七叶而始落。泣风雨于《梁山》，惟枯鱼之衔索。入欹斜之小径，掩蓬藋之荒扉。就汀洲之杜若，待芦苇之单衣。

于时西楚霸王，剑及繁阳。鏖兵金匮，校战玉堂。苍鹰赤雀，铁舳牙樯。沈白马而誓众，负黄龙而度江。海潮迎舰，江萍送王。戎车屯于石城，戈船掩乎淮、泗。诸侯则郑伯前驱，盟主则荀瑶暮至。剖巢熏穴，奔魑走魅。埋长狄于驹门，斩蚩尤于中冀。然腹为灯，饮头为器。直虹贯垒，长星属地。昔之虎据龙盘，加以黄旗紫气，莫不随狐兔而窟穴，与风尘而殄瘁。

西瞻博望，北临玄圃。月榭风台，池平树古。倚弓于玉女窗扉，系马于凤凰楼柱。仁寿之镜徒悬，茂陵之书空聚。若夫立德立言，谟明寅亮。声超于系表，道高于河上。既不遇于浮丘，遂无言于师旷。指爱子而托人，知西陵而谁望。非无北阙之兵，犹有云台之仗。司徒之表里经纶，狐偃之惟王实勤。横雕戈而对霸主，执金鼓而问贼臣。平吴之功，壮于杜元凯；王室是赖，深于温太真。始则地名全节，终以山称枉人。南阳校书，去之已远。上蔡逐猎，知之何晚。镇北之负誉矜前，风飙懔然。水神遭箭，山灵见鞭。是以蛰熊伤马，浮蛟没船。才子并命，俱非百年。

中宗之夷凶静乱，大雪冤耻。去代邸而承基，迁唐郊而纂祀。反旧章于司隶，归余风于正始。沉猜则方逞其欲，藏疾则自矜于己。天下之事没焉，诸侯之心摇矣。既而齐交北绝，秦患西起。况背关而怀楚，异端委而开吴。驱绿林之散卒，拒骊山之叛徒。营军梁溠，搜乘巴渝。问诸淫昏之鬼，求诸厌劾之巫。荆门遭廪延之戮，夏首滥逵泉之诛。蔑因亲于教爱，忍和乐于弯弧。慨无谋于肉食，非所望于《论都》。未深思于五难，先自擅于二端。登阳城而避险，卧底柱而求安。既言多于忌刻，实志勇于刑残。但坐观于时变，本无情于急难。地为黑子，城犹弹丸。其怨则黩，其盟则寒。岂冤禽之能塞海，非愚叟之可移山。况以沴气朝浮，妖精夜殒。赤鸟则三朝夹日，苍云则七重围轸。亡吴之岁既穷，入郢之年斯尽。

周含郑怒，楚结秦冤。有南风之不竞，值西邻之责言。俄而梯冲乱舞，冀马云屯。皞秦车于畅毂，沓汉鼓于雷门。下陈仓而连弩，度临晋而横船。虽复楚有七泽，人称三户。箭不丽于六麋，雷无惊于九虎。辞洞庭兮落木，去涔阳兮极浦。炽火兮焚旗，贞风兮害蛊。乃使玉轴扬灰，龙文斫柱。下江余城，长林故营。徒思箝马之秣，未见烧牛之兵。章曼支以毂走，宫之奇以族行。河无冰而马度，关未晓而鸡鸣。忠臣解骨，君子吞声。章华望祭之所，云梦伪游之地。荒谷缢于莫敖，冶父囚乎群帅。硎阱摺拉，鹰鹯批手费。冤霜夏零，愤泉秋沸。城崩杞妇之哭，竹染湘妃之泪。

水毒秦泾，山高赵陉。十里五里，长亭短亭。饥随蛰燕，暗逐流萤。秦中水黑，关上泥青。于时瓦解冰泮，风飞电散。浑然千里，淄、渑一乱。雪暗如沙，冰横似岸。逢赴洛之陆机，见离家之王粲。莫不闻陇水而掩泣，向关山而长叹。况复君在交河，妾在清波。石望夫而逾远，山望子而逾多。才人之忆代郡，公主之去清河。栩阳亭有离别之赋，临江王有愁思之歌。别有飘摇武威，羁旅金微。班超生而望反，温序死而思归。李陵之双凫永去，苏武之一雁空飞。

昔江陵之中否，乃金陵之祸始。虽借人之外力，实萧墙之内起。拨乱之主忽焉，中兴之宗不祀。伯兮叔兮，同见戮于犹子。荆山鹊飞而玉碎，随岸蛇生而珠死。鬼火乱于平林，殇魂惊于新市。梁故丰徒，楚实秦亡。不有所废，其何以昌。有妫之后，遂育于姜。输我神器，居为让王。天地之大德曰生，圣人之大宝曰位。用无赖子之孙，举江东而全弃。惜天下之一家，遭东南之反气。以鹑首而赐秦，天何为而此醉！

且夫天道回旋，民生预焉。余烈祖于西晋，始流播于东川。洎余身而七叶，又遭时而北迁。提挈老幼，关河累年。死生契阔，不可问天。况复零落将尽，灵光巍然。日穷于纪，岁将复始。逼切危虑，端忧暮齿。践长乐之神皋，望宣平之贵里。渭水贯于天门，骊山回于地市。幕府大将军之爱客，丞相平津侯之待士。见钟鼎于金、张，闻弦歌于许、史。岂知灞陵夜猎，犹是故时将军；咸阳布衣，非独思归王子。

韩愈－进学解

国子先生晨入太学，招诸生立馆下，诲之曰："业精于勤，荒于嬉；行成于思，毁于随。方今圣贤相逢，治具毕张。拔去凶邪，登崇俊良。占小善者率以录，名一艺者无不庸。爬罗剔抉，刮垢磨光。盖有幸而获选，孰云多而不扬？诸生业患不能精，无患有司之不明。行患不能成，无患有司之不公。"

言未既。有笑于列者曰："先生欺余哉！弟子事先生，于兹有年矣。先生口不绝吟于六艺之文，手不停披于百家之编。纪事者必提其要，纂言者必钩其玄。贪多务得，细大不捐。焚膏油以继晷，恒兀兀以穷年。先生之于业，可谓勤矣。"

抵排异端，攘斥佛老。补苴罅漏，张皇幽眇。寻坠绪之茫茫，独旁搜而远绍。障百川而东之，回狂澜于既倒。先生之于儒，可谓劳矣。沈浸醲郁，含英咀华，作为文章，其书满家。上规姚姒，浑浑无涯；周《诰》殷《盘》，佶屈聱牙；《春秋》谨严，《左氏》浮夸；《易》奇而法，《诗》正而葩；下逮《庄》、《骚》，太史所录，子云相如，同工异曲。先生之于文，可谓闳其中而肆其外矣！少始知学，勇于敢为。长通于方，左右具宜。先生之于为人，可谓成矣。然而公不见信于人，私不见助于友，跋前疐后，动辄得咎。暂为御史，遂窜南夷。三年博士，冗不见治。命与仇谋，取败几时。冬暖而儿号寒，年丰而妻啼饥。头童齿豁，竟死何裨？不知虑此，反教人为？

先生曰："吁，子来前！夫大木为宗，细木为桷，欂栌、侏儒，椳、闑、扂楔。各得其宜，施以成室者，匠氏之工也。玉札、丹砂，赤箭、青芝，牛溲、马勃，败鼓之皮，俱收并蓄，待用无遗者，医师之良也。登明选公，杂进巧拙，纡余为妍，卓荦为杰，校短量长，惟器是适者，宰相之方也。昔者孟轲好辩，孔道以明，辙环天下，卒老于行。荀卿守正，大论是宏，逃谗于楚，废死兰陵。是二儒者，吐辞为经，举足为法，绝类离伦，优入圣域，其遇于世何如也？

今先生学虽勤而不由其统，言虽多而不要其中，文虽奇而不济于用，行虽修而不显于众。犹且月费俸钱、岁糜廪粟。子不知耕，妇不知织。乘马从徒，安坐而食，踵常途之役役，窥陈编以盗窃。然而圣主不加诛，宰臣不见斥，非其幸欤！动而得谤，名亦随之。投闲置散，乃分之宜。若夫商财贿之有亡，计班资之崇庳，忘己量之所称，指前人之瑕疵，是所谓诘匠氏之不以杙为楹，而訾医师以昌阳引年，欲进其豨苓也。”

欧阳修－秋声赋

欧阳子方夜读书，闻有声自西南来者，悚然而听之，曰：“异哉！”初淅沥以萧飒，忽奔腾而砰湃。如波涛夜惊，风雨骤至。其触于物也，鏦鏦铮铮，金铁皆鸣。又如赴敌之兵，衔枚疾走，不闻号令，但闻人马之行声。予谓童子：“此何声也？汝出视之。”童子曰：“星月皎洁，明河在天，四无人声，声在树间。”予曰：“噫嘻，悲哉！此秋声也，胡为乎来哉？”

盖夫秋之为状也，其色惨淡，烟霏云敛；其容清明，天高日晶；其气栗冽，砭人肌骨；其意萧条，山川寂寥。故其为声也，凄凄切切，呼号奋发。丰草绿缛而争茂，佳木葱笼而可悦。草拂之而色变，木遭之而叶脱。其所以摧败零落者，乃一气之余烈。

夫秋，刑官也，于时为阴；又兵象也，于行为金，是谓天地之义气，常以肃杀而为心。天之于物，春生秋实。故其在乐也，商声主西方之音，夷则为七月之律。商，伤也，物既老而悲伤；夷，戮也；物过盛而当杀。

嗟乎，草木无情，有时飘零。人为动物，惟物之灵。百忧感其心，万事劳其形。有动乎中，必摇其精，而况思其力之所不及，忧其智之所不能。宜其渥然丹者为槁木，黟然黑者为星星。奈何以非金石之质，欲与草木而争荣？念谁为之戕贼，亦何恨乎秋声？

童子莫对，垂头而睡。但闻四壁虫声唧唧，如助予之叹息。

苏轼－前赤壁赋

壬戌之秋，七月既望，苏子与客泛舟游于赤壁之下。清风徐来，水波不兴。举酒属客，诵《明月》之诗，歌《窈窕》之章。少焉，月出于东山之上，徘徊于斗牛之间。白露横江，水光接天。纵一苇之所如，凌万顷之茫然。浩浩乎如冯虚御风，而不知其所止；飘飘乎如遗世独立，羽化而登仙。

于是饮酒乐甚，扣舷而歌之。歌曰："桂棹兮兰桨，击空明兮溯流光。渺渺兮予怀，望美人兮天一方。"客有吹洞箫者，倚歌而和之。其声呜呜然，如怨，如慕，如泣，如诉，余音袅袅，不绝如缕。舞幽壑之潜蛟，泣孤舟之嫠妇。

苏子愀然，正襟危坐而问客曰："何为其然也？"客曰："月明星稀，乌鹊南飞，此非曹孟德之诗乎？西望夏口，东望武昌，山川相缪，郁乎苍苍，此非孟德之困于周郎者乎？方其破荆州，下江陵，顺流而东也，舳舻千里，旌旗蔽空，酾酒临江，横槊赋诗，固一世之雄也，而今安在哉！况吾与子渔樵于江渚之上，侣鱼虾而友麋鹿，驾一叶之扁舟，举匏樽以相属。寄蜉蝣于天地，渺沧海之一粟，哀吾生之须臾，羡长江之无穷。挟飞仙以遨游，抱明月而长终。知不可乎骤得，托遗响于悲风。"

苏子曰："客亦知夫水与月乎？逝者如斯，而未尝往也；盈虚者如彼，而卒莫消长也。盖将自其变者而观之，则天地曾不能以一瞬；自其不变者而观之，则物与我皆无尽也。而又何羡乎？且夫天地之间，物各有主，苟非吾之所有，虽一毫而莫取。惟江上之清风，与山间之明月，耳得之而为声，目遇之而成色，取之无禁，用之不竭。是造物者之无尽藏也，而吾与子之所共适。"

客喜而笑，洗盏更酌。肴核既尽，杯盘狼藉。相与枕籍乎舟中，不知东方之既白。

苏轼－后赤壁赋

是岁十月之望，步自雪堂，将归于临皋。二客从予，过黄泥之阪。霜露既降，木叶尽脱。人影在地，仰见明月。顾而乐之，行歌相答。已而叹曰："有客无酒，有酒无肴，月白风清，如此良夜何？"客曰："今者薄暮，举网得鱼，巨口细鳞，状如松江之鲈。顾安所得酒乎？"归而谋诸妇。妇曰："我有斗酒，藏之久矣，以待子不时之需。"

于是携酒与鱼，复游于赤壁之下。江流有声，断岸千尺，山高月小，水落石出。曾日月之几何，而江山不可复识矣！予乃摄衣而上，履巉岩，披蒙茸，踞虎豹，登虬龙，攀栖鹘之危巢，俯冯夷之幽宫，盖二客不能从焉。划然长啸，草木震动，山鸣谷应，风起水涌。予亦悄然而悲，肃然而恐，凛乎其不可留也。反而登舟，放乎中流，听其所止而休焉。时夜将半，四顾寂寥。适有孤鹤，横江东来，翅如车轮，玄裳缟衣，戛然长鸣，掠予舟而西也。

须臾客去，予亦就睡。梦一道士，羽衣蹁跹，过临皋之下。揖予而言曰："赤壁之游乐乎？"问其姓名，俯而不答。"呜呼噫嘻！我知之矣！畴昔之夜，飞鸣而过我者，非子也耶？"道士顾笑，予亦惊寤。开户视之，不见其处。

诗－閟宫

閟宫有侐，实实枚枚。赫赫姜嫄，其德不回。上帝是依，无灾无害。弥月不迟，是生后稷。降之百福。黍稷重穋，稙稚菽麦。奄有下国，俾民稼穑。有稷有黍，有稻有秬。奄有下土，缵禹之绪。

后稷之孙，实维大王。居岐之阳，实始翦商。至于文武，缵大王之绪，致天之届，于牧之野。无贰无虞，上帝临女。敦商之旅，克咸厥功。王曰叔父，建尔元子，俾侯于鲁。大启尔宇，为周室辅。

乃命鲁公，俾侯于东。锡之山川，土田附庸。周公之孙，庄公之子。龙旗承祀。六辔耳耳。春秋匪解，享祀不忒。皇皇后帝！皇祖后稷！享以騂牺，是飨是宜。降福既多，周公皇祖，亦其福女。

秋而载尝，夏而楅衡，白牡騂刚。牺尊将将，毛炰胾羹。笾豆大房，万舞洋洋。孝孙有庆。俾尔炽而昌，俾尔寿而臧。保彼东方，鲁邦是尝。不亏不崩，不震不腾。三寿作朋，如冈如陵。

公车千乘，朱英绿縢。二矛重弓。公徒三万，贝胄朱綅。烝徒增增，戎狄是膺，荆舒是惩，则莫我敢承！俾尔昌而炽，俾尔寿而富。黄发台背，寿胥与试。俾尔昌而大，俾尔耆而艾。万有千岁，眉寿无有害。

泰山岩岩，鲁邦所詹。奄有龟蒙，遂荒大东。至于海邦，淮夷来同。莫不率从，鲁侯之功。

保有凫绎，遂荒徐宅。至于海邦，淮夷蛮貊。及彼南夷，莫不率从。莫敢不诺，鲁侯是若。

天锡公纯嘏，眉寿保鲁。居常与许，复周公之宇。鲁侯燕喜，令妻寿母。宜大夫庶士，邦国是有。既多受祉，黄发儿齿。

徂徕之松，新甫之柏。是断是度，是寻是尺。松桷有舄，路寝孔硕，新庙奕奕。奚斯所作，孔曼且硕，万民是若。

诗－长发

浚哲维商，长发其祥。洪水芒芒，禹敷下土方。外大国是疆，幅陨既长。有娀方将，帝立子生商。

玄王桓拨，受小国是达，受大国是达。率履不越，遂视既发。相土烈烈，海外有截。

帝命不违，至于汤齐。汤降不迟，圣敬日跻。昭假迟迟，上帝是祗，帝命式于九围。

受小球大球，为下国缀旒，何天之休。不竞不絿，不刚不柔。敷政优优。百禄是遒。

受小共大共，为下国骏厖。何天之龙，敷奏其勇。不震不动，不戁不竦，百禄是總。

武王载旆，有虔秉钺。如火烈烈，则莫我敢曷。苞有三蘖，莫遂莫达。九有有截，韦顾既伐，昆吾夏桀。

昔在中叶，有震且业。允也天子，降予卿士。实维阿衡，实左右商王。

诗－抑

抑抑威仪，维德之隅。人亦有言：靡哲不愚，庶人之愚，亦职维疾。哲人之愚，亦维斯戾。

无竞维人，四方其训之。有觉德行，四国顺之。吁谟定命，远犹辰告。敬慎威仪，维民之则。

其在于今，兴迷乱于政。颠覆厥德，荒湛于酒。女虽湛乐从，弗念厥绍。罔敷求先王，克共明刑。

肆皇天弗尚，如彼泉流，无沦胥以亡。夙兴夜寐，洒扫庭内，维民之章。修尔车马，弓矢戎兵，用戒戎作，用逷蛮方。

质尔人民，谨尔侯度，用戒不虞。慎尔出话，敬尔威仪，无不柔嘉。白圭之玷，尚可磨也；斯言之玷，不可为也！

无易由言，无曰苟矣，莫扪朕舌，言不可逝矣。无言不仇，无德不报。惠于朋友，庶民小子。子孙绳绳，万民靡不承。

视尔友君子，辑柔尔颜，不遐有愆。相在尔室，尚不愧于屋漏。无曰不显，莫予云觏。神之格思，不可度思，矧可射思！

辟尔为德，俾臧俾嘉。淑慎尔止，不愆于仪。不僭不贼，鲜不为则。投我以桃，报之以李。彼童而角，实虹小子。

荏染柔木，言缗之丝。温温恭人，维德之基。其维哲人，告之话言，顺德之行。其维愚人，覆谓我僭。民各有心。

于乎小子，未知臧否。匪手携之，言示之事。匪面命之，言提其耳。借曰未知，亦既抱子。民之靡盈，谁夙知而莫成？

昊天孔昭，我生靡乐。视尔梦梦，我心惨惨。诲尔谆谆，听我藐藐。匪用为教，覆用为虐。借曰未知，亦聿既耄。

于乎，小子，告尔旧止。听用我谋，庶无大悔。天方艰难，曰丧厥国。取譬不远，昊天不忒。回遹其德，俾民大棘。

诗－宾之初筵

宾之初筵，左右秩秩。笾豆有楚，淆核维旅。酒既和旨，饮酒孔偕。钟鼓既设，举酬逸逸。大侯既抗，弓矢斯张。射夫既同，献尔发功。发彼有的，以祈尔爵。

籥舞笙鼓，乐既和奏。烝衎烈祖，以洽百礼。百礼既至，有壬有林。锡尔纯嘏，子孙其湛。其湛曰乐，各奏尔能。宾载手仇，室人入又。酌彼康爵，以奏尔时。

宾之初筵，温温其恭。其未醉止，威仪反反。曰既醉止，威仪幡幡。舍其坐迁，屡舞仙仙。其未醉止，威仪抑抑。曰既醉止，威仪怭怭。是曰既醉，不知其秩。

宾既醉止，载号载呶。乱我笾豆，屡舞僛々。是曰既醉，不知其邮。侧弁之俄，屡舞傞傞。既醉而出，并受其福。醉而不出，是谓伐德。饮酒孔嘉，维其令仪。

凡此饮酒，或醉或否。既立之监，或佐之史。彼醉不臧，不醉反耻。式勿从谓，无俾大怠。匪言勿言，匪由勿语。由醉之言，俾出童羖。三爵不识，矧敢多又。

李斯－峄山刻石

皇帝立国，维初在昔，嗣世称王。讨伐乱逆，威动四极，武义直方。戎臣奉诏，经时不久，灭六暴强。廿有六年，上荐高号，孝道显明。既献泰成，乃降専惠，亲巡远方。登于峄山，群臣从者，咸思攸长。追念乱世，分土建邦，以开争理。攻战日作，流血于野，自泰古始。世无万数，陁五帝，莫能禁止。乃今皇帝，壹家天下，兵不复起。火甾灭除，黔首康定，利泽长久。群臣诵略，刻此乐石，以箸经纪。

李斯－泰山刻石

皇帝临位，作制明法，臣下修饬。二十有六年，初并天下，罔不宾服。亲巡远方黎民，登兹泰山，周览东极。从臣思迹，本原事业，祗诵功德。治道运行，诸产得宜，皆有法式。大义休明，垂于后世，顺承勿革。皇帝躬圣，既平天下，不懈于治。夙兴夜寐，建设长利，专隆教诲。训经宣达，远近毕理，咸承圣志。贵贱分明，男女礼顺，慎遵职事。昭隔内外，靡不清净，施于后嗣。化及无穷，遵奉遗诏，永承重戒。

李斯－琅邪台刻石

维二十八年，皇帝作始，端平法度，万国之纪。以明人事，合同父子。圣智仁义，显白道理。东抚东土，以省卒士。事已大毕，乃临于海。皇帝之功，勤劳本事。上农除末，黔首是富。普天之下，抟心揖志。器械一量，同书文字。日月所照，舟舆所载，皆终其命，莫不得意。应时动事，是维皇帝。匡饬异俗，陵水经地。忧恤黔首，朝夕不懈。除疑定法，咸知所辟。方伯分职，诸治经易。举错必当，莫不如画。皇帝之明，临察四方。尊卑贵贱，不逾次行。奸邪不容，皆务贞良。细大尽力，莫敢怠荒。远迩辟隐，专务肃庄。端直敦忠，事业有常。皇帝之德，存定四极。诛乱除害，兴利致福。节事以时，诸产繁殖。黔首安宁，不用兵革。六亲相保，终无寇贼。欢欣奉教，尽知法式。六合之内，皇帝之土。西涉流沙，南尽北户，东有东海，北过大夏。人迹所至，无不臣者。功盖五帝，泽及牛马。莫不受德，各安其宇。

李斯－之罘刻石

维二十九年，时在中春，阳和方起。皇帝东游，巡登之罘，临照于海。从臣嘉观，原念休烈，追诵本始：大圣作治，建定法度，显著纲纪。外教诸侯，光施文惠，明以义理。六国回辟，贪戾无厌，虐杀不已。皇帝哀众，遂发讨师，奋扬武德。义诛信行，威燀旁达，莫不宾服。烹灭强暴，振救黔首，周定四极。普施明法，经纬天下，永为仪则。大矣哉！宇县之中，承顺圣意。群臣诵功，请刻于石，表垂于常式。

李斯 – 碣石刻石

遂兴师旅，诛戮无道，为逆灭息。武殄暴逆，文复无罪，庶心咸服。惠论功劳，赏及牛马，恩肥土域。皇帝奋威，德并诸侯，初一泰宇。堕坏城郭，决通川防，夷去险阻。地势既定，黎庶无繇，天下咸抚。男乐其畴，女修其业，事各有序。惠被诸产，久并来田，莫不安所。群臣诵烈，请刻此石，垂著仪矩。

李斯 – 会稽刻石

皇帝休烈，平一宇内，德惠修长。三十有七年，亲巡天下，周览远方。遂登会稽，宣省习俗，黔首齐庄。群臣诵功，本原事迹，追首高明。秦圣临国，始定刑名，显陈旧章。初平法式，审别职任，以立恒常。六王专倍，贪戾慠猛，率众自强。暴虐恣行，负力而骄，数动甲兵。阴通间使，以事合从，行为辟方。内饰诈谋，外来侵边，遂起祸殃。义威诛之，殄息暴悖，乱贼灭亡。圣德广密，六合之中，泽被无疆。皇帝并宇，兼听万事，远近毕清。运理群物，考验事实，各载其名。贵贱并通，善否陈前，靡有隐情。饰省宣义，有子而嫁，倍死不贞。防隔内外，禁止淫泆，男女洁诚。夫为寄豭，杀之无罪，男秉义程。妻为逃嫁，子不得母，咸化廉清。大治濯俗，天下承风，蒙被休经。皆遵度轨，和安敦勉，莫不顺令。黔首修洁，人乐同则，嘉保太平。后敬奉法，常治无极，舆舟不倾。从臣诵烈，请刻此石，光垂休铭。

汉书 – 安世房中歌

大孝备矣，休德昭清。高张四县，乐充官庭。芬树羽林，云景杳冥，金支秀华，庶旄翠旌。

《七始》、《华始》，肃倡和声。神来宴娭，庶几是听。鬻鬻音送，细齐人情。忽乘青玄，熙事备成。清思眑眑，经纬冥冥。

我定历数，人告其心。敕身齐戒，施教申申。乃立祖庙，敬明尊亲。大矣孝熙，四极爰轃。

王侯秉德，其邻翼翼，显明昭式。清明鬯矣，皇帝孝德。竟全大功，抚安四极。

海内有奸，纷乱东北。诏抚成师，武臣承德。行乐交逆，《箫》、《勺》群慝。肃为济哉，盖定燕国。

大海荡荡水所归，高贤愉愉民所怀。大山崔，百卉殖。民何贵？贵有德。

安其所，乐终产。乐终产，世继绪。飞龙秋，游上天。高贤愉，乐民人。

丰草葽，女罗施。善何如，谁能回！大莫大，成教德；长莫长，被无极。

雷震震，电耀耀。明德乡，治本约。治本约，泽弘大。加被宠，咸相保。德施大，世曼寿。

都荔遂芳，窅窊桂华。孝奏天仪，若日月光。乘玄四龙，回驰北行。羽旄殷盛，芬哉芒芒。孝道随世，我署文章。《桂华》。

冯冯翼翼，承天之则。吾易久远，烛明四极。慈惠所爱，美若休德。杳杳冥冥，克绰永福。《美若》。

石岂岂即即，师象山则。乌呼孝哉，案抚戎国。蛮夷竭欢，象来致福。兼临是爱，终无兵革。

嘉荐芳矣，告灵飨矣。告灵既飨，德音孔臧。惟德之臧，建侯之常。承保天休，令问不忘。

皇皇鸿明，荡侯休德。嘉承天和，伊乐厥福。在乐不荒，惟民之则。

浚则师德，下民咸殖。令问在旧，孔容翼翼。

孔容之常，承帝之明。下民之乐，子孙保光。承顺温良，受帝之光。嘉荐令芳，寿考不忘。

承帝明德，师象山则。云施称民，永受厥福。承容之常，承帝之明。下民安乐，受福无疆。

汉书－叙传

皇矣汉祖，纂尧之绪，实天生德，聪明神武。秦人不纲，罔漏于楚，爰兹发迹，断蛇奋旅。神母告符，朱旗乃举，粤蹈秦郊，婴来稽首。革命创制，三章是纪，应天顺民，五星同晷。项氏畔换，黜我巴、汉，西土宅心，战士愤怒。乘畔而运，席卷三秦，割据河山，保此怀民。股肱萧、曹，社稷是经，爪牙信、布、腹心良、平、龚行天罚，赫赫明明。述《高纪》第一。

孝惠短世，高世称制，罔顾天显，吕宗以败。述《惠纪》第二，《高后纪》第三。

太宗穆穆，允恭玄默，化民以躬，帅下以德，农不供贡，罪不收孥，宫不新馆，陵不崇墓。我德如风，民应如草，国富刑清，登我汉道。述《文纪》第四。

孝景莅政，诸侯方命，克伐七国，王室以定。匪怠匪荒，务在农桑，著于甲令，民用宁康。述《景纪》第五。

世宗晔晔，思弘祖业，畴咨熙载，髦俊并作。厥作伊何？百蛮是攘，恢我疆宇，外博四荒。武功既抗，亦迪斯文，宪章六学，统一圣真。封禅郊祀，登秩百神；协律改正，飨兹永年。述《武纪》第六。

孝昭幼冲，冢宰惟忠。燕、盖譸张，实睿实聪，罪人斯得，邦家和同。述《昭纪》第七。

中宗明明，夤用刑名，时举傅纳，听断惟精，柔远能迩，燀耀威灵，龙荒幕朔，莫不来庭。丕显祖烈，尚于有成。述《宣纪》第八。

孝元翼翼，高明柔克，宾礼故老，优繇亮直。外割禁囿，内损御服，离宫不卫，山陵不邑。阉尹之疵，秽我明德。述《元纪》第九。

孝成煌煌，临朝有光，威仪之盛，如圭如璋。壶闱恣赵，朝政在王，炎炎燎火，亦允不阳。述《成纪》第十。

孝哀彬彬，克揽威神，雕落洪支，底剧鼎臣。婉娈董公，惟亮天功，《大过》之困，实桡实凶。述《哀纪》第十一。

孝平不造，新都作宰，不周不伊，丧我四海。述《平纪》第十二。

汉初受命，诸侯并政，制自项氏，十有八姓。述《异姓诸侯王表》第一。

太祖元勋，启立辅臣，支庶藩屏，侯王并尊。述《诸侯王表》第二。

侯王之祉，祚及宗子，公族蕃滋，支叶硕茂。述《王子侯表》第三。

受命之初，赞功剖符，奕世弘业，爵土乃昭。述《高惠高后孝文功臣侯表》第四。

景征吴、楚，武兴师旅，后昆承平，亦犹有绍。述《景武昭宣元成哀功臣侯表》第五。

亡德不报，爰存二代，宰相外戚，昭韪见戒。述《外戚恩泽侯表》第六。

汉迪于秦，有革有因，觕举僚职，并列其人。述《百官公卿表》第七。

篇章博举，通于上下。略差名号，九品之叙。述《古今人表》第八。

元元本本，数始于一，产气黄钟，造计秒忽。八音七始，五声六律，度量权衡，历算逌出，官失学微，六家分乖，一彼一此，庶研其几。述《律历志》第一。

上天下泽，春雷奋作，先王观象，爰制礼乐。厥后崩坏，郑、卫荒淫，风流民化，湎湎纷纷。略存大纲，以统旧文。述《礼乐志》第二。

雷电皆至，天威震耀，五刑之作，是则是效，威实辅德，刑亦助教。季世不详，背本争末，吴、孙狙诈，申、商酷烈，汉章九法，太宗改作，轻重之差，世有定籍。述《刑法志》第三。

厥初生民，食货惟先。割制庐井，定尔土田，什一供贡，下富上尊。商以足用，茂迁有无，货自龟贝，至此五铢。扬榷古今，监世盈虚。述《食货志》第四。

昔在上圣，昭事百神。类帝禋宗，望秩山川，明德惟馨，永世丰年。季末淫祀，营信巫史，大夫胪岱，侯伯僭畤，放诞之徒，缘间而起。瞻前顾后，正其终始。述《郊祀志》第五。

炫炫上天，县象著明，日月周辉，星辰垂精。百官立法，宫室混成，降应王政，景以烛形。三季之后，厥事放纷，举其占应，览故考新。述《天文志》第六。

《河图》命庖，《洛书》赐禹，八卦成列，九畴逌叙。世代实宝，光演文、武，《春秋》之占，咎徵是举。告往知来，王事之表。述《五行志》第七。

《坤》作地势，高下九则，自昔黄、唐，经略万国，燮定东西，疆理南北。三代损益，降及秦、汉，革铲五等，制立郡县。略表山川，彰其剖判。述《地理志》第八。

夏乘四载，百川是导。唯河为艰，灾及后代。商竭周移，秦决南涯，自兹距汉，北亡八支。文陻枣野，武作《瓠歌》，成有平年，后遂滂沱。爰及沟渠，利我国家。述《沟洫志》第九。

虙羲画卦，书契后作，虞夏商周，孔纂其业，纂《书》删《诗》，缀《礼》正《乐》，象系大《易》，因史立法。六学既登，遭世罔弘，群言纷乱，诸子相腾。秦人是灭，汉修其缺，刘向司籍，九流以别。爰著目录，略序洪烈。述《艺文志》第十。

上嫚下暴，惟盗是伐，胜、广熛起，梁、籍扇烈。赫赫炎炎，遂焚咸阳，宰割诸夏，命立侯王，诛婴放怀，诈虐以亡。述《陈胜项籍传》第一。

张、陈之交，斿如父子，携手遁秦，拊翼俱起。据国争权，还为豺虎，耳谋甘公，作汉藩辅。述《张耳陈余传》第二。

三枿之起，本根既朽，枯杨生华，曷惟其旧！横虽雄材，伏于海隅，沐浴尸乡，北面奉首，旅人慕殉，义过《黄鸟》。述《魏豹田儋韩信传》第三。

信惟饿隶，布实黥徒，越亦狗盗，芮尹江湖。云起龙襄，化为侯王，割有齐、楚，跨制淮、梁。绾自同閈，镇我北疆，德薄位尊，非胙惟殃。吴克忠信，胤嗣乃长。述《韩彭英卢吴传》第四。

贾廑从旅，为镇淮、楚。泽王琅邪，权激诸吕。濞之受吴，疆土逾矩，虽戒东南，终用齐斧。述《荆燕吴传》第五。

太上四子：伯兮早夭，仲氏王代，斿宅于楚。戊实淫A，平陆乃绍。其在于京，奕世宗正，劬劳王室，用侯阳成。子政博学，三世成名，述《楚元王传》第六。

季氏之诎，辱身毁节，信于上将，议臣震栗。栾公哭梁，田叔殉赵，见危授命，谊动明主，布历燕、齐，叔亦相鲁，民思其政，或金或社。述《季布栾布田叔传》第七。

高祖八子，二帝六王。三赵不幸，淮厉自亡，燕灵绝嗣，齐悼特昌。掩有东土，自岱徂海，支庶分王，前后九子。六国诛毙，适齐亡祀。城阳、济北，后承我国。赳赳景王，匡汉社稷。述《高五王传》第八。

猗与元勋，包汉举信，镇守关中，足食成军，营都立宫，定制修文。平阳玄默，继而弗革，民用作歌，化我淳德，汉之宗臣，是谓相国。述《萧何曹参传》第九。

留侯袭秦，作汉腹心，图折武关，解厄鸿门。推齐销印，驱至越、信；招宾四老，惟宁嗣君。陈公扰攘，归汉乃安，毙范亡项，走狄擒韩，六奇既设，我罔艰难。安国廷争，致仕杜门。绛侯矫矫，诛吕尊文。亚夫守节，吴、楚有勋。述《张陈王周传》第十。

舞阳鼓刀，滕公厩驺，颍阴商贩，曲周庸夫，攀龙附凤，并乘天衢。述《樊郦滕灌傅靳周传》第十一。

北平志古，司秦柱下，定汉章程，律度之绪。建平质直，犯上干色；广阿之廑，食厥旧德。故安执节，责通请错，蹇蹇帝臣，匪躬之故。述《张周赵任申屠传》第十二。

食其监门，长揖汉王，画袭陈留，进收敖仓，塞隘杜津，王基以张。贾作行人，百越来宾，从容风议，博我以文。敬繇役夫，迁京定都，内强关中，外和匈奴。叔孙奉常，与时抑扬，税介免胄，礼义是创。或哲或谋，观国之光，述《郦陆朱娄叔孙传》第十三。

淮南僭狂，二子受殃。安辩而邪，赐顽以荒，敢行称乱，窘世荐亡。述《淮南衡山济北传》第十四。

蒯通一说，三雄是败，覆郦骄韩，田横颠沛。被之拘系，乃成患害。充、躬罔极，交乱弘大。述《蒯伍江息夫传》第十五。

万石温温，幼寤圣君，宜尔子孙，夭夭伸伸，庆社于齐，不言动民。卫、直、周、张，淑慎其身。述《万石卫直周张传》第十六。

孝文三王，代孝二梁，怀折亡嗣，孝乃尊光。内为母弟，外捍吴、楚，怙宠矜功，僭欲失所，思心既霿，牛祸告妖。帝庸亲亲，厥国五分，德不堪宠，四支不传。述《文三王传》第十七。

贾生娇娇，弱冠登朝。遭文睿圣，屡抗其疏，暴秦之戒，三代是据。建设藩屏，以强守圉，吴、楚合从，赖谊之虑。述《贾谊传》第十八。

子丝慷慨，激辞纳说，揽辔正席，显陈成败。错之琐材，智小谋大，祸如发机，先寇受害。述《爰盎朝错传》第十九。

释之典刑，国宪以平。冯公矫魏，增主之明。长孺刚直，义形于色，下折淮南，上正元服。庄之推贤，于兹为德。述《张冯汲郑传》第二十。

荣如辱如，有机有枢，自下摩上，惟德之隅。赖依忠正，君子采诸。述《贾邹枚路传》第二十一。

魏其翩翩，好节慕声，灌夫矜勇，武安骄盈，凶德相挺，祸败用成。安国壮趾，王恢兵首，彼若天命，此近人咎。述《窦田灌韩传》第二十二。

景十三王，承文之庆。鲁恭馆室，江都訬轻；赵敬险诐，中山淫醟；长沙寂漠，广川亡声；胶东不亮，常山骄盈。四国绝祀，河间贤明，礼乐是修，为汉宗英。述《景十三王传》第二十三。

李广恂恂，实获士，控弦贯石，威动北邻，躬战七十，遂死于军。敢怨卫青，见讨去病。陵不引决，忝世灭姓。苏武信节，不诎王命。述《李广苏建传》第二十四。

长平桓桓，上将之元，薄伐猃允，恢我朔边，戎车七征，冲輣闲闲，合围单于，北登阗颜。票骑冠军，猋勇纷纭，长驱六举，电击雷震，饮马翰海，封狼居山，西规大河，列郡祁连。述《卫青霍去病传》第二十五。

抑抑仲舒，再相诸侯，身修国治，致仕县车，下帷覃思，论道属书，谠言访对，为世纯儒。述《董仲舒传》第二十六。

文艳用寡，子虚乌有，寓言淫丽，托风终始，见识博物，有可观采，蔚为辞宗，赋颂之首。述《司马相如传》第二十七。

平津斤斤，晚跻金门，既登爵位，禄赐颐贤，布衾疏食，用俭饬身。卜式耕牧，以求其志，忠寤明君，乃爵乃试。兒生亶，束发修学，偕列名臣，从政辅治。述《公孙弘卜式兒宽传》第二十八。

张汤遂达，用事任职，媚兹一人，日旰忘令，既成宠禄，亦罗咎慝。安世温良，塞渊其德，子孙遵业，全祚保国。述《张汤传》第二十九。

杜周治文，唯上浅深，用取世资，幸而免身。延年宽和，列于名臣。钦用材谋，有异厥伦。述《杜周传》第三十。

博望杖节，收功大夏；贰师秉钺，身畔胡社。致死为福，每生作祸。述《张骞李广利传》第三十一。

乌呼史迁，薰胥以刑！幽而发愤，乃思乃精，错综群言，古今是经，勒成一家，大略孔明。述《司马迁传》第三十二。

孝武六子，昭、齐亡嗣。燕刺谋逆，广陵祝诅。昌邑短命，昏贺失据，戾园不幸，宣承天序。述《武五子传》第三十三。

六世耽耽，其欲浟々，方武方作，是庸四克。助、偃、淮南，数子之德，不忠其身，善谋于国。述《严朱吾丘主父徐严终王贾传》第三十四。

东方赡辞，诙谐倡优，讥苑扞偃，正谏举邮，怀肉污殿，弛张沉浮。述《东方朔传》第三十五。

葛绎内宠，屈氂王子。千秋时发，宜春旧仕。敞、义依霍，庶几云已。弘惟政事，万年容已。咸睡厥诲，熟为不子？述《公孙刘田杨王蔡陈郑传》第三十六。

王孙裸葬，建乃斩将。云廷讦禹，福逾刺凤，是谓狂狷，敞近其衷。述《杨胡朱梅云传》第三十七。

博陆堂堂，受遗武皇，拥毓孝昭，末命导扬。曹家不造，立帝废王，权定社稷，配忠阿衡。怀禄耽宠，渐化不详，阴妻之逆，至子而亡。秺侯狄孥，虔恭忠信，奕世载德，贝也于子孙。述《霍光金日磾传》第三十八。

兵家之策，惟在不战。营平皤皤，立功立论，以不济可，上谕其信。武贤父子，虎臣之俊。述《赵充国辛庆忌传》第三十九。

义阳楼兰，长罗昆弥，安远日逐，义成郅支。陈汤诞节，救在三哲；会宗勤事，疆外之桀。述《傅常郑甘陈段传》第四十。

不疑肤敏，应变当理，辞霍不婚，逡遁致仕。疏克有终，散金娱老。定国之祚，于其仁考。广德、当、宣，近于知耻。述《隽疏于薛平彭传》第四十一。

四皓遁秦，古之逸民，不营不拔，严平、郑真。吉因于贺，涅而不缁；禹既黄发，以德来仕。舍惟正身，胜死善道；郭钦、蒋诩，近遁之好。述《王贡两龚鲍传》第四十二。

扶阳济济，闻《诗》闻《礼》。玄成退让，仍世作相。汉之宗庙，叔孙是谟，革自孝元，诸儒变度。国之诞章，博载其路。述《韦贤传》第四十三。

高平师师，惟辟作威，图黜凶害，天子是毗。博阳不伐，含弘光大，天诱其衷，庆流苗裔。述《魏相丙吉传》第四十四。

占往知来，幽赞神明，苟非其人，道不虚行。学微术昧，或见仿佛，疑殆匪阙，违众迕世，浅为尤海，深作敦害。述《眭两夏侯京翼李传》第四十五。

广汉尹京，克聪克明；延寿作翊，既和且平。矜能讦上，俱陷极刑。翁归承风，帝扬厥声。敞亦平平，文雅自赞；尊实赳赳，邦家之彦；章死非罪，士民所叹。述《赵尹韩张两王传》第四十六。

宽饶正色，国之司直。丰繄好刚，辅亦慕直。皆陷狂狷，不典不式。崇执言责，隆持官守。宝曲定陵，并有立志。述《盖诸葛刘郑毋将孙何传》第四十七。

长倩懊懊，觌霍不举，遇宣乃拔，傅元作辅，不图不虑，见蹶石、许。述《萧望之传》第四十八。

子明光光，发迹西疆，列于御侮，厥子亦良。述《冯奉世传》第四十九。

宣之四子，淮阳聪敏，舅氏蘧蒢，几陷大理。楚孝恶疾，东平失轨，中山凶短，母归戎里。元之二王，孙后大宗，昭而不穆，大命更登。述《宣元六王传》第五十。

乐安袖袖，古之文学，民具尔瞻，困于二司。安昌货殖，朱云作娸。博山心享慎，受莽之疚。述《匡张孔马传》第五十一。

乐昌笃实，不桡不讪，遘闵既多，是用废黜。武阳殷勤，辅导副君，既忠且谋，飨兹旧勋。高武守王，因用济身。述《王商史丹傅喜传》第五十二。

高阳文法，扬乡武略，政事之材，道德惟薄，位过厥任，鲜终其禄。博之翰音，鼓妖先作。述《薛宣朱博传》第五十三。

高陵修儒，任刑养威，用合时宜，器周世资。义得其勇，如虎如貔，进不跬步，宗为鲸鲵。述《翟方进传》第五十四。

统微政缺，灾眚屡发。永陈厥咎，戒在三七。邺指丁、傅，略窥占术。述《谷永杜邺传》第五十五。

哀、平之恤，丁、傅、莽、贤。武、嘉戚之，乃丧厥身。高乐废黜，咸列贞臣。述《何武王嘉师丹传》第五十六。

渊哉若人！实好斯文。初拟相如，献赋黄门，辍而覃思，草《法》纂《玄》，斟酌《六经》，放《易》象《论》，潜于篇籍，以章厥身。述《扬雄传》第五十七。

犷犷亡秦，灭我圣文，汉存其业，六学析分。是综是理，是纲是纪，师徒弥散，著其终始，述《儒林传》第五十八。

谁毁谁誉，誉其有试。泯泯群黎，化成良吏。淑人君子，时同功异。没世遗爱，民有余思。述《遁吏传》第五十九。

上替下陵，奸轨不胜，猛政横作，刑罚用兴。曾是强圉，掊克为雄，报虐以威，殃亦凶终。述《酷吏传》第六十。

四民食力，罔有兼业，大不淫侈，细不匮乏，盖均无贫，遵王之法。靡法靡度，民肆其诈，逼上并下，荒殖其货。侯服玉食，败俗伤化。述《货殖传》第六十一。

开国承家，有法有制，家不臧甲，国不专杀。矧乃齐民，作威作惠，如台不匡，礼法是谓！述《游侠传》第六十二。

彼何人斯，窃此富贵！营损高明，作戒后世。述《佞幸传》第六十三。

于惟帝典，戎夷猾夏！周宣攘之，亦列《风》、《雅》。宗幽既昏，淫于褒女，戎败我骊，遂亡酆鄗。大汉初定，匈奴强盛，围我平城，寇侵边境。至于孝武，爰赫斯怒，王师雷起，霆击朔野。宣承其末，乃施洪德，震我威灵，五世来服。王莽窃命，是倾是覆，备其变理，为世典式。述《匈奴传》第六十四。

西南外夷，种别域殊。南越尉佗，自王番禺。攸攸外寓，闽越、东瓯。

爰洎朝鲜，燕之外区。汉兴柔远，与尔剖符。皆恃其岨，乍臣乍骄，孝武行师，诛灭海隅。述《西南夷两越朝鲜传》第六十五。

西戎即序，夏后是表。周穆观兵，荒服不旅。汉武劳神，图远甚勤。王师驒驒，致诛大宛。姼々公主，乃女乌孙，使命乃通，条支之濒。昭、宣承业，都护是立，总督城郭，三十有六，修奉朝贡，各以其职。述《西域传》第六十六。

诡矣祸福，刑于外戚，高后首命，吕宗颠覆。薄姬坠魏，宗文产德。窦后违意，考盘于代。王氏仄微，世武作嗣。子夫既兴，扇而不终。钩弋忧伤，孝昭以登。上官幼尊，类祃厥宗。史娣、王悼，身遇不祥，及宣飨国，二族后光。恭哀产元，夭而不遂。邛成乘序，履尊三世。飞燕之妖，祸成厥妹。丁、傅僭恣，自求凶害。中山无辜，乃丧冯、卫。惠张、景薄，武陈、宣霍，成许、哀傅，平王之作，事虽歆羡，非天所度。怨咎若兹，如何不恪！进《外戚传》第六十七。

元后娠母，月精见表。遭成之逸，政自诸舅。阳平作威，诛加卿宰。成都煌煌，假我明光。曲阳歊歊，亦朱其堂。新都亢极，作乱以亡。述《元后传》第六十八。

咨尔贼臣，篡汉滔天，行骄夏癸，虐烈商辛。伪稽黄、虞，缪称典文，众怨神怒，恶复诛臻。百王之极，究其奸昏。述《王莽传》第六十九。

凡《汉书》，叙帝皇，列官司，建侯王。准天地，统阴阳，阐元极，步三光。分州域，物土疆，穷人理，该万方。纬《六经》，缀道纲，总百氏，赞篇章。函雅故，通古今，正文字，惟学林。述《叙传》第七十。

扬雄－十二州箴

冀州牧箴

洋洋冀州，鸿原大陆。岳阳是都，岛夷皮服。潺湲河流，夹以碣石。三后攸降，列为侯伯。降周之末，赵魏是宅。冀土糜沸，泫沄如汤。更盛更衰，载从载横。陪臣擅命，天王是替。赵魏相反，秦拾其弊。北筑长城，恢夏之场。汉兴定制，改封藩王。仰览前世，厥力孔多。初安如山，后崩如崖。故治不忘乱，安不遗危。周宗自怙，云焉有予隳。六国奋骄，果绝其维。牧臣司冀，敢告在阶。

兖州牧箴

悠悠济河，兖州之宇。九河既导，雷夏攸处。草繇木条，漆丝絺紵。济漯既通，降丘宅土。成汤五徙，卒都于亳。盘庚北渡，牧野是宅。丁感雊雉，祖己伊忠。爰正厥事，遂绪高宗。厥后陵迟，颠覆汤绪。西伯戡黎，祖伊奔走。致天威命，不恐不震。妇言是用，牝鸡司晨。三仁既知，武果戎殷。牧野之禽，岂复能耽？甲子之朝，岂能复笑？有国虽久，必畏天咎。有民虽长，必惧人殃。箕子歔欷，厥居为墟。牧臣司兖，敢告执书。

青州牧箴

茫茫青州，海岱是极。盐铁之地，铅松怪石。群水攸归，莱夷作牧。贡篚以时，莫怠莫违。昔在文武，封吕于齐。厥土涂泥，在丘之营。五侯九伯，是讨是征。马殆其衔，御失其度。周室荒乱，小白以霸。诸侯佥服，复尊京师。小白既没，周卒陵迟。嗟兹天王，附命下土。失其法度，丧其文武。牧臣司青，敢告执矩。

徐州牧箴

海岱伊淮，东海是渚。徐州之土，邑子蕃宇。大野既潴，有羽有蒙。孤桐蠙珠，泗沂攸同。实列蕃蔽，侯卫东方。民好农蚕，大野以康。帝癸及辛，不祗不恪。沉湎于酒，而忘其东作。天命汤武，剿绝其绪。祗降周任姜，镇于琅琊。姜姓绝苗，田氏攸都。事由细微，不虑不图。祸如丘山，本在萌芽。牧臣司徐，敢告仆夫！

扬州牧箴

矫矫扬州，江汉之浒。彭蠡既潴，阳鸟攸处。橘柚羽贝，瑶琨？条簜。闽越北垠，沅湘攸往。犷矣淮夷，蠢蠢荆蛮。翩彼昭王，南征不旋。人咸踬于垤，莫踬于山。咸跌于污，莫跌于川。明哲不云我昭，童蒙不云我昏，汤武圣而师伊吕，桀纣悖而诛逢干。盖迩不可不察，远不可不亲。靡有孝而逆父，罔有义而忘君。太伯逊位，基吴绍类。夫差一误，太伯无祚。周室不匡，勾践人霸。当周之隆，越裳重译。春秋之末，侯甸叛逆。元首不可不思，股肱不可不孳。尧崇屡省，舜盛钦谋。牧臣司扬，敢告执筹。

荆州牧箴

幽幽巫山，在荆之阳。江汉朝宗，其流汤汤。夏君遭鸿，荆衡是调。云梦涂泥，包匦菁茅。金石砥砺，象齿元龟。贡篚百物，世世以饶。战战栗栗，至桀荒溢。曰：我在帝位，若天有日。不顺庶国，孰敢余夺！亦有成汤，果秉其钺。放之南巢，号之以桀。南巢茫茫，包楚与荆。风剽以悍，气锐以刚。有道后服，无道先强。世虽安平，无敢逸豫。牧臣司荆，敢告执御。

豫州牧箴

郁郁荆河，伊雒是经。荥播枲漆，惟用攸成。田田相拏，庐庐相距。夏殷不都，成周攸处。豫野所居，爰在鹑墟。四隩咸宅，宇内莫如。陪臣执命，不虑不图。王室陵迟，丧其爪牙。靡哲靡圣，捐失其正。方伯不维，韩卒擅命。文武孔纯，至厉作昏。成康孔宁，至幽作倾。故有天下者，毋曰我大，莫或余败。毋曰我强，靡克余亡。夏宅九州，至于季世，放于南巢。成康太平，降及周微，带蔽屏营。屏营不起，施于孙子。至赧为极，实绝周祀。牧臣司豫，敢告柱史。

益州牧箴

岩岩岷山，古曰梁州。华阳西极，黑水南流。茫茫洪波，鲧堙降陆。于时八都，厥民不隩。禹导江沱，岷嶓启干。远近底贡，磬错砮丹。丝麻条畅，有粳有稻。自京徂畛，民攸温饱。帝有桀纣，湎沉颇僻。遏绝苗民，灭夏殷绩。爰周受命，复古之常。幽厉夷业，破绝为荒。秦作无道，三方溃叛。义兵征暴，遂国于汉。拓开疆宇，恢梁之野，列为十二，光羡虞夏。牧臣司梁，是职是图。经营盛衰，敢告士夫。

雍州牧箴

黑水西河，横截昆仑。邪指阊阖，画为雍垠。上侵积石，下碍龙门。自彼氐羌，莫敢不来庭，莫敢不来臣。每在季主，常失厥绪。侯纪不贡，荒侵其宇。陵迟衰微，秦据以戾。兴兵山东，六国颠沛。上帝不宁，命汉作京。陇山以徂，列为西荒。南排劲越，北启强胡。并连属国，一护攸都。盖安不忘危，盛不讳衰。牧臣司雍，敢告缀衣。

幽州牧箴

荡荡平川，惟冀之别，北扼幽都，戎夏交逼。伊昔唐虞，实为平陆。周末荐臻，迫于獯鬻。晋溺其陪，周使不阻。六国擅权，燕赵本都。东限秽貊，爰及东胡。强秦北排，蒙公城墠。大汉初定，介狄之荒。元戎屡征，如风之腾。义兵涉漠，偃我边萌。既定且康，复古虞唐。盛不可不图，衰不可或忘。堤溃蚁穴，器漏箴芒。牧臣司幽，敢告侍旁。

并州牧箴

雍别朔方，河水悠悠。北辟獯鬻，南界泾流。画兹朔土，正直幽方。自昔何为？莫敢不来贡，莫敢不来王。周穆遐征，犬戎不享。爰藐伊德，侵玩上国。宣王命将，攘之泾北。宗周罔职，日用爽蹉，既不俎豆，又不干戈。犬戎作乱，毙于骊阿。太上曜德，其次曜兵。德兵俱颠，靡不悴荒。牧臣司并，敢告执纲。

交州牧箴

交州荒裔，水与天际，越裳是南，荒国之外。爰自开辟，不羁不绊。周公摄祚，白雉是献。昭王陵迟，周室是乱。越裳绝贡，荆楚逆叛。四国内侵，蚕食周宗。臻于季赧，遂以灭亡。大汉受命，中国兼该。南海之宇，圣武是恢。稍稍受羁，遂臻黄支。杭海三万，来牵其犀。盛不可不忧，隆不可不惧。顾瞻陵迟，而忘其规摹。亡国多逸豫，而存国多难。泉竭中虚，池竭濒乾。牧臣司交，敢告执宪。

扬雄－赵充国颂

明灵惟宣，戎有先零。先零猖狂，侵汉西疆。汉命虎臣，惟后将军。整我六师，是讨是震。既临其域，谕以威德。有守矜功，谓之弗克。请奋其旅，于罕之羌。天子命我，从之鲜阳。营平守节，屡奏封章。料敌制胜，威谋靡亢。遂克西戎，还师于京。鬼方宾服，罔有不庭。昔周之宣，有方有虎。诗人歌功，乃列于《雅》。在汉中兴，充国作武。赳赳桓桓，亦绍厥后。

扬雄－酒箴

子犹瓶矣，观瓶之居，居井之湄。处高临深，动常近危。酒醪不入口，藏水满怀。不得左右，牵于缠徽。一旦害碍，为甆所轠。身提黄泉，骨肉为泥。自用如此，不如鸱夷。鸱夷滑稽，腹大如壶。尽日盛酒，人复借酤。常为国器，托于属车。出入两宫，经营公家。繇是言之，酒何过乎？

班固－封燕然山铭

惟永元元年秋七月，有汉元舅，曰车骑将军窦宪。寅亮圣皇，登翼王室，纳于大麓，惟清缉熙。乃与执金吾耿秉，述职巡御，治兵于朔方。鹰扬之校，螭虎之士，爰该六师。暨南单于、东胡、乌桓、西戎、氐、羌侯王君长之群。骁骑十万，元戎轻武，长毂四分，雷辎蔽路，万有三千余乘。勒以八阵，莅以威神，玄甲耀日，朱旗绛天。遂凌高阙，下鸡鹿，经碛卤，绝大漠，斩温禺以衅鼓，血尸逐以染锷。然后四校横徂，星流彗扫，萧条万里，野无遗寇。于是域灭区殚，反旆而旋，考传验图，穷览其山川。遂逾涿邪，跨安侯，乘燕然，蹑冒顿之区落，焚老上之龙庭。将上以摅高，文之宿愤，光祖宗之元灵；下以安固后嗣，恢拓境宇，振大汉之天声。兹可谓一劳而久逸，暂费而永宁也。乃遂封山刊石，昭铭盛德。其辞曰：铄王师兮征荒裔，剿凶虐兮截海外，夐其邈兮亘地界。封神邱兮建降嵑，熙帝载兮振万世。

班固－高祖泗水亭碑铭

皇皇圣汉，兆自沛丰。乾降著符，精感赤龙。承魁流裔，袭唐末风。寸木尺土，无竢斯亭，建号宣基，维以沛公。扬威斩蛇，金精摧伤。涉关陵郊，系获秦王。应门造势，斗壁纳忠。天期乘祚，受爵汉中。勒陈东征，剟擒三秦。灵威神佑，鸿沟是乘。汉军改歌，楚众易心。诛项讨羽，诸夏以康。陈、张画策，萧、勃翼终。出爵褒贤，裂土封功。炎火之德，弥光以明。源清流洁，本盛末荣。叙将十八，赞述股肱。休勋显祚，永永无疆。国宁家安，我君是升。根生叶茂，旧邑是仍。于皇旧亭，苗嗣是承。天之福佑，万年是兴。

班固－十八侯铭

耽耽相国，弘策不追。御国维纲，秉统枢机。文昌四友，汉有萧何。序功第一，受封于鄼。右，鄼侯萧何。

虓虓将军，威盖不当。操盾千钧，拔主项堂。兴汉破楚，矫矫忠良。卒为丞相，帝室以康。右，将军舞阳侯樊哙。

赫赫将军，受兵黄石。规图胜负，不出帷幄。命惠瞻仰，安全正朔。国师是封，光荣旧宅。右，将军留侯张良。

懿懿太尉，敦厚朴诚。辅翼受命，应节御营。历位卿相，土国兼并。见危致命，社稷以宁。右，太尉绛侯周勃。

蹇蹇相国，允忠克诚。临危处险，安而匡倾。兴代之际，济主立名。身履国土，秉御乾桢。右，将军平阳侯曹参。

洋洋丞相，势谲师旅。扰攘楚魏，为汉谋主。六奇解厄，扬名于后。右，丞相户牖侯陈平。

堂堂张敖，耳之遗萌。以诚佐国，序迹建忠。功成德立，袭封南宫。垂号万春，永保无疆。右，南宫侯张敖。

衎衎卫尉，德行循规。遭兄食其，陨殁于齐。横耻愧景，刎颈自献。金紫褒表，万世不刊。右，卫慰曲阳侯郦商。

煌煌将军，辅汉久长。威震吕氏，奸恶不扬。寇攘殄尽，躬迎代王。功显帝室，万世益章。右，将军颍阳侯灌婴。

斌斌将军，鹰武是扬。内康王室，外镇四方。诸夏乂安，流及要荒。声聘海内，苗嗣纪功。右，将军汝阴侯夏侯婴。

休休将军，如虎如罴。御师勒陈，破敌以威。灵金曜楚，火流乌飞。将命仗节，功绩永垂。右，将军阳陵侯傅宽。

斤斤将军，忠信孔雅。出身六师，十二四旅。折冲打难，遂宁天下。金龟章德，建号传后。右，将军信武侯靳歙。

明明丞相，天赋庭直。刚德正行，不枉不曲。功业成著，荣显食邑。距吕奉主，昭然不惑。右，丞相安国侯王陵。

桓桓将军，辅主克征。奉使全璧，身诎项营。序功差德，履让以平。转北而游，云中以倾。右，将军襄平侯韩信。

岩岩将军，带武佩威。御雄乘险，难困不违。仇灭主定，四海是桢。功成食士，德被遐昆。右，将军棘津侯陈武。

晏晏曲成，舆从龙腾。安危从主，赤曜以升。赫赫皇皇，道弥光明。惟德御国，流及后萌。右，曲成侯虫达。

肃肃御史，以武以文。相赵距吕，志安君身。徽诣行所，如意不全。天秩邑土，勋乃永存。右，御史大夫汾阴侯周昌。

邑邑将军，育养烝徒。建谋正直，行不匿邪。入军讨敌，项定天都。佩雀双印，百里为家。右，将军青阳侯王吸。

张衡－绶笥铭

南阳太守鲍德，有诏所赐先公绶笥，传世用之。时德更理笥，衡时为德主簿，作《铭》曰：

懿矣兹笥，爰藏宝珍。冠缨组履，文章日信。皇用我赐，俾作帝臣。服其令服，鸾封艾绢。天祚明德，大赉福仁。垂光厥世，子孙克神。厥器维旧，中实维新。周公惟事，七涓有邻。

崔骃－官箴三首

太尉箴

天官冢宰，庶僚之率。师锡有帝，命虞作尉。爰叶台极，妥平国域。制军诘禁，王旅惟式。九州用绥，群公咸治。干戈载戢，宿缠其纪。上之云据，下之云戴。苟非其人，又我帝载。昔周人思文公，而《召南》咏《甘棠》。昆吾隆夏，伊挚盛商。季世颇僻，礼用不匡。无曰我强，莫余敢丧。无曰我大，轻战好杀。纣师百万，卒以不艾。宰臣司马，敢告在际。

司徒箴

天监在下，仁德是兴。乃立司徒，乱兹黎烝。茫茫庶域，率土祁祁。民具尔瞻，四方是维。乾乾夕惕，靡怠靡违。恪恭尔职，以勤王机。敬敷五教，九德咸事。啬人用章，黔氓是富。无曰余恃，忘于尔辅。无曰余圣，以忽执政。匪用其良，乃荒厥命。庶绩不怡，疚于尔禄。丰其折右，而鼎覆其餗。《书》歌股肱，《诗》刺《南山》。尹氏不堪，国度斯愆。徒臣司众，敢告执藩。

大理箴

邈矣皋陶，翊唐作士。设为犴狴，九州允理。如石之平，如渊之清。三槐九棘，以质以听。罪人斯殛，凶族斯迸。熙乂帝载，旁施作明。昔在仲尼，哀矜圣人。子罕礼刑，卫人释艰。释之其忠，勋亮孝文。于公哀寡，定国广门。夐哉邈矣，旧训不遵。主慢臣骄，虐用其民。赏以崇欲，刑以肆忿。纣作炮烙，周人灭殷。夏用淫刑，汤誓其军。卫鞅酷烈，卒殒于秦。不疑知害，祸不及身。嗟兹大理，慎于尔官。赏不可不思，断不可不虔。或有忠而被害，或有孝而见残。吴沉伍胥，殷割比干。莫遂尔情，是截是刑。无遂尔心，以速以殛。天鉴在颜，无细不录。福善灾恶，其效甚速。理臣思律，敢告执狱。

崔瑗－座右铭

无道人之短，无说己之长。施人慎勿念，受施慎忽忘。世誉不足慕，惟仁为纪纲。隐心而后动，谤议容何伤。无使名过实，守愚圣所臧。柔弱生之徒，老氏诫刚强。在涅贵不淄，暧暧内含光。行行鄙夫志，悠悠故难量。慎言节饮食，知足胜不祥。行之苟有恒，久久自芬芳。

王升－石门颂

惟巛灵定位，川泽股躬，泽有所注，川有所通。余谷之川，其泽南隆，八方所达，益域为充。高祖受命，兴于汉中，道由子午，出散入秦，建定帝位，以汉诋焉。后以子午，涂路涩难，更随围谷，复通堂先。凡此四道，垓鬲尤艰。至于永平，其有四年，诏书开余，凿通石门。中遭元二，西夷虐残，桥梁断绝，子午复循。上则县峻，屈曲流颠；下则入冥，廎写输渊。平阿泉泥，常荫鲜晏。木石相距，利磨确盘。临危枪砀，履尾心寒。空舆轻骑，遰亅弗前。恶虫狞蔽巾，蛇蛭毒蟃。未秋截霜，稼苗天残，终年不登，匮馁之患。卑者林足恶，尊者弗安。愁苦之难，焉可具言。于是明知故司隶校尉楗为武阳杨君，厥字孟文，深执忠伉，数上奏请。有司议驳，君遂执争。百辽咸从，帝用是听。废子由斯，得其度经。功饬尔要，敞而晏平，清凉调和，烝烝艾宁。至建和二年仲冬上旬，汉中太守楗为武阳王升，字稚纪，涉历山道，推序本原，嘉君明知，美其仁贤，勒石颂德，以明厥勋。其辞曰：

君德明明，炳焕弥光，刺过拾遗，厉清八荒。奉魁承杓，绥亿衙强。春宣圣日，秋贬若霜。无偏荡荡，真雅以方。宁静烝庶，政与乾通。辅主匡君，循礼有常。咸晓地理，知世纪纲。言必忠义，匪石厥章。恢宏大节，谠而益明。揆往卓今，谋合朝情，醳艰即安，有勋有荣。禹凿龙门，君执继纵，上顺斗极，下答巛皇。自南自北，四海攸通。君子安乐，庶士悦雍。商人咸心熹，农夫永同。《春秋》记异，今而纪功。垂流亿载，世世叹诵。

蔡邕－京兆樊惠渠颂

《洪范》八政一曰食，《周礼》九职一曰农。有生之本，于是乎出；货殖财用，于是乎在。九土上沃为大田，多稔，然而地有埆埆，川有垫下，溉灌之便，行趍不至。明哲君子，创业农事，因高卑之宜，驱自行之势，以尽水利而富国饶人，自古有焉。若夫西门起邺，郑国行秦，李冰在蜀，信臣治穰，皆此道也。

阳陵县东，其地衍隩，土气辛螫，嘉谷不植，草莱焦枯；而泾水长流，溉灌维首。编户齐氓，庸力不供。牧人之吏，谋不假给。盖常兴役，犹不克成。光和五年，京兆尹樊君讳陵，宁德云，勤恤人隐，悉心政事，苟有可以惠斯人者，无闻而不行焉。遂咨之郡吏，申于政府。佥以为因其所利之事者，不可已者也。乃命方略大吏曲遂、令伍琼，揣度计虑，揆程经用，以事上闻，副在三府。司农遂取财于豪富，借力于黎元，树柱累石，委薪积土，基跂工坚，体势强壮。折湍流，款旷陂，会之于新渠；疏水门，通窬渎，洒之于畎亩。清流浸润，泥潦浮游。昔日卤田，化为甘壤，粳黍稼穑之所入，不可胜算。农民熙怡悦豫，相与讴谈疆畔，斐然成章，谓之樊惠渠云。其歌曰：

我有长流，莫或遏之；我有沟浍，莫或达之。田畴斥卤，莫修莫厘；饥馑困悴，莫恤莫思。乃有樊君，作人父母，立我畎亩。黄潦膏凝，多稼茂止。惠乃无疆，如何勿喜。我壤既营，我疆斯成，泯泯我人，既富且盈。为酒为酿，蒸彼祖灵。贻福惠君，寿考且宁。

史岑－出师颂

茫茫上天，降祚有汉。兆基开业，人神攸赞。五曜霄映，素灵夜叹。皇运来授，万宝增焕。历纪十二，天命中易。西零不顺，东夷构逆。乃命上将，授以雄戟。桓桓上将，实天所启。允文允武，明诗说礼。宪章百揆，为世作楷。昔在孟津，惟师尚父。素旄一麾，浑一区宇。苍生更始，朔风变楚。薄伐猃狁，至于太原。诗人歌之，犹叹其艰。况我将军，穷城极边。鼓无停响，旗不蹔褰。

泽沾遐荒，功铭鼎铉。我出我师，于彼西疆。天子饯我，辂车乘黄。言念伯舅，恩深渭阳。介圭既削，列壤酬勋。令我将军，启土上郡。传子传孙，显显令问。

高彪－送第五永为督军御史箴

文武将坠，乃俾俊臣。整我皇纲，董此不虔。古之君子，即戎忘身。明其果毅，尚其桓桓。吕尚七十，气冠三军，诗人作歌，如鹰如鹯。天有太一，五将三门；地有九变，丘陵山川；人有计策，六奇五间。总兹三事，谋则咨询。无曰己能，务在求贤，淮阴之勇，广野是尊。周公大圣，石碏纯臣，以威克爱，以义灭亲。勿谓时险，不正其身。勿谓无人，莫识己真。忘富遗贵，福禄乃存。枉道依合，复无所观。先公高节，越可永遵。佩藏斯戒，以厉终身。

崔琦－外戚箴

赦赦外戚，华宠煌煌。昔在帝舜，德隆英、皇。周兴三母，有莘崇汤。宣王晏起，姜后脱簪。齐桓好乐，卫姬不音。皆辅主以礼，扶君以仁，达才进善，以义济身。

爰暨末叶，渐已颓亏。贯鱼不叙，九御差池。晋国之难，祸起于丽。惟家之索。牝鸡之晨。专权擅爱，显已蔽人。陵长间旧，圮剥至亲。并后匹嫡，淫女毙陈。匪贤是上，番为司徒。荷爵负乘，采食名都。诗人是刺，德用无怃。暴辛惑妇，拒谏自孤。蝠蛇其心，纵毒不辜。诸父是杀，孕子是刳。天怒地忿，人谋鬼图。甲子昧爽，身首分离。初为天子，后为人螭。

非但耽色，母后尤然。不相率以礼，而竞奖以权。先笑后号，卒以辱残。国家泯绝，宗庙烧燔。末嬉丧夏，褒姒毙周，妲己亡殷，赵灵沙丘。戚姬人豖，吕宗以败。陈后作巫，卒死于外。霍欲鸩子，身乃罹废。

故曰：无谓我贵，天将尔摧；无恃常好，色有歇微；无怙常幸，爱有陵迟；

无曰我能，天人尔违。患生不德，福有慎机。日不常中，月盈有亏。履道者固，杖势者危。微臣司戚，敢告在斯。

陆云－荣启期赞

荣启期者，周时人也。值衰世之季末，当王道颓陵，遂隐居穷处，遗物求己，溯怀玄妙之门，求意希微之域，天子不得而巨，诸侯不得而友。行年九十，被裘鼓琴而歌。孔子过之，问曰："先生何乐？"答曰："吾乐甚多：天生万物，惟人为贵，吾得为人矣，是一乐也。以男为贵，吾又得为男矣，是二乐也。或不免于襁褓，而吾行年九十，是三乐也。夫贫者士之常也，死固命之终也。居常待终，当何忧乎？"孔子听其音，为之三日悲。常披裘带索，行吟于路曰："吾著裘者何求？带索者何索？"遂放志一丘，灭景榛薮，居真思乐之林，利涉忘忧之沼，以卒其天年。荣华溢世，不足以盈其心；万物兼陈，不足以易其乐。绝景云霄之表，濯志北溟之津。岂非天真至素，体正含和者哉。友人有图其象者，命为之赞。其辞曰：

芒芒至道，天启德心。自昔逸民，遁志山林。邈矣先生，如龙之潜。夷明收察，灭迹在阴。傲世求己，遗物自钦。景遁琼辉，响和绝音。恋彼丘园，研道之徵。思乐寒泉，薄采春葰。鸣弦清泛，抚节高徽。有圣戾止，永言伤悲。天造草昧，负道实嘉。于铄先生，既体斯和。熊罴作祥，黄发皤皤。耽此三乐，遗彼世华。翼翼彼路，行吟以游。的的黻冕，陋我轻裘。永脱乱世，受言一丘。媚兹常道，聊以忘忧。

张华－女史箴

茫茫造化，两仪始分。散气流形，既陶既甄。在帝庖牺，肇经天人。爰始夫妇，以及君臣。家道以正，而王猷有伦。妇德尚柔，含章贞吉。婉娩淑慎，正位居室。施衿结缡，虔恭中馈。肃慎尔仪，式瞻清懿。樊姬感庄，不食鲜禽。

卫女矫桓，耳忘和音。志厉义高，而二主易心。元熊攀槛，冯媛趋进。夫岂无畏，知死不吝。班妾有辞，割欢同辇。夫岂不怀，防微虑远。道罔隆而不杀，物无盛而不衰。日中则昃，月满则微。崇犹尘积，替若骇机。人咸知饰其容，而莫知饰其性。性之不饰，或愆礼正。斧之藻之，克念作圣。出其言善，千里应之。苟违斯义，同衾以疑。出言如微，而荣辱由兹。勿谓幽昧，灵鉴无象。勿谓元漠，神听无响。无矜尔荣，天道恶盈。无恃尔贵，隆隆者坠。鉴于《小星》，戒彼攸遂。比心《螽斯》，则繁尔类。欢不可以渎，宠不可以专。专实生慢，爱极则迁。致盈必损，理有固然。美者自美，翩以取尤。冶容求好，君子所仇。结恩而绝，职此之由。故日翼翼矜矜，福所以兴。靖恭自思，荣显所期。女史司箴，敢告庶姬。

张载－剑阁铭

岩岩梁山，积石峨峨。远属荆衡，近缀岷嶓。南通邛僰，北达褒斜。狭过彭碣，高逾嵩华。惟蜀之门，作固作镇。是曰剑阁，壁立千仞。穷地之险，极路之峻。世浊则逆，道清斯顺。闭由往汉，开自有晋。秦得百二，并吞诸侯。齐得十二，田生献筹。矧兹狭隘，土之外区。一人荷戟，万夫趑趄。形胜之地，匪亲勿居。昔在武侯，中流而喜。山河之固，见屈吴起。兴实在德，险亦难恃。洞庭孟门，二国不祀。自古迄今，天命匪易。凭阻作昏，鲜不败绩。公孙既灭，刘氏衔璧。覆车之轨，无或重迹。勒铭山阿，敢告梁益。

潘尼－乘舆箴

《易》称“有天地然后有人伦，有父子然后有君臣”。传曰：“大者天地，其次君臣。”然君臣父子之道，天地人伦之本，未有以先之者也。故天生蒸人而树之君，使司牧之，将以导群生之性，而理万物之情。岂以宠一人之身，极无量之欲，如斯而已哉？夫古之为君者，无欲而至公，故有茅茨土阶之俭。而后之为君，有欲而自利，故有瑶台琼室之侈。无欲者，天下共推之；有欲者，天下共争之。推之之极，虽禅代犹脱屣；争之之极，虽劫杀而不避。故曰：天下非一人之天下，乃天下之天下。安可求而得，辞而已者乎！

夫修诸己而化诸人，出乎迩而见乎远者，言行之谓也。故人主所患，莫甚于不知其过；而所美，莫美于好闻其过。若有君于此，而曰予必无过，唯其言而莫之违，斯孔子所谓其庶几乎一言而丧国者也。盖君子之过，如日月之蚀。过也，人皆见之；更也，人皆仰之。虽以尧、舜、汤、武之盛，必有诽谤之木，敢谏之鼓，盘杅之铭，无讳之史，所以闲其邪僻而纳诸正道，其自维持如此之备。故箴规之兴，将以救过补阙。然犹依违讽喻，使言之者无罪，闻之者足以自诫，先儒既援古义，举内外之殊；而高祖亦序六官，论成败之要。义正辞约，又尽善矣。自《虞人箴》以至于《百官》，非唯规其所司，诚欲人主斟酌其得失焉。《春秋传》曰：“命百官箴王阙。”则亦天子之事也。尼以为王者膺受命之期，当神器之运，总万机而抚四海，简群才而审所授，孜孜于得人，汲汲于闻过，虽廷争面折，犹将祈请情而求焉。至于箴规谏之顺者，曷为独阙之哉！是以不量其学陋思浅，因负担之余，尝试撰而述之。不敢斥至尊之号，故以乘舆目篇。盖帝王之事至大，而古今之变至众，文繁而义诡，意局而辞野，将欲希企前贤，仿佛崇轨。譬犹丘坻之望华岱，恒星之系日月也，其不逮明矣。颂曰：

元元遂初，芒芒太始。清浊同流，玄黄错跱。上下弗形，尊卑靡纪。赫胥悠哉，大庭尚矣。皇极肇建，两仪既分。彝伦永序，万邦已纷。国事明王，家奉严君。各有攸尊，德用不勤。羲农已降，暨于夏殷。或禅或传，乃质乃文。太上无名，下知有之。仁义不存，而人归孝慈。无为无执，何欲何思？忠信之薄，礼刑实滋。既誉既畏，以侮以欺。作誓作盟，而人始叛疑。煌煌四海，蔼蔼万乘。匪贤焉倚，匪誓焉凭。左辅右弼，前疑后丞。一日万机，业业兢兢。夫出其言善，则千里是应而莫余违，亦丧邦有征。枢机之动，式以废兴。殷监不远，若之何勿惩！且厚味腊毒，丰屋生灾。辛作璇室，而夏兴瑶台。糟丘酒池，象箸玉杯。厥肴伊何？龙肝豹胎。惟此哲妇，职为乱阶。殷用丧师，夏亦不恢。是以帝尧在位，茅茨不剪。周文日昃，昧旦丕显。夫德輶如毛，而或举之者鲜。故汤有惭德，武未尽善。下世道衰，末俗化浅。耽乐逸游，荒淫沉湎。不式古训，而好是佞辩。不遵王路，而覆车是践。成败之效，载在先典。匪唯陵夷，厥世用殄。故曰：树君如之何？将人是司牧。视之犹伤，而知其寒燠。故能抚之斯柔，而敦之斯睦。无远不怀，靡思不服。夫岂厌纵一人，而玩其耳目。内迷声色，外荒驰逐。不修政事，而终于颠覆。昔唐氏授舜，舜亦命禹。受终纳祖，丕承天序。放桀惟汤，克殷伊武。故禅代非一姓，社稷无常主。四岳三涂，九州之阻。彭蠡洞庭，殷商之旅。虞夏之隆，非由尺土。而纣之百克，卒于绝绪。故王者无亲，唯在择人。倾盖惟旧，白首乃新。望由钓夫，伊起有莘。负鼎鼓刀，而谋合圣神。夫岂借官左右，而取介近臣？盖有国有家者，莫云我聪，或此面从。莫谓我智，听受未易。甘言美疾，鲜不为累。由夷逃宠，远于脱屣，奈何人主位极则侈？知人则哲，惟帝所难。唐朝既泰，四族作奸。周室既隆，而管蔡不虔。匪我二圣，孰弭斯患？若九德咸受，俊乂在官。君非臣莫治，臣非君莫安。故《书》美康哉，而《易》贵金兰。有皇司国，敢告纳言。

潘尼－释奠颂

元康元年冬十二月，上以皇太子富于春秋，而人道之始莫先于孝悌，初命讲《孝经》于崇政殿。实应天纵生知之量，微言奥义，发自圣问，业终而体达。

三年春闰月，将有事于上庠，释奠于先师，礼也。越二十四日丙申，侍祠者既齐，舆驾次于太学。太傅在前，少傅在后，恂恂乎弘保训之道；宫臣毕从，三率备卫，济济乎肃翼赞之敬。乃扫坛为殿，悬幕为宫。夫子位于西序，颜回侍于北墉。宗伯掌礼，司仪辩位。二学儒官、搢绅先生之徒，垂缨佩玉、规行矩步者，皆端委而陪于堂下，以待执事之命。设樽篚于两楹之间，陈罍洗于阼阶之左。几筵既布，钟悬既列，我后乃躬拜俯之勤，资在三之义。谦光之美弥劭，阙里之教克崇。穆穆焉，邕邕焉，真先王之徽典，不刊之美业，允不可替已。于是牲馈之事既终，享献之礼已毕，释玄衣，御春服，弛斋禁，反故式。天子乃命内外群司，百辟卿士，蕃王三事，至于学徒国子，咸来观礼。我后皆延而与之燕。金石箫管之音，八佾六代之舞，铿锵闛门苔，般辟俛仰，可以澄神涤欲、移风易俗者，罔不毕奏。抑淫哇，屏郑卫，远佞邪，释巧辩。是日也，人无愚智，路无远迩，离乡越国，扶老携幼，不期而俱萃。皆延颈以视，倾耳以听，希道慕业，洗心革志，想洙泗之风，歌来苏之惠。然后知居室之善，著应乎千里之外；不言之化，洋溢于九有之内。于熙乎若典，固皇代之壮观，万载之一会也。

尼昔忝礼官，尝闻俎豆；今厕末列，亲睹盛美。瀸渍徽猷，沐浴芳润，不知手舞口咏。窃作颂一篇，义近辞陋，不足测圣德之形容，光圣明之遐度。其辞曰：

二元迭运，五德代微。黄精既亢，素灵乃晖。有皇承天，造我晋畿。祚以大宝，登以龙飞。宣基诞命，景熙遐绪。三分自文，受终惟武。席卷要蛮，荡定荒阻。道济群生，化流率土。后帝承哉，丕隆曾构。奄有万方，光宅宇宙。笃生上嗣，继期挺秀。圣敬日跻，浚哲闳茂。留精儒术，敦阅古训。遵道让齿，降心下问。铺以金声，光以玉润。如日之升，如乾之运。乃延台保，乃命学臣。圣容穆穆，侍讲訚訚。抽演微言，启发道真。探幽穷赜，温故知新。讲业既终，精义既研。崇圣重师，卜日告奠。陈其三牢，引其四县。既戒既式，乃盥乃荐。恂恂孔圣，百王攸希。亹亹颜生，好学无违。曰皇储后，体神合机。兆吉先见，知来洞微。济济二宫，蔼蔼庶寮。俊乂鳞萃，髦士盈朝。如彼和肆，莫菲琼瑶。如彼仪凤，乐我《云》《韶》。琼瑶谁剖？四门洞开。《云》《韶》奚乐？神人允谐。蝉冕耀庭，细佩振阶。德以谦光，仁以恩怀。我酒惟清，我肴惟馨。舞以六代，歌以九成。莘莘胄子，祁祁学生。洗心自百，观国之荣。学犹莳苗，化若偃草。博我以文，弘我以道。万邦蝉蜕，矧乃俊造。钻蚌莹珠，剖石擿藻。丝匪玄黄，水罔方圆。引之斯流，染之斯鲜。若金受范，若埴在甄。上好如云，下效如川。昔在周兴，王化之始。曰文曰武，时惟世子。今我皇储，济圣通理。缉熙重光，于穆不已。于穆伊何？思文哲后。媚兹一人，实副元首。孝洽家邦，光照九有。纯嘏自晋，永世昌阜。微微下臣，过充近侍。猥蹑风云，鸾龙是厕。身藻芳流，目玩盛事。竭诚作颂，祗咏圣志。

挚虞－太康颂

于休上古，人之资始。四隩咸宅，万国同轨。有汉不竞，丧乱靡纪。畿服外叛，侯卫内圮。天难既降，时惟鞠凶。龙战兽争，分裂遐邦。备僭岷蜀，度逆海东。权乃缘间，割据三江。明明上帝，临下有赫。乃宣皇威，致天之辟。奋武辽隧，罪人斯获。抚定朝鲜，奄征韩貊。文既应期，席卷梁、益。元憝委命，九夷重泽。邛、冉、哀牢，是焉底绩。

我皇之登，二国既平。靡适不怀，以育群生。吴乃负固，放命南冥。声教未暨，弗及王灵。皇震其威，赫如雷霆。截彼江沔，荆舒以清。邈矣圣皇，参乾两离。陶化以正，取乱以奇。耀武六旬，舆徒不疲。饮至数实，干旄无亏。洋洋四海，率礼和乐。穆穆宫庙，歌雍咏铄。光天之下，莫匪帝略。穷发反景，承正受朔。龙马騤騤，风于华阳。弓矢櫜服，干戈戢藏。严严南金，业业余皇。雄剑班朝，造舟为梁。圣明有造，实代天工。天地不违，黎元时邕。三务斯协，用底厥庸。既远其迹，将明其踪。乔山惟岳，望帝之封。猗欤圣帝，胡不封哉！

挚虞－尚书令箴

明明先王，开国承家，作制垂宪。仰观列曜，俯令百官，政用罔僭。昔舜纳大麓，七政以齐。内成外平，而风雨不迷。山甫翼周，靡刚靡柔。补我衮阙，阐我王猷。王猷允塞，而四海咸休。虽圣虽明，必资良村。无曰我智，官不任能。发言如丝，其出成纶。千里之应，枢机在身。三季道缺，天纲纵替。既无老成，改旧法制。法制不循，不长厥裔。尚臣司台，敢告侍卫。

郭璞－山海经图赞

桂生南裔，拔萃岑岭。广莫熙葩，凌霜津颖。气王百药，森然云挺。桂爰有奇树，产自招摇。厥华流光，上映垂霄。佩之不惑，潜有灵标。迷谷彗星横天，鲸鱼死浪。鴸鸣于邑，贤士见放。厥理至微，言之无况。鴸鸟华岳灵峻，削成四方。爰有神女，是挹玉浆。其谁游之？龙驾云裳。太华山鸾翔女床，凤出丹穴。拊翼相和，以应圣哲。击石靡咏，《韶》音其绝。鸾鸟钟山之宝，爰有玉华。光彩流映，气如虹霞。君子是佩，象德闲邪。瑾瑜玉榣惟灵树，爰生若木。重根增驾，流光旁烛。食之灵化，荣名仙录。榣木昆仑月精，水之灵府。惟帝下都，西老之宇。桀然中峙，号曰天柱。昆仑丘肩吾得一，以处昆仑。开明是封，司帝之门。吐纳灵气，熊熊魂魂。神陆吾安得沙棠，制为龙舟。泛彼沧海，眇然遐游。聊以逍遥，任波去留。沙棠天帝之女，蓬发虎颜。穆王执贽，赋诗交欢。韵外之事，难以具言。西王母先民有作，龟贝为货。贵以文彩，贾以小大。简则易从，犯而不过。文贝质则混沌，神则旁通。自然灵照，听不以聪。强为之名，曰惟帝江。帝江鸟飞以翼，当扈则须。废多任少，沛然有余。轮运于毂，至用在无。当扈驳惟马类，实畜之英。腾髦骧首，嘘天雷鸣。气无不凌，吞虎辟兵。驳物以感应，亦不数动。壮士挺剑，气激白虹。蚤鱼潜渊，出则民悚。蚤鱼涸和损平，莫惨于忧。诗咏萱草，带山则儵。壑焉遗岱，聊以盘游。儵鱼跖实以足，排虚以羽。翘尾翻飞，奇哉耳鼠。厥皮惟良，百毒是御。耳鼠幽頞似猴，俾愚作智。触物则笑，见人佯睡。好用小慧，终是婴系。幽頞磁石吸铁，玳瑁取芥。气有潜感，数亦冥会。物之相投，出乎意外。磁石包鴞贪婪，其目在腋。食人未尽，还自龃割。图形妙鼎，是谓不若。包鴞龙冯云游，腾蛇假雾。未若无马，自然凌翥。有理悬运，天机潜御。天马蚌则含珠，兽胡不可？狪狪如豚，被褐怀祸。患难无繇，招之自我。狪狪犰狳之兽，见人佯眠。与灾协气，出则无年。此岂能为？归之于天。犰狳治在得贤，亡由失人。衱々之来，乃致狡宾。归之冥应，谁见其津。衱衱水圆四十，潜源溢沸。灵龟爰处，掉尾养气。庄生是感，挥竿傲贵。蠵龟茫茫帝台，维灵之贵。爰有石棋，五彩焕蔚。觞祷百神，以和天气。帝台棋山膏如豚，厥性好骂。黄棘是食，匪子匪化。虽无贞操，理同不嫁。山膏兽黄棘爰有嘉树，厥名曰栯。薄言采之，窈窕是服。君子维欢，家无反目。栯木荀草赤实，厥状如菅。妇人服之，练色易颜。夏姬是艳，厥媚三迁。荀草厥苞橘櫾，奇者维甘。朱实金鲜，叶蒨翠蓝。灵均是咏，以为美谈。橘櫾太騩之山，爰有苹草。青华白实，食之无夭。虽不增龄，可以穷老。蝮维毒魁，鸩鸟是啖。拂翼鸣林，草瘁木惨。羽行隐戮，厥罚难犯。鸩鸟岷山之精，上络东井。始出一勺，终致淼冥。作纪南夏，天清地静。岷山青耕御疫，跂踵降灾。物之相反，各以气来。见则民咨，实为病媒。跂踵清冷之水，在乎山顶。耕父是游，流光洒景。黔首祀禜，以弭灾眚。神耕父帝台之水，饮蠲心病。灵府是涤，和神养性。食可逍遥，濯发浴泳。帝台浆贱无定贡，贵无常珍。物不自物，自物由人。万事皆然，岂伊蛇鳞。自此山来，虫为蛇，蛇号为鱼。三珠所生，赤水之际。翘叶柏竦，美壮若彗。濯彩丹波，自相霞映。三珠树有人爰处，圜丘之上。赤泉驻年，神木养命。禀此遐龄，悠悠无竟。不死国虽云一气，呼吸异道。观则俱见，食则皆饱。物形自周，造化非巧。三首国群籁舛吹，气有万殊。大人三丈，焦侥尺余。混之一归，此亦侨如。焦侥国圣德广被，物无不怀。爰乃殂落，封墓表哀。异类犹然，矧乃华黎。狄山，帝尧葬于阳，帝喾葬于阴。

聚肉有眼，而无肠胃。与彼马勃，颇相仿佛。奇在不尽，食之薄味。视肉筮御飞龙，果舞九代。云融是挥，玉璜是佩。对扬帝德，禀天灵诲。夏后启品物流行，以散混沌。增不为多，减不为损。厥变难原，请寻其本。三身国、一臂国彼姝者子，谁氏二女？曷为水间，操鱼持俎？厥俪安在？离群逸处。女祭、女戚十日并米，女丑以毙。暴于山阿，挥袖自翳。彼美谁子？逢天之厉。女丑尸轩辕之人，承天之祜。冬不袭衣，夏不扇暑。犹气之和，家为彭祖。轩辕国飞黄奇骏，乘之难老。揣角轻腾，忽若龙矫。实鉴有德，乃集厥皂。乘黄万物相传，非子则根。无因心，构肉生魂。所以能然，尊形者存。无国苍四不多，此一不少。子野冥瞽，洞见无表。形游逆旅，所贵维眇。一目国神哉夸父，难以理寻。倾河逐日，遁形邓林。触类而化，应无常心。夸父女子鲛人，体近蚕蚌。出珠匪甲，吐丝匪蛹。化出无方，物岂有种。欧丝野牢悲海鸟，西子骇麋。或贵穴倮，或尊裳衣。物我相倾，孰了是非。毛民国狌狌之状，形乍如犬。厥性识往，为物警辨。以酒招灾，自贻缨罥。狌狌昆仑之阳，鸿鹭之阿。爰有嘉谷，号曰本禾。匪植匪艺，自然灵播。木禾万物暂见，人生如寄。不死之树，寿蔽天地。请药西姥，焉得如羿。不死树醴泉睿木，养龄尽性，增气之和，祛神之冥。何必生知，然后为圣。甘水圣木金精朱鬣，龙行骏跱。拾节鸿鹜，尘不及起。是谓吉黄，释圣牖里。吉良怪兽五彩，尾参于身。矫足千里，倏忽若神。是谓驺虞，《诗》叹其仁。驺虞子夜之尸，体分成七。离不为疏，合不为密。苟以神御，形归于一。王子夜尸都广之野，珍怪所聚。爰有羔谷，鸾歌凤舞。后稷托终，乐哉斯土。都之广野吹万不同，阳煦阴蒸。款冬之生，擢颖坚冰。物体所安，焉知涣凝。款冬车前之草，别名芣苢。王会之云，其实如李。名之相乱，在乎疑似。芣苢草皮之良，莫贵于麻，用无不给，服无不加。至物在迩，求之好遐。麻萍之在水，犹卉植地，靡见其布，漠尔鳞被。物无常托，孰知所寄。萍按：《款冬》、《芣苡》、《麻》、《萍》四赞为《尔雅图赞》羼入者。

夏侯湛－东方朔画赞

大夫讳朔，字曼倩，平原厌次人也。魏建安中，分厌次以为乐陵郡，故又为郡人焉。事汉武帝，《汉书》具载其事。

先生瑰玮博达，思周变通。以为浊世不可以富贵也，故薄游以取位；苟出不可以直道也，故颉颃以傲世；傲世不可以垂训也，故正谏以明节；明节不可以久安也，故诙谐以取容。洁其道而秽其迹，清其质而浊其文，弛张而不为邪，进退而不离群。若乃远心旷度，赡智宏材，倜傥博物，触类多能，合变以明算，幽赞以知来；自《三坟》、《五典》、《八索》、《九丘》，阴阳图纬之学，百家众流之论，周给敏捷之辩，支离覆逆之数，经脉药石之艺，射御书计之术，乃研精而究其理，不习而尽其功，经目而讽于口，过耳而暗于心。夫其明济开豁，包含弘大，陵轹卿相，嘲哂豪杰，笼罩靡前，跆藉贵势，出不休显，贱不忧戚，戏万乘若寮友，视俦列如草芥，雄节迈伦，高气盖世，可谓拔乎其萃，游方之外者已。谈者又以先生嘘吸冲和，吐故纳新，蝉蜕龙变，弃俗登仙，神交造化，灵为星辰，此又奇怪惚恍，不可备论者也。大人来守此国，仆自京都言归定省，睹先生之县邑，想先生之高风，徘徊路寝，见先生之遗像；逍遥城郭，观先生之祠宇，慨然有怀，乃作颂焉。其辞曰：

矫矫先生，肥遁居贞。退不终否，进亦避荣。临世濯足，希古振缨，涅而无滓，既浊能清。无滓伊何，高明克柔；能清伊何，视污若浮。乐在必行，处沦罔忧。跨世陵时，远蹈独游。瞻望往代，爰想遐踪，邈邈先生，其道犹龙。染迹朝隐，和而不同。栖迟下位，聊以从容。

我来自东，言适兹邑。敬问墟坟，企伫原隰。墟墓徒存，精灵永戢。民思其轨，祠宇斯立。徘徊寺寝，遗像在图。周旋祠宇，庭序荒芜。榱栋倾落，草莱弗除。肃肃先生，岂焉是居？是居弗形，悠悠我情。昔在有德，罔不遗灵。天秩有礼，神监孔明。仿佛风尘，用垂颂声。

袁宏－三国名臣序赞

夫百姓不能自治，故立君以治之；明君不能独治，则为臣以佐之。然则三五迭隆，历世承基，揖让之与干戈，文德之与武功，莫不宗匠陶钧而群才缉熙，元首经略而股肱肆力。遭离不同，迹有优劣；至于体分冥固，道契不坠，风美所扇，训革千载，其揆一也。故二八升而唐朝盛，伊、吕用而汤、武宁，三贤进而小白兴，五臣显而重耳霸。中古陵迟，斯道替矣。居上者不以至公理物，为下者必以私路期荣；御圆者不以信诚率众，执方者必以权谋自显。于是君臣离而名教薄，世多乱而时不治。故蘧、宁以之卷舒，柳下以之三黜，接舆以之行歌，鲁连以之赴海。衰世之中，保持名节，君臣相体，若合符契，则燕昭、乐毅，古之流也。夫未遇伯乐，则千载无一骥；时值龙颜，则当年控三杰。汉之得材，于斯为贵。高祖虽不以道胜御物，群下得尽其忠；萧、曹虽不以三代事主，百姓不失其业。静乱庇人，抑亦其次。

夫时方颠沛，则显不如隐；万物思治，则默不如语。是以古之君子，不患宏道难，遭时难；遭时不难，遇君难。故有道无时，孟子所以咨嗟；有时无君，贾生所以垂泣。夫万载一期，有生之通途；千载一遇，贤智之嘉会。遇之不能无欣，丧之何能无慨。古人之言，信有情哉！余以暇日，常览《国志》，考其君臣，比其行事，虽道谢先代，亦异世一时也。

文若怀独见之明，而有救世之心。论时则民方涂炭，计能则莫出魏武。故委面霸朝，豫议世事。举才不以标鉴，故久之而后显；筹画不以要功，故事至而后定。虽亡身明顺，识亦高矣。

董卓之乱，神器迁逼。公达慨然，志在致命。由斯而谈，故以大存名节。至如身为汉隶，而迹入魏幕，源流趣舍，其亦文若之谓。所以存亡殊致，始终不同；将以文若既明，名教有寄乎？夫仁义不可不明，则时宗举其致；生理不可不全，故达识摄其契。相与弘道，岂不远哉。

崔生高朗，折而不挠。所以策名魏武，执笏霸朝者，盖以汉主当阳，魏后北面者哉？若乃一旦进玺，君臣易位，则崔子所不与，魏武所不容。夫江湖所以济舟，亦所以覆舟；仁义所以全身，亦所以亡身。然而先贤玉摧于前，来哲攘袂于后，岂非天怀发中，而名教束物者乎？

孔明盘桓，俟时而动，遐想管、乐，远明风流。治国以礼，民无怨声。刑罚不滥，没有余泣。虽古之遗爱，何以加兹！及其临终顾托，受遗作相，刘后授之无疑心，武侯处之无惧色，继体纳之无贰情，百姓信之无异辞，君臣之际，良可咏矣。

公瑾卓尔，逸志不群。总角料主，则素契于伯符；晚节曜奇，则参分于赤壁。惜其龄促，志未可量。

子布佐策，致延誉之美。辍哭止哀，有翼戴之功。神情所涉，岂徒蹇谔而已哉！然而杜门不用，登坛受讥。夫一人之身，所昭未异，而用舍之间，俄有不同。况沈迹沟壑，遇与不遇者乎？

夫诗颂之作，有自来矣，或以吟咏性情，或以述德显功，虽大旨同归，所托或乖。若夫出处有道，名体不滞，风轨德音，为世之范，不可废也。故复撰序所怀以为之赞云。《魏志》九人，《蜀志》四人，《吴志》七人。荀彧，字文若；诸葛亮，字孔明；周瑜，字公瑾；荀攸，字公达；庞统，字士元；张昭，字子布；袁涣，字曜卿；蒋琬，字公琰；鲁肃，字子敬；崔琰，字季圭；黄权，字公衡；诸葛瑾，字子瑜；徐邈，字景山；陆逊，字伯言；陈群，字长文；顾雍，字元叹；夏侯玄，字泰初；虞翻，字仲翔；王经，字承宗；陈泰，字玄伯。

火德既微，运缠大过，洪飙扇海，二溟扬波。虬虎虽惊，风云未和，潜鱼择渊，高鸟候柯。赫赫三雄，并回乾轴，竞收杞梓，争采松竹。凤不及栖，龙不暇伏，谷无幽兰，岭无亭菊。

英英文若，灵鉴洞照，应变知微，探赜赏要。日月在躬，隐之弥曜，文明映心，钻之愈妙。沧海横流，玉石同碎，达人兼善，废己存爱。谋解时纷，功济宇内。始救生人，终明风概。

公达潜朗，思同蓍蔡，运用无方，动摄群会。爰初发迹，遘此颠沛，神情玄定，处之弥泰。愔愔幕里，算无不经，亹亹通韵，迹不暂停。虽怀尺璧，顾哂连城。知能拯物，愚足全生。

郎中温雅，器识纯素，贞而不谅，通而能固。恂恂德心，汪汪轨度，志成弱冠，道敷岁暮。仁者必勇，德亦有言，虽遇履虎，神气恬然。行不修饰，名节无愆，操不激切，素风愈鲜。

邈哉崔生，体正心直，天骨疏朗，墙宇高嶷。忠存轨迹，义形风色。思树芳兰，剪除荆棘。人恶其上，时不容哲。琅琅先生，雅杖名节。虽遇尘雾，犹振霜雪。运极道消，碎此明月。

景山恢诞，韵与道合，形气不存，方寸海纳。和而不同，通而不杂。遇醉忘辞，在醒贻答。

长文通雅，义格终始，思戴元首，拟伊同耻。民未知德，惧若在己。嘉谋肆庭，谠言盈耳。玉生虽丽，光不逾把；德积虽微，道映天下。

渊哉泰初，宇量高雅，器范自然，标准无假。全身由直，迹洿必伪，处死非难，理存则易。万物波荡，孰任其累？六合徒广，容身靡寄。君亲自然，匪由名教，敬授既同，情礼兼到。烈烈王生，知死不挠，求仁不远，期在忠孝。

玄伯刚简，大存名体，志在高构，增堂及陛。端委虎门，正言弥启，临危致命，尽其心礼。

堂堂孔明，基宇宏邈，器同生民，独禀先觉。标榜风流，远明管乐。初九龙盘，雅志弥确。百六道丧，干戈迭用，苟非命世，孰扫氛氛？宗子思宁，薄言解控，释褐中林，郁为时楝。

士元弘长，雅性内融，崇善爱物，观始知终。丧乱备矣，胜涂未隆，先生标之，振起清风。绸缪哲后，无妄惟时，夙夜匪懈，义在缉熙。三略既陈，霸业已基。

公琰殖根，不忘中正，岂曰模拟，实在雅性。亦既羁勒，负荷时命，推贤恭己，久而可敬。

公衡冲达，秉心渊塞，媚兹一人，临难不惑。畴昔不造，假翮邻国，进能徽音，退不失德。六合纷纭，民心将变，鸟择高梧，臣须顾眄。

公瑾英达，朗心独见，披草求君，定交一面。桓桓魏武，外托霸迹，志掩衡、霍，恃战忘敌。卓卓若人，曜奇赤壁，三光参分，宇宙暂隔。

子布擅名，遭世方扰，抚翼桑梓，息肩江表。王略威夷，吴、魏同宝，遂献宏谟，匡此霸道。桓王之薨，大业未纯，把臂托孤，惟贤与亲。辍哭止哀，临难忘身。成此南面，实由老臣。才为世出，世亦须才，得而能任，贵在无猜。

昂昂子敬，拔迹草莱，荷檐吐奇，乃构云台。

子瑜都长，体性纯懿，谏而不犯，正而不毅。将命公庭，退忘私位，岂无鶺令？固慎名器。

伯言蹇蹇，以道佐世，出能勤功，入能献替。谋宁社稷，解纷挫锐，正以招疑，忠而获戾。

元叹穆远，神和形检，如彼白圭，质无尘玷。立上以恒，匡上以渐。清不增洁，浊不加染。

仲翔高亮，性不和物，好是不群，折而不屈。屡摧逆鳞，直道受黜。叹过孙阳，放同贾屈。

诜诜众贤，千载一遇，整辔高衢，骧首天路。仰挹玄流，俯宏时务，名节殊途，雅致同趣。日月丽天，瞻之不坠；仁义在躬，用之不匮。尚想重晖，载挹载味，后生击节，懦夫增气。

孙绰－聘士徐君墓颂

晋南昌相太原县君，白汉故聘士徐君之灵：

惟君风轨英邃，音徽远播，餐仰芳流，宗挹在昔。古人有言："闻伯夷之风者，懦夫有立志。"仰先生之道，岂无青云之怀哉。余以不才，忝宰兹邑，遐宗有道，思揖远风。乃与友人殷浩等，束带灵坟，奉瞻祠宇。虽玉质幽潜，而目想令仪；雅音永寂，而心存高范。徘徊墟垄，仰眄松林，哀有形之短化，悼令德之长泯，怃然有感，凄然增伤。夫讽谣生于情托，《雅》《颂》兴乎所钦。匪于咏述，孰寄斯怀？颂曰：

岩岩先生，迈此英风，含真独畅，心夷体冲，高蹈域表，淑问显融。昂昂五贤，赫赫八俊，虽曰休明，或婴险乂厷。岂若先生，保兹玉润，超世作范，流光遐振。坟茔磊落，松竹萧森，荟丛蔚蔚，虚宇愔愔。游兽戏阿，嘤鸟鸣林。嗟乎徐君，不闻其音。徘徊丘侧，凄焉流襟。何以舒蕴，援翰托心。

裴子野－女史箴

膏不厌鲜，水不厌清。玉不厌洁，兰不厌馨。尔形信直，影亦不曲。尔声信清，响亦不浊。绿衣虽多，无贵于色。邪径虽利，无尚于直。春华虽美，期于秋实。冰壁虽泽，期于见日。浴者振衣，沐者弹冠。人知正服，莫知行端。服美动目，行美动神。天道佑顺，常与吉人。

卞兰－座右铭

重阶连栋，必浊汝真。金宝满堂，将乱汝神。厚味来殃，艳色危身。求高反坠，务厚更贫。闭情塞欲，老氏所珍。周庙之铭，仲尼是遵。审慎汝口，戒无失人。从容顺时，和光同尘。无谓冥漠，人不汝闻。无谓幽窅，处独若群。不为福先，不与祸邻。守玄执素，无乱大伦。常若临深，终始为纯。

王褒－皇太子箴

臣闻教化爰始，咏歌不足；政俗既移，《风》《雅》斯变。伏惟皇明御宇，功均造物，改文为质，斫雕成素。皇太子洊雷居震，明两作离，春夏干戈，秋冬羽龠。叔誉惭五称之对，师旷降四马之恩。窃以太史官箴，《虞书》所诫。永树芳烈，丞相所以垂文；深睹安危，太傅以之陈训。敢自斯义，献箴云尔：

天生蒸民，司牧斯树。咸熙庶积，式昭王度。粤若钦明，丕承宝祚。重纽地维，再匡天步。惠民垂统，元良继体。丽正离晖，惟机天启。令问令望，闻《诗》闻礼。从曰抚军，守曰监国。秋坊通梦，春宫养德。桓荣献书，荀攸观则。元子为士，齿卿命秩。昔在周汉，亲贤保弼。朝服寝门，回车作室。正阳君位，乔枝父道。臣子所崇，忠孝为宝。勿谓居尊，祸福无门。勿谓亲贤，王道无偏。无为虑始，无为事先。损之又损，全之亦全。无往不复，无平不陂。美疢甘言，鲜不为累。则哲惟难，知人未易。居室为善，分阴无弃。亡保其存，危安其位。神听不惑，天妖斯忌。文昌著于前星，秬鬯由于守器。庶僚司箴，敢告阍寺。

高允－徵士颂

昔岁同征，零落将尽，感逝怀人，作《征士颂》。盖止于应命者，其有命而不至，则阙焉。群贤之行，举其梗概矣，今著之于左。

夫百王之御世也，莫不资仗群才，以隆治道。故周文以多士克宁，汉武以得贤为盛。此载籍之所记，由来之常义。魏自神𪾢院蝇宇内平定。诛赫连积世之僭，扫穷发不羁之寇，南摧江楚，西荡凉域，殊方之外，慕义而至。于是偃兵息甲，修立文学，登延俊造，酬咨政事，梦想贤哲，思遇其人，访诸有司，以求明士。咸称范阳卢玄等四十二人，皆冠冕之胄，著闻州邦，有羽仪之用。亲发明诏，以徵玄等。乃旷官以待之，悬爵以縻之。其就命三十五人。自余依例州郡所遣者，不可称记。尔乃髦士盈朝，而济济之美兴焉。昔与之俱蒙斯举，或从容廊庙，或游集私门，上谈公务，下尽忻娱，以为千载一时，始于此矣。日月推移，吉凶代谢，同征之人，凋歼殆尽。在者数子，然复分张。往昔之忻，变为悲戚。张仲业东临营州，迟其还反，一叙于怀。齐衿于垂殁之年，写情于桑榆之末，其人不幸，复至殒殁。在朝者皆后进之士，居里者非畴昔之人，进涉无寄心之所，出入无解颜之地，顾省形骸，所以永叹而不已。夫颂者美盛德之形容，亦可以长言寄意。不为文二十年矣，然事切于心，岂可默乎。遂为之颂词曰：

紫气干霄，群雄乱夏，王袭徂征，戎车屡驾。扫荡游氛，克剪妖霸。四海从风，八垠渐化。政教无外，既宁且一；偃武宁兵，惟文是恤。帝乃旁求，搜贤举逸。岩隐投竿，异人并出。

亹亹卢生，量远思纯。钻道据德，游艺依仁。旌弓既招，释褐投巾。摄齐升堂，嘉谋日陈。自东徂南，跃马驰轮。僭凭影附，刘以和亲。

茂祖茕单，夙罹不造。克己勉躬，聿隆家道。敦心《六经》，游思文藻。终辞宠命，以之自保。

燕常笃信，百行靡遗。位不苟进，任理栖迟。居冲守约，好让善推。思贤乐古，如渴如饥。

子翼致远，道赐悟深。相期以义，相和若琴。并参幕府，俱发德音。优游卒岁，聊以寄心。

祖根运会，克光厥猷。仰缘朝恩，俯因德友。功虽后建，禄实先受。班同旧臣，位并群后。

士衡孤立，内省靡疚。言不崇华，交不遗旧。以产则贫，论道则富。所谓伊人，实邦之秀。

卓矣友规，秉兹淑量。存彼大方，摈此细让。神与理冥，形随流浪。虽屈王侯，莫废其尚。

赵实名区，世多奇士。山岳所钟，挺生三李。矫矫清风，抑抑容止。初九而潜，望云而起。

诜尹西都，灵惟作傅。垂训皇宫，载理云雾。熙虽中天，迹阶郎署。余尘可挹，终亦显著。

仲业渊长，雅性清到。宪章古式，绸缪典诰。时值险难，常一其操。纳众以仁，训下以孝。化彼龙川，民归其教。

迈则英贤，侃亦称选。闻达邦家，名行素显。志在兼济，岂伊独善。绳匠弗顾，功不获展。

刘许履忠，竭力致躬。出能骋说，入献其功。輶轩一举，挠燕下崇。名彰魏世，享业亦隆。

道茂夙成，弱冠播名。与朋以信，行物以诚。怡怡昆弟，穆穆家庭。发响九皋，翰飞紫冥。频在省闼，亦司于京。刑以之中，政以之平。

猗欤彦鉴，思参文雅。率性任真，器成非假。靡矜于高，莫耻于下。乃谢朱门，归迹林野。

宗敬延誉，号为四俊。华藻云飞，金声夙振。中遇沉疴，赋诗以讯。忠显于辞，理出于韵。

高沧朗达，默识渊通。领新悟异，发自心胸。质侔和璧，文炳雕龙。耀姿天邑，衣锦旧邦。

士元先觉，介焉不惑。振袂来庭，始宾王国。蹈方履正，好是绳墨。淑人君子，其仪不忒。

孔称游、夏，汉美渊、云。越哉百度，出类逾群。司言秘阁，作牧河、汾。移风易俗，理乱解纷。融彼滞义，涣此潜文。儒道以析，九流以分。

崔宗二贤，诞性英伟。擢颖闾阎，闻名象魏。謇謇仪形，邈邈风气。达而不矜，素而能贲。

潘符标尚，杜熙好和。清不洁流，浑不同波。绝希龙津，止分上科。幽而逾显，损而逾多。

张纲柔谦，叔术正直。道雅洽闻，弼为兼识。拔萃衡门，俱渐鸿翼。发愤忘食，岂要斗食？率礼从仁，罔愆于式。失不系心，得不形色。

郎苗始举，用均已试。智足周身，言足为治。性协于时，情敏于事。与今而同，与古曷异？

物以利移，人以酒昏。侯生洁己，惟义是敦。日纵醇醪，逾敬逾温。其在私室，如涉公门。

季才之性，柔而执竞。届彼南秦，申威致命。诱之以权，矫之以正。帝道用光，边土纳庆。

群贤遭世，显名有代。志竭其忠，才尽其概。体袭朱裳，腰纽双佩。荣曜当时，风高千载。君臣相遇，理实难偕。昔因朝命，与之克谐。披衿散想，解带舒怀。此昕如昨，存亡奄乖。静言思之，中心九摧。挥毫颂德，潸尔增哀。

元结－中兴颂

天宝十四载，安禄山陷洛阳。明年，陷长安。天子幸蜀，太子即位于灵武。明年，皇帝移军凤翔。其年复两京，上皇还京师。于戏！前代帝王，有盛德大业者，必见于歌颂。若今歌颂大业，刻之金石，非老于文学，其谁宜为！颂曰：

噫嘻前朝，孽臣奸骄，为惛为妖。边将骋兵，毒乱国经，群生失宁。大驾南巡，百寮窜身，奉贼称臣。天将昌唐，繄睨我皇，匹马北方。独立一呼，千麾万旟，戎卒前驱。我师其东，储皇抚戎，荡攘群凶。复服指期，曾不逾时，有国无之。事有至难，宗庙再安，二圣重欢。地辟天开，蠲除祅灾，瑞庆大来。凶徒逆俦，涵濡天休，死生堪羞。功劳位尊，忠烈名存，泽流子孙。盛德之兴，山高日升，万福是膺。能令大君，声容沄沄，不在斯文。湘江东西，中直浯溪，石崖天齐。可磨可鑴，刊此颂焉，何千万年！

韩愈－五箴

人患不知其过，既知之不能改，是无勇也。余生三十有八年。发之短者日益白，齿之摇者日益脱，聪明不及于前时，道德日负于初心。其不至于君子而卒为小人也，昭昭矣！作《五箴》以讼其恶云。

游箴

余少之时，将求多能，蚤夜以孜孜；余今之时，既饱而嬉，蚤夜以无为。呜呼余乎，其无知乎？君子之弃，而小人之归乎？

言箴

不知言之人，乌可与言？知言之人，默焉而其意已传。幕中之辩，人反以汝为叛；台中之评，人反以汝为倾。汝不惩邪！而呶呶以害其生邪！

行箴

行与义乖，言与法违，后虽无害，汝可以悔；行也无邪，言也无颇，死而不死，汝悔而何？宜悔而休，汝恶曷瘳？宜休而悔，汝善安在？悔不可追，悔不可为；思而斯得，汝则弗思。

好恶箴

无善而好，不观其道；无悖而恶，不详其故。前之所好，今见其尤；从也为比，舍也为仇。前之所恶，今见其臧；从也为愧，舍也为狂。维仇维比，维狂维愧，于身不祥，于德不义。不义不祥，维恶之大，几如是为，而不颠沛？齿之尚少，庸有不思，今其老矣，不慎胡为！

知名箴

内不足者，急于人知；霈焉有余，厥闻四驰。今日告汝，知名之法：勿病无闻，病其晔晔。昔者子路，惟恐有闻，赫然千载，德誉愈尊。矜汝文章，负汝言语，乘人不能，掩以自取。汝非其父，汝非其师，不请而教，谁云不欺？欺以贾憎，掩以媒怨，汝曾不寤，以及于难。小人在辱，亦克知悔，及其既宁，终莫能戒。既出汝心，又铭汝前，汝如不顾，祸亦宜然！

程子－四箴

视箴

心兮本虚，应物无迹。操之有要，视为之则。蔽交于前，其中则迁。制之于外，以安其内。克己复礼，久而诚矣。

听箴

人有秉彝，本乎天性。知诱物化，遂亡其正。卓彼先觉，知止有定。闲邪存诚，非礼勿听。

言箴

人心之动，因言以宣。发禁躁妄，内斯静专。矧是枢机，兴戎出好。吉凶荣辱，惟其所召。伤易则诞，伤烦则支。己肆物忤，出悖来违。非法不道，钦哉训辞。

动箴

哲人知几，诚之于思。志士厉行，守之于为。顺理则裕，从欲惟危。造次克念，战兢自持。习与性成，圣贤同归。

范浚－心箴

茫茫堪舆，俯仰无垠。人于其闲，眇然有身。是身之微，太仓稊米。参为三才，曰惟心尔。往古来今，孰无此心？心为形役，乃兽乃禽。惟口耳目，手足动静。投闲抵隙为厥心病。一心之微，众欲攻之。其与存者，呜呼几希！君子存诚，克念克敬。天君泰然，百体从令。

朱子－六先生画像赞

濂溪先生

道丧千载，圣远言湮。不有先觉，孰开我人？书不尽言，图不尽意。风月无边，庭草交翠。

明道先生

扬休山立，玉色金声。元气之会，浑然天成。瑞日祥云，和风甘雨。龙德正中，厥施斯普。

伊川先生

规员矩方，绳直准平。允矣君子，展也大成！布帛之文，菽栗之味，知德者希，孰识其贵？

康节先生

天挺人豪，英迈盖世。驾风鞭霆，历览无际。手探月窟，足蹑天根。闲中今古，静裏乾坤。

横渠先生

蚤悦孙吴，晚逃佛老，勇撤皋比，一变至道。精思力践，妙契疾书。订顽之训，示我广居。

涑水先生

笃学力行，清修苦节。有德有言，有功有烈。深衣大带，张拱徐趋。遗像凛然，可肃薄夫！

卷八●序跋之属一

易－坤文言

坤至柔而动也刚，至静而德方，后得主而有常，含万物而化光。坤道其顺乎，承天而时行。积善之家必有余庆，积不善之家必有余殃。臣弑其君，子弑其父，非一朝一夕之故，其所由来者渐矣，由辩之不早辩也。《易》曰：“履霜，坚冰至”，盖言顺也。

“直”其正也，“方”其义也。君子敬以直内，义以方外，敬义立而德不孤。“直、方、大，不习无不利”，则不疑其所行也。

阴虽有美，“含”之以从王事，弗敢成也。地道也，妻道也，臣道也，地道无成而代有终也。

天地变化，草木蕃。天地闭，贤人隐。《易》曰：“括囊，无咎无誉”，盖言谨也。

君子黄中通理，正位居体，美在其中而畅于四支，发于事业，美之至也。

阴疑于阳必战，为其嫌于无阳也，故称“龙”焉。犹未离其类也，故称“血”焉。夫玄黄者，天地之杂也，天玄而地黄。

易－上系七爻

“鸣鹤在阴，其子和之。我有好爵，吾与尔靡之。”子曰：“君子居其室，出其言善，则千里之外应之，况其迩者乎？居其室，出其言不善，则千里之外违之，况其迩者乎？言出乎身，加乎民；行发乎迩，见乎远。言行，君子之枢机。枢机之发，荣辱之主也。言行，君子之所以动天地也，可不慎乎！”

“《同人》：先号啕而后笑。”子曰：“君子之道，或出或处，或默或语。二人同心，其利断金。同心之言，其臭如兰。”

“初六，藉用白茅，无咎。”子曰：“苟错诸地而可矣，藉之用茅，何咎之有？慎之至也。夫茅之为物薄，而用可重也。慎斯术也以往，其无所失矣。”

“劳谦，君子有终，吉。”子曰：“劳而不伐，有功而不德，厚之至也。语以其功下人者也。德言盛，礼言恭；谦也者，致恭以存其位者也。”

“亢龙有悔。”子曰：“贵而无位，高而无民，贤人在下位而无辅，是以动而有悔也。”

“不出户庭，无咎。”子曰：“乱之所生也，则言语以为阶。君不密则失臣，臣不密则失身，几事不密则害成。是以君子慎密而不出也。”

子曰：“作《易》者，其知盗乎？《易》曰负且乘，致寇至。负也者，小人之事也。乘也者，君子之器也。小人而乘君子之器，盗思夺之矣。上慢下暴，盗思伐之矣。慢藏诲盗，冶容诲淫。《易》曰：负且乘，致寇至。盗之招也。”

易－下系十一爻

《易》曰“憧憧往来，朋从尔思。”子曰：“天下何思何虑？天下同归而殊途，一致而百虑。天下何思何虑？日往则月来，月往则日来，日月相推而明生焉。寒往则暑来，暑往则寒来，寒暑相推而岁成焉。往者屈也，来者信也，屈信相感而利生焉。尺蠖之屈，以求信也；龙蛇之蛰，以存身也。精义入神，以致用也；利用安身，以崇德也。过此以往，未之或知也；穷神知化，德之盛也。”

《易》曰：“困于石，据于蒺藜，入于其宫，不见其妻，凶。”子曰：“非所困而困焉，名必辱。非所据而据焉，身必危。既辱且危，死期将至，妻其可得见耶！”

《易》曰：“公用射隼于高墉之上，获之，无不利。”子曰：“隼者，禽也；弓矢者，器也；射之者，人也。君子藏器于身，待时而动，何不利之有？动而不括，是以出而有获，语成器而动者也。”

子曰：“小人不耻不仁，不畏不义，不见利不劝，不威不惩。小惩而大诫，此小人之福也。《易》曰：履校灭趾，无咎。此之谓也。”

"善不积不足以成名，恶不积不足以灭身。小人以小善为无益而弗为也，以小恶为无伤而弗去也，故恶积而不可掩，罪大而不可解。《易》曰：何校灭耳，凶。"

子曰："危者，安其位者也；亡者，保其存者也；乱者，有其治者也。是故君子安而不忘危，存而不忘亡，治而不忘乱，是以身安而国家可保也。《易》曰：其亡其亡，系于苞桑。"

子曰："德薄而位尊，知小而谋大，力少而任重，鲜不及矣。《易》曰：鼎折足，覆公餗，其形渥，凶。言不胜其任也。"

子曰："知几其神乎！君子上交不谄，下交不渎，其知几乎？几者，动之微，吉之先见者也。君子见几而作，不俟终日。《易》曰：介于石，不终日，贞吉。介如石焉，宁用终日？断可识矣。君子知微知彰，知柔知刚，万夫之望。"

子曰："颜氏之子，其殆庶几乎？有不善未尝不知，知之未尝复行也。《易》曰：不远复，无祇悔，元吉。"

天地絪温，万物化醇。男女构精，万物化生。《易》曰：三人行则损一人，一人行则得其友。言致一也。

子曰："君子安其身而后动，易其心而后语，定其交而后求。君子修此三者，故全也。危以动，则民不与也；惧以语，则民不应也；无交而求，则民不与也；莫之与，则伤之者至矣。《易》曰：莫益之，或击之，立心勿恒，凶。"

礼－冠义

凡人之所以为人者，礼义也。礼义之始，在于正容体、齐颜色、顺辞令。容体正，颜色齐，辞令顺，而后礼义备。以正君臣、亲父子、和长幼。君臣正，父子亲，长幼和，而后礼义立。故冠而后服备，服备而后容体正、颜色齐、辞令顺。故曰："冠者，礼之始也。"是故古者圣王重冠。

古者冠礼，筮日筮宾，所以敬冠事，敬冠事，所以重礼，重礼，所以为国本也。

故冠于阼，以著代也。醮于客位，三加弥尊，加有成也。已冠而字之，成人之道也。见于母，母拜之，见于兄弟，兄弟拜之，成人而与为礼也。玄冠玄端奠挚于君，遂以挚见于乡大夫乡先生，以成人见也。

成人之者，将责成人礼焉也。责成人礼焉者，将责为人子、为人弟、为人臣、为人少者之礼行焉。将责四者之行于人，其礼可不重与？

故孝弟忠顺之行立，而后可以为人，可以为人，而后可以治人也。故圣王重礼。故曰："冠者，礼之始也，嘉事之重者也。"是故古者重冠，重冠故行之于庙，行之于庙者，所以尊重事。尊重事而不敢擅重事，不敢擅重事，所以自卑而尊先祖也。

司马迁－十二诸侯年表序

太史公读春秋历谱谍，至周厉王，未尝不废书而叹也。曰：呜呼，师挚见之矣！纣为象箸而箕子唏。周道缺，诗人本之衽席，关雎作。仁义陵迟，鹿鸣刺焉。及至厉王，以恶闻其过，公卿惧诛而祸作，厉王遂奔于彘，乱自京师始，而共和行政焉。

是后或力政，强乘弱，兴师不请天子。然挟王室之义，以讨伐为会盟主，政由五伯，诸侯恣行，淫侈不轨，贼臣篡子滋起矣。齐、晋、秦、楚其在成周微甚，封或百里或五十里。晋阻三河，齐负东海，楚介江淮，秦因雍州之固，四海迭兴，更为伯主，文武所褒大封，皆威而服焉。是以孔子明王道，干七十余君，莫能用，故西观周室，论史记旧闻，兴于鲁而次春秋，上记隐，下至哀之获麟，约其辞文，去其烦重，以制义法，王道备，人事浃。

七十子之徒口受其传指，为有所刺讥褒讳挹损之文辞不可以书见也。鲁君子左丘明惧弟子人人异端，各安其意，失其真，故因孔子史记具论其语，成左氏春秋。铎椒为楚威王傅，为王不能尽观春秋，采取成败，卒四十章，为铎氏微。赵孝成王时，其相虞卿上采春秋，下观近势，亦著八篇，为虞氏春秋。吕不韦者，秦庄襄王相，亦上观尚古，删拾春秋，集六国时事，以为八览、六论、十二纪，为吕氏春秋。及如荀卿、孟子、公孙固、韩非之徒，各往往捃摭春秋之文以著书，不同胜纪。汉相张苍历谱五德，上大夫董仲舒推春秋义，颇著文焉。

太史公曰：儒者断其义，驰说者骋其辞，不务综其终始；历人取其年月，数家隆于神运，谱谍独记世谥，其辞略，欲一观诸要难。于是谱十二诸侯，自共和讫孔子，表见春秋、国语学者所讥盛衰大指著于篇，为成学治古文者要删焉。

司马迁－六国年表序

太史公读秦记，至犬戎败幽王，周东徙洛邑，秦襄公始封为诸侯，作西畤用事上帝，僭端见矣。礼曰："天子祭天地，诸侯祭其域内名山大川。"今秦杂戎翟之俗，先暴戾，后仁义，位在藩臣而胪于郊祀，君子惧焉。及文公逾陇，攘夷狄，尊陈宝，营岐雍之间，而穆公修政，东竟至河，则与齐桓、晋文中国侯伯侔矣。是后陪臣执政，大夫世禄，六卿擅晋权，征伐会盟，威重于诸侯。及田常杀简公而相齐国，诸侯晏然弗讨，海内争于战功矣。三国终之卒分晋，田和亦灭齐而有之，六国之盛自此始。务在强兵并敌，谋诈用而从衡短长之说起。矫称蜂出，誓盟不信，虽置质剖符犹不能约束也。秦始小国僻远，诸夏宾之，比于戎翟，至献公之后常雄诸侯。论秦之德义不如鲁卫之暴戾者，量秦之兵不如三晋之强也，然卒并天下，非必险固便形埶利也，盖若天所助焉。

或曰"东方物所始生，西方物之成孰"。夫作事者必于东南，收功实者常于西北。故禹兴于西羌，汤起于亳，周之王也以丰镐伐殷，秦之帝用雍州兴，汉之兴自蜀汉。

秦既得意，烧天下诗书，诸侯史记尤甚，为其有所刺讥也。诗书所以复见者，多藏人家，而史记独藏周室，以故灭。惜哉，惜哉！独有秦记，又不载日月，其文略不具。然战国之权变亦有可颇采者，何必上古。秦取天下多暴，然世异变，成功大。传曰"法后王"，何也？以其近己而俗变相类，议卑而易行也。学者牵于所闻，见秦在帝位日浅，不察其终始，因举而笑之，不敢道，此与以耳食无异。悲夫！

余于是因秦记，踵春秋之后，起周元王，表六国时事，讫二世，凡二百七十年，著诸所闻兴坏之端。后有君子，以览观焉。

司马迁 – 秦楚之际月表序

太史公读秦楚之际，曰：初作难，发于陈涉；虐戾灭秦，自项氏；拨乱诛暴，平定海内，卒践帝祚，成于汉家。五年之间，号令三嬗。自生民以来，未始有受命若斯之亟也。

昔虞、夏之兴，积善累功数十年，德洽百姓，摄行政事，考之于天，然后在位。汤、武之王，乃由契、后稷修仁行义十余世，不期而会孟津八百诸侯，犹以为未可，其后乃放弑。秦起襄公，章于文、缪，献、孝之后，稍以蚕食六国，百有余载，至始皇乃能并冠带之伦。以德若彼，用力如此，盖一统若斯之难也。

秦既称帝，患兵革不休，以有诸侯也，于是无尺土之封，堕坏名城，销锋镝，锄豪桀，维万世之安。然王迹之兴，起于闾巷，合从讨伐，轶于三代，乡秦之禁，适足以资贤者为驱除难耳。故愤发其所为天下雄，安在无土不王。此乃传之所谓大圣乎？岂非天哉，岂非天哉！非大圣孰能当此受命而帝者乎？

司马迁 – 汉兴以来诸侯王年表序

太史公曰：殷以前尚矣。周封五等：公，侯，伯，子，男。然封伯禽、康叔于鲁、卫，地各四百里，亲亲之义，褒有德也；太公于齐，兼五侯地，尊勤劳也。武王、成、康所封数百，而同姓五十五，地上不过百里，下三十里，以辅卫王室。管、蔡、康叔、曹、郑，或过或损。厉、幽之后，王室缺，侯伯强国兴焉，天子微，弗能正。非德不纯，形势弱也。

汉兴，序二等。高祖末年，非刘氏而王者，若无功上所不置而侯者，天下共诛之。高祖子弟同姓为王者九国，唯独长沙异姓，而功臣侯者百有余人。自雁门、太原以东至辽阳，为燕、代国；常山以南，大行左转，度河、济，阿、甄以东薄海，为齐、赵国；自陈以西，南至九疑，东带江、淮、谷、泗，薄会稽，为梁、楚、淮南、长沙国：皆外接于胡、越。而内地北距山以东尽诸侯地，大者或五六郡，连城数十，置百官宫观，僭于天子。汉独有三河、东郡、颍川、南阳，自江陵以西至蜀，北自云中至陇西，与内史凡十五郡，而公主列侯颇食邑其中。何者？天下初定，骨肉同姓少，故广强庶孽，以镇抚四海，用承卫天子也。

汉定百年之间，亲属益疏，诸侯或骄奢，忕邪臣计谋为淫乱，大者叛逆，小者不轨于法，以危其命，殒身亡国。天子观于上古，然后加惠，使诸侯得推恩分子弟国邑，故齐分为七，赵分为六，梁分为五，淮南分三，及天子支庶子为王，王子支庶为侯，百有余焉。吴楚时，前后诸侯或以适削地，是以燕、代无北边郡，吴、淮南、长沙无南边郡，齐、赵、梁、楚支郡名山陂海咸纳于汉。诸侯稍微，大国不过十余城，小侯不过数十里，上足以奉贡职，下足以供养祭祀，以蕃辅京师。而汉郡八九十，形错诸侯间，犬牙相临，秉其阸塞地利，强本干，弱枝叶之势，尊卑明而万事各得其所矣。

臣迁谨记高祖以来至太初诸侯，谱其下益损之时，令后世得览。形势虽强，要之以仁义为本。

司马迁－高祖功臣侯者年表序

太史公曰：古者人臣功有五品，以德立宗庙定社稷曰勋，以言曰劳，用力曰功，明其等曰伐，积日曰阅。封爵之誓曰：“使河如带，泰山若厉。国以永宁，爰及苗裔。”始未尝不欲固其根本，而枝叶稍陵夷衰微也。

余读高祖侯功臣，察其首封，所以失之者，曰：异哉所闻！书曰“协和万国”，迁于夏商，或数千岁。盖周封八百，幽厉之后，见于春秋。尚书有唐虞之侯伯，历三代千有余载，自全以蕃卫天子，岂非笃于仁义，奉上法哉？汉兴，功臣受封者百有余人。天下初定，故大城名都散亡，户口可得而数者十二三，是以大侯不过万家，小者五六百户。后数世，民咸归乡里，户益息，萧、曹、绛、灌之属或至四万，小侯自倍，富厚如之。子孙骄溢，忘其先，淫嬖。至太初百年之间，见侯五，余皆坐法陨命亡国，秏矣。罔亦少密焉，然皆身无兢兢于当世之禁云。

居今之世，志古之道，所以自镜也，未必尽同。帝王者各殊礼而异务，要以成功为统纪，岂可绲乎？观所以得尊宠及所以废辱，亦当世得失之林也，何必旧闻？于是谨其终始，表其文，颇有所不尽本末；著其明，疑者阙之。

后有君子，欲推而列之，得以览焉。

司马迁－建元以来侯者年表序

太史公曰：匈奴绝和亲，攻当路塞；闽越擅伐，东瓯请降。二夷交侵，当盛汉之隆，以此知功臣受封侔于祖考矣。何者？自《诗》、《书》称三代“戎狄是膺，荆荼是征”，齐桓越燕伐山戎，武灵王以区区赵服单于，秦缪用百里霸西戎，吴楚之君以诸侯役百越。况乃以中国一统，明天子在上，兼文武，席卷四海，内辑亿万之众，岂以晏然不为边境征伐哉！自是后，遂出师北讨强胡，南诛劲越，将卒以次封矣。

班固－诸侯王表序

昔周监于二代，三圣制法，立爵五等，封国八百，同姓五十有余。周公、康叔建于鲁、卫，各数百里；太公于齐，亦五侯九伯之地。《诗》载其制曰：“介入惟藩，大师惟垣。大邦惟屏，大宗惟翰。怀德惟宁，宗子惟城。毋俾城坏，毋独斯畏。”所以亲亲贤贤，褒表功德，关诸盛衰，深根固本，为不可拔者也。故盛则周、邵相其治，致刑错；衰则五伯扶其弱，与共守。自幽、平之后，日以陵夷，至虙厄阜区河洛之间，分为二周，有逃责之台，被窃铁之言。然天下谓之共主，强大弗之敢倾。历载八百余年，数极德尽，既于王赧，降为庶人，用天年终。号位已绝于天下，尚犹枝叶相持，莫得居其虚位，海内无主，三十余年。

秦据势胜之地，骋狙诈之兵，蚕食山东，壹切取胜。因矜其所习，自任私知，姗笑三代，荡灭古法，窃自号为皇帝，而子弟为匹夫，内亡骨肉本根之辅，外亡尺土藩翼之卫。陈、吴奋其白挺，刘、项随而毙之。故曰，周过其历，秦不及期，国势然也。

汉兴之初，海内新定，同姓寡少，惩戒亡秦孤立之败，于是剖裂疆土，立二等之爵。功臣侯者百有余邑，尊王子弟，大启九国。自雁门以来，尽辽阳，为燕、代。常山以南，太行左转，度河、济，渐于海，为齐、赵。谷、泗以往，奄有龟、蒙，为梁、楚。东带江、湖，薄会稽，为荆、吴。北界淮濒，略庐、衡，为淮南。波汉之阳，亘九嶷，为长沙。诸侯比境，周匝三垂，外接胡、越。天子自有三河、东郡、颍川、南阳，自江陵以西至巴、蜀，北自云中至陇西，与京师内史凡十五郡，公主、列侯颇邑其中。而藩国大者夸州兼郡，连城数十，宫室百官同制京师，可谓挢枉过其正矣。虽然，高祖创业，日不暇给，孝惠享国又浅，高后女主摄位，而海内晏加，亡狂狡之忧，卒折诸吕之难，成太宗之业者，亦赖之于诸侯也。

然诸侯原本以大，末流滥以致溢，小者淫荒越法，大者睽孤横逆，以害身丧国。故文帝采贾生之议分齐、赵，景帝用晁错之计削吴、楚。武帝施主父之册，下推恩之令，使诸侯王得分户邑以封子弟，不行黜陟。而藩国自析。自此以来，齐分为七，赵分为六，梁分为五，淮南分为三。皇子始立者，大国不过十余城。长沙、燕、代虽有旧名，皆亡南北边矣。景遭七国之难，抑损诸侯，减黜其官。武有衡山、淮南之谋，作左官之律，设附益之法，诸侯惟得衣食税租，不与政事。

至于哀、平之际，皆继体苗裔，亲属疏远，生于帷墙之中，不为士民所尊，势与富室亡异。而本朝短世，国统三绝，是故王莽知汉中外殚微，本末俱弱，亡所忌惮，生其奸心；因母后之权，假伊、周之称，颛作威福庙堂之上，不降阶序而运天下。诈谋既成，遂据南面之尊，分遣五威之吏，驰传天下，班行符命。汉诸侯王厥角稽首，奉上玺韨，惟恐在后，或乃称美颂德，以求容媚，岂不哀哉！是以究其终始强弱之变，明监戒焉。

班固－西域传赞

赞曰：孝武之世，图制匈奴，患者兼从西国，结党南羌，乃表河西，列四郡，开玉门，通四域，以断匈奴右臂，隔绝南羌、月氏。单于失援，由是远遁，而幕南无王庭。

遭值文、景玄默，养民五世，天下殷富，财力有余，士马强盛。故能睹犀布、玳瑁则建珠崖七郡，感枸酱、竹杖则开牂柯、越巂，闻天马、蒲陶则通大宛、安息。自是之后，明珠、文甲、通犀、翠羽之珍盈于后宫，薄梢、龙文、鱼目、汗血之马充于黄门，巨象、师子、猛犬、大雀之群食于外囿。殊方异物，四面而至。于是广开上林，穿昆明池，营千门万户之宫，立神明通天之台，兴造甲乙之帐，落以随珠和璧，天子负黼依，袭翠被，冯玉几，而处其中。设酒池肉林以飨四夷之客，作《巴俞》都卢、海中《砀极》、漫衍鱼龙、角抵之戏以观视之。及赂遗赠送，万里相奉，师旅之费，不可胜计。至于用度不足，乃榷酒酤，管盐铁，铸白金，造皮币，算至车船，租及六畜。民力屈，财力竭，因之以凶年，寇盗并起，道路不通，直指之使始出，衣绣杖斧，断斩于郡国，然后胜之。是以末年遂弃轮台之地，而下哀痛之诏，岂非仁圣之所悔哉！且通西域，近有龙堆，远则葱岭，身热、头痛、县度之厄。淮南、杜钦、扬雄之论，皆以为此天地所以界别区域，绝外内也。《书》曰“西戎即序”，禹即就而序之，非上威服致其贡物也。

西域诸国，各有君长，兵众分弱，无所统一，虽属匈奴，不相亲附。匈奴能得其马畜旃罽，而不能统率与之进退。与汉隔绝，道里又远，得之不为益，弃之不为损。盛德在我，无取于彼。故自建武以来，西域思汉威德，咸乐内属。唯其小邑鄯善、车师，界迫匈奴，尚为所拘。而其大国莎车、于阗之属，数遣使置质于汉，愿请属都护。圣上远览古今，因时之宜，羁縻不绝，辞而未许。虽大禹之序西戎，周公之让白雉，太宗之却走马，义兼之矣，亦何以尚兹！

卷九●序跋之属二

韩愈－读荀子

始吾读孟轲书，然后知孔子之道尊，圣人之道易行，王易王，霸易霸也。以为孔子之徒没，尊圣人者，孟氏而已。晚得扬雄书，益尊信孟氏，因雄书而孟氏益尊，则雄者亦圣人之徒欤！圣人之道，不传于世。周之衰，好事者各以其说乾时君，纷纷藉藉相乱，六经与百家之说错杂，然老师大儒犹在。火于秦，黄老于汉，其存而醇者，孟轲氏而止耳，扬雄氏而止耳。及得荀氏书，于是又知有荀氏者也。考其辞时若不粹，要其归与孔子异者鲜矣，抑犹在轲、雄之间乎！孔子删《诗》、《书》，笔削《春秋》，合于道者著之，离于道者黜去之，故《诗》、《书》、《春秋》无疵。余欲削荀氏之不合者，附于圣人之籍，亦孔子之志欤！孟氏，醇乎醇者也；荀与扬，大醇而小疵。

韩愈－赠郑尚书序

岭之南，其州七十，其二十二隶岭南节度府，其四十余分四府。府各置帅，然独岭南节度为大府。大府始至，四府必使其佐启问起居，谢守地不得即贺以为礼。岁时必遣贺问，致水土物。大府帅，或道过其府，府帅必戎服，左握刀，右属弓矢，帕首裤靴迎郊。及既至，大府帅先入据馆，帅守屏，若将趋入拜庭之为者；大府与之为让，至一再，乃敢改服以宾主见；适位执爵，皆兴拜，不许乃止，虔若小侯之事大国。有大事，谘而后行。隶府之州，离府远者，至三千里，悬隔山海，使必数月而后能至。蛮夷悍轻，易怨以变，其南州皆岸，大海多洲岛，颿风一日踔数千里，漫澜不见踪迹。控御失所，依险阻，结党仇，机毒矢以待将吏；撞搪呼号，以相和应；蜂屯蚁杂，不可爬梳；好则人，怒则兽。故常薄其徵入，简节而疏目，时有所遗漏，不究切之，长养以儿子，至纷不可治，乃草剃而禽狝之，尽根株痛断乃止。其海外杂国，若躭浮罗、流求、毛人、夷亶之州、林邑、扶南、真腊、于陀利之属，东南际天地以万数，或时候风潮朝贡，蛮胡贾人，舶交海中。若岭南帅得其人，则一边尽治，不相寇盗贼杀，无风鱼之灾，水旱疠毒之患。外国之货日至，珠香象犀玳瑁奇物，溢于中国，不可胜用。故选帅常重于他镇。非有文武威风，知大体，可畏信者，则不幸往往有事。

长庆三年四月，以工部尚书郑公，为刑部尚书，兼御史大夫，往践其任。郑公尝以节镇襄阳，又帅沧景德棣，历河南尹、华州刺史，皆有功德可称道。入朝为金吾将军，散骑常侍。工部侍郎、尚书。家属百人，无数亩之宅，僦屋以居，可谓贵而能贫，为仁者不富之效也。

韩愈－送王秀才埙序

吾常以为孔子之道，大而能博，门弟子不能遍观而尽识也。故学焉而皆得其性之所近，其后离散分处诸侯之国，又各以所能授弟子，原远而末益分。

盖子夏之学，其后有田子方，子方之后，流而为庄周。故周之书，喜称子方之为人。荀卿之书，语圣人必曰孔子、子弓，子弓之事业不传，惟太史公书《弟子传》有姓名字，曰馯臂子弓，子弓受《易》于商瞿。孟轲师子思，子思之学，盖出曾子。自孔子没，群弟子莫不有书，独孟轲氏之传得其宗，故吾少而乐观焉。

太原王埙示予所为文，好举孟子之所道者。与之言，信悦孟子，而屡赞其文辞。夫沿河而下，苟不止，虽有迟疾，必至于海；如不得其道也，虽疾不止，终莫幸而至焉。故学者必慎其所道，道于杨墨老庄佛之学，而欲之圣人之道，犹航断港绝潢以望至于海也。故求观圣人之道，必自孟子始。今埙之所由，既几于知道，如又得其船与楫，知沿而不止，呜呼！其可量也哉。

柳宗元－论语辨二首

上篇

或问曰：儒者称《论语》孔子弟子所记，信乎？曰：未然也。孔子弟子，曾参最少，少孔子四十六岁。曾子老而死。是书记曾子之死，则去孔子也远矣。曾子之死，孔子弟子略无存者矣。吾意曾子弟子之为之也。何哉？且是书载弟子必以字，独曾子、有子不然。由是言之，弟子之号之也。然则有子何以称子？曰：孔子之殁也，诸弟子以有子为似夫子，立而师之。其后不能对诸子之问，乃叱避而退，则固尝有师之号矣。今所记独曾子最后死，余是以知之。盖乐正子春、子思之徒与为之尔。或曰：孔子弟子尝杂记其言，然而卒成其书者，曾氏之徒也。

下篇

尧曰："咨，尔舜！天之历数在尔躬，四海困穷，天禄永终。"舜亦以命禹，曰："余小子履，敢用玄牡，敢昭告于皇天后土，有罪不敢赦。万方有罪，罪在朕躬。朕躬有罪，无以尔万方。"或问之曰：《论语》书记问对之辞尔。今卒篇之首章然有是，何也？柳先生曰：《论语》之大，莫大乎是也。是乃孔子常常讽道之辞云尔。彼孔子者，覆生人之器者也。上之尧、舜之不遭，而禅不及己；下之无汤之势，而己不得为天吏。生人无以泽其德，日视闻其劳死怨呼，而己之德涸然无所依而施，故于常常讽道云尔而止也。此圣人之大志也，无容问对于其间。弟子或知之，或疑之不能明，相与传之。故于其为书也，卒篇之首，严而立之。

柳宗元－辨列子

刘向古称博极群书，然其录《列子》，独曰郑穆公时人。穆公在孔子前几百岁，《列子》书言郑国，皆云子产、邓析，不知向何以言之如此？《史记》：郑鹿二十四年，楚悼王四年，围郑，郑杀其相驷子阳。子阳正与列子同时。是岁，周安王三年，秦惠王、韩烈侯、赵武侯二年，魏文侯二十七年，燕厘公五年，齐康公七年，宋悼公六年，鲁穆公十年。不知向言鲁穆公时遂误为郑耶？不然，何乖错至如是？其后张湛徒知怪《列子》书言穆公后事，亦不能推知其时。然其书亦多增窜，非其实。要之，庄周为放依其辞。其称夏棘、狙公、纪水省子、季咸等，皆出《列子》，不可尽纪。虽不概于孔子道，然其虚泊寥阔，居乱世，远于利，祸不得逮乎身，而其心不穷。《易》之“遁世无闷”者，其近是欤？余故取焉。其文辞类庄子，而尤质厚，少为作，好文者可废耶？其《杨朱》、《力命》，疑其杨子书。其言魏牟、孔穿皆出列子后，不可信。然观其辞，亦足通知古之多异术也，读焉者慎取之而已矣。

柳宗元－辨文子

《文子》书十二篇，其传曰老子弟子。其辞时有若可取，其指意皆本老子。然考其书，盖驳书也。其浑而类者少，窃取他书以合之者多。凡孟、管辈数家，皆见剽窃，峣然而出其类。其意绪文辞，叉牙相抵而不合。不知人之增益之欤？或者众为聚敛以成其书欤？然观其往往有可立者，又颇惜之，悯其为之也劳。今刊去谬恶乱杂者，取其似是者，又颇为发其意，藏于家。

柳宗元－辨鬼谷子

元冀好读古书，然甚贤《鬼谷子》，为其《指要》几千言。《鬼谷子》要为无取，汉时刘向、班固录书无《鬼谷子》。《鬼谷子》后出，而险峭薄，恐其妄言乱世，难信，学者宜其不道。而世之言纵横者，时葆其书。尤者，晚乃益出七术。怪谬异甚，不可考校，其言益奇，而道益 a，使人狙狂失守，而易于陷坠。幸矣，人之葆之者少。今元子又文之以《指要》，呜呼，其为好术也过矣。

柳宗元－辨晏子春秋

司马迁读《晏子春秋》，高之，而莫知其所以为书。或曰晏子为之，而人接焉，或曰晏子之后为之，皆非也。吾疑其墨子之徒有齐人者为之。墨好俭，晏子以俭名于世，故墨子之徒尊著其事，以增高为己术者。且其旨多尚同、兼爱非乐、节用、非厚葬久丧者，是皆出墨子。又非孔子，好言鬼事，非儒、明鬼，又出墨子。其言问枣及古冶子等，尤怪诞。又往往言墨子闻其道而称之，此甚显白者。自刘向、歆、班彪、固父子，皆录之儒家中。甚矣，数子之不详也！盖非齐人不能具其事，非墨子之徒，则其言不若是。后之录诸子书者，宜列之墨家。非晏子为墨也，为是书者，墨之道也。

柳宗元－辨鶡冠子

余读贾谊《鹏赋》，嘉其辞，而学者以为尽出《鶡冠子》，余往来京师，求《鶡冠子》，无所见；至长沙，始得其书，读之，尽鄙浅言也，唯谊所引用为美，余无可者。吾意好事者伪为其书，反用《鹏赋》以文饰之，非谊有所取之，决也。太史公《伯夷列传》称贾子曰：「贪夫殉财，烈士殉名，夸者死权。」不称《鶡冠子》。迁号为博极群书，假令当时有其书，迁岂不见耶？假令真有《鶡冠子》书，亦必不取《鹏赋》以充入之者。何以知其然耶？曰：不类。

欧阳修－唐书艺文志序

自《六经》焚于秦而复出于汉，其师傅之道中绝，而简编脱乱讹缺，学者莫得其本真，于是诸儒章句之学兴焉。其后传注、笺解、义疏之流，转相讲述，而圣道粗明，然其为说固已不胜其繁矣。至于上古三皇五帝以来世次，国家兴灭终始，僭窃伪乱，史官备矣。而传记、小说，外暨方言、地理、职官、氏族，皆出于史官之流也。自孔子在时，方修明圣经以绌缪异，而老子著书论道德。接乎周衰，战国游谈放荡之士，田骈、慎到、列、庄之徒，各极其辩；而孟轲、荀卿始专修孔氏，以折异端。然诸子之论，各成一家，自前世皆存而不绝也。夫王迹熄而《诗》亡，《离骚》作而文辞之士兴。历代盛衰，文章与时高下。然其变态百出，不可穷极，何其多也。自汉以来，史官列其名氏篇第，以为六艺、九种、七略；至唐始分为四类，曰经、史、子、集。而藏书之盛，莫盛于开元，其著录者，五万三千九百一十五卷，而唐之学者自为之书者，又二万八千四百六十九卷。呜呼，可谓盛矣！

《六经》之道，简严易直而天人备，故其愈久而益明。其余作者众矣，质之圣人，或离或合。然其精深闳博，各尽其术，而怪奇伟丽，往往震发于其间，此所以使好奇博爱者不能忘也。然凋零磨灭，亦不可胜数，岂其华文少实，不足以行远欤？而俚言俗说，猥有存者，亦其有幸不幸者欤？今著于篇，有其名而亡其书者，十盖五六也，可不惜哉。

欧阳修－五代史伶官传序

呜呼，盛衰之理，虽曰天命，岂非人事哉！原庄宗之所以得天下，与其所以失之者，可以知之矣。世言晋王之将终也，以三矢赐庄宗而告之曰："梁，吾仇也，燕王吾所立，契丹与吾约为兄弟，而皆背晋以归梁。此三者，吾遗恨也。与尔三矢，尔其无忘乃父之志！"庄宗受而藏之于庙。其后用兵，则遣从事以一少牢告庙，请其矢，盛以锦囊，负而前驱，及凯旋而纳之。方其系燕父子以组，函梁君臣之首，入于太庙，还矢先王而告以成功，其意气之盛，可谓壮哉！及仇雠已灭，天下已定，一夫夜呼，乱者四应，苍皇东出，未及见贼而士卒离散，君臣相顾，不知所归，至于誓天断发，泣下沾襟，何其衰也！岂得之难而失之易欤？抑本其成败之迹而皆自于人欤？《书》曰："满招损，谦得益。"忧劳可以兴国，逸豫可以亡身，自然之理也。故方其盛也，举天下之豪杰莫能与之争；及其衰也，数十伶人困之，而身死国灭，为天下笑。

夫祸患常积于忽微，而智勇多困于所溺，岂独伶人也哉！

欧阳修－五代史一行传序

呜呼，五代之乱极矣，《传》所谓“天地闭，贤人隐”之时欤！当此之时，臣弑其君，子弑其父，而搢绅之士安其禄而立其朝，充然无复廉耻之色者皆是也。吾以谓自古忠臣义士多出于乱世，而怪当时可道者何少也，岂果无其人哉？虽曰干戈兴，学校废，而礼义衰，风俗隳坏，至于如此，然自古天下未尝无人也，吾意必有洁身自负之士，嫉世远去而不可见者。自古材贤有韫于中而不见于外，或穷居陋巷，委身草莽，虽颜子之行，不遇仲尼而名不彰，况世变多故，而君子道消之时乎！吾又以谓必有负材能，修节义，而沉沦于下，泯没而无闻者。求之传记，而乱世崩离，文字残缺，不可复得，然仅得者四五人而已。

处乎山林而群麋鹿，虽不足以为中道，然与其食人之禄，俯首而包羞，孰若无愧于心，放身而自得，吾得二人焉，曰郑遨、张荐明。势利不屈其心，去就不违其义，吾得一人焉，曰石昂。苟利于君，以忠获罪，而何必自明，有至死而不言者，此古之义士也，吾得一人焉，曰程福赟。五代之乱，君不君，臣不臣，父不父，子不子，至于兄弟、夫妇人伦之际，无不大坏，而天理几乎其灭矣。于此之时，能以孝悌自修于一乡，而风行于天下者，犹或有之，然其事迹不著，而无可纪次，独其名氏或因见于书者，吾亦不敢没，而其略可录者，吾得一人焉，曰李自伦。作《一行传》。

欧阳修－五代史宦者传序

五代文章陋矣，而史官之职废于丧乱，传记小说多失其传，故其事迹，终始不完，而杂以讹缪。至于英豪奋起，战争胜败，国家兴废之际，岂无谋臣之略，辩士之谈？而文字不足以发之，遂使泯然无传于后世。然独张承业事卓卓在人耳目，至今故老犹能道之。其论议可谓杰然欤！殆非宦者之言也。

自古宦者乱人之国，其源深于女祸。女，色而已；宦者之害，非一端也。盖其用事也近而习，其为心也专而忍。能以小善中人之意，小信固人之心，使人主必信而亲之。待其已信，然后惧以祸福而把持之。虽有忠臣硕士列于朝廷，而人主以为去己疏远，不若起居饮食、前后左右之亲为可恃也。故前后左右者日益亲，则忠臣硕士日益疏，而人主之势日益孤。势孤，则惧祸之心日益切，而把持者日益牢。安危出其喜怒，祸患伏于帷闼，则向之所谓可恃者，乃所以为患也。患已深而觉之，欲与疏远之臣图左右之亲近，缓之则养祸而益深，急之则挟人主以为质，虽有圣智不能与谋，谋之而不可为，为之而不可成，至其甚，则俱伤而两败。故其大者亡国，其次亡身，而使奸豪得借以为资而起，至抉其种类，尽杀以快天下之心而后已。此前史所载宦者之祸常如此者，非一世也。夫为人主者，非欲养祸于内而疏忠臣硕士于外，盖其渐积而势使之然也。夫女色之惑，不幸而不悟，则祸斯及矣，使其一悟，捽而去之可也。宦者之为祸，虽欲悔悟，而势有不得而去也，唐昭宗之事是已。故曰深于女祸者，谓此也。可不戒哉！昭宗信狎宦者，由是有东宫之幽。既出而与崔胤图之，胤为宰相，顾力不足为，乃召兵于梁。梁兵且至，而宦者挟天子走之岐。梁兵围之三年，昭宗既出，而唐亡矣。

初，昭宗之出也，梁王悉诛唐宦者第五可范等七百余人，其在外者，悉诏天下捕杀之，而宦者多为诸镇所藏匿而不杀。是时，方镇僭拟，悉以宦官给事，而吴越最多。及庄宗立，诏天下访求故唐时宦者悉送京师，得数百人，宦者遂复用事，以至于亡。此何异求已覆之车，躬驾而履其辙也？可为悲夫！

欧阳修－苏氏文集序

予友苏子美之亡后四年，始得其平生文章遗稿于太子太傅杜公之家，而集录之以为十卷。子美，杜氏婿也，遂以其集归之，而告于公曰：“斯文，金玉也，弃掷埋没粪土，不能销蚀。其见遗于一时，必有收而宝之于后世者。虽其埋没而未出，其精气光怪已能常自发见，而物亦不能掩也。故方其摈斥摧挫、流离穷厄之时，文章已自行于天下，虽其怨家仇人及尝能出力而挤之死者，至其文章，则不能少毁而掩蔽之也。凡人之情忽近而贵远，子美屈于今世犹若此，其申于后世宜如何也！公其可无恨。”

予尝考前世文章政理之盛衰，而怪唐太宗致治几乎三王之盛，而文章不能革五代之余习。后百有余年，韩、李之徒出，然后元和之文始得于古。唐衰兵乱，又百余年而圣宋兴，天下一定，晏然无事。又几百年，而古文始盛于今。自古治时少而乱时多，幸时治矣，文章或不能纯粹，或迟久而不相及，何其难之若是欤？岂非难得其人欤？苟一有其人，又幸而及出于治世，世其可不为之贵重而爱惜之欤？嗟吾子美，以一酒食之过，至废为民而流落以死。此其可以叹息流涕，而为当世仁人君子之职位宜与国家乐育贤材者惜也。

子美之齿少于予，而予学古文反在其后。天圣之间，予举进士于有司，见时学者务以言语声偶擿裂，号为时文，以相夸尚。而子美独与其兄才翁及穆参军伯长，作为古歌诗杂文，时人颇共非笑之，而子美不顾也。其后天子患时文之弊，下诏书讽勉学者以近古，由是其风渐息，而学者稍趋于古焉。独子美为于举世不为之时，其始终自守，不牵世俗趋舍，可谓特立之士也。

子美官至大理评事、集贤校理而废，后为湖州长史以卒，享年四十有一。其状貌奇伟，望之昂然，而即之温温，久而愈可爱慕。其材虽高，而人亦不甚嫉忌，其击而去之者，意不在子美也。赖天子聪明仁圣，凡当时所指名而排斥，二三大臣而下，欲以子美为根而累之者，皆蒙保全，今并列于荣宠。虽与子美同时饮酒得罪之人，多一时之豪俊，亦被收采，进显于朝廷。而子美独不幸死矣，岂非其命也？悲夫！

欧阳修－释秘演诗集序

予少以进士游京师，因得尽交当世之贤豪。然犹以谓国家臣一四海，休兵革，养息天下，以无事者四十年，而智谋雄伟非常之士无所用其能者，往往伏而不出，山林屠贩必有老死而世莫见者，欲从而求之不可得。其后得吾亡友石曼卿。曼卿为人，廓然有大志，时人不能用其材，曼卿亦不屈以求合。无所放其意，则往往从布衣野老，酣嬉淋漓，颠倒而不厌。予疑所谓伏而不见者，庶几狎而得之，故尝喜从曼卿游，欲因以阴求天下奇士。

浮屠秘演者，与曼卿交最久，亦能遗外世俗，以气节相高。二人欢然无所间。曼卿隐于酒，秘演隐于浮屠，皆奇男子也。然喜为歌诗以自娱。当其极饮大醉，歌吟笑呼，以适天下之乐，何其壮也！一时贤士皆愿从其游，予亦时至其室。十年之间，秘演北渡河，东之济、郓，无所合，困而归。曼卿已死，秘演亦老病。嗟夫！二人者，予乃见其盛衰，则余亦将老矣。

夫曼卿诗辞清绝，尤称秘演之作，以为雅健有诗人之意。秘演状貌雄杰，其胸中浩然，既习于佛，无所用，独其诗可行于世，而懒不自惜。已老，胠其橐，尚得三四百篇，皆可喜者。曼卿死，秘演漠然无所向，闻东南多山水，其巅崖崛峍，江涛汹涌，甚可壮也，遂欲往游焉。足以知其老而志在也。于其将行，为叙其诗，因道其盛时以悲其衰。

欧阳修－集古集目序

物常聚于所好，而常得于有力之强。有力而不好，好之而无力，虽近且易，有不能致之。象犀虎豹，蛮夷山海杀人之兽，然其齿角皮革，可聚而有也。玉出昆仑流沙万里之外，经十余译乃至乎中国。珠出南海，常生深渊，采者腰絙而入水，形色非人，往往不出，则下饱蛟鱼。金矿于山，凿深而穴远，篝火糇粮而后进，其崖崩窟塞，则遂葬于其中者，率常数十百人。其远且难而又多死祸，常如此。然而金玉珠玑，世常兼聚而有也。凡物好之而有力，则无不至也。

汤盘，孔鼎，岐阳之鼓，岱山、邹峄、会稽之刻石，与夫汉、魏已来圣君贤士桓碑、彝器、铭诗、序记，下至古文、籀篆、分隶诸家之字书，皆三代以来至宝，怪奇伟丽、工妙可喜之物。其去人不远，其取之无祸。然而风霜兵火，湮沦摩灭，散弃于山崖墟莽之间未尝收拾者，由世之好者少也。幸而有好之者，又其力或不足，故仅得其一二，而不能使其聚也。

夫力莫如好，好莫如一。予性颛而嗜古，凡世人之所贪者，皆无欲于其间，故得一其所好于斯。好之已笃，则力虽未足，犹能致之。故上自周穆王以来，下更秦、汉、隋、唐、五代，外至四海九州，名山大泽，穷崖绝谷，荒林破冢，神仙鬼物，诡怪所传，莫不皆有，以为《集古录》。以谓转写失真，故因其石本，轴而藏之。有卷帙次第，而无时世之先后，盖其取多而未已，故随其所得而录之。又以谓聚多而终必散，乃撮其大要，别为录目，因并载夫可与史传正其阙谬者，以传后学，庶益于多闻。

或讥予曰："物多则其势难聚，聚久而无不散，何必区区于是哉？"予对曰："足吾所好，玩而老焉可也。象犀金玉之聚，其能果不散乎？予固未能以此而易彼也。"

欧阳修－送徐无党南归序

草木鸟兽之为物，众人之为人，其为生虽异，而为死则同，一归于腐坏、澌尽、泯灭而已。而众人之中有圣贤者，固亦生且死于其间，而独异于草木鸟兽众人者，虽死而不朽，逾远而弥存也。其所以为圣贤者，修之于身，施之于事，见之于言，是三者所以能不朽而存也。修于身者，无所不获；施于事者，有得有不得焉；其见于言者，则又有能有不能也。施于事矣，不见于言可也。自《诗》、《书》、《史记》所传，其人岂必皆能言之士哉？修于身矣，而不施于事，不见于言，亦可也。孔子弟子有能政事者矣，有能言语者矣。若颜回者，在陋巷，曲肱饥卧而已，其群居则默然终日如愚人。然自当时群弟子皆推尊之，以为不敢望而及，而后世更百千岁，亦未有能及之者。其不朽而存者，固不待施于事，况于言乎？

予读班固《艺文志》、唐《四库书目》，见其所列，自三代、秦、汉以来，著书之士多者至百余篇，少者犹三四十篇，其人不可胜数，而散亡磨灭，百不一二存焉。予窃悲其人，文章丽矣，言语工矣，无异草木荣华之飘风，鸟兽好音之过耳也。方其用心与力之劳，亦何异众人之汲汲营营？而忽焉以死者，虽有迟有速，而卒与三者同归于泯灭。夫言之不可恃也盖如此。今之学者，莫不慕古圣贤之不朽，而勤一世以尽心于文字间者，皆可悲也。

东阳徐生，少从予学，为文章，稍稍见称于人。既去，而与群士试于礼部，得高第，由是知名。其文辞日进，如水涌而山出。予欲摧其盛气而勉其思也，故于其归，告以是言。然予固亦喜为文辞者，亦因以自警焉。

曾巩－先大夫集后序

公所为书，号《仙凫羽翼》者三十卷，《西陲要纪》者十卷，《清边前要》五十卷，《广中台志》八十卷，《为臣要纪》三卷，《四声韵》五卷，总一百七十八卷，皆刊行于世。今类次诗赋书奏一百二十三篇，又自为十卷，藏于家。方五代之际，儒学既摈焉，后生小子，治术业于闾巷，文多浅近。是时公虽少，所学已皆知治乱得失兴坏之理，其为文闳深隽美，而长于讽谕，今类次乐府已下是也。宋既平天下，公始出仕。当此之时，太祖、太宗已纲纪大法矣，公于是勇言当世之得失。其在朝廷，疾当事者不忠，故凡言天下之要，必本天子忧怜百姓、劳心万事之意，而推大臣从官执事之人，观望怀奸，不称天子属任之心，故治久未洽，至其难言，则人有所不敢言者。虽屡不合而出，其所言益切，不以利害祸福动其意也。始公尤见奇于太宗，自光禄寺丞、越州监酒税召见，以为直史馆，遂为两浙转运使。未久而真宗即位，益以材见知。初试以知制诰，及西兵起，又以为自陕以西经略判官。而公常激切论大臣，当时皆不悦，故不果用。然真宗终感其言，故为泉州，未尽一岁，拜苏州，五日，又为扬州。将复召之也，而公于是时又上书，语斥大臣尤切，故卒以龃龉终。

公之言，其大者，以自唐之衰，民穷久矣，海内既集，天子方修法度，而用事者尚多烦碎，治财利之臣又益急，公独以谓宜遵简易、罢管榷，以与民休息，塞天下望。祥符初，四方争言符应，天子因之，遂用事泰山，祠汾阴，而道家之说亦滋甚，自京师至四方，皆大治宫观。公益诤，以谓天命不可专任，宜绌奸臣，修人事，反复至数百千言。呜呼！公之尽忠，天子之受尽言，何必古人。此非传之所谓主圣臣直者乎？何其盛也！何其盛也！公在两浙，奏罢苛税二百三十余条。在京西，又与三司争论，免民租，释逋负之在民者，盖公之所试如此。所试者大，其庶几矣。公所尝言甚众，其在上前及书亡者，盖不得而集。其或从或否，而后常可思者，与历官行事，庐陵欧阳公已铭公之碑特详焉，此故不论，论其不尽载者。公卒以龃龉终，其功行或不得在史氏记，藉令记之，当时好公者少，史其果可信欤？后有君子欲推而考之，读公之碑与其书，及余小子之序其意者，具见其表里，其于虚实之论可核矣。

公卒乃赠谏议大夫。姓曾氏，讳某，南丰人。序其书者，公之孙巩也。

曾巩－徐干中论目录序

臣始见馆阁及世所有徐干《中论》二十篇，以谓尽于此。及观《贞观政要》，怪太宗称尝见干《中论·复三年丧》篇，而今书此篇阙。因考之《魏志》，见文帝称乾著《中论》二十余篇，于是知馆阁及世所有干《中论》二十篇者，非全书也。乾字伟长，北海人，生于汉魏之间。魏文帝称乾“怀文抱质，恬淡寡欲，有箕山之志”。而《先贤行状》亦称乾“笃行体道，不耽世荣，魏太祖特旌命之，辞疾不就，后以为上艾长，又以疾不行”。盖汉承周衰及秦灭学之余，百氏杂家与圣人之道并传，学者罕能独观于道德之要，而不牵于俗儒之说。至于治心养性、去就语默之际，能不悖于理者固希矣，况至于魏之浊世哉！乾独能考六艺，推仲尼、孟轲之旨，述而论之。求其辞，时若有小失者；要其归，不合于道者少矣。其所得于内者，又能信而充之，逡巡浊世，有去就显晦之大节。臣始读其书，察其意而贤之。因其书以求其为人，又知其行之可贤也。惜其有补于世，而识之者少。盖迹其言行之所至，而以世俗好恶观之，彼恶足以知其意哉。顾臣之力，岂足以重其书，使学者尊而信之！因校其脱谬，而序其大略，盖所以致臣之意焉。

曾巩－战国策目录序

刘向所定《战国策》三十三篇，《崇文总目》称第十一篇者阙，臣访之士大夫家，始尽得其书，正其误谬而疑其不可考者，然后《战国策》三十三篇复完。叙曰：

向叙此书，言“周之先，明教化，修法度，所以大治。及其后，谋诈用，而仁义之路塞，所以大乱”。其说既美矣。卒以谓“此书战国之谋士度时君之所能行，不得不然”。则可谓惑于流俗，而不笃于自信者也。夫孔孟之时，去周之初已数百岁，其旧法已亡，旧俗已熄久矣。二子乃独明先王之道，以谓不可改者，岂将强天下之主以后世之所不可为哉？亦将因其所遇之时、所遭之变而为当世之法，使不失乎先王之意而已。二帝三王之治，其变固殊，其法固异，而其为国家天下之意，本末先后未尝不同也，二子之道如是而已。盖法者所以适变也，不必尽同；道者所以立本也，不可不一，此理之不易者也。故二子者守此，岂好为异论哉？能勿苟而已矣，可谓不惑乎流俗而笃于自信者也。战国之游士则不然，不知道之可信，而乐于说之易合，其设心注意，偷为一切之计而已。故论诈之便而讳其败，言战之善而蔽其患，其相率而为之者，莫不有利焉，而不胜其害也；有得焉，而不胜其失也。卒至苏秦、商鞅、孙膑、吴起、李斯之徒以亡其身，而诸侯及秦用之者亦灭其国，其为世之大祸明矣，而俗犹莫之寤也。惟先王之道，因时适变，为法不同，而考之无疵，用之无弊，故古之圣贤未有以此而易彼也。或曰：邪说之害正也，宜放而绝之，则此书之不泯其可乎？对曰：君子之禁邪说也，固将明其说于天下，使当世之人皆知其说之不可从，然后以禁，则齐；使后世之人皆知其说之不可为，然后以戒，则明，岂必灭其籍哉？放而绝之，莫善于是。是以孟子之书，有为神农之言者，有为墨子之言者，皆著而非之。至于此书之作，则上继春秋，下至楚汉之起，二百四五十年之间，载其行事，固不可得而废也。

此书有高诱注者二十一篇，或曰三十二篇，《崇文总目》存者八篇，今存者十篇云。

曾巩－新序目录序

刘向所集次《新序》三十篇，目录一篇，隋唐之世尚为全书，今可见者十篇而已。臣既考正其文字，因为其序论曰：

古之治天下者，一道德，同风俗。盖九州之广，万民之众，千岁之远，其教已明，其习已成之后，所守者一道，所传者一说而已。故《诗》《书》之文，历世数十，作者非一，而其言未尝不相为终始，化之如此其至也。当是之时，异行者有诛，异言者有禁，防之又如此其备也。故二帝三王之际，及其中间尝更衰乱、而余泽未熄之时，百家众说未有能出于其间者也。及周之末世，先王之教化法度既废，余泽既熄，世之治方术者，各得其一偏。故人奋其私智，家尚其私学者，蜂起于中国，皆明其所长而昧其短，矜其所得而讳其失。天下之士各自为方而不能相通，世之人不复知夫学之有统、道之有归也。先王之遗文虽在，皆绌而不讲，况至于秦为世之所大禁哉！汉兴，六艺皆得于断绝残脱之余，世复无明先王之道以一之者，诸儒苟见传记百家之言，皆悦而向之。故先王之道为众说之所蔽，暗而不明，郁而不发。而怪奇可喜之论，各师异见，皆自名家者，诞漫于中国，一切不异于周之末世，其弊至于今尚在也。自斯以来，天下学者知折衷于圣人，而能纯于道德之美者，扬雄氏而止耳。如向之徒，皆不免乎为众说之所蔽，而不知有所折衷者也。孟子曰：待文王而兴者，凡民也。豪杰之士，虽无文王犹兴。汉之士岂特无明先王之道以一之者哉？亦其出于是时者，豪杰之士少，故不能特起于流俗之中、绝学之后也。

盖向之序此书，于今为最近古，虽不能无失，然远至舜禹而次及于周秦以来，古人之嘉言善行亦往往而在也，要在慎取之而已。故臣既惜其不可见者，而校其可见者特详焉，亦足以知臣之攻其失者，岂好辩哉？臣之所不得已也。

王安石－周礼义序

士弊于俗学久矣，圣上闵焉，以经术造之。乃集儒臣，训释厥旨，将播之校学，而臣某实董《周官》。惟道之在政事，其贵贱有位，其后先有序，其多寡有数，其迟数有时。制而用之存乎法，推而行之存乎人。其人足以任官，其官足以行法，莫盛乎成周之时。其法可施于后世，其文有见于载籍，莫具乎《周官》之书。盖其因习以崇之，赓续以终之，至于后世，无以复加。则岂特文、武、周公之力哉？犹四时之运，阴阳积而成寒暑，非一日也。

自周之衰，以至于今，历岁千数百矣。太平之遗迹，扫荡几尽，学者所见，无复全经。于是时也，乃欲训而发之，臣诚不自揆，然知其难也。以训而发之之为难，则又以知夫立政造事追而复之之为难。

然窃观圣上致法就功，取成于心，训迪在位，有冯有翼，峻竞跸缌服承德之世矣。以所观乎今，考所学乎古，所谓见而知之者，臣诚不自揆，妄以为庶几焉，故遂昧冒自竭，而忘其材之弗及也。谨列其书为二十有二卷，凡十余万言。上之御府，副在有司，以待制诏颁焉。谨序。

卷十•诏令之属

书－文侯之命

王若曰："父义和！丕显文、武，克慎明德，昭升于上，敷闻在下；惟时上帝，集厥命于文王。亦惟先正克左右昭事厥辟，越小大谋猷罔不率从，肆先祖怀在位。呜呼！闵予小子嗣，造天丕愆。殄资泽于下民，侵戎我国家纯。即我御事，罔或耆寿俊在厥服，予则罔克。曰惟祖惟父，其伊恤朕躬！呜呼！有绩予一人永绥在位。父义和！汝克绍乃显祖，汝肇刑文、武，用会绍乃辟，追孝于前文人。汝多修，扞我于艰，若汝，予嘉。"

王曰："父义和！其归视尔师，宁尔邦。用赉尔秬鬯一卣，彤弓一，彤矢百，卢弓一，卢矢百，马四匹。父往哉！柔远能迩，惠康小民，无荒宁。简恤尔都，用成尔显德。"

书－费誓

公曰："嗟！人无哗，听命。徂兹淮夷、徐戎并兴。善敹乃甲胄，敿乃乾，无敢不吊！备乃弓矢，锻乃戈矛，砺乃锋刃，无敢不善！今惟淫舍牿牛马，杜乃擭，敜乃穽，无敢伤牿。牿之伤，汝则有常刑！马牛其风，臣妾逋逃，勿敢越逐，祗复之，我商赉汝。乃越逐不复，汝则有常刑！无敢寇攘，逾垣墙，窃马牛，诱臣妾，汝则有常刑！甲戌，我惟征徐戎。峙乃糗粮，无敢不逮；汝则有大刑！鲁人三郊三遂，峙乃桢干。甲戌，我惟筑，无敢不供；汝则有无余刑，非杀。鲁人三郊三遂，峙乃刍茭，无敢不多；汝则有大刑！"

书－秦誓

公曰："嗟！我士，听无哗！予誓告汝群言之首。古人有言曰：民讫自若，是多盘。责人斯无难，惟受责俾如流，是惟艰哉！我心之忧，日月逾迈，若弗云来。惟古之谋人，则曰未就予忌；惟今之谋人，姑将以为亲。虽则云然，尚猷询兹黄发，则罔所愆。"

番番良士，旅力既愆，我尚有之；仡仡勇夫，射御不违，我尚不欲。惟截截善谝言，俾君子易辞，我皇多有之！

昧昧我思之，如有一介臣，断断猗无他技，其心休休焉，其如有容。人之有技，若己有之。人之彦圣，其心好之，不啻若自其口出。是能容之，以保我子孙黎民，亦职有利哉！人之有技，冒疾以恶之；人之彦圣而违之，俾不达是不能容，以不能保我子孙黎民，亦曰殆哉！

邦之杌陧，曰由一人；邦之荣怀，亦尚一人之庆。

左传－王子朝告诸侯之辞

昔武王克殷，成王靖四方，康王息民，并建母弟，以蕃屏周。亦曰："吾无专享文、武之功，且为后人之迷败倾覆，而溺入于难，则振救之。"至于夷王，王愆于厥身，诸侯莫不并走其望，以祈王身。至于厉王，王心戾虐，万民弗忍，居王于彘。诸侯释位，以间王政。宣王有志，而后效官。至于幽王，天不吊周，王昏不若，用愆厥位。携王奸命，诸侯替之，而建王嗣，用迁郏鄏。则是兄弟之能用力于王室也。至于惠王，天不靖周，生颓祸心，施于叔带，惠、襄辟难，越去王都。则有晋、郑，咸黜不端，以绥定王家。则是兄弟之能率先王之命也。

在定王六年，秦人降妖，曰："周其有頿王，亦克能修其职。诸侯服享，二世共职。王室其有间王位，诸侯不图，而受其乱灾。"至于灵王，生而有頿。王甚神圣，无恶于诸侯。灵王、景王，克终其世。

今王室乱，单旗、刘狄，剥乱天下，壹行不若。谓："先王何常之有？

唯余心所命，其谁敢请之？”帅群不吊之人，以行乱于王室。侵欲无厌，规求无度，贯渎鬼神，慢弃刑法，倍奸齐盟，傲很威仪，矫诬先王。晋为不道，是摄是赞，思肆其罔极。兹不谷震荡播越，窜在荆蛮，未有攸砥。若我一二兄弟甥舅，奖顺天法，无助狡猾，以从先王之命，毋速天罚，赦图不谷，则所愿也。敢尽布其腹心，及先王之经，实深图之。

昔先王之命曰：“王后无适，则择立长。年钧以德，德钧以卜。”王不立爱，公卿无私，古之制也。穆后及大子寿早夭即世，单、刘赞私立少，以间先王，亦唯伯仲叔季图之！

秦始皇－初并天下议帝号令

秦初并天下，令丞相、御史曰：“异日韩王纳地效玺，请为藩臣，已而倍约，与赵、魏合从畔秦，故兴兵诛之，虏其王。寡人以为善，庶几息兵革。赵王使其相李牧来约盟，故归其质子。已而倍盟，反我太原，故兴兵诛之，得其王。赵公子嘉乃自立为代王，故举兵击灭之。魏王始约服入秦，已而与韩、赵谋袭秦，秦兵吏诛，遂破之。荆王献青阳以西，已而畔约，击我南郡，故发兵诛，得其王，遂定其荆地。燕王昏乱，其太子丹乃阴令荆轲为贼，兵吏诛，灭其国。齐王用后胜计，绝秦使，欲为乱，兵吏诛，虏其王，平齐地。寡人以眇眇之身，兴兵诛暴乱，赖宗庙之灵，六王咸伏其辜，天下大定。今名号不更，无以称成功，传后世。其议帝号。”

汉高帝－求贤诏

盖闻王者莫高于周文，伯者莫高于齐桓，皆待贤人而成名。今天下贤者智能，岂特古之人乎？患在人主不交故也，士奚由进！今吾以天之灵、贤士大夫定有天下，以为一家，欲其长久，世世奉宗庙亡绝也。贤人已与我共平之矣，而不与吾共安利之，可乎？贤士大夫有肯从我游者，吾能尊显之。布告天下，使明知朕意。御史大夫昌下相国，相国酂侯下诸侯王，御史中执法下郡守，其有意称明德者，必身劝，为之驾，遣诣相国府，署行、义、年。有而弗言，觉，免。年老癃病，勿遣。

汉文帝－赐南粤王赵佗书

皇帝谨问南粤王，甚苦心劳意。朕，高皇帝侧室之子，弃外奉北藩于代，道里辽远，壅蔽朴愚，未尝致书。高皇帝弃群臣，孝惠皇帝即世，高后自临事，不幸有疾，日进不衰，以故悖暴乎治。诸吕为变故乱法，不能独制，乃取它姓子为孝惠皇帝嗣。赖宗庙之灵，功臣之力，诛之已毕。朕以王侯吏不释之故，不得不立，今即位。

乃者闻王遗将军隆虑侯书，求亲昆弟，请罢长沙两将军。朕以王书罢将军博阳侯，亲昆弟在真定者，已遣人存问，修治先人冢。前日闻王发兵于边，为寇灾不止。当其时，长沙苦之，南郡尤甚，虽王之国，庸独利乎！必多杀士卒，伤良将吏，寡人之妻，孤人之子，独人父母，得一亡十，朕不忍为也。

朕欲定地犬牙相入者，以问吏，吏曰“高皇帝所以介长沙土也”，朕不得擅变焉。吏曰：“得王之地不足以为大，得王之财不足以为富，服领以南，王自治之。”虽然，王之号为帝。两帝并立，亡一乘之使以通其道，是争也；争而不让，仁者不为也。愿与王分弃前患，终今以来，通使如故。

故使贾驰谕告王朕意，王亦受之，毋为寇灾矣。上褚五十衣，中褚三十衣，下褚二十衣，遗王。愿王听乐娱忧，存问邻国。

汉文帝－遗匈奴书

皇帝敬问匈奴大单于无恙。使当户且渠雕渠难、郎中韩辽遗朕马二匹，已至，敬爱。先帝制，长城以北引弓之国受令单于，长城以内冠带之室朕亦制之，使万民耕织，射猎衣食，父子毋离，臣主相安，俱无暴虐。今闻渫恶民贪降其趋，背义绝约，忘万民之命，离两主之欢，然其事已在前矣。书云二国已和亲，两主欢说，寝兵休卒养马，世世昌乐，翕然更始，朕甚嘉之。圣者日新，改作更始，使老者得息，幼者得长，各保其首领，而终其天年。朕与单于俱由此道，顺天恤民，世世相传，施之无穷，天下莫不咸便。汉与匈奴邻敌之国，匈奴处北地，寒，杀气早降，故诏吏遗单于秫蘖金帛绵絮它物岁有数。今天下大安，万民熙熙，独朕与单于为之父母。朕追念前事，薄物细故，谋臣计失，皆不足以离昆弟之欢。朕闻天不颇覆，地不偏载。朕与单于皆捐细故，俱蹈大道，堕坏前恶，以图长久，使两国之民若一家子。元元万民，下及鱼鳖，上及飞鸟，跂行喙息蠕动之类，莫不就安利，避危殆。故来者不止，天之道也。俱去前事，朕释逃虏民，单于毋言章尼等。朕闻古之帝王，约分明而不食言。单于留志，天下大安，和亲之后，汉过不先。单于其察之。

汉文帝－策文贤良文学

昔者大禹勤求贤士，施及方外，四极之内，舟车所至，人迹所及，靡不闻命，以辅其不逮；近者献其明，远者通厥聪，比善戮力，以翼天子。是以大禹能亡失德，夏以长楙。高皇帝亲除大害，去乱从，并建豪英，以为官师，为谏争，辅天子之阙，而翼戴汉宗也。赖天之灵，宗庙之福，方内以安，泽及四夷。今朕获执天子之正，以承宗庙之祀，朕既不德，又不敏，明弗能烛，而智不能治，此大夫之所著闻也。故诏有司、诸侯王、三公、九卿及主郡吏，各帅其志，以选贤良明于国家之大体，通于人事之终始，及能直言极谏者，各有人数，将以匡朕之不逮。二三大夫之行当此三道，朕甚嘉之，故登大夫于朝，亲谕朕志。大夫其上三道之要，及永惟朕之不德，吏之不平，政之不宣，民之不宁，四者之阙，悉陈其志，毋有所隐。上以荐先帝之宗庙，下以兴愚民之休利，著之于篇，朕亲览焉，观大夫所以佐朕，至与不至。书之，周之密之，重之闭之。兴自朕躬，大夫其正论，毋枉执事。乌乎，戒之！二三大夫其帅志毋怠！

汉景帝－令二千石修职诏

雕文刻镂，伤农事者也；锦绣纂组，害女红者也。农事伤则饥之本也，女红害则寒之原也。夫饥寒并至，而能亡为非者寡矣。朕亲耕，后亲桑，以奉宗庙粢盛、祭服，为天下先；不受献，减太官，省徭赋，欲天下务农蚕，素有畜积，以备灾害。强毋攘弱，众毋暴寡；老耆以寿终，幼孤得遂长。今，岁或不登，民食颇寡，其咎安在？或诈伪为吏，吏以货赂为市，渔夺百姓，侵牟万民。县丞，长吏也，奸法与盗盗，甚无谓也。其令二千石各修其职；不事官职、耗乱者，丞相以闻，请其罪。布告天下，使明知朕意。

汉武帝－策问贤良文学

盖闻上古至治，画衣冠，异章服，而民不犯；阴阳和，五谷登，六畜蕃，甘露降，风雨时，嘉禾兴，朱草生，山不童，泽不涸；麟凤在郊薮，龟龙游于沼，河洛出图书；父不丧子，兄不哭弟；北发渠搜，南抚交址，舟车所至，人迹所及，跂行喙息，咸得其宜。朕甚嘉之，今何道而臻乎此？子大夫修先圣之术，明君臣之义，讲论洽闻，有声乎当世，敢问子大夫：天人之道，何所本始？吉凶之效，安所期焉？禹、汤水旱，厥咎何由？仁、义、礼、知四者之宜，当安设施？属统垂业，物鬼变化，天命之符，废兴何如？天文、地理、人事之纪，子大夫习焉。其悉意正议，详具其对，著之于篇，朕将亲览焉，靡有所隐。

汉昭帝－赐燕刺王旦玺书

昔高皇帝王天下，建立子弟以藩屏社稷。先日诸吕阴谋大逆，刘氏不绝若发，赖绛侯等诛讨贼乱，尊立孝文，以安宗庙，非以中外有人，表里相应故邪？樊、郦、曹、灌，携剑推锋，从高皇帝垦灾除害，耘锄海内，当此之时，头如蓬葆，勤苦至矣，然其赏不过封侯。今宗室子孙曾无暴衣露冠之劳，裂地而王之，分财而赐之，父死子继，兄终弟及。今王骨肉至亲，敌吾一体，乃与他姓异族谋害社稷，亲其所疏，疏其所亲，有逆悖之心，无忠爱之义。如使古人有知，当何面目复奉齐酎见高祖之庙乎！

司马相如－谕巴蜀檄

告巴蜀太守：蛮夷自擅不讨之日久矣，时侵犯边境，劳士大夫。陛下即位，存抚天下，辑安中国。然后兴师出兵，北征匈奴，单于怖骇，交臂受事，诎膝请和。康居西域，重译请朝，稽首来享。移师东指，闽越相诛。右吊番禺，太子入朝。南夷之君，西僰之长，常效贡职，不敢怠堕，延颈举踵，喁喁然皆争归义，欲为臣妾，道里辽远，山川阻深，不能自致。夫不顺者已诛，而为善者未赏，故遣中郎将往宾之，发巴蜀士民各五百人，以奉币帛，卫使者不然，靡有兵革之事，战斗之患。今闻其乃发军兴制，惊惧子弟，忧患长老，郡又擅为转粟运输，皆非陛下之意也。当行者或亡逃自贼杀，亦非人臣之节也。

夫边郡之士，闻烽举燧燔，皆摄弓而驰，荷兵而走，流汗相属，唯恐居后，触白刃，冒流矢，义不反顾，计不旋踵，人怀怒心，如报私雠。彼岂乐死恶生，非编列之民，而与巴蜀异主哉？计深虑远，急国家之难，而乐尽人臣之道也。故有剖符之封，析圭而爵，位为通侯，居列东第，终则遗显号于后世，传土地于子孙，行事甚忠敬，居位甚安佚，名声施于无穷，功烈著而不灭。是以贤人君子，肝脑涂中原，膏液润野草而不辞也。今奉币役至南夷，即自贼杀，或亡逃抵诛，身死无名，谥为至愚，耻及父母，为天下笑。人之度量相越，岂不远哉！然此非独行者之罪也，父兄之教不先，子弟之率不谨也；寡廉鲜耻，而俗不长厚也。其被刑戮，不亦宜乎！

陛下患使者有司之若彼，悼不肖愚民之如此，故遣信使晓喻百姓以发卒之事，因数之以不忠死亡之罪，让三老孝弟以不教诲之过。方今田时，重烦百姓，已亲见近县，恐远所溪谷山泽之民不遍闻，檄到，亟下县道，使咸知陛下之意，唯毋忽也。

汉光武帝－赐窦融玺书

制诏行河西五郡大将军事、属国都尉：劳镇守边五郡，兵马精强，仓库有蓄，民庶殷富，外则折挫羌胡，内则百姓蒙福。威德流闻，虚心相望，道路隔塞，邑邑何已！长史所奉书献马悉至，深知厚意。今益州有公孙子阳、天水有隗将军，方蜀、汉相攻，权在将军，举足左右，便有轻重。以此言之，欲相厚岂有量哉！诸事具长史所见，将军所知。王者迭兴，千载一会。欲遂立桓、文，辅微国，当勉卒功业；欲三分鼎足，连衡合从，亦宜以时定。天下未并，吾与尔绝域，非相吞之国。今之议者，必有任嚣效尉佗制七郡之计。王者有分土，无分民，自适己事而已。今以黄金二百斤赐将军，便宜辄言。

班彪－拟答北匈奴诏

单于不忘汉恩，追念先祖旧约，欲修和亲，以辅身安国，计议甚高，为单于嘉之。往者，匈奴数有乖乱，呼韩邪、郅支自相仇隙，并蒙孝宣皇帝垂恩救护，故各遣侍子称藩保塞。其后郅支忿戾，自绝皇泽；而呼韩附亲，忠孝弥著。及汉灭郅支，遂保国传嗣，子孙相继。今南单于携众南向，款塞归命。自以呼韩嫡长，次第当立，而侵夺失职，猜疑相背，数请兵将，归扫北庭，策谋纷纭，无所不至。惟念斯言不可独听，又以北单于比年贡献，欲修和亲，故拒而未许，将以成单于忠孝之义。汉秉威信，总率万国，日月所照，皆为臣妾。殊俗百蛮，义无亲疏，服顺者褒赏，畔逆者诛罚，善恶之效，呼韩、郅支是也。今单于欲修和亲，款诚已达，何嫌而欲率西域诸国俱来献见？西域国属匈奴，与属汉何异？单于数连兵乱，国内虚耗，贡物裁以通礼，何必献马裘？今赍杂缯五百匹，弓鞬韇丸一，矢四发，遣遗单于。又赐献马左骨都侯、右谷蠡王杂缯各四百匹，斩马剑各一。单于前言先帝时所赐呼韩邪竽、瑟、空侯皆败，愿复裁赐。念单于国尚未安，方厉武节，以战攻为务，竽瑟之用，不如良弓利剑，故未以赍。朕不爱小物，于单于使宜所欲，遣驿以闻。

汉明帝 – 即位诏

予未小子，奉承圣业，夙夜震畏，不敢荒宁。先帝受命中兴，德侔帝王，协和万邦，假于上下，怀柔百神，惠于鳏、寡。朕承大运，继体守文，不知稼穑之艰难，惧有废失。圣恩遗戒，顾重天下，以元元为首。公卿百僚，将何以辅朕不逮？其赐天下男子爵，人二级；三老、孝悌、力田人三级；爵过公乘，得移与子若同产、同产子；及流人无名数欲自占者人一级；鳏、寡、孤、独、笃癃粟，人十斛。其施刑及郡国徒，在中元元年四月己卯赦前所犯而后捕系者，悉免其刑。又边人遭乱为内郡人妻，在己卯赦前，一切遣还边，恣其所乐。中二千石下至黄绶，贬秩赎论者，悉皆复秩还赎。方今上无天子，下无方伯，若涉渊水而无舟楫。夫万乘至重而壮者虑轻，实赖有德左右小子。高密侯禹，元功之首；东平王苍，宽博有谋；并可以受六尺之托，临大节而不挠。其以禹为太傅，苍为骠骑将军。大尉憙告谥南郊，司徒奉安梓宫，司空鲂将校复土。其封憙为节乡侯，为安乡侯，鲂为杨邑侯。

蜀汉后主 – 策丞相诸葛亮诏

朕闻天地之道，福仁而祸淫；善积者昌，恶积者丧，古今常数也。是以汤、武修德而王，桀、纣极暴而亡。曩者汉祚中微，网漏凶慝，董卓造难，震荡京畿。曹操阶祸，窃执天衡，残剥海内，怀无君之心。子丕孤竖，敢寻乱阶，盗据神器，更姓改物，世济其凶。当此之时，皇极幽昧，天下无主，则我帝命陨越于下。

昭烈皇帝体明睿之德，光演文武，应乾坤之运，出身平难，经营四方，人鬼同谋，百姓与能。兆民欣戴。奉顺符谶，建位易号，丕承天序，补弊兴衰，存复祖业，诞膺皇纲，不坠于地。万国未定，早世遐殂。

朕以幼冲，继统鸿基，未习保傅之训，而婴祖宗之重。六合壅否，社稷不建，永惟所以，念在匡救，光载前绪，未有攸济，朕甚惧焉。是以夙兴夜寐，不敢自逸，每从菲薄以益国用，劝分务穑以阜民财，授方任能以参其听，断私降意以养将士。欲奋剑长驱，指讨凶逆，朱旗未举，而丕复陨丧，斯所谓不燃我薪而自焚也。残类余丑，又支天祸，恣睢河、洛，阻兵未弭。诸葛丞相弘毅忠壮，忘身忧国，先帝讬以天下，以勖朕躬。今授之以旄钺之重，付之以专命之权，统领步骑二十万众，董督元戎，龚行天罚，除患宁乱，克复旧都，在此行也。

昔项籍总一强众，跨州兼土，所务者大，然卒败垓下，死于东城，宗族如焚焚如，为笑千载，皆不以义，陵上虐下故也。今贼效尤，天人所怨，奉时宜速，庶凭炎精祖宗威灵相助之福，所向必克。吴王孙权同恤灾患，潜军合谋，掎角其后。凉州诸国王各遣月支、康居胡侯支富、康植等二十余人诣受节度，大军北出，便欲率将兵马，奋戈先驱。天命既集，人事又至，师贞势并，必无敌矣。

夫王者之兵，有征无战，尊而且义，莫敢抗也，故鸣条之役，军不血刃，牧野之师，商人倒戈。今旍麾首路，其所经至，亦不欲穷兵极武。有能弃邪从正，箪食壶浆以迎王师者，国有常典，封宠大小，各有品限。及魏之宗族、支叶、中外，有能规利害、审逆顺之数，来诣降者，皆原除之。昔辅果绝亲于智氏，而蒙全宗之福，微子去殷，项伯归汉，皆受茅土之庆。此前世之明验也。若其迷沈不反，将助乱人，不式王命，戮及妻孥，罔有攸赦。广宣恩威，贷其元帅，吊其残民。他如诏书律令，丞相其露布天下，使称朕意焉。

陈琳－为袁绍檄豫州

左将军，领豫州刺史；郡国相守，盖闻明主图危以制变，忠臣虑难以立权。是以有非常之人，然后有非常之事；有非常之事，然后立非常之功。非常者，故非常人所拟也。曩者强秦弱主，赵高执柄，专制朝命，威福由已，终有望夷之祸，污辱至今。及臻吕后，禄、产专政，擅断万机，决事禁省，下陵上替，海内寒心。于是绛侯、朱虚兴威奋怒，诛夷逆暴，尊立太宗，故能道化兴隆，光明融显，此则大臣立权之明表也。

司空曹操祖父腾，故中常侍，与左悺、徐璜并作妖孽女，饕餮放横，伤化虐人。父嵩，乞匄携养，因臧买位，舆金替宝，输货权门，窃盗鼎司，倾覆重器。操赘阉遗丑，本无令德，僄狡锋侠，好乱乐祸。幕府董统鹰扬，埽夷凶逆，续遇董卓侵官暴国，于是提剑挥鼓，发命东夏，广罗英难，弃瑕录用，故遂与操参咨策略，谓其鹰犬之才，爪牙可任。至乃愚佻短虑，轻进易退，伤夷折衄，数丧师徒。幕府辄复分兵命锐，修完补辑，表行东郡太守、兖州刺史，被以虎文，授以偏师，奖就威柄，冀获秦师一克之报。而遂乘资跋扈，肆行酷烈，割剥元元，残贤害善。故九江太守边让，英才俊逸，以直言正色，论不阿谄，身被枭悬之戮，妻孥受灰灭之咎。自是士林愤痛，人怨天怒，一夫奋臂，举州同声，故躬破于徐方，地夺于吕布，旁徨东裔，蹈据无所。幕府惟强干弱枝之义，且不登畔人之党，故复援旍擐甲。席卷赴征，金鼓响震，布众破沮，拯其死亡之患，复其方伯之任。是则幕府无德于兖土，而有大造于操也。

会后銮驾东反，群虏乱政。时，冀州方有北鄙之警，匪遑离局，故使从事中郎徐勋就发遣操，使缮修效庙，翼卫幼主。而便放志专行，威劫省禁，卑侮王僚，败法乱纪，坐召三台，专制朝政，爵赏由心，刑戮在口，所爱光五宗，所怨灭三族，群谈者受显诛，腹议者蒙隐戮，道路以目，百辟钳口，尚书记期会，公卿充员品而已。

故太尉杨彪，历典二司，元纲极位。操因睚眦，被以非罪，篣楚并兼，五毒俱至，触情放慝，不顾宪章。又议郎赵彦，忠谏直言，议有可纳，故圣朝含听，改容加锡。操欲迷夺时明，杜绝言路，擅收立杀，不俟报闻。又梁孝王先帝母弟，坟陵尊显，松柏桑梓，犹宜恭肃。操率将吏士，亲临发掘，破棺裸尸，掠取金宝，至令圣朝流涕，士民伤怀。又署发丘中郎将、摸金校尉，所过毁突，无骸不露。身处三公之官，而行桀虏之态，污国虐民，毒施人鬼。加其细政苛惨，科防互设，罾缴充蹊，坑穽塞路，举手挂网罗，动足蹈机堋，是以兖、豫有无聊之人，帝都有呼嗟之怨。

历观古今书籍所载，贪残虐烈无道之臣，于操为甚。莫府方诘外奸，未及整训，加意含覆，冀可弥缝。而操豺狼野心，潜包祸谋，乃欲挠折栋梁，孤弱汉室，除忠害善，专为枭雄。往岁伐鼓北征，讨公孙瓒，强御桀逆，拒围一年。操因其未破，阴交书命，欲托助王师，以见掩袭，故引兵造河，方舟北济。会行人发露，瓒亦枭夷，故使锋芒挫缩，厥图不果。屯据敖仓，阻河为固，乃欲运螳螂之斧，御隆车之隧。莫府奉汉威灵，折冲宇宙，长戟百万，胡骑千群，奋中黄、育、获之士，骋良弓劲弩之势，并州越太行，青州涉济、漯，大军乏黄河以角其前，荆州下宛、叶而掎其后。雷震虎步，并集虏廷，若举炎火以焚飞蓬，覆沧海而注熛炭，有何不消灭者哉？

当今汉道陵迟，纲弛网绝，操以精兵七百，围守宫阙，外称陪卫，内以拘质，惧篡逆之祸，因斯而作。乃忠臣肝脑涂地之秋，烈士立功之会也。可不勖哉！

操又矫命称制，遣使发兵。恐边远州郡听而给与，强寇弱主，违众旅叛；举以丧名，为天下笑！则明哲不取也。即日幽并青冀四州并进，书到荆州，便勒见兵与建忠将军协同声势，州郡各整戎马，罗落境界，举师扬威，并匡社稷，则非常之功于是乎著！其得操首者，封五千户侯，赏钱五千万。部曲、偏裨、将校、诸吏降者勿有所问。广宣恩信，班扬符赏，布告天下，咸使知圣朝有拘逼之难。如律令。

钟会－檄蜀文

往者汉祚衰微，率土分崩，生民之命，几于泯灭。太祖武皇帝神武圣哲，拨乱反正，拯其将坠，造我区夏。高祖文皇帝应天顺民，受命践阼。烈祖明皇帝奕世重光，恢拓洪业。然江山之外，异政殊俗，率土齐民未蒙王化，此三祖所以顾怀遗恨也。今主上圣德钦明，绍隆前绪，宰辅忠肃明允，劬劳王室，布政垂惠而万邦协和，施德百蛮而肃慎致贡。悼彼巴蜀，独为匪民，愍此百姓，劳役未已。是以命授六师，龚行天罚，征西、雍州、镇西诸军，五道并进。

古之行军，以仁为本，以义治之；王者之师，有征无战：故虞舜舞干戚而服有苗，周武有散财、发廪、表闾之义。今镇西奉辞衔命，摄统戎重，庶弘文告之训，以济元元之命，非欲穷武极战，以快一朝之政，故略陈安危之要，其敬听话言。

益州先主以命世英才，兴兵朔野，困踬冀、徐之郊，制命绍、布之手，太祖拯而济之，与隆大好。中更背违，弃同即异，诸葛孔明仍规秦川，姜伯约屡出陇右，劳动我边境，侵扰我氐、羌，方国家多故，未遑修九伐之徵也。今边境乂清，方内无事，畜力待时，并兵一向，而巴蜀一州之众，分张守备，难以御天下之师。段谷、侯和沮伤之气，难以敌堂堂之陈。比年以来，曾无宁岁，征夫勤瘁，难以当子来之民。此皆诸贤所亲见也。蜀相壮见禽于秦，公孙述授首于汉，九州之险，是非一姓。此皆诸贤所备闻也。明者见危于无形，智者规祸于未萌，是以微子去商，长为周宾，陈平背项，立功于汉。岂晏安鸩毒，怀禄而不变哉？今国朝隆天覆之恩，宰辅弘宽恕之德，先惠后诛，好生恶杀。往者吴将孙壹举众内附，位为上司，宠秩殊异。文钦、唐咨为国大害，叛主仇贼，还为戎首。咨困逼禽获，钦二子还降，皆将军、封侯；咨与闻国事。壹等穷踧归命，犹加盛宠，况巴蜀贤知见机而作者哉！诚能深鉴成败，邈然高蹈，投迹微子之踪，错身陈平之轨，则福同古人，庆流来裔，百姓士民，安堵旧业，农不易亩，市不回肆，去累卵之危，就永安之福，岂不美与！若偷安旦夕，迷而不反，大兵一发，玉石皆碎，虽欲悔之，亦无及已。其详择利害，自求多福，各具宣布，咸使闻知。

孙楚－为石苞与孙皓书

盖见机而作，《周易》所贵；小不事大，《春秋》所诛。此乃吉凶之萌兆，荣辱所由生也。是故许、郑以衔璧全国，曹谭以无礼取灭。载藉既记其成败，古今又著其愚智，不复广引譬类，崇饰浮辞。苟以夸大为名，更丧忠告之实。今粗论事要，以相觉悟。

昔炎精幽昧，历数将终，恒、灵失德，灾衅并兴，豺狼抗爪牙之毒，生灵罹涂炭之难。由是九州绝贯，王纲解纽，四海萧条，非复汉有。太祖承运，神武应期，征讨暴乱，克宁区夏；协建灵符，天命既集，遂廓弘基，奄有魏域。

土则神州中岳，器则九鼎犹存，世载淑美，重光相袭，故知四隩之攸同，帝者之壮观也。昔公孙氏承藉父兄，世居东裔，拥带燕胡，凭陵险远，讲武游盘，不供职贡，内傲帝命，外通南国，乘桴沧海，交酬货贿，葛越布于朔土，貂马延于吴会；自以控弦十万，奔走之力，信能右折燕、齐，左震扶桑，鞣轹沙漠，南面称王。宣王薄伐，猛锐长驱，师次辽阳，而城池不守；枹鼓暂鸣，而元凶折首。于是远近疆埸，列郡大荒，收离聚散，大安其居，众庶悦服，殊俗款附。自兹以降，九野清泰，东夷献其乐器，肃慎贡其楛矢，旷世不羁，应化而至，巍巍荡荡，想所具闻也。

吴之先祖，起自荆、楚，遭时扰攘，潜播江表。刘备震惧，亦逃巴、岷。遂因山陵积石之固，三江五湖浩汗无涯，假气游魂，迄兹四纪。两邦合从，东西唱和，互相扇动，距捍中国。自谓三分鼎足之势，可与泰山共相终始也。相国晋王辅相帝室，文武桓桓，志厉秋霜，庙胜之算，应变无穷，独见之鉴，与众绝虑。主上钦明，委以万机，长辔远御，妙略潜授，偏师同心，上下用力，陵威奋伐，罙入其阻，并敌一向，夺其胆气。小战江由，则成都自溃；曜兵剑阁，则姜维面缚。开地六千，领郡三十。兵不逾时，梁、益肃清，使窃号之雄，稽颡绛阙，球琳重锦，充于府库。夫韩并魏徙，虢灭虞亡，此皆前鉴，后事之表。又南中吕兴，深睹天命蝉蜕内附，愿为臣妾。外失辅车唇齿之援，内有羽毛零落之渐，而徘徊危国，冀延日月，此由魏武侯却指山河，自以为强，殊不知物有兴亡，则所美非其地也。

方今百僚济济，俊乂盈朝，武臣猛将，折冲万里，国富兵强，六军精练，思复翰飞，饮马南海。自顷国家整修器械，兴造舟楫，简习水战，楼船万艘，千里相望，刳木已来，舟车之用未有如今之殷盛者也。骁勇百万，畜力待时。役不再举，今日之师也。然主相眷眷未便电发者，犹以为爱人治国，道家所尚，崇城遂卑，文王退舍，故先开大信，喻以存亡，殷勤之指，往使所究也。若能审势安危，自求多福，蹶然改容，祗承往锡，追慕南越，婴齐入侍，北面称臣，伏听告策，则世祚江表，永为魏藩，丰功显报，隆于今日矣。若犹侮慢，未顺王命，然后谋力云合，指麾从风，雍、梁二州，顺流而东，青、徐战士，列江而西，荆、扬兖、豫，争驱八冲，征东甲卒，武步秣陵，尔乃王舆整驾，六戎徐徼，羽校烛日，旌旗星流，龙游曜路，歌吹盈耳，士卒奔迈，其会如林，烟尘俱起，震天骇地，渴赏之士，锋镝争先，忽然一旦，身首横分，宗祀沦覆，取戒万世，引领南望，良助寒心！夫疗膏肓之疾者，必进苦口之药；决狐疑之虑者，亦告逆耳之言。如其犹豫，迷而不反，恐俞附见其已死，扁鹊知其无功矣。勉思良图，惟所去就。

韩愈 – 祭鳄鱼文

维年月日，潮州刺史韩愈，使军事衙推秦济，以羊一、猪一，投恶溪之潭水，以与鳄鱼食，而告之曰：昔先王既有天下，列山泽，罔绳擉刃，以除虫蛇恶物为民害者，驱而出之四海之外。及后王德薄，不能远有，则江、汉之间，尚皆弃之，以与蛮夷、楚越。况潮，岭海之间，去京师万里哉？鳄鱼之涵淹卵育于此，亦固其所。今天子嗣唐位，神圣慈武，四海之外，六合之内，皆抚而有之，况禹迹所揜，扬州之近地，刺史、县令之所治，出贡赋以供天地宗庙百神之祀之壤者哉！鳄鱼其不可与刺史杂处此土也！

刺史受天子命，守此土，治此民，而鳄鱼睅然不安溪潭，据处食民、畜、熊、豕、鹿、獐，以肥其身，以种其子孙，与刺史亢拒，争为长雄。刺史虽驽弱，亦安肯为鳄鱼低首下心，伈伈睍睍，为民吏羞，以偷活于此邪？且承天子命以来为吏，固其势不得不与鳄鱼辨。

鳄鱼有知，其听刺史言：潮之州，大海在其南。鲸、鹏之大，虾、蟹之细，无不容归，以生以食。鳄鱼朝发而夕至也。今与鳄鱼约，尽三日，其率丑类南徙于海，以避天子之命吏。三日不能，至五日；五日不能，至七日；七日不能，是终不肯徙也，是不有刺史听从其言也。不然，则是鳄鱼冥顽不灵，刺史虽有言，不闻不知也。夫傲天子之命吏，不听其言，不徙以避之，与冥顽不灵而为民物害者，皆可杀。刺史则选材技吏民，操强弓毒矢，以与鳄鱼从事，必尽杀乃止。其无悔！

欧阳修 – 拟制九篇

任守信可遥郡刺史，依旧鄜延路驻泊兵马钤辖制：

敕：国家自灵夏不宾，边隅多警。议者率以谓用兵之道，任将宜专。恩信不久，则无以得士心；山川不习，则不可图胜算。顷自兵宿于野，久而无功，此殆将帅数易之过也。苟其能者，无遽夺焉。以具官任守信，选以敏材，临于戎事，肃军捍寇，宣力有闻。遽以飞章，自言满岁。顾久亲于矢石，岂不念于勤劳？然而士卒之乐既汝安，夷狄之情惟汝熟，虽欲代汝，实难其人。所宜旌以郡章，仍临旧部。体兹委寄，服我茂恩。可。

杜鉞可卫尉寺丞制

敕：朕抚有万国而官群材，不敢专用独见之明，而外诏庶寮，各举其善。具官杜鉞：举者言尔材堪亲民，是用升汝司卫之丞，而将用汝临人于治。《诗》云：「岂弟君子，民之父母。」盖夫善为政者，能使其民爱之如此。汝能以此亲我民乎？往膺进秩之荣，无为举者之累。可。

张去惑可秘书丞制

敕具官张去惑：国家设官之法，患乎巧伪干誉者之难止。故考绩之格，三载而一例迁，所以使沉实守正之人得以自进。及其弊也，庸人希累日之赏，而贤者不能自别。故又增旧法，稍欲因举类而求能者焉。推尔之材，世所称美。夫累日而迁非尔志，干誉而进不可为。惟思厥中，务广其业。可。

郭固可宁州军事推官制

敕具官郭固：自边陲用兵，而天下游谈之士趋时蹈利者，吾非不知其滥，而未始怠焉者，冀必有得于其间。惟尔之能，乃其素学。夫学有实者，诘之不穷，而推之可用。嘉汝施设，精而有条，虑变适宜，将观汝用。可。

李仲昌可大理寺丞签署滑州判官公事制

敕具官李仲昌：群材之在下者思达其上，难矣。而在上者思得可用之材，岂为易哉？朕顷自择能臣，使举其类，而洙以尔充荐。今琦又以为言。琦、洙皆能体吾劳于择士之心者，举尔不应不慎。霈然推宠，吾所不疑。尔尚勉哉，以称兹举。可。

郭子仪孙元亨可永兴军助教制

敕郭元亨：继绝世，褒有功，非惟推恩以及远，所以劝天下之为臣者焉。况尔先王，名载旧史。勋德之厚，宜其流泽于无穷，而其后裔不可以废。往服新命，以荣厥家。可。

李景圭可大理评事制

敕具官李景圭：九州四海，风俗不同，而王者之化无不及。吾于远者，尤加意焉。夫吏非敏于其事，则不能通俗习而顺其宜，政一失焉，下则重困。

邈兹南海，尔莅吾民。今会课上闻，增尔荣秩。克勤厥职，以副予怀。可。

孙砺李国庆并可殿中丞制

敕具官孙砺等：六经皆载治民之术，而法者为吏之资也。汝等学之，用以从政。经之道广矣，择其宜于民者；法之文密矣，取其平而不害者。足以莅尔官，而成厥绩焉。膺兹叙迁，勉用尔学。可。

曾巩－拟制四篇

贾昌衡知邓州制

敕：记旧欲者，称南阳之民夸奢，上气力，难制御。今其余习殆尚有存者，故有邦之任，朕不轻以属人。具官某，中外践更，令闻惟旧，兹用考择，往分彼土。盖穰水育之间，虽俗杂难治，然教民敦本，兴于好善，召信臣、杜诗之遗迹在焉。使农桑劝而风俗厚，尔尚思继于前人。其往懋哉，无替朕命。可。

梅福封寿春真人制

敕某：在汉之际，数以孤远，极言天下之事，其志壮哉。晚而家居，读书养性。卒遗俗高蹈，世传为仙。今大江之西，实存庙像。祷祠辄应，能泽吾民。有司上闻，是用锡兹显号。光灵不泯，其服朕恩。可。

王中正种谔降官制

朕大兴士众，属尔等以伐羌，固将举其巢穴，非徒却虏收并塞之地而已。兵西出则近，而尔等东繇绥德回远之路，以疲士马，费刍粟，致功用不集。中正议既不审，又约有分地，当攻其左，而不能奋击，以歼除丑类。夫军赏吾必信，而罚亦安得已哉？是用按尔之罪，降秩有差。其体宽恩，尚思报称。可。

张颉知均州制

岭之西南，桂为剧部。外有溪居海聚之民壤错内属，拊巡填守，讵可属非其人。尔比选于朝，往备兹任。而内不能统齐士吏，外不能绥靖华夷。致兹绎骚，自乾邦宪。夺其美职，处以偏州。兹惟朕恩，无忘思省。可。

卷十一●奏议之属一

李斯－谏逐客书

臣闻吏议逐客，窃以为过矣。昔缪公求士，西取由余于戎，东得百里奚于宛，迎蹇叔于宋，来丕豹、公孙支于晋。此五子者，不产于秦，而缪公用之，并国二十，遂霸西戎。孝公用商鞅之法，移风易俗，民以殷盛，国以富强，百姓乐用，诸侯亲服，获楚、魏之师，举地千里，至今治强。惠王用张仪之计，拔三川之地，西并巴、蜀，北收上郡，南取汉中，包九夷，制鄢、郢，东据成皋之险，割膏腴之壤，遂散六国之从，使之西面事秦，功施到今。昭王得范雎，废穰侯，逐华阳，强公室，杜私门，蚕食诸侯，使秦成帝业。此四君者，皆以客之功。由此观之，客何负于秦哉！向使四君却客而不内，疏士而不用，是使国无富利之实而秦无强大之名也。

今陛下致昆山之玉，有随、和之宝，垂明月之珠，服太阿之剑，乘纤离之马，建翠凤之旗，树灵鼍之鼓。此数宝者，秦不生一焉，而陛下说之，何也？必秦国之所生然后可，则是夜光之璧不饰朝廷，犀象之器不为玩好，郑、卫之女不充后宫，而骏良駃騠不实外厩，江南金锡不为用，西蜀丹青不为采。所以饰后宫充下陈娱心意说耳目者，必出于秦然后可，则是宛珠之簪，傅玑之珥，阿缟之衣，锦绣之饰不进于前，而随俗雅化佳冶窈窕赵女不立于侧也。夫击瓮叩缶弹筝搏髀，而歌呼呜呜快耳者，真秦之声也；郑、卫、桑间、昭、虞、武、象者，异国之乐也。今弃击瓮叩缶而就郑卫，退弹筝而取昭虞，若是者何也？快意当前，适观而已矣。今取人则不然。不问可否，不论曲直，非秦者去，为客者逐。然则是所重者在乎色乐珠玉，而所轻者在乎人民也。此非所以跨海内制诸侯之术也。

臣闻地广者粟多，国大者人众，兵强则士勇。是以太山不让土壤，故能成其大；河海不择细流，故能就其深；王者不却众庶，故能明其德。是以地无四方，民无异国，四时充美，鬼神降福，此五帝、三王之所以无敌也。今乃弃黔首以资敌国，却宾客以业诸侯，使天下之士退而不敢西向，裹足不入秦，此所谓“藉寇兵而赍盗粮”者也。

夫物不产于秦，可宝者多；士不产于秦，而愿忠者众。今逐客以资敌国，损民以益雠，内自虚而外树怨于诸侯，求国无危，不可得也。

贾谊－论积贮疏

管子曰："仓廪实而知礼节。"民不足而可治者，自古及今，未之尝闻。古之人曰："一夫不耕，或受之饥；一女不织，或受之寒。"生之有时，而用之亡度，则物力必屈。古之治天下，至孅至悉也，故其畜积足恃。今背本而趋末，食者甚众，是天下之大残也；淫侈之俗，日日以长，是天下之大赋也。残贼公行，莫之或止；大命将泛，莫之振救。生之者甚少而靡之者甚多，天下财产何得不蹶！汉之为汉几四十年矣，公私之积犹可哀痛。失时不雨，民且狼顾；岁恶不入，请卖爵、子。既闻耳矣，安有为天下阽危者若是而上不惊者！

世之有饥穰，天之行也，禹、汤被之矣。即不幸有方二三千里之旱，国胡以相恤？卒然边境有急，数十百万之众，国胡以馈之？兵旱相乘，天下大屈，有勇力者聚徒而衡击，罢夫羸老易子而咬其骨。政治未毕通也，远方之能疑者并举而争起矣，乃骇而图之，岂将有及乎？

夫积贮者，天下之大命也。苟粟多而财有余，何为而不成？以攻则取，以守则固，以战则胜。怀敌附远，何招而不至？今敺民而归之农，皆著于本，使天下各食基力，末技游食之民转而缘南亩，则畜积足而人乐其所矣。可以为富安天下，而直为此廪廪也，窃为陛下惜之！

贾谊－请封建子弟疏

陛下即不定制，如今之势，不过一传再传，诸侯犹且人恣而不制，豪植而大强，汉法不得行矣。陛下所以为蕃捍及皇太子之所恃者，唯唯阳、代二国耳。代北边匈奴，与强敌为邻，能自完则足矣。而淮阳之比大诸侯，廑如黑子之著面，适足以饵大国耳，不足以有所禁御。方今制在陛下，制国而令子适足以为饵，岂可谓工哉！人主之行异布衣。布衣者，饰小行，竞小廉，以自托于乡党，人主唯天下安社稷固不耳。高皇帝瓜分天下以王功臣，反者如猬毛而起，以为不可，故蕲去不义诸侯而虚其国。择良日，立诸子雒阳上东门之外，毕以为王，而天下安。故大人者，不牵小行，以成大功。

今淮南地远者或数千里，越两诸侯，而县属于汉。其吏民徭役往来长安者，自悉而补，中道衣敝，钱用诸费称此，其苦属汉而欲得王至甚，逋逃而归诸侯者已不少矣。其势不可久。臣之愚计，愿举淮南地以益淮阳，而为梁王立后，割淮阳北边二三列城与东郡以益梁；不可者，可徙代王而都睢阳。梁起于新郪以北著之河，淮阳包陈以南揵之江，则大诸侯之有异心者，破胆而不敢谋。梁足以捍齐、赵，淮阳足以禁吴、楚，陛下高枕，终亡山东之忧矣，此二世之利也。当今恬然，适遇诸侯之皆少，数岁之后，陛下且见之矣。夫秦日夜苦心劳力以除六国之祸，今陛下力制天下，颐指如意，高拱以成六国之祸，难以言智。苟身亡事，畜乱宿祸，孰视而不定，万年之后，传之老母弱子，将使不宁，不可谓仁。臣闻圣主言问其臣而不自造事，故使人臣得毕其愚忠。唯陛下财幸！

贾谊－谏封淮南四子疏

窃恐陛下接王淮南诸子，曾不与如臣者孰计之也。淮南王之悖逆亡道，天下孰不知其罪？陛下幸而赦迁之，自疾而死，天下孰以王死之不当？今奉尊罪人之子，适足以负谤于天下耳。此人少壮，岂能忘其父哉？白公胜所为父报仇者，大父与伯父、叔父也。白公为乱，非欲取国代主也，发愤快志，剡手以冲仇人之匈，固为俱靡而已。淮南虽小，黥布尝用之矣，汉存特幸耳。夫擅仇人足以危汉之资，于策不便。虽割而为四，四子一心也。予之众，积之财，此非有子胥、白公报于广都之中，即疑有剸诸、荆轲起于两柱之间，所谓假贼兵为虎翼者也。愿陛下少留计！

贾谊 – 谏放民私铸疏

法使天下公得顾租铸铜锡为钱，敢杂以铅铁为它巧者，其罪黥。然铸钱之情，非淆杂为巧，则不可得嬴；而淆之甚微，为利甚厚。夫事有召祸而法有起奸，今令细民人操造币之势，各隐屏而铸作，因欲禁其厚利微奸，虽黥罪日报，其势不止。乃者，民人抵罪，多者一县百数，及吏之所疑，榜笞奔走者甚众。夫县法以诱民，使入陷井，孰积如此！曩禁铸钱，死罪积下；今公铸钱，黥罪积下。为法若此，上何赖焉？

又，民用钱，郡县不同：或用轻钱，百加若干；或用重钱，平称不受。法钱不立，吏急而壹之窔，则大为烦苛，而力不能胜；纵而弗呵窔，则市肆异用，钱文大乱。苟非其术，何乡而可哉！

今农事弃捐而采铜者日蕃，释其耒耨，冶熔炊炭；奸钱日多，五谷不为多；善人怵而为奸邪，愿民陷而之刑戮：将甚不详，奈何而忽！国知患此，吏议必曰禁之。禁之不得其术，其伤必大。令禁铸钱，则钱必重。重则其利深，盗铸如云而起，弃市之罪又不足以禁矣！奸数不胜而法禁数溃，铜使之然也。故铜布于天下，其为祸博矣。

今博祸可除，而七福可致也。何谓七福？上收铜勿令布，则民不铸钱，黥罪不积，一矣。伪钱不蕃，民不相疑，二矣。采铜铸作者反于耕田，三矣。铜毕归于上，上挟铜积以御轻重，钱轻则以术敛之，重则以术散之，货物必平，四矣。以作兵器，以假贵臣，多少有制，用别贵贱，五矣。以临万货，以调盈虚，以收奇羡，则官富实而末民困，六矣。制吾弃财，以与匈奴逐争其民，则敌必怀，七矣。故善为天下者，因祸而为福，转败而为功。今久退七福而行博祸，臣诚伤之。

贾山 – 至言

臣闻为人臣者，尽忠竭愚，以直谏主，不避死亡之诛者，臣山是也。臣不敢以久远谕，愿借秦以为谕，唯陛下少加意焉。

夫布衣韦带之士，修身于内，成名于外，而使后世不绝息。至秦则不然。贵为天子，富有天下，赋敛重数，百姓任罢，赭衣半道，群盗满山，使天下之人戴目而视，倾耳而听。一夫大呼，天下响应者，陈胜是也。秦非徒如此也，起咸阳而西至雍，离宫三百，钟鼓帷帐，不移而具。又为阿房之殿，殿高数十仞，东西五里，南北千步，从车罗骑，四马骛驰，旌旗不桡。为宫室之丽至于此，使其后世曾不得聚庐而托处焉。为驰道于天下，东穷燕、齐，南极吴、楚，江湖之上，濒海之观毕至。道广五十步，三丈而树，厚筑其外，隐以金椎，树以青松。为驰道之丽至于此，使其后世曾不得邪径而托足焉。死葬乎骊山，吏徒数十万人，旷日十年。下彻三泉合采金石，冶铜锢其内，漆涂其外，被以珠玉，饰以翡翠，中成观游，上成山林，为葬薶之侈至于此，使其后世曾不得蓬颗蔽冢而托葬焉。秦以熊罴之力，虎狼之心，蚕食诸侯，并吞海内，而不笃礼义，故天殃已加矣。臣昧死以闻，愿陛下少留意而详择其中。

臣闻忠臣之事君也，言切直则不用而身危，不切直则不可以明道，故切直之言，明主所欲急闻，忠臣之所以蒙死而竭知也。地之硗者，虽有善种，不能生焉；江皋河濒，虽有恶种，无不猥大。昔者夏、商之季世，虽关龙逢、箕子、比干之贤，身死亡而道不用。文王之时，豪俊之士皆得竭其智，刍荛采薪之人皆得尽其力，此周之所以兴也。故地之美者善养禾，君之仁者善养士。雷霆之所击，无不摧折者；万钧之所压，无不糜灭者。今人主之威，非特雷霆也；势重，非特万钧也。开道而求谏，和颜色而受之，用其言而显其身，士犹恐惧而不敢自尽，又乃况于纵欲恣行暴虐，恶闻其过乎！震之以威，压之以重，则虽有尧、舜之智，孟贲之勇，岂有不摧折者哉？如此，则人主不得闻其过失矣；弗闻，则社稷危矣。古者圣王之制，史在前书过失，工诵箴谏，瞽诵诗谏，公卿比谏，士传言谏，庶人谤于道，商旅议于市，然后君得闻其过失也。闻其过失而改之，见义而从之，所以永有天下也。天子之尊，四海之内，其义莫不为臣。然而养三老于大学，亲执酱而馈，执爵而酳，祝饐在前，祝鲠在后，公卿奉杖，大夫进履，举贤以自辅弼，求修正之士使直谏。故以天子之尊，尊养三老，视孝也；立辅弼之臣者，恐骄也；置直谏之士者，恐不得闻其过也；学问至于刍荛者，求善无餍也；商人庶人诽谤已而改之，从善无不听也。

昔者，秦政力并万国，富有天下，破六国以为郡县，筑长城以为关塞。秦地之固，大小之势，轻重之权，其与一家之富，一夫之强，胡可胜计也！然而兵破于陈涉，地夺于刘氏者，何也？秦王贪狼暴虐，残贼天下，穷困万民，以适其欲也。昔者，周盖千八百国，以九州之民养千八百国之君，用民之力不过岁三日，什一而籍，君有余财，民有余力，而颂声作。秦皇帝以千八百国之民自养，力罢不能胜其役，财尽不能胜其求。一君之身耳，所以自养者驰骋弋猎之娱，天下弗能供也。劳罢者不得休息，饥寒者不得衣食，亡罪而死刑者无所告诉，人与之为怨，家与之为仇，故天下坏也。秦皇帝身在之时，天下已坏矣，而弗自知也。秦皇帝东巡狩，至会稽、琅邪，刻石著其功，自以为过尧、舜统；县石铸钟虡，筛土筑阿房之宫，自以为万世有天下也。古者圣王作谥，三四十世耳，虽尧、舜、禹、汤、文、武累世广德以为子孙基业，无过二三十世者也。秦皇帝曰死而以谥法，是父子名号有时相袭也，以一至万，则世世不相复也，故死而号曰始皇帝，其次曰二世皇帝者，欲以一至万也。秦皇帝计其功德，度其后嗣，世世无穷，然身死才数月耳，天下四面而攻之，宗庙灭绝矣。

秦皇帝居灭绝之中而不自知者何也？天下莫敢告也。其所以莫敢告者何也？亡养老之义，亡辅弼之臣，亡进谏之士，纵恣行诛，退诽谤之人，杀直谏之士，是以道谀偷合苟容，比其德则贤于尧、舜，课其功则贤于汤、武，天下已溃而莫之告也。诗曰："匪言不能，胡此畏忌，听言则对，谮言则退。"此之谓也。又曰："济济多士，文王以宁。"天下未尝亡士也，然而文王独言以宁者何也？文王好仁则仁兴，得士而敬之则士用，用之有礼义。故不致其爱敬，则不能尽其心；不能尽其心，则不能尽其力；不能尽其力，则不能成其功。故古之贤君于其臣也，尊其爵禄而亲之；疾则临视之亡数，死则往吊哭之，临其小敛大敛，已棺涂而后为之服锡衰麻绖，而三临其丧；未敛不饮酒食肉，未葬不举乐，当宗庙之祭而死，为之废乐。故古之君人者于其臣也，可谓尽礼矣；服法服，端容貌，正颜色。然后见之。故臣下莫敢不竭力尽死以报其上，功德立于后世，而令闻不忘也。

今陛下念思祖考，术追厥功，图所以昭光洪业休德，使天下举贤良方正之士，天下皆䜣，曰将兴尧、舜之道，三王之功矣。天下之士莫不精白以承休德。今方正之士皆在朝廷矣，又选其贤者使为常侍诸吏，与之驰驱射猎，一日再三出。臣恐朝廷之解驰，百官之堕于事也，诸侯闻之，又必怠于政矣。

陛下即位，亲自勉以厚天下，损食膳，不听乐，减外徭卫卒，止岁贡；省厩马以赋县传，去诸苑以赋农夫，出帛十万余匹以振贫民；礼高年，九十者一子不事，八十者二算不事；赐天下男子爵，大臣皆至公卿；发御府金赐大臣宗族，亡不被泽者；赦罪人，怜其亡发，赐之巾，怜其衣赭书其背，父子兄弟相见也，而赐之衣。平狱缓刑，天下莫不说喜。是以元年膏雨降，五谷登，此天之所以相陛下也。刑轻于它时而犯法者寡，衣食多于前年而盗贼少，此天下之所以顺陛下也。臣闻山东吏布诏令，民虽老羸瘙疾，扶杖而往听之，愿少须臾毋死，思见德化之成也。今功业方就，名闻方昭，四方乡风，今从豪俊之臣，方正之士，直与之日日猎射，击兔伐狐，以伤大业，绝天下之望，臣窃悼之。诗曰："靡不有初，鲜克有终。"臣不胜大愿，愿少衰射猎，以夏岁二月，定明堂，造太学，修先王之道。风行俗成，万世之基定，然后唯陛下所幸耳。

古者大臣不媟，故君子不常见其齐严之色、肃敬之容。大臣不得与宴游，方正修洁之士不得从射猎，使皆务其方以高其节，则群臣莫敢不正身修行，尽心以称大礼。如此，则陛下之道尊敬，功业施于四海，垂于万世子孙矣。诚不如此，则行日坏而荣日灭矣。夫士修之于家，而坏之于天子之廷，臣窃愍之。陛下与众臣宴游，与大臣方正朝廷论议。夫游不失乐，朝不失礼，议不失计，轨事之大者也。

晁错－言兵事书

臣闻汉兴以来，胡虏数人边地，小人则小利，大人则大利。高后时，再入陇西，攻城屠邑，驱略畜产。其后复人陇西，杀吏卒，大寇盗。窃闻战胜之威，民气百倍；败兵之卒，没世不复。自高后以来，陇西三困于匈奴矣，民气破伤，亡有胜意。今兹陇西之吏，赖社稷之神灵，奉陛下之明诏，和辑士卒，底厉其节，起破伤之民，以当乘胜之匈奴，用少击众，杀一王，败其众而有大利。非陇西之民有勇怯，乃将吏之制巧拙异也。故兵法曰："有必胜之将，无必胜之民。"由此观之，安边境，立功名，在于良将，不可不择也。

臣又闻用兵临战合刃之急者三：一曰得地形，二曰卒服习，三曰器用利。兵法曰：丈五之沟，渐车之水，山林积石，经川丘阜，草木所在，此步兵之地也，车骑二不当一。土山丘陵，曼衍相属，平原广野，此车骑之地也，步兵十不当一。平陵相远，川谷居间，仰高临下，此弓弩之地也，短兵百不当一。两陈相近，平地浅草，可前可后，此长戟之地也，剑楯三不当一。萑苇竹萧，草木蒙茏，支叶茂接，此矛铤之地也，长戟二不当一。曲道相伏，险阨相薄，此剑楯之地也，弓弩三不当一。士不选练，卒不服习，起居不精，动静不集，趋利弗及，避难不毕，前击后解，与金鼓之音相失，此不习勒卒之过也，百不当十。兵不完利，与空手同；甲不坚密，与袒裼同；弩不可以及远，与短兵同；射不能中，与亡矢同；中不能人，与亡镞同：此将不省兵之祸也，五不当一。故兵法曰：器械不利，以其卒予敌也；卒不可用，以其将予敌也；将不知兵，以其主予敌也；君不择将，以其国予敌也。四者，兵之至要也。

臣又闻小大异形，强弱异势，险易异备。夫卑身以事强，小国之形也；合小以攻大，敌国之形也；以蛮夷攻蛮夷，中国之形也。今匈奴地形技艺与中国异：上下山阪，出人溪涧，中国之马弗与也；险道倾仄，且驰且射，中国之骑弗与也；风雨罢劳，饥渴不困，中国之人弗与也：此匈奴之长技也。若夫平原易地，轻车突骑，则匈奴之众易挠乱也；劲弩长戟，射疏及远，则匈奴之弓弗能格也；坚甲利刃，长短相杂，游弩往来，什伍俱前，则匈奴之兵弗能当也；材官驺发，矢道同的，则匈奴之革笥木荐弗能支也；下马地斗，剑戟相接，去就相薄，则匈奴之足弗能给也：此中国之长技也。以此观之，匈奴之长技三，中国之长技五。陛下又兴数十万之众，以诛数万之匈奴，众寡之计，以一击十之术也。

虽然，兵，凶器；战，危事也。以大为小，以强为弱，在俯中之间耳。夫以人之死争胜，跌而不振，则悔之亡及也。帝王之道，出于万全。今降胡义渠蛮夷之属来归谊者，其众数千，饮食长技与匈奴同，可赐之坚甲絮衣、劲弓利矢，益以边郡之良骑，令明将能知其习俗和辑其心者，以陛下之明约将之。即有险阻，以此当之；平地通道，则以轻车材官制之。两军相为表里，各用其长技，衡加之以众，此万全之术也。

传曰：“狂夫之言，而明主择焉。”臣错愚陋，昧死上狂言，唯陛下财择。

晁错－论贵粟疏

圣王在上，而民不冻饥者，非能耕而食之，织而衣之也，为开其资财之道也。故尧、禹有九年之水，汤有七年之旱，而国亡捐瘠者，以畜积多而备先具也。

今海内为一，土地人民之众，不避汤、禹，加以亡天灾数年之水旱，而畜积未及者，何也？地有遗利，民有余力，生谷之土未尽垦，山泽之利未尽出也，游食之民未尽归农也。民贫则奸邪生。贫生于不足，不足生于不农，不农则不地著，不地著则离乡轻家，民如鸟兽。虽有高城深池，严法重刑，犹不能禁也。夫寒之于衣，不待轻暖；饥之于食，不待甘旨。饥寒至身，不顾廉耻。人情一日不再食则饥，终岁不制衣则寒。夫腹饥不得食，肤寒不得衣，虽慈母不能保其子，君安能以有其民哉？明主知其然也，故务民于农桑，薄赋敛，广畜积，以实仓廪，备水旱，故民可得而有也。

民者，在上所以牧之，趋利如水走下，四方亡择也。夫珠玉金银，饥不可食，寒不可衣，然而众贵之者，以上用之故也。其为物轻微易臧，在于把握，可以周海内而亡饥寒之患。此令臣轻背其主，而民易去其乡，盗贼有所劝，亡逃者得轻资也。粟米布帛，生于地，长于时，聚于力，非可一日成也。数石之重，中人弗胜，不为奸邪所利。一日弗得而饥寒至。是故明君贵五谷而贱金玉。今农夫五口之家，其服役者，不下二人；其能耕者，不过百亩；百亩之收，不过百石。春耕夏耘，秋获冬臧，伐薪樵，治官府，给徭役，春不得避风尘，夏不得避暑热，秋不得避阴雨，冬不得避寒冻，四时之间，亡日休息。又私自送往迎来，吊死问疾，养孤长幼在其中。勤苦如此，尚复被水旱之灾，急政暴赋，赋敛不时，朝令而暮改。当具有者，半贾而卖；亡者，取倍称之息。于是有卖田宅、鬻子孙以偿责者矣。而商贾大者积贮倍息，小者坐列贩卖，操其奇赢，日游都市，乘亡之急，所卖必倍。故其男不耕耘，女不蚕织，衣必文采，食必粱肉，亡农夫之苦，有仟伯之得。因其富厚，交通王侯，力过吏势，以利相倾。千里游敖，冠盖相望，乘坚策肥，履丝曳缟。此商人所以兼并农人，农人所以流亡者也。今法律贱商人，商人已富贵矣；尊农夫，农夫已贫贱矣。故俗之所贵，主之所贱也；吏之所卑，法之所尊也。卜下相反，好恶乖迕，而欲国富法立，不可得也。

方今之务，莫若使民务农而已矣。欲民务农，在于贵粟。贵粟之道，在于使民以粟为赏罚。今募天下人粟县官，得以拜爵，得以除罪。如此，富人有爵，农民有钱，粟有所渫。夫能人粟以受爵，皆有余者也。取于有余以供上用，则贫民之赋可损，所谓损有余，补不足，令出而民利者也。顺于民心，所补者三：一日主用足，二曰民赋少，三日劝农功。今令：“民有车骑马一匹者，复卒三人。”车骑者，天下武备也，故为复卒。神农之教曰：“有石城十仞、汤池百步、带甲百万，而亡粟，弗能守也。”以是观之，粟者，王者大用，政之本务。令民人粟受爵，至五大夫以上，乃复一人耳，此其与骑马之功相去远矣。爵者，上之所擅，出于口而亡穷；粟者，民之所种，生于地而不乏。夫得高爵与免罪，人之所甚欲也。使天下人粟于边，以受爵免罪，不过三岁，塞下之粟必多矣。

晁错－论守边备塞书

臣闻秦时，北攻胡、貉，筑塞河上，南攻扬、粤，置戍卒焉。其起兵而攻胡、粤者，非以卫边地而救民死也，贪戾而欲广大也，故功未立而天下乱。且夫起兵而不知其势，战则为人禽，屯则卒积死。夫胡、貉之地，积阴之处也，木皮三寸，冰厚六尺，食肉而饮酪，其人密理，鸟兽毳毛，其性能寒。扬、粤之地，少阴多阳，其人疏理，鸟兽希毛，其性能暑。秦之戍卒不能其水土，戍者死于边，输者偾于道。秦民见行，如往弃市，因以谪发之，名曰“谪戍”。先发吏有谪及赘婿、贾人，后以尝有市籍者，又后以大父母、父母尝有市籍者，后人闾，取其左。发之不顺，行者深怨，有背畔之心。凡民守战至死而不降北者，以计为之也。故战胜守固。则有拜爵之赏，攻城屠邑。则得其财卤。以富家室，故能使其众蒙矢石，赴汤火，视死如生。今秦之发卒也，有万死之害，而亡铢两之报，死事之后，不得一算之复，天下明知祸烈及己也。陈胜行戍，至于大泽，为天下先倡，天下从之如流水者，秦以威劫而行之之敝也。

胡人衣食之业，不著于地，其势易以扰乱边境。何以明之？胡人食肉饮酪，衣皮毛，非有城郭田宅之归居，如飞鸟走兽于广野。美草甘水则止，草尽水竭则移。以是观之，往来转徙，时至时去，此胡人之生业，而中国之所以离南亩也。今使胡人数处转牧，行猎于塞下，或当燕、代，或当上郡、北地、陇西，以候备塞之卒，卒少则人。人不救，则边民绝望，而有降敌之心；救之，少发则不足，多发远县才至，则胡又已去。聚而不罢，为费甚大；罢之，则胡复人。如此连年，则中国贫苦，而民不安矣。

陛下幸忧边境，遣将吏，发卒以治塞，甚大惠也。然令远方之卒，守塞一岁而更，不知胡人之能，不如选常居者，家室田作，且以备之。以便为之高城深堑，具蔺石，布渠答，复为一城其内，城间百五十步。要害之处，通川之道，调立城邑，毋下千家，为中周虎落。先为室屋，具田器，乃募罪人及免徒复作，令居之；不足，募以丁奴婢赎罪及输奴婢欲以拜爵者；不足，乃募民之欲往者。皆赐高爵，复其家。予冬夏衣，廪食，能自给而止。郡县之民，得买其爵以自增至卿。其亡夫若妻者，县官买予之。人情非有匹敌，不能久安其处。塞下之民，禄利不厚，不可使久居危难之地。胡人人驱，而能止其所驱者，以其半予之，县官为赎其民。如是，则邑里相救助，赴胡不避死，非以德上也，欲全亲戚而利其财也。此与东方之戍卒不习地势而心畏胡者，功相万也。以陛下之时，徙民实边，使远方亡屯戍之事，塞下之民，父子相保；亡系虏之患，利施后世，名称圣明，其与秦之行怨民，相去远矣。

晁错－论募民徙塞下书

陛下幸募民相徙以实塞下，使屯戍之事益省，输将之费益寡，甚大惠也。下吏诚能称厚惠，奉明法，存恤所徙之老弱，善遇其壮士，和辑其心，而勿侵刻，使先至者安乐而不思故乡，则贫民相募而劝往矣。

臣闻古之徙远方，以实广虚也，相其阴阳之和，尝其水泉之味，审其土地之宜，观其草木之饶，然后营邑立城，制里割宅，通田作之道，正阡陌之界，先为筑室，家有一堂二内，门户之闭，置器物焉，民至有所居，作有所用，此民所以轻去故乡而劝之新邑也。为置医巫，以救疾病，以修祭祀，男女有昏，生死相恤，坟墓相从，种树畜长，室屋完安，此所以使民乐其处，而有长居之心也。

臣又闻古之制边县以备敌也，使五家为伍，伍有长；十长一里，里有假士；四里一连，连有假五百；十连一邑，邑有假候：皆择其邑之贤材有护、习地形、知民心者，居则习民于射法，出则教民于应敌。故卒伍成于内，则军正定于外。服习以成，勿令迁徙，幼则同游，长则共事。夜战声相知，则足以相救；昼战目相见，则足以相识；欢爱之心，足以相死。如此，而劝以厚赏，威以重罚，则前死不还踵矣。所徙之民，非壮有材力，但费衣粮，不可用也；虽有材力，不得良吏，犹亡功也。

陛下绝匈奴不与和亲，臣窃意其冬来南也，壹大治，则终身创矣。欲立威者，始于折胶，来而不能困，使得气去，后未易服也。愚臣亡识，唯陛下财察。

邹阳－谏吴王书

臣闻秦倚曲台之宫，县衡天下，画地而不犯，兵加胡越；至其晚节末路，张耳、陈胜连从兵之据，以叩函谷，咸阳遂危。何则？列郡不相亲，万室不相救也。今胡数涉北河之外，上覆飞鸟，下不见伏兔，斗城不休，救兵不止，死者相随，辇车相属，转粟流输，千里不绝。何则？强赵责于河间，六齐望于惠后，城阳顾于卢博，三淮南之心思坟墓。大王不忧，臣恐救兵之不专。胡马遂进窥于邯郸，越水长沙，还舟青阳。虽使梁并淮阳之兵，下淮东，越广陵，以遏越人之粮，汉亦折西河而下，北守漳水，以辅大国，胡亦益进，越亦益深。此臣之所为大王患也。

臣闻交龙襄首奋翼，则浮云出流，雾雨咸集；圣王底节修德，则游谈之士归义思名。今臣尽智毕议，易精极虑，则无国不可奸。饰固陋之心，则何王之门不可曳长裾乎？然臣所以历数王之朝，背淮千里而自致者，非恶臣国而乐吴民也，窃高下风之行，尤说大王之义，故愿大王之无忽，察听其志。

臣闻鸷鸟累百，不如一鹗。夫全赵之时，武力鼎士袨服丛台之下者，一旦成市，而不能止幽王之湛患；淮南连山东之侠，死士盈朝，不能还厉王之西也。然而计议不得，虽诸、贲不能安其位亦明矣。故愿大王审画而已。

始孝文皇帝据关人立，寒心销志，不明求衣。自立天子之后，使东牟朱虚东褒义父之后，深割婴儿王之壤，子王梁、代，益以淮阳。卒仆济北、囚弟于雍者，岂非象新垣平等哉？今天子新据先帝之遗业，左规山东，右制关中，变权易势，大臣难知。大王弗察，臣恐周鼎复起于汉，新垣过计于朝，则我吴遗嗣，不可期于世矣！高皇帝烧栈道，水章邯，兵不留行，收弊民之倦，东驰函谷，西楚大破，水攻则章邯以亡其城，陆击则荆王以失其地。此皆国家之不几者也。愿大王孰察之。

邹阳－狱中上梁王书

臣闻“忠天不报，信不见疑”，臣常以为然。徒虚语耳。昔荆轲慕燕丹之义，白虹贯日，太子畏之；卫先生为秦画长平之事，太白食昴，昭王疑之。夫精变天地，而信不谕两主，岂不哀哉！今臣尽忠竭诚，毕议愿知左右不明，卒从吏讯，为世所疑。是使荆轲、卫先生复起，而燕、秦不寤也。愿大王孰察之。昔玉人献宝，楚王诛之，李斯竭忠，胡亥汲刑。是以箕子佯狂，接舆避世，恐遭此患也。愿大王察玉人、李斯之意，而后楚王、胡亥之听，毋使臣为箕子、接舆所笑。臣闻比上二剖心，子胥鸱夷，臣始不信，乃今知之。愿大王孰察，少加怜焉。

语曰：“有白头如新，倾盖如故。”何则？知与不知也。故樊于期逃秦之燕，藉利轲首以奉丹事；王奢去齐之魏，临城自到，以却齐而存魏。夫王奢、樊于期非新于齐、秦而故于燕、魏也，所以去二国、死两君者，行合于志，慕义无穷也。是以苏秦不信于天下，为燕尾生；白圭战三六城，为魏取中山。何则？诚有以相知也。苏秦相燕，人恶之燕王，燕王按剑而怒，食以駃騠，白圭显于中山，人恶之魏文侯，文侯赐以夜光之璧。何则？两主二臣，剖心析肝相信，岂移于浮辞哉？故女无美恶，人宫见妒；士无贤不肖，入朝见嫉。昔司马喜膑脚于宋，卒相中山；范睢拉胁折齿于魏，卒为应侯。此二人者，皆信必然之画，捐朋党之私，挟孤独之交，故不能自免于嫉妒之人也。是以申徒狄蹈雍之河，徐衍负石人海，不容于世，义不苟取比周于朝，以移主上之心。故百里奚乞食于道路，缪公委之以政；甯戚饭牛车下，桓公任之以国。此二人者，岂素宦于朝，借誉于左右，然后二主用之哉？感于心，合于行，坚于胶漆，昆弟不能离，岂惑于众口哉？故偏听生奸，独任成乱。昔鲁听季孙之说逐孔子，宋任子冉之计囚墨翟。夫以孔、墨之辩，不能白免于谗谀，而二国以危。何则？众口铄金，积毁销骨也。秦用戎人由余，而伯中国；齐用越人子臧，而强威、宣。此二国岂系于俗，牵于世，系奇偏之辞哉？公听并观，垂明当世。故意合则胡越为兄弟，由余、子臧是矣；不合则骨肉为仇敌，朱、象、管、蔡是矣。今入主诚能用齐、秦之明，后宋、鲁之听，则五伯不足侔，而三王易为也。

是以圣王觉寤，捐子之之心，而不说田常之贤，封比干之后，修孕妇之墓，故功业覆于天下。何则？广欲善亡厌也。夫晋文亲其仇，强伯诸侯；齐桓用其仇，而一匡天下。何则？慈仁殷勤，诚加于心，不可以虚辞借也。至夫秦用商鞅之法，东弱韩、魏，立强天下，卒车裂之，越用大夫种之谋，禽劲吴而伯中国，遂诛其身。是以孙叔敖三去相而不悔，于陵子仲辞三公，为人灌园。今人主诚能去骄傲之心，怀可报之意，披心腹，见情素，堕肝胆，施德厚，终与之穷达，无爱于士，则桀之犬可使吠尧，跖之客可使刺由。何况因万乘之权，假圣王之资乎？然则荆轲湛七族，要离燔妻子，岂足为大王道哉？臣闻明月之珠，夜光之璧，以暗投入于道，众莫不按剑相眄者，何则？无因而至前也。蟠木根柢，轮囷离奇，而为万乘器者，何则？以左右先为之容也。故无因而至前，虽出随珠和璧，只足结怨而不见德。有人先游，则枯木朽株，树功而不忘。今夫天下布衣穷居之士，身在贫羸，虽蒙尧、舜之术，挟伊、管之辩，怀龙逢、比干之意，而素无根柢之容，虽竭精神，欲开忠于当世之君，则人主必袭按剑相眄之迹矣。是使布衣之士，不得为枯木朽株之资也。是以圣王制世御俗，独化于陶钧之上，而不牵乎卑辞之语，不夺乎众多之口。故秦皇帝任中庶子蒙嘉之言，以信荆轲，而七首窃发；周文王猎泾、渭，载吕尚归，以王天下。秦信左右而亡，周用乌集而王。何则？以其能越挛拘之语，驰域外之议，独观乎昭旷之道也。今人主沈谄谀之辞，牵帷墙之制，使不羁之士与牛骥同早，此鲍焦所以愤于世也。

臣闻盛饰入朝者，不以私污义；砥厉名号者，不以利伤行。故里名胜母，曾子不入；邑号朝歌，墨子回车。今欲使天下寥廓之士，笼于威重之权，胁于位势之贵，回面污行以事谄谀之人，而求亲近于左右，则士有伏死堀穴岩薮之中耳，安有尽忠信而趋阙下者哉？

司马相如－谏猎书

臣闻物有同类而殊能者，故力称乌获，捷言庆忌，勇期贲、育。臣之愚，窃以为人诚有之，兽亦宜然。今陛下好陵阻险，射猛兽，卒然遇轶材之兽，骇不存之地，犯属车之清尘，舆不及还辕，人不暇施巧，虽有乌获、逢蒙之技，力不得用，枯木朽株尽为害矣。是胡、越起于毂下，而羌、夷接轸也，岂不殆哉！虽万全无患，然本非天子之所宜近也。

且夫清道而后行，中路而后驰，犹时有衔橛之变，而况涉乎蓬蒿，驰乎丘坟，前有利兽之乐，而内无存变之意，其为祸也，不亦难矣！夫轻万乘之重不以为安，而乐出于万有一危之涂以为娱，臣窃为陛下不取也。

盖明者远见于未萌，而智者避危于无形，祸固多藏于隐微，而发于人之所忽者也。故鄙谚曰："家累千金，坐不垂堂。"此言虽小，可以喻大。臣愿陛下之留意幸察。

严安－言世务书

臣闻邹子曰：政教文质者，所以云救也，当时则用，过则舍之，有易则易之，故守一而不变者，未睹治之至也。今天下人民，用财侈靡，车马衣裘宫室，皆竞修饰，调五声使有节族，杂五色使有文章，重五味方丈于前，以观欲天下。彼民之情，见美则愿之，是教民以侈也。侈而无节，则不可赡，民离本而徼末矣。末不可徒得，故搢绅者不惮为诈，带剑者夸杀人以矫夺，而世不知愧，故奸轨浸长。夫佳丽珍怪。固顺于耳目，故养失而泰，乐失而淫，礼失而采，教失而伪。伪、采、淫、泰，非所以范民之道也。是以天下人民，逐利无已，犯法者众。臣愿为民制度，以防其淫，使贫富不相耀，以和其心。心既和平，其性恬安。恬安不营，则盗贼销。盗贼销，则刑罚少。刑罚少，则阴阳和，四时正，风雨时，草木畅茂，五谷蕃孰，六畜遂字，民不夭厉，和之至也。

臣闻周有天下，其治三百余岁，成、康其隆也，刑错四十余年而不用。及其衰亦三百余年，故五伯更起。伯者，常佐天子兴利除害，诛暴禁邪，匡正海内，以尊天子。五伯既没，贤圣莫续，天子孤弱，号令不行。诸侯恣行，强陵弱，众暴寡。田常篡齐，六卿分晋，并为战国，此民之始苦也。于是强国务攻，弱国修守，合从连衡，驰车毂击，介胄生虮虱，民无所告诉。

及至秦王，蚕食天下，并吞战国，称号皇帝。一海内之政，坏诸侯之城。销其兵，铸以为钟虡，示不复用。元元黎民，得免于战国，逢明天子，人人自以为更生。乡使秦缓刑罚，薄赋敛，省徭役，贵仁义，贱权利，上笃厚，下佞巧，变风易俗，化于海内，则世世必安矣。秦不行是风，循其故俗，为知巧权利者进，笃厚忠正者退，法严令苛，搁谀者众，日闻其美，意广心逸。

欲威海外，使蒙恬将兵以北攻强胡，辟地进境，戍于北河，飞刍挽粟，以随其后。又使尉屠睢将楼腊之士攻越，使监禄凿渠运粮，深入越地，越人遁逃。旷日持久，粮食乏绝，越人击之，秦兵大败。秦乃使尉佗将卒以戍越。当是时，秦祸北构于胡，南挂于越，宿兵于无用之地，进而不得退。行十余年，丁男被甲，丁女转输，苦不聊生，自经于道树，死者相望。及秦苎芾朋，天下大畔。陈胜、吴广举陈，武臣、张耳举赵，项梁举吴，田竺齐，景驹举郢，周市举魏，韩广举燕，穷山通谷，豪士并起，不可苎载也。然本皆非公侯之后，非长官之吏，无尺寸之势，起间巷，杖矜，应时而动，不谋而俱起，不约而同会，壤长地进，至乎伯王，时教使然也。秦贵为天子，富有天下，灭世绝祀，穷兵之祸也。故周失之弱，秦失之强，不变之患也。

今徇南夷，朝夜郎，降羌僰，略薉州，建城邑，深入匈奴，燔其龙城，议者美之。此人臣之利，非天下之长策也。今中国无狗吠之警，而外累于远方之备，靡敝国家，非所以子民也。行无穷之欲，甘心快意，结怨于匈奴，非所以安边也。祸挐而不解，兵休而复起，近者愁苦，远者惊骇，非所以持久也。今天下锻甲摩剑，矫箭控弦，转输军粮，未见休时，此天下所共忧也。夫兵久而变起，事烦而虑生。今外郡之地，或几千里，列城数十，形束壤制，带胁诸侯，非宗室之利也。上观齐、晋所以亡，公室卑削，六卿大盛也；下览秦之所以灭，刑严文刻，欲大无穷也。今郡守之权，非特六卿之重也；地几千里，非特闾巷之资也；甲兵器械，非特棘矜之用也。以逢万世之变，则不可胜讳也。

主父偃－论伐匈奴书

臣闻明主不恶切谏以博观，忠臣不避重诛以直谏，是故事无遗策，而功流万世。今臣不敢隐忠避死以效愚计，愿陛下幸赦而少察之。

《司马法》曰：国虽大，好战必亡；天下虽平，忘战必危。天下既平，天子大凯，春搜秋弥，诸侯春振旅，秋治兵，所以不忘战也。且怒者逆德也，兵者凶器也，争者末节也。古之人君，一怒必伏尸流血，故圣王重行之。夫务战胜，穷武事，未有不悔者也。

昔秦皇帝任战胜之威，蚕食天下，并吞战国，海内为一，功齐三代。务胜不休，欲攻匈奴，李斯谏曰："不可。夫匈奴无城郭之居，委积之守，迁徙鸟举，难得而制。轻兵深入，粮食必绝；运粮以行，重不及事。得其地不足以为利，得其民不可调而守也。胜必弃之，非民父母。靡敝中国，快心匈奴，非完计也。"秦皇帝不听，遂使蒙恬将兵而攻胡，却地千里，以河为境。地固泽卤，不生五谷，然后发天下丁男以守北河。暴兵露师十有余年，死者不可胜数，终不能逾河而北。是岂人众之不足，兵革之不备哉？其势不可也。又使天下飞刍挽粟，起于黄、腄、琅邪负海之郡，转输北河，率三十钟而致一石。男子疾耕，不足于粮饷；女子纺绩，不足于帷幕。百姓靡敝，孤寡老弱，不能相养，道死者相望，盖天下始叛也。

及至高皇帝定天下，略地于边，闻匈奴聚代谷之外而欲击之。御史成谏曰："不可。夫匈奴，兽聚而鸟散，从之如搏景。今以陛下盛德攻匈奴，臣窃危之。"高帝不听，遂至代谷，果有平城之围。高帝悔之，乃使刘敬往结和亲，然后天下亡干戈之事。

故兵法曰："兴师十万，日费千金。"秦常积众数十万人，虽有覆军杀将，系虏单于，适足以结怨深仇，不足以偿天下之费。夫匈奴，行盗侵驱，所以为业，天性固然。上自虞、夏、殷、周，固不程督，禽兽畜之，不比为人。夫不上观虞、夏、殷、周之统，而下循近世之失，此臣之所以大恐，百姓所疾苦也。且夫兵久则变生，事苦则虑易。使边境之民靡敝愁苦，将吏相疑而外市，故尉佗、章邯得成其私，而秦政不行，权分二子，此得失之效也。故《周书》曰："安危在出令，存亡在所用。"愿陛下孰计之而加察焉。

淮南王安 – 谏伐闽越书

陛下临天下，布德施惠，缓刑罚，薄赋敛，哀鳏寡，恤孤独，养耆老，振匮乏，盛德上隆，和泽下洽，近者亲附，远者怀德，天下摄然，人安其生，自以没身不见兵革。今闻有司举兵将以诛越，臣安窃为陛下重之。

越，方外之地，劗发文身之民也，不可以冠带之国法度理也。自三代之盛，胡、越不与受正朔，非强弗能服、威弗能制也，以为不居之地，不牧之民，不足以烦中国也。故古者封内甸服，封外侯服，侯卫宾服，蛮夷要服，戎狄荒服，远近势异也。自汉初定以来，七十二年，吴、越人相攻击者不可胜数，然天子未尝举兵而人其地也。

臣闻越非有城郭邑里也，处溪谷之间，篁竹之中，习于水斗，便于用舟，地深昧而多水险。中国之人不知其势阻而人其地，虽百不当其一。得其地，不可郡县也；攻之，不可暴取也。以地图察其山川要塞，相去不过寸数，而间独数百千里，阻险林丛弗能尽著，视之若易，行之甚难。天下赖宗庙之灵，方内大宁，戴白之老不见兵革，民得夫妇相守、父子相保，陛下之德也。越人名为藩臣，贡酎之奉，不输大内；一卒之用，不给上事。自相攻击，而陛下发兵救之，是反以中国而劳蛮夷也。且越人愚戆轻薄，负约反复，其不用天子之法度，非一日之积也，一不奉诏，举兵诛之，臣恐后兵革无时得息也。

间者数年岁比不登，民待卖爵赘子以接衣食，赖陛下德泽振救之，得毋转死沟壑。四年不登，五年复蝗，民生未复，今发兵行数千里，资衣粮人越地，舆轿而喻领，拖舟而入水，行数百千里，夹以深林丛竹，水道上下击石，林中多蝮蛇猛兽，夏月暑时，呕泄霍乱之病相随属也，曾未施兵接刃，死伤者必众矣。前时南海王反，陛下先臣使将军间忌将兵击之，以其军降，处之上淦。后复反，会天暑多雨，楼船卒水居击棹，未战而疾死者过半。亲老涕泣，孤子啼号，破家散业，迎尸千里之外，裹骸骨而归。悲哀之气，数年不息，长老至今以为记。曾未人其地，而祸已至此矣。

臣闻军旅之后必有凶年，言民之各以其愁苦之气，薄阴阳之和，感天地之精，而灾气为之生也。陛下德配天地，明象日月，恩至禽兽，泽及草木，一人有饥寒不终其天年而死者，为之凄惨于心。今方内无狗吠之警，而使陛下甲卒死亡，暴露中原，沾渍山谷，边境之民为之早闭晏开，朝不及夕，臣安窃为陛下重之。

不习南方地形者，多以越为人众兵强，能难边城。淮南全国之时，多为边吏，臣窃闻之，与中国异。限以高山，人迹所绝，车道不通，天地所以隔外内也。其人中国，必下领水，领水之山峭峻，漂石破舟，不可以大船载食粮下也。越人欲为变，必先田余干界中，积食粮，乃人伐材治船。边城守候诚谨，越人有人伐材者，辄收捕，焚其积聚，虽百越奈边城何！且越人绵力薄材，不能陆战，又无车骑弓弩之用，然而不可人者，以保地险，而中国之人不能其水土也。臣闻越甲卒不下数十万，所以人之，五倍乃足，挽车奉饷者不在其中。南方暑湿，近夏瘅热，暴露水居，蝮蛇蠚生，疾疠多作，兵未血刃而病死者什二三，虽举越国而虏之，不足以偿所亡。

臣闻道路言，闽越王弟甲弑而杀之，甲以诛死，其民未有所属。陛下若欲来内，处之中国，使重臣临存，施德垂赏以招致之，此必携幼扶老以归圣德。若陛下无所用之，则继其绝世，存其亡国，建其王侯，以为畜越，此必委质为藩臣，世共贡职。陛下以方寸之印，丈二之组，填抚方外，不劳一卒，不顿一戟，而威德并行。今以兵人其地，此必震恐，以有司为欲屠灭之也，必雉兔逃，人山林险阻。背而去之，则复相群聚；留而守之，历岁经年，则士卒罢倦，食粮乏绝，男子不得耕稼树种，妇人不得纺绩织维，丁壮从军，老弱转饷，居者无食，行者无粮。民苦兵事，亡逃者必众，随而诛之，不可胜尽，盗贼必起。

臣闻长老言，秦之时，尝使尉屠睢击越，又使监禄凿渠通道。越人逃人深山林丛，不可得攻。留军屯守空地，旷日持久，士卒劳倦，越乃出击之。秦兵大破，乃发适戍以备之。当此之时，外内骚动，百姓靡敝，行者不还，往者莫反，皆不聊生，亡逃相从，群为盗贼，于是山东之难始兴。此老子所谓师之所处，荆棘生之者也。兵者凶事，一方有急，四面皆从。臣恐变故之生，奸邪之作，由此始也。《周易》曰：高宗伐鬼方，三年而克之。鬼方，小蛮夷；高宗，殷之盛天子也。以盛天子伐小蛮夷，三年而后克，言用兵之不可不重也。

臣闻天子之兵，有征而无战，言莫敢校也。如使越人蒙死徼幸，以逆执事之颜行，厮舆之卒，有不一备而归者，虽得越王之首，臣犹窃为大汉羞之。

陛下以四海为境，九州为家，八薮为囿，江汉为池，生民之属，皆为臣妾。人徒之众，足以奉千官之共，租税之收，足以给乘舆之御。玩心神明，秉执圣道，负黼依，凭玉几，南面而听断，号令天下，四海之内，莫不响应。陛下垂德惠以覆露之，使元元之民，安生乐业，则泽被万世，传之子孙，施之无穷。天下之安，犹泰山而四维之也，夷狄之地，何足以为一日之间，而烦汗马之劳乎？《诗》云：王犹允塞，徐方既来。言王道甚大，而远方怀之也。

臣闻之，农夫劳而君子养焉，愚者言而智者择焉。臣安幸得为陛下守藩，以身为障蔽，人臣之任也。边境有警，爱身之死，而不毕其愚，非忠臣也。臣安窃恐将吏之以十万之师为一使之任也。

董仲舒－对贤良策一

制曰：朕获承至尊休德，传之亡穷，而施之罔极，任大而守重，是以夙夜不皇康宁，永惟万事之统，犹惧有阙。故广延四方之豪隽，郡国诸侯公选贤良修洁博习之士，欲闻大道之要，至论之极。今子大夫褎然为举首，朕甚嘉之。子大夫其精心致思，朕垂听而问焉。盖闻五帝三王之道，改制作乐而天下洽和，百王同之。当虞氏之乐莫盛于《韶》，于周莫盛于《勺》。圣王已没，钟鼓管弦之声未衰，而大道微缺，陵夷至乎桀、纣之行，王道大坏矣。夫五百年之间，守文之君，当涂之士，欲则先王之法以戴翼其世者甚众，然犹不能反，日以仆灭，至后王而后止，岂其所持操或悖缪而失其统与？固天降命不可复反，必推之于大衰而后息与？乌乎！凡所为屑屑，夙兴夜寐，务法上古者，又将无补与？三代受命，其符安在？灾异之变，何缘而起？性命之情，或夭或寿，或仁或鄙，习闻其号，未烛厥理。伊欲风流而令行，刑轻而奸改，百姓和乐，政事宣昭，何修何饬而膏露降，百谷登，德润四海，泽臻草木，三光全，寒暑平，受天之祜，享鬼神之灵，德泽洋溢，施乎方外，延及群生？

子大夫明先圣之业，习俗化之变，终始之序，讲闻高谊之日久矣，其明以谕朕。科别其条，勿猥勿并，取之于术，慎其所出。乃其不正不直，不忠不极，枉于执事，书之不泄，兴于朕躬，毋悼后害。子大夫其尽心，靡有所隐，朕将亲览焉。仲舒对曰：

陛下发德音，下明诏，求天命与情性，皆非愚臣之所能及也。臣谨案《春秋》之中，视前世已行之事，以观天人相与之际，甚可畏也。国家将有失道之败，而天乃先出灾害以谴告之；不知自省，又出怪异以警惧之；尚不知变，而伤败乃至。以此见天心之仁爱人君而欲止其乱也。自非大亡道之世者，天尽欲扶持而全安之，事在强勉而已矣。强勉学问，则闻见博而知益明；强勉行道，则德日起而大有功：此皆可使还至而立有效者也。《诗》曰“夙夜匪解”，《书》云“茂哉茂哉”，皆强勉之谓也。

道者，所由适于治之路也，仁义礼乐皆其具也。故圣王已没，而子孙长久安宁数百岁，此皆礼乐教化之功也。王者未作乐之时，乃用先王之乐宜于世者，而以深入教化于民。教化之情不得，雅颂之乐不成，故王者功成作乐，乐其德也。乐者，所以变民风、化民俗也。其变民也易，其化人也著。故声发于和而本于情，接于肌肤，臧于骨髓。故王道虽微缺，而管弦之声未衰也。夫虞氏之不为政久矣，然而乐颂遗风犹有存者，是以孔子在齐而闻《韶》也。

夫人君莫不欲安存而恶危亡，然而政乱国危者甚众，所任者非其人，而所由者非其道，是以政日以仆灭也。夫周道衰于幽、厉，非道亡也，幽、厉不由也。至于宣王，思昔先王之德，兴滞补弊，明文、武之功业，周道粲然复兴，诗人美之而作，上天枯之，为生贤佐，后世称诵，至今不绝。此夙夜不解行善之所致也。孔子曰“人能弘道，非道弘人”也。故治乱废兴在于己，非天降命，不可得反，其所操持悖谬，失其统也。

臣闻天之所大奉使之王者，必有非人力所能致而自至者，此受申之符也。天下之人同心归之，若归父母，故天瑞应诚而至。书曰：“白鱼人于王舟，有火复于王屋，流为乌”，此盖受命之符也。周公甲“复哉复哉”，孔子曰“德不孤，必有邻”，皆积善累德之效也。及至后世，淫佚衰微，不能统理群生，诸侯背畔，残贼良民以争壤土，废德教而任刑罚，刑罚不中，则生邪气。邪气积于下，怨恶畜于上。上下不和，则阴阳缪煞而妖孽生矣。此灾异所缘而起也。

臣闻命者，天之令也；性者，生之质也；情者，人之欲也。或夭或寿，或仁或鄙，陶冶而成之，不能粹美，有治乱之所生，故不齐也。孔子曰：“君子之德风也，小人之德草也，草上之风必偃。”故尧、舜行德，则民仁寿；桀、纣行暴，则民鄙夭。夫上之化下，下之从上，犹泥之在钧，惟甄者之所为；犹金之在熔，惟冶者之所铸。“绥之斯俫，动之斯和”。此之谓也。

臣谨案《春秋》之文，求王道之端，得之于正。正次王，王次春。春者，天之所为也；正者，王之所为也。其意曰：上承天之所为，而下以正其所为，正王道之端云尔。然则王者欲有所为，宜求其端于天。

天道之大者在阴阳。阳为德，阴为刑。刑主杀而德主生。是故阳常居大夏，而以生育养长为事；阴常居大冬，而积于空虚不用之处。以此见天之任德不任刑也。天使阳出布施于上而主岁功，使阴入伏于下而时出佐阳。阳不得阴之助，亦不能独成岁。终阳以成岁为名，此天意也。王者承天意以从事，故任德教而不任刑。刑者不可任以治世，犹阴之不可任以成岁也。为政而任刑，不顺于天，故先王莫之肯为也。今废先王德教之官，而独任执法之吏治民，毋乃任刑之意与？孔子曰：“不教而诛谓之虐。”虐政用于下，而欲德教之被四海，故难成也。

臣谨案《春秋》谓一元之意，一者，万物之所从始也；元者，辞之所谓大也。谓一为元者，视大始而欲正本也。《春秋》深探其本，而反自贵者始。故为人君者，正心以正朝廷，正朝廷以正百官，正百官以正万民，正万民以正四方。四方正，远近莫敢不壹于正，而亡有邪气奸其间者。是以阴阳调而风雨时，群生和而万民殖，五谷孰而草木茂，天地之间被润泽而大丰美，四海之内闻盛德而皆徕臣，诸福之物，可致之祥，莫不毕至，而王道终矣。

孔子曰："凤鸟不至，河不出图，吾已矣夫！"自悲可致此物，而身卑贱不得致也。今陛下贵为天子，富有四海，居得致之位，操可致之势，又有能致之资，行高而恩厚，知明而意美，爱民而好士，可谓谊主矣。然而天地未应而美祥莫至者，何也？凡以教化不立，而万民不正也。

夫万民之从利也，如水之走下，不以教化堤防之，不能止也。是故教化立而奸邪皆止者，其堤防完也；教化废而奸邪并出刑罚不能胜者，其堤防坏也。古之王者明于此，是故南面而治天下，莫不以教化为大务。立太学以教于国，设庠序以化于邑，渐民以仁，摩民以谊，节民以礼，故其刑罚甚轻而禁不犯者，教化行而习俗美也。

圣王之继乱世也，埽除其迹而悉去之，复修教化而崇起之。教化已明，习俗已成，子孙循之，行五六百岁尚未败也。至周之末世，大为亡道以失天下。秦继其后，独不能改，又益甚之，重禁文学，不得挟书，弃捐礼谊而恶闻之，其心欲尽灭先圣之道，而颛为自恣苟简之治，故立为天子十四岁而国破亡矣。自古以倈，未尝有以乱济乱，大败天下之民如秦者也。其遗毒余烈，至今未灭，使习俗薄恶，人民嚚顽，抵冒殊扞，孰烂如此之甚者也。孔子曰："腐朽之木，不可雕也；粪土之墙，不可圬也。今汉继秦之后，如朽木、粪墙矣，虽欲善治之，亡可奈何。法出而奸生，令下而诈起，如以汤止沸，抱薪救火，愈甚，亡益也。窃譬之琴瑟不调，甚者必解而更张之，乃可鼓也；为政而不行，甚者必变而更化之，乃可理也。当更张而不更张，虽有良工，不能善调也；当更化而不更化，虽有大贤，不能善治也。故汉得天下以来，常欲善治而至今不可善治者，失之于当更化而不更化也。古人有言曰："临渊羡鱼，不如退而结网。"今临政而愿治七十余岁矣，不如退而更化。更化，则可善治。善治，则灾害日去，福禄日来。诗云："宜民宜人，受禄于天。"为政而宜于民者，固当受禄于天。夫仁谊礼知信五常之道，王者所当修饬也。五者修饬，故受天之祜，而享鬼神之灵，德施于方外，延及群生也。

董仲舒－对贤良策二

制曰：盖闻虞舜之时，游于岩郎之上，垂拱无为，而天下太平；周文王至于日昃不暇食，而宇内亦治。夫帝王之道，岂不同条共贯与？何逸劳之殊也？盖俭者不造玄黄旌旗之饰，及至周室，设两观，乘大路，朱干玉戚，八佾陈于庭，而颂声兴。夫帝王之道岂异指哉？或曰良玉不象，又云非文亡以辅德，二端异焉。殷人执五刑以督奸，伤肌肤以惩恶。成、康不式，四十余年天下不犯，囹圄空虚。秦国用之，死者甚众，刑者相望，耗矣哀哉！

乌乎！朕夙寤晨兴，惟前帝王之宪，永思所以奉至尊，章洪业，皆在力本任贤。今朕亲耕藉田以为农先，劝孝弟，崇有德，使者冠盖相望，问勤劳，恤孤独，尽思极神，功烈休德未始云获也。今阴阳错缪，氛气充塞，群生寡遂，黎民未济，廉耻贸乱，贤不肖浑淆，未得其真，故详延特起之士，意庶几乎？今子大夫待诏百有余人，或道世务而未济，稽诸上古而不同，考之于今而难行，毋乃牵于文系而不得骋与？将所由异术，所闻殊方与？各悉对，著于篇，毋讳有司。明其指略，切磋究之，以称朕意。

仲舒对曰：臣闻尧受命，以天下为忧，而未以位为乐也，故诛逐乱臣，务求贤圣，是以得舜、禹、稷、禹、咎繇。众圣辅德，贤能佐职，教化大行，天下和洽，万民皆安仁乐谊，各得其宜，动作应礼，从容中道。故孔子曰“如有王者，必世而后仁”，此之谓也。尧在位七十载，乃逊于位以禅虞舜。尧崩，天下不归尧子丹朱而归舜。舜知不可辟，乃即天子之位，以禹为相，因尧之辅佐，继其统业，是以垂拱无为而天下治。孔子曰“《韶》尽美矣，又尽善也”，此之谓也。至于殷纣，逆天暴物，杀戮贤知，残贼百姓。伯夷、太公，皆当世贤者，隐处而不为臣。守职之人，皆奔走逃亡，人于河海。天下耗乱，万民不安，故天下去殷而从周。文王顺天理物，师用贤圣，是以闳夭、大颠、散宜生等亦聚于朝廷。爱施兆民，天下归之，故太公起海滨而即三公也。当此之时，纣尚在上，尊卑昏乱，百姓散亡，故文王悼痛而欲安之，是以日昃而不暇食也。孔子作《春秋》，先正王而系万事，见素王之文焉。由此观之，帝王之条贯同，然而劳逸异者，所遇之时异也。孔子曰“《武》尽美矣，未尽善也”，此之谓也。

春秋受命所先制者，改正朔，易服色，所以应天也。然则宫室旌旗之制，有法而然者也。故孔子曰：“奢则不逊，俭则固。”俭非圣人之中制也。臣闻良玉不豫，资质润美，不待刻象，此亡异于达巷党人不学而自知也。然则常玉不豫，不成文章；君子不学，不成其德。

臣闻圣王之治天下也，少则习之学，长则材诸位，爵禄以养其德，刑罚以威其恶，故民晓于礼谊而耻犯其上。武王行大谊，平残贼，周公作礼乐以文之，至于成、康之隆，囹圄空虚四十余年，此亦教化之渐而仁谊之流，非独伤肌肤之效也。至秦则不然。师申、商之法，行韩非之说，憎帝王之道，以贪狼为俗，非有文德以教训于天下也。诛名而不察实，为善者不必免，而犯恶者未必刑也。是以百官皆饰空言虚辞而不顾实，外有事君之礼，内有背上之心，造伪饰诈，趣利无耻。又好用憯酷之吏，赋敛亡度，竭民财力，百姓散亡，不得从耕织之业，群盗并起。是以刑者甚众，死者相望，而奸不息，俗化使然也。故孔子曰“导之以政，齐之以刑，民免而无耻”，此之谓也。

今陛下并有天下，海内莫不率服，广览兼听，极群下之知，尽天下之美，至德昭然，施于方外。夜郎、康居，殊方万里，说德归谊，此太平之致也。然而功不加于百姓者，殆王心未加焉。曾子曰：“尊其所闻，则高明矣；行其所知，则光大矣。高明光大，不在于它，在乎加之意而已。”愿陛下因用所闻，设诚于内而致行之，则三王何异哉！

陛下亲耕藉田以为农先，夙寤晨兴，忧劳万民，思惟往古，而务以求贤，此亦尧、舜之用心也，然而未云获者，士素不厉也。夫不素养士而欲求贤，譬犹不彖玉而求文采也。故养士之大者，莫大乎太学。太学者，贤士之所关也，教化之本原也。今以一郡一国之众，对亡应书者，是王道往往而绝也。臣愿陛下兴太学，置明师，以养天下之士，数考问以尽其材，则英俊宜可得矣。今之郡守、县令，民之师帅，所使承流而宣化也。故师帅不贤，则主德不宣，恩泽不流。今吏既亡教训于下，或不承用主上之法，暴虐百姓，与奸为市，贫穷孤弱，冤苦失职，甚不称陛下之意。是以阴阳错缪，氛气充塞，群生寡遂，黎民未济，皆长吏不明，使至于此也。夫长吏多出于郎中、中郎，吏二千石子弟。选郎吏，又以富訾，未必贤也。且古所谓功者，以任官称职为差，非所谓积日累久也。故小材虽累日，不离于小官；贤材虽未久，不害为辅佐。是以有司竭力尽知，务治其业而以赴功。今则不然。累日以取贵，积久以致官，是以廉耻贸乱，贤不肖浑淆，未得其真。臣愚以为使诸列侯、郡守二千石各择其吏民之贤者，岁贡各二人以给宿卫，且以观大臣之能。所贡贤者有赏，所贡不肖者有罚。夫如是，诸侯、吏二千石皆尽心于求贤，天下之士可得而官使也。遍得天下之贤人，则三王之盛易为，而尧、舜之名可及也。毋以日月为功，实试贤能为上，量材而授官，录德而定位，则廉耻殊路，贤不肖异处矣。陛下加惠，宽臣之罪，令勿牵制于文，使得切磋究之，臣敢不尽愚！

董仲舒－对贤良策三

制曰：盖闻善言天者，必有徵于人；善言古者，必有验于今。故朕垂问乎天人之应，上嘉唐、虞，下悼桀、纣，寖微寖灭寖明寖昌之道，虚心以改。今子大夫明于阴阳所以造化，习于先圣之道业，然而文采未极，岂惑乎当世之务哉？条贯靡竟，统纪未终，意朕之不明与？听若眩与？夫三王之教，所祖不同，而皆有失。或谓久而不易者道也，意岂异哉？今子大夫既已著大道之极，陈治乱之端矣，其悉之究之，孰之复之。诗不云乎："嗟尔君子，毋常安息，神之听之，介尔景福。"朕将亲览焉，子大夫其茂明之。

仲舒复对曰：

臣闻《论语》曰："有始有卒者，其唯圣人乎？"今陛下幸加惠，留听于承学之臣，复下明册以切其意，而究尽圣德，非愚臣之所能具也。前所上对，条贯靡竟，统纪不终，辞不别白，指不分明，此臣浅陋之罪也。

册曰："善言天者，必有徵于人；善言古者，必有验于今。"臣闻天者，群物之祖也，故遍覆包函而无所殊，建日月风雨以和之，经阴阳寒暑以成之。故圣人法天而立道，亦溥爱而亡私，布德施仁以厚之，设谊立礼以导之。春者，天之所以生也；仁者，君之所以爱也；夏者，天之所以长也；德者，君之所以养也；霜者，天之所以杀也；刑者，君之所以罚也。由此言之，天人之徵，古今之道也。孔子作《春秋》，上揆之天道，下质诸人情，参之于古，考之于今。故《春秋》之所讥，灾害之所加也；《春秋》之所恶，怪异之所施也。书邦家之过，兼灾异之变，以此见人之所为，其美恶之极，乃与天地流通而往来相应，此亦言天之一端也。古者修教训之官，务以德善化民，民已大化之后，天下常亡一人之狱矣。今世废而不修，亡以化民，民以故弃仁谊而死财利，是以犯法而罪多，一岁之狱以万千数。以此见古之不可不用也，故《春秋》变古则讥之。天令之谓命，命非圣人不行；质朴之谓性，性非教化不成；人欲之谓情，情非度制不节。是故王者上谨于承天意，以顺命也；下务明教化民，以成性也；正法度之宜，别上下之序，以防欲也。修此三者，而大本举矣。人受命于天，固超然异于群生，人有父子兄弟之亲，出有君臣上下之谊，会聚相遇，则有耆老长幼之施。粲然有文以相接，欢然有恩以相爱，此人之所以贵也。生五谷以食之，桑麻以衣之，六畜以养之，服牛乘马，圈豹槛虎，是其得天之灵，贵于物也。故孔子曰：“天地之性，人为贵。”明于天性，知自贵于物。知自贵于物，然后知仁谊。知仁谊，然后重礼节。重礼节，然后安处善。安处善，然后乐循理。乐循理，然后谓之君子。故孔子曰“不知命，亡以为君子”，此之谓也。

册曰：“上嘉唐、虞，下悼桀、纣，寖微寖灭寖明寖昌之道，虚心以改。”臣闻众少成多，积小致巨，故圣人莫不以晻致明，以微致显。是以尧发于诸侯，舜兴乎深山，非一日而显也，盖有渐以致之矣。言出于己，不可塞也；行发于身，不可掩也。言行，治之大者，君子之所以动天地也。故尽小者大，慎微者著。《诗》云：“叫唯此文王，小心翼翼。”故尧兢兢日行其道，而舜业业日致其孝，善积而名显，德章而身尊，此其寖明寖昌之道也。积善在身，犹长日加益，而人不知也；积恶在身，犹火之销膏，而人不见也。非明乎情性、察乎流俗者，孰能知之？此唐、虞之所以得令名，而桀、纣之可为悼惧者也。夫善恶之相从，如景乡之应形声也。故桀、纣暴谩，谗贼并进，贤知欣，恶日显，国日乱，晏然自以如日在天，终陵夷而大坏。夫暴逆仁者；非一日而亡也，亦以渐至，故桀、纣虽亡道，然犹享国十余年，此其寖微寖灭之道也。

册曰：“三王之教，所祖不同，而皆有失，或谓久而不易者道也，意岂异哉？”臣闻夫乐而不乱、复而不厌者，谓之道。道者，万世亡弊，弊者，道之失也。先王之道必有偏而不起之处，故政有吒而不行，举其偏者以补其弊而已矣。三王之道，所祖不同，非其相反，将以救溢扶衰，所遭之变然也。故孔子曰：“亡为而治者，其舜乎！”改正朔，易服色，以顺天命而已，其余尽循尧道，何更为哉？故王者有改制之名，亡变道之实。然夏上忠，殷上敬，周上文者，所继之救，当用此也。孔子曰：“殷因于夏礼，所损益可知也；周因于殷礼，所损益可知也；其或继周者，虽百世可知也。”此言百王之用。以此三者矣。夏因于虞，而独不言所损益者，其道如一，而所上同也。道之大原出于天，天不变，道亦不变，是以禹继舜，舜继尧，三圣相受而守一道，亡救弊之政也，故不言其所损益也。由是观之，继治世者，其道同；继乱世者，其道变。今汉继大乱之后，若宜少损周之文、致用夏之忠者。

陛下有明德嘉道，愍世俗之靡薄，悼王道之不昭，故举贤良方正之士，论谊考问，将欲兴仁谊之休德，明帝王之法制，建太平之道也。臣愚不肖，述所闻，诵所学，道师之言，仅能勿失耳。若乃论政事之得失，察天下之息毛，此大臣辅佐之职，三公九卿之任，非臣仲舒所能及也。然而臣窃有怪者。夫古之天下，亦今之天下；今之天下，亦古之天下。共是天下，古亦大治，上下和睦，习俗美盛，不令而行，不禁而止，吏亡奸邪，民亡盗贼，囹圄空虚，德润草木，泽被四海，凤皇来集，麒麟来游。以古准今，壹何不相逮之远也？安所缪整而陵夷若是？意者有所失于古之道与？有所诡于天之理与？试迹之古，返之于天，党可得见乎？

夫天亦有所分予，予之齿者去其角，傅其翼者两其足，是所受大者不得取小也。古之所予禄者，不食于力，不动于末，是亦受大者不得取小，与天同意者也。夫已受大，又取小，天不能足，而况人乎？此民之所以嚣嚣苦不足也。身宠而载高位，家温而食厚禄，因乘富贵之资力，以与民争利于下，民安能如之哉？是故众其奴婢，多其牛羊，广其田宅，博其产业，畜其积委，务此而亡已，以迫蹴民，民日削月朘，寖以大穷。富者奢侈羡溢，贫者穷急愁苦。穷急愁苦，而上不救，则民不乐生。民不乐生，尚不避死，安能避罪？此刑罚之所以蕃而奸邪不可胜者也。故受禄之家，食禄而已，不与民争业，然后利可均布，而民可家足。此上天之理，而亦太古之道，天子之所宜法以为制，大夫之所当循以为行也。故公仪子相鲁，之其家，见织帛，怒而出其妻；食于舍而茹葵，愠而拔其葵，曰："吾已食禄，又夺园夫红女利乎？"古之贤人君子在列位者皆如是，是故下高其行，而从其教；民化其廉，而不贪鄙。及至周室之衰，其卿大夫缓于谊而急于利。亡推让之风，而有争田之讼。故诗人疾而刺之曰："节彼南山，维石岩岩，赫赫师尹，民具尔瞻。"尔好谊，则民乡仁而俗善；尔好利，则民好邪而俗败。由是观之，天子大夫者，下民之所视效，远方之所四面而内望也。近者视而放之，远者望而效之，岂可以居贤人之位而为庶人行哉！夫皇皇求财利常恐乏匮者，庶人之意也；皇皇求仁谊常恐不能化民者，大夫之意也。《易》曰："负且乘，致寇至。"乘车者，君子之位也；负担者，小人之事也。此言居君于之位而为庶人之行者，其祸患必至也。若居君子之位，当君子之行，则舍公仪休之相鲁，亡可为者矣。

《春秋》大一统者，天地之常经，古今之通谊也。今师异道，人异论，百家殊方，指意不同，是以上亡以持一统，法制数变，下不知所守。臣愚以为诸不在六艺之科、孔子之术者，皆绝其道，勿使并进。邪辟之说灭息，然后统纪可一而法度可明，民知所从矣。

卷十二●奏议之属二

路温舒－尚德缓刑书

臣闻齐有无知之祸，而桓公以兴；晋有骊姬之难，而文公用伯。近世赵王不终，诸吕作乱，而孝文为太宗。由是观之，祸乱之伸，将以开圣人也。故桓、文扶微兴坏，尊文、武之业，泽加百姓，功润诸侯，虽不及三王，天下归仁焉。文帝永思至德，以承天心，崇仁义，省刑罚，通关梁，一远近，敬贤如大宾，爱民如赤子，内恕情之肝安，而施之于海内，是以囹圄空虚，天下太平。夫继变化之后，必有异旧之恩，此圣贤所以昭天命也。往者昭帝即世而无嗣，大臣览戚，焦心合谋，皆以昌邑尊亲，援而立之。然天不授命，淫乱其心，遂以自亡。深察祸变之故，乃皇天之所以开至圣也。故大将军受谕武帝，股肱汉国，披肝胆，决大计，黜亡义，立有德，辅天而行，然后宗庙以安，天下咸宁。

臣闻《春秋》正即位，大一统而慎始也。陛下初登至尊，与天合符，宜改前世之失，正始受命之统，涤烦文，除民疾，存亡继绝，以应天意。

臣闻秦有十失，其一尚存，治狱之吏是也。秦之时，羞文学，好武勇，贱仁义之士，贵治狱之吏；正言者谓之诽谤，遏过者谓之妖言。故盛服先生，不用于世，忠良切言，皆郁于胸，誉谀之声，日满于耳，虚美熏心，实祸蔽塞。此乃秦之所以亡天下也。方今天下赖陛下厚恩，亡金革之危，饥寒之患，父子夫妻戮力安家，然太平未洽者，狱乱之也。

夫狱者，天下之大命也，死者不可复生，绝者不可复属。《书》曰：与其杀不辜，宁失不经。今治狱吏则不然。上下相驱，以刻为明，深者获公名，平者多后患。故治狱之吏，皆欲人死，非憎人也，自安之道，在人之死。是以死人之血，流离于市，被刑之徒，比肩而立，大辟之计，岁以万数。此仁圣之所以伤也。太平之未洽，凡以此也。夫人情安则乐生，痛则思死。棰楚之下，何求而不得？故因人不胜痛，则饰辞以视之；吏治者利其然，则指道以明之；上奏畏却，则锻练而周内之。盖奏当之成，虽咎繇听之，犹以为死有余辜。何则？成练者众，文致之罪明也。是以狱吏专为深刻残贼而亡极，偷为一切，不顾国患。此世之大贼也。故俗语曰：“画地为狱，议不入；刻木为吏，期不对。”此皆疾吏之风，悲痛之辞也。故天下之患，莫深于狱；败法乱正，离亲塞道，莫甚乎治狱之吏。此所谓一尚存者也。

臣闻乌鸢之卵不毁，而后凤皇集；诽谤之罪不诛，而后良言进。故古人有言：“山薮藏疾，川泽纳污，瑾瑜匿恶，国君含诟。”唯陛下除诽谤以招切言，开天下之口，广箴谏之路，扫亡秦之失，尊文武之德，省法制，宽刑罚，以废治狱，则太平之风，可兴于世，永履和乐，与天亡极，天下幸甚。

贾捐之－罢珠厓对

臣幸得遭明盛之朝，蒙危言之策，无忌讳之患，敢昧死竭卷卷。

臣闻尧、舜，圣之盛也，禹人圣域而不优，故孔子称尧曰“大哉”，《韶》曰“尽善”，禹曰“无间”。以三圣之德，地方不过数千里，西被流沙，东渐于海，朔南暨声教，讫于四海，欲与声教，则治之，不欲与者，不强治也。故君臣歌德，含气之物，各得其宜。武丁、成土，殷、周之大仁也，然地东不过江、黄，西不过氐、羌，南不过蛮荆，北不过朔方。是以颂声并作，视听之类，咸乐其生，越裳氏重九译而献，此非兵革之所能致。及其衰也，南征不还，齐桓救其难，孔子定其文。以至乎秦，兴兵远攻，贪外虚内，务欲广地，不虑其害。然地南不过闽、越，北不过太原，而天下溃畔，祸卒在于二世之末，长城之歌至今未绝。

赖圣汉初兴，为百姓请命，平定天下。至孝文皇帝，闵中国未安，偃武行文，则断狱数百，民赋四十，丁男三年而一事。时有献千里马者，诏曰：“鸾旗在前，属车在后，吉行日五十里，师行三十里，朕乘千里之马，独先安之？”于是还马，与道里费，而下诏曰：“朕不受献也，其令四方毋求来献。”当此之时，逸游之乐绝，奇丽之赂塞，郑、卫之倡微矣。夫后宫盛色，则贤者隐处，佞人用事，则诤臣杜口，而文帝不行，故谥为孝文，庙称太宗。至孝武皇帝元狩六年，太仓之粟，红腐而不可食，都内之钱，贯朽而不可校。乃探平城之事，录冒顿以来，数为边害，籍兵厉马，因富民以攘服之。西连诸国，至于安息，东过碣石，以玄菟、乐浪为郡，北却匈奴万里，更起营塞，制南海以为八郡，则天下断狱万数，民赋数百，造盐铁酒榷之利以佐用度，犹不能足。当此之时，寇贼并起，军旅数发，父战死于前，子斗伤于后，女子乘亭鄣，孤儿号于道，老母寡妇饮泣巷哭，遥设虚祭，想魂乎万里之外。淮南王盗写虎符，阴聘名士，关东公孙勇等诈为使者，是皆廓地泰大，征伐不休之故也。

今天下独有关东，关东大者，独有齐、楚，民众久困，连年流离，离其城郭，相枕席于道路。人情莫亲父母，莫乐夫妇，至嫁妻卖子，法不能禁，义不能止。此社稷之忧也。今陛下不忍悁悁之忿，欲驱士众，挤之大海之中，快心幽冥之地，非所以救助饥馑、保全元元也。《诗》云“蠢尔蛮荆，大邦为仇”，言圣人起，则后服，中国衰，则先畔，动为国家难。自古而患之久矣，何况乃复其南方万里之蛮乎？骆越之人，父子同川而浴，相习以鼻饮，与禽兽无异，本不足郡县置也。颛颛独居一海之中，雾露气湿，多毒草虫蛇水土之害，人未见虏，战士自死。又非独珠压有珠犀玳瑁也，弃之不足惜，不击不损威。其民譬犹鱼鳖，何足贪也！

臣窃以往者羌军言之，暴师曾未一年，兵出不逾千里，费四十余万万，大司农钱尽，乃以少府禁钱续之。夫一隅为不善，费尚如此，况于劳师远攻，亡士毋功乎？求之往古则不合，施之当今又不便。臣愚以为非冠带之国，《禹贡》所及，《春秋》所治，皆可且无以为。愿遂弃珠压，专用恤关东为忧。

赵充国－陈兵利害书

目窃见骑都尉安国前幸赐书，择羌人可使使罕，谕告以大军当至，汉不诛罕，以解其谋。恩泽甚厚，非臣下所能及。臣独私美陛下盛德至计亡已，故遣开豪雕库，宣天子至德，罕、开之属，皆闻知明诏。今先零羌杨玉，此羌之首帅名王，将骑四千，及煎巩骑五千，阻石山木，候便为寇，罕羌未有所犯。今置先零，先击罕，释有罪，诛亡辜，起壹难，就两害，诚非陛下本计也。

臣闻兵法“攻不足者守有余”，又曰“善战者致人，不致于人。”今罕羌欲为敦煌、酒泉寇，宜饬兵马，练战士，以须其至。坐得致敌之术，以逸击劳，取胜之道也。今恐二郡兵少，不足以守，而发之行攻，释致虏之术，而从为虏所致之道，臣愚以为不便。先零羌虏，欲为背畔，故与罕、开解仇结约，然其私心不能亡恐汉兵至而罕、开背之也。臣愚以为其计常欲先赴罕、开之急，以坚其约；先击罕羌，先零必助之。今虏马肥，粮食方饶，击之恐不能伤害，适使先零得施德于罕羌，坚其约，合其党。虏交坚党合，精兵二万余人，迫胁诸小种，附著者稍众，莫须之属，不轻得离也。如是，虏兵寖多，诛之用力数倍，臣恐国家忧累由十年数，不二三岁而已。

臣得蒙天子厚恩，父子俱为显列。臣位至上卿，爵为列侯，犬马之齿七十六，为明诏填沟壑，死骨不朽，亡所顾念。独思惟兵利害，至孰悉也，于臣之计，先诛先零已，则罕、开之属，不烦兵而服矣。先零已诛，而罕、开不服，涉正月击之，得计之理，又其时也。以今进兵，诚不见其利。唯陛下裁察。

赵充国－屯田奏三首

屯田奏一

臣闻兵者，所以明德除害也：故举得于外，则福生于内，不可不慎。臣所将吏士马牛食，月用粮谷十九万九千六百三十斛，盐千六百九十三斛，茭槁二十五万二百八十六石。难久不解，徭役不息。又恐它夷卒有不虞之变，相因并起，为明主忧，诚非素定庙胜之册。且羌虏易以计破，难用兵碎也。故臣愚以为击之不便。

计度临羌东至浩亹，羌虏故田及公田，民所未垦，可二千顷以上，其间邮亭多坏败者。臣前部士人山伐材木，大小六万余枚，皆在水次。愿罢骑兵，留弛刑应募，及淮阳、汝南步兵与吏士私从者，合凡万二百八十一人，用谷月二万七千三百六十三斛，盐三百八斛，分屯要害处。冰解漕下，缮乡亭，浚沟渠，治湟陿以西道桥七十所，令可至鲜水左右。田事出，赋人二十亩。至四月草生，发郡骑及属国胡骑伉健各千，倅马什二就草，为田者游兵。以充入金城郡，益积畜，省大费。今大司农所转谷至者，足支万人一岁食。谨上田处及器用簿，唯陛下裁许。

屯田奏二

臣闻帝王之兵，以全取胜，是以贵谋而贱战。战而百胜，非善之善者也，故先为不可胜，以待敌之可胜。蛮夷习俗，虽殊于礼义之国，然其欲避害就利，爱亲戚，畏死亡，一也。今虏亡其美地荐草，愁于寄托远遁，骨肉离心，人有畔志，而明主般师罢兵，万人留日，顺天时，因地利，以待可胜之虏，虽未即伏辜，兵决可期月而望。羌虏瓦解，前后降者万七百余人，及受言去者凡七十辈，此坐支解羌虏之具也。

臣谨条不出兵留田便宜十二事。步兵九校，吏士万人，留屯以为武备，因田致谷，威德并行，一也。又因排折羌虏，令不得归肥饶之地，贫破其众，以成羌虏相畔之渐，二也。居民得并田作，不失农业，三也。军马一月之食，度支田士一岁，罢骑兵以省大费，四也。至春省甲士卒，循河湟、漕谷至临羌，以视羌虏，扬威武，传世折冲之具，五也。以闲暇时，下所伐材，缮治邮亭，充入金城，六也。兵出，乘危徼幸，不出，令反畔之虏，窜于风寒之地，离霜露疾疫瘃堕之患，坐得必胜之道，七也。亡经阻远追死伤之害，八也。内不损威武之重，外不令虏得乘间之势，九也。又亡惊动河南大开、小开，使生它变之忧，十也。治湟陋中道桥，令可至鲜水，以制西域，信威千里，从枕席上过师，十一也。大费既省，徭役豫息，以戒不虞，十二也。留屯田得十二便，出兵失十二利。臣充国材下，犬马齿衰，不识长册，唯明诏博详公卿议臣采择。

屯田奏三

臣闻兵以计为本，故多算胜少算。先零羌精兵。今余不过七八千人，失地远客，分散饥冻。罕、开、莫须又颇暴略其羸弱畜产，畔还者不绝，皆闻天子明令相捕斩之赏。臣愚以为虏破坏，可日月冀，远在来春，故曰：兵决可期月而望。窃见北边白敦煌至辽东万一千五百余里，乘塞列隧，有吏卒数千人，虏数大众攻之而不能害。今留步士万人屯田，地势平易，多高山远望之便，部曲相保，为堑垒木樵，校联不绝，便兵弩，饬斗具。烽火幸通，势及并力，以逸待劳，兵之利者也。臣愚以为屯田，内有亡费之利，外有守御之备。骑兵虽罢，虏见万人留田，为必禽之具，其土崩归德，宜不久矣。从今尽三月，虏马羸瘦，必不敢捐其妻子于他种中，远涉河山而来为寇。又见屯田之士，精兵万人，终不敢复将其累重还归故地。是臣之愚计，所以度虏且必瓦解其处，不战而自破之册也。

至于虏小寇盗，时杀人民，其原未可卒禁。臣闻战不必胜，不苟接刃；攻不必取，不苟劳众。诚令兵出，虽不能灭先零，直能令虏绝不为小寇，则出兵可也。即今同是，而释坐胜之道，从乘危之势，往终不见利，空内自罢敝，贬重而自损，非所以视蛮夷也。又大兵一出，还不可复留，湟中亦未可空，如是，徭役复发也。且匈奴不可不备，乌桓不可不忧。今久转运烦费，倾我不虞之用，以澹一隅，臣愚以为不便。校尉临众，幸得承威德，奉厚币，拊循众羌，谕以明诏，宜皆乡风。虽其前辞尝曰「得亡效五年」，宜亡它心，不足以故出兵。

臣窃自惟念奉诏出塞，引军远击，穷天子之精兵，散车甲于山野，虽无尺寸之功，偷得避慊之便，而亡后咎余责，此人臣不忠之利，非明主社稷之福也。臣幸得奋精兵，讨不义，久留天诛，罪当万死。陛下宽仁，未忍加诛，令臣数得孰计。愚臣伏计孰甚，不敢避斧钺之诛，昧死陈愚。唯陛下省察。

刘向－论甘延寿等疏

郅支单于囚杀使者吏士以百数，事暴扬外国，伤威毁重，群臣皆闵焉。陛下赫然欲诛之，意未尝有忘。西域都护延寿、副校尉汤承圣指，倚神灵，总百蛮之君，揽城郭之兵，出百死，人绝域，遂蹈康居，屠五重城，搴歙侯之旗，斩郅支之首，县旌万里之外，扬威昆山之西，扫谷吉之耻，立昭明之功，万夷慴伏，莫不惧震。呼韩邪单于见郅支已诛，且喜且惧，乡风驰义，稽首来宾，愿守北藩，累世称臣。立千载之功，建万世之安，群臣之勋莫大焉。昔周大夫方叔、吉甫为宣王诛猃狁而百蛮从，其《诗》曰："啴啴焞焞，如霆如雷，显允方叔，征伐猃狁，蛮荆来威。"《易》曰："有嘉折首，获匪其丑。"言美诛首恶之人，而诸不顺者皆来从也。今延寿、汤所诛震，虽《易》之"折首"；《诗》之"雷霆"不能及也。

论大功者，不录小过；举大美者，不疵细瑕。《司马法》曰"军赏不逾月"，欲民速得为善之利也。盖急武功、重用人也。吉甫之归，周厚赐之，其《诗》曰："吉甫宴喜，既多受祉，来归自镐，我行永久。"千里之镐，犹以为远，况万里之外，其勤至矣！延寿、汤既未获受祉之报，反屈捐命之功，久挫于刀笔之前，非所以劝有功，厉戎士也。昔齐桓前有尊周之功，后有灭项之罪，君子以功覆过，而为之讳行事。贰师将军李广利，捐五万之师，靡亿万之费，经四年之劳，而仅获骏马三十匹，虽斩宛王毋鼓之首，犹不足以复费，其私罪恶甚多，孝武以为万里征伐，不录其过，遂封拜两侯、三卿、二千石百有余人。今康居之国，强于大宛，郅支之号，重于宛王，杀使者罪甚于留马，而延寿、汤不烦汉士，不费斗粮，比于贰师，功德百之。且常惠随欲击之乌孙，郑吉迎自来之日逐，犹皆裂土受爵。故言威武勤劳，则大于方叔、吉甫，列功覆过，则优于齐桓、贰师，近事之功，则高于安远、长罗，而大功未著，小恶数布，臣窃痛之。宜以时解县通籍，除过勿治，尊宠爵位，以劝有功。

刘向－谏外家封事

臣闻人君莫不欲安，然而常危；莫不欲存，然而常亡：失御臣之术也。夫大臣操权柄，持国政，未有不为害者也。昔晋有六卿，齐有田、崔，卫有孙、宁，鲁有季、孟，常掌国事，世执朝柄。终后田氏取齐；六卿分晋；崔杼弑其君光；孙林父、甯殖出其君衎，弑其君剽；季氏八佾舞于庭，三家者以《雍》彻，并专国政，卒逐昭公。周大夫尹氏管朝事，浊乱王室，子朝、子猛更立，连年乃定。故经曰“王室乱”，又曰“尹氏杀王子克”，甚之也。《春秋》举成败，录祸福，如此类甚众，皆阴盛而阳微，下失臣道之所致也。故《书》曰：“臣之有作威作福，害于而家，凶于而国。”孔子曰“禄去公室，政逮大夫”，危亡之兆。秦昭王舅穰侯，及泾阳、叶阳君，专国擅势，上假太后之威，三人者权重于昭王，家富于秦国，国甚危殆，赖寤范睢之言，而秦复存。二世委任赵高，专权自恣，壅蔽大臣，终有阎乐望夷之祸，秦遂以亡。近事不远，即汉所代也。

汉兴，诸吕无道，擅相尊王。吕产、吕禄，席太后之宠，据将相之位，兼南北军之众，拥梁、赵王之尊，骄盈无厌，欲危刘氏。赖忠正大臣绛侯、朱虚侯等，竭诚尽节，以诛灭之，然后刘氏复安。今王氏一姓，乘朱轮华毂者二十三人，青紫貂蝉，充盈幄内，鱼鳞左右。大将军秉事用权，五侯骄奢僭盛，并作威福，击断自恣，行污而寄治，身私而托公，依东宫之尊，假甥舅之亲，以为威重。尚书九卿州牧郡守皆出其门，管执枢机，朋党比周。称誉者登进，忤恨者诛伤；游谈者助之说，执政者为之言。排摈宗室，孤弱公族，其有智能者，尤非毁而不进。远绝宗室之任，不令得给事朝省，恐其与己分权。数称燕王盖主，以疑上心，避讳吕、霍而弗肯称。内有管、蔡之萌，外假周公之论，兄弟据重，宗族磐互。历上古至秦、汉，外戚僭贵未有如王氏者也，虽周皇甫、秦穰侯、汉武安、吕、霍、上官之属，皆不及也。

物盛必有非常之变先见，为其人微象。孝昭帝时，冠石立于泰山，仆柳起于上林。而孝宣帝即位，今王氏先祖坟墓在济南者，其梓柱生枝叶，扶疏上出屋，根插地中，虽立石起柳，无以过此之明也。事势不两大，王氏与刘氏亦且不并立，如下有泰山之安，则上有累卵之危。陛下为人子孙，守持宗庙，而令国祚移于外亲，降为皂隶，纵不为身，奈宗庙何！妇人内夫家，外父母家，此亦非皇太后之福也。孝宣皇帝不与舅平昌、乐昌侯权，所以全安之也。

夫明者起福于无形，销患于未然。宜发明诏，吐德音，援近宗室，亲而纳信，黜远外戚，毋授以政，皆罢令就第，以则效先帝之所行，厚安外戚，全其宗族，诚东宫之意，外家之福也。王氏永存，保其爵禄；刘氏长安，不失社稷：所以褒睦外内之姓，子子孙孙无疆之计也。如不行此策，田氏复见于今，六卿必起于汉，为后嗣忧。昭昭甚明，不可不深图，不可不蚤虑。《易》曰："君不密，则失臣；臣不密，则失身；几事不密，则害成。"唯陛下深留圣思，审固几密，览往事之戒，以折中取信，居万安之实，用保宗庙，久承皇太后，天下幸甚。

匡衡－上政治得失疏

臣闻五帝不同礼，三王各异教，民俗殊务，所遇之时异也。陛下躬圣德，开太平之路，闵愚吏民触法抵禁，比年大赦，使百姓得改行自新，天下幸甚。臣窃见大赦之后，奸邪不为衰止，今日大赦，明日犯法，相随入狱，此殆导之未得其务也。

盖保民者，陈之以德义，示之以好恶，观其失而制其宜，故动之而和，绥之而安。今天下俗贪财贱义，好声色，上侈靡，廉耻之节薄，淫辟之意纵，纲纪失序，疏者逾内，亲戚之恩薄，婚姻之党隆，苟合徼幸，以身没利，不改其原。虽岁赦之，刑犹难使错而不用也。臣愚以为宜壹旷然大变其俗。

孔子曰："能以礼让，为国乎何有？"朝廷者，天下之桢干也。公卿大夫相与循礼恭让，则民不争；好仁乐施，则下不暴；上义高节，则民兴行；宽柔和惠，则众相爱：四者，明王之所以不严而成化也。何者？朝有变色之言，则下有争斗之患；上有自专之士，则下有不让之人；上有克胜之佐，则下有伤害之心；上有好利之臣，则下有盗窃之民：此其本也。今俗吏之治，皆不本礼让而上克暴，或忮害，好陷人于罪，贪财而慕势，故犯法者众，奸邪不止。虽严刑峻法，犹不为变，此非其天性，有由然也。

臣窃考《国风》之诗《周南》、《召南》，被贤圣之化深，故笃于行而廉于色。郑伯好勇，而国人暴虎；秦穆贵信，而士多从死；陈夫人好巫，而民淫祀；晋侯好俭，而民畜聚；太王躬仁，邻国贵恕。由此观之，治天下者审所上而已。今之伪薄忮害不让极矣。臣闻教化之流，非家至而人说之也。贤者在位，能者在职，朝廷崇礼，百僚敬让，道德之行由内及外，自近者始，然后民知所法，迁善日进而不自知，是以百姓安，阴阳和，神灵应而嘉祥见。《诗》曰："商邑翼翼，四方之极。寿考且宁，以保我后生。"此成汤所以建至治，保子孙，化异俗而怀鬼方也。今长安天子之都，亲承圣化，然其习俗无以异于远方，郡国来者，无所法则，或见侈靡而放效之。此教化之原本，风俗之枢机，宜先正者也。

臣闻天人之际，精祲有以相荡，善恶有以相推。事作乎下者，象动乎上。阴阳之理，各应其感。阴变则静者动，阳蔽则明者暗。水旱之灾，随类而至。今关东连年饥馑，百姓乏困，或至相食。此皆生于赋敛多，民所共者大，而吏安集之不称之效也。陛下祗畏天戒，哀闵元元，大自减损，省甘泉、建章宫卫，罢珠压，偃武行文，将欲度唐、虞之隆，绝殷、周之衰也。诸见罢珠压诏书者，莫不欣欣，人自以将见太平也。宜遂减宫室之度，省亲而之饰，考制度，修外内，近忠正，远巧佞，放郑、卫，进雅、颂，举异材，开直言，任温良之人，退刻薄之吏，显洁白之士，昭无欲之路，览六艺之意，察上世之务；明自然之道，博和睦之化，以崇至仁，匡失俗，易民视，令海内昭然，咸见本朝之所贵，道德弘于京师，淑问扬乎疆外。然后大化可成。礼让可兴也。

《匡衡－论治性正家疏》

臣闻治乱安危之机，在乎审所用心。盖受命之王，务在创业垂统，传之无穷；继体之君，心存于承宣先王之德，而褒大其功。昔者成王之嗣位，思述文、武之道以养其心，休烈盛美，皆归之二后而不敢专其名，是以上天歆享，鬼神佑焉。其诗曰："念我皇祖，陟降廷止。"言成王常思祖考之业，而鬼神佑助其治也。

陛下圣德天覆，子爱海内，然阴阳未和、奸邪未禁者，殆论议者未丕扬先帝之盛功，争言制度不可用也，务变更之；所更或不可行，而复复之：是以群下更相是非，吏民无所信。臣窃恨国家释乐成之业，而虚为此纷纷也，愿陛下详览统业之事，留神于遵制扬功，以定群下之心。《大雅》曰："无念尔祖，聿修厥德。"孔子著之《孝经》首章，盖至德之本也。

传曰："审好恶，理情性，而王道毕矣。"能尽其性然后能尽人物之性；能尽人物之性，可以赞天地之化。治性之道，必审己之所有余，而强其所不足。盖聪明疏通者，戒于大察；寡闻少见者，戒于壅蔽；勇猛刚强者，戒于大暴；仁爱温良者，戒于无断；湛静安舒者，戒于后时；广心浩大者，戒于遗忘：必审己之所当戒，而齐之以义，然后中和之化应，而巧伪之徒，不敢比周而望进。唯陛下戒之，所以崇圣德也。

臣又闻室家之道修，则天下之理得，故《诗》始《国风》，《礼》本《冠》、《婚》：始乎《国风》，原情性而明人伦也；本乎《冠》、《婚》，正基兆而防未然也。福之举莫不本乎室家，道之衰莫不始乎榴内，故圣王必慎妃后之际，别適长之位。礼之于内也，卑不隃尊，新不先故，所以统人情而理阴气也。其尊逋而卑庶也，遍子冠乎阼，礼之用醴，众子不得与列，所以贵正体而明嫌疑也。非虚加其礼文而已，乃中心与之殊异，故礼探其情而见之外也。圣人动静游燕所亲，物得其序。得其序则海内自修，百姓从化。如当亲者疏，当尊者卑，则佞巧之奸，因时而动，以乱国家。故圣人慎防其端，禁于未然，不以私恩害公义。陛下圣德纯备，莫不修正，则天下无为而治。《诗》云："于以四方，克定厥家。"传曰："正家而天下定矣。"

刘陶－上桓帝书

臣闻人非天地无以为生，天地非人无以为灵，是故帝非人不立，人非帝不宁。夫天之与帝，帝之与人，犹头之与足，相须而行也。伏惟陛下年隆德茂，中天称号，袭常存之庆，循不易之制，目不视鸣条之事，耳不闻檀车之声，天灾不有痛于肌肤，震食不即损于圣体，故蔑三光之谬，轻上天之怒。伏念高祖之起，始自布衣，拾暴秦之敝，追亡周之鹿，合散扶伤，克成帝业。功既显矣，勤亦至矣。流福遗祚，至于陛下。陛下既不能增明烈考之轨，而忽高祖之勤，妄假利器，委授国柄，使群丑刑隶，芟刈小民，雕敝诸夏，虐流远近，故天降众异，以戒陛下。陛下不悟，而竞令虎豹窟于麑场，豺狼乳于春囿。斯岂唐咨禹、稷，益典朕虞，议物赋土蒸民之意哉？又今牧守长吏，上下交竞；封豕长蛇，蚕食天下；货殖者为穷冤之魂，贫馁者作饥寒之鬼；高门获东观之辜，丰室罗妖叛之罪；死者悲于窀穸，生者戚于朝野：是愚臣所为咨嗟长怀叹息者也。且秦之将亡，正谏者诛，谀进者赏，嘉言结于忠舌，国命出于谗口，擅阎乐于咸阳，授赵高以车府。权去已而不知，威离身而不顾。古今一揆，成败同势。原陛下远览强秦之倾，近察哀、平之变，得失昭然，祸福可见。

臣又闻危非仁不扶，乱非智不救，故武丁得傅说，以消鼎雉之灾，周宣用申、甫，以济夷、厉之荒。窃见故冀州刺史南阳朱穆，前乌桓校尉臣同郡李膺，皆履正清平，贞高绝俗。穆前在冀州，奉宪操平，摧破奸党，扫清万里。膺历典牧守，正身率下，及掌戎马，威扬朔北。斯实中兴之良佐，国家之柱臣也。宜还本朝，挟辅王室，上齐七耀，下镇万国。臣敢吐不时之义于讳言之朝，犹冰霜见日，必至消灭。臣始悲天下之可悲，今天下亦悲臣之愚惑也。

刘陶－改铸大钱议

圣王承天制物，与人行止，建功则众悦其事，兴戎而师乐其旅。是故灵台有子来之人，武旅有凫藻之士，皆举合时宜，动顺人道也。臣伏读铸钱之诏，平轻重之议，访覃幽微，不遗穷贱，是以藿食之人，谬延逮及。

盖以为当今之忧，不在于货，在乎民饥。夫生养之道，先食后货。是以先王观象育物，敬授民时，使男不逋亩，女不下机。故君臣之道行，王路之教通。由是言之，食者乃有国之所宝，生民之至贵也。窃见比年已来，良苗尽于蝗螟之口，杼柚空于公私之求，所急朝夕之餐，所患靡盬之事，岂谓钱货之厚薄，铢两之轻重哉？就使当今沙砾化为南金，瓦石变为和玉，使百姓渴无所饮，饥无所食，虽皇、羲之纯德，唐、虞之文明，犹不能以保萧墙之内也。盖民可百年无货，不可一朝有饥，故食为至急也。议者不达农殖之本，多言铸冶之便，或欲因缘行诈，以贾国利。国利将尽，取者争竞，造铸之端于是乎生。盖万人铸之，一人夺之，犹不能给；况今一人铸之，则万人夺之乎？虽以阴阳为炭，万物为铜，役不食之民，使不饥之士，犹不能足无厌之求也。夫欲民殷财阜，要在纸役禁夺，则百姓不劳饵足。陛掀圣灯，愍海内之忧戚，伤天下之艰难，欲铸钱齐货以救其敝，此犹养鱼沸鼎之中，栖鸟烈火之上。水木本鱼鸟之所生也，用之不时，必至焦烂。愿陛下宽锲薄之禁，后冶铸之议，听民庶之谣吟，问路叟之所忧，瞰三光之文耀，视山河之分流。天下之心，国家大事，粲然皆见，无有遗惑者矣。

臣尝诵《诗》，至于鸿雁于野之劳，哀勤堵之事，每喟尔长怀，中篇而叹。近听征夫饥劳之声，甚于斯歌。是以追悟四妇吟鲁之忧，始于此乎？见白驹之意，屏营傍徨，不能监寐。伏念当今地广而不得耕，民众而无所食。群小竞进，秉国之位，鹰扬天下，乌抄求饱，吞肌及骨，并释无厌。诚恐卒有役夫穷匠，起于板筑之间，投斤攘臂，登高远呼，使愁怨之民，响应云合，八方分崩，中夏鱼渍。虽方尺之钱。何能有救！其危犹举函牛之鼎，絓纤枯之末，诗人所以眷袒顾之，潸焉出涕者也。

臣东野狂暗，不达大义，缘广及之时，对过所问，知必以身脂鼎镬，为天下笑。

诸葛亮－出师表

臣亮言：先帝创业未半，而中道崩殂。今天下三分，益州疲敝，此诚危急存亡之秋也。然侍卫之臣不懈于内，忠志之士忘身于外者，盖追先帝之殊遇，欲报之于陛下也。诚宜开张圣听，以光先帝遗德，恢弘志士之气；不宜妄自菲薄，引喻失义，以塞忠谏之路也。

宫中、府中，俱为一体，陟罚臧否，不宜异同。若有作奸犯科及为忠善者，宜付有司论其刑赏，以昭陛下平明之理，不宜偏私，使内外异法也。侍中、侍郎郭攸之、费祎、董允等，此皆良实，志虑忠纯，是以先帝简拔以遗陛下。

愚以为宫中之事，事无大小，悉以咨之，然后施行，必能裨补阙漏，有所广益。将军向宠，性行淑均，晓畅军事，试用于昔日，先帝称之曰能，是以众议举宠为督。愚以为营中之事，悉以咨之，必能使行陈和睦，优劣得所。亲贤臣，远小人，此先汉所以兴隆也；亲小人，远贤臣，此后汉所以倾颓也。先帝在时，每与臣论此事，未尝不叹息痛恨于桓、灵也。侍中、尚书、长史、参军，此悉端良、死节之臣，愿陛下亲之，信之，则汉室之隆，可计日而待也。

臣本布衣，躬耕南阳，苟全性命于乱世炁不求闻达于诸侯。先帝不以臣卑鄙，猥自枉屈，三顾臣于草庐之中，咨臣以当世之事；由是感激，遂许先帝以驱驰。后值倾覆，受任于败军之际，奉命于危难之间，尔来二十有一年矣。先帝知臣谨慎，故临崩寄臣以大事也。受命以来，夙夜忧叹，恐托付不效，以伤先帝之明。故五月渡泸，深入不毛。今南方已定，甲兵已足，当奖率三军，北定中原，庶竭驽钝，攘除奸凶，兴复汉室，还于旧都，此臣所以报先帝，而忠陛下之职分也。至于斟酌损益，进尽忠言，则攸之、祎、允之任也。愿陛下托臣以讨贼兴复之效，不效，则治臣之罪以告先帝之灵，责攸之、祎、允等之慢以彰其咎。陛下亦宜自谋，以谘诹善道，察纳雅言，深追先帝遗诏。臣不胜受恩感激，今当远离，临表涕零，不知所言。

高堂隆－谏明帝疏

盖“天地之大德曰生，圣人之大宝曰位；何以守位？曰仁；何以聚人？曰财”。然则士民者，乃国家之镇也；谷帛者，乃士民之命也。谷帛非造化不育，非人力不成。是以帝耕以劝农，后桑以成服，所以昭事上帝，告虔报施也。昔在伊唐，世值阳九厄运之会，洪水滔天，使鲧治之，绩用不成，乃举文命，随山刊木，前后历年二十二载。灾眚之甚，莫过于彼，力役之兴，莫久于此，尧、舜君臣，南面而已。禹敷九州，庶士庸勋，各有等差，君子小人，物有服章。今无若时之急，而使公卿大夫并与厮徒共供事役，闻之四夷，非嘉声也，垂之竹帛，非令名也。是以有国有家者，近取诸身，远取诸物，妪煦养育，故称“恺悌君子，民之父母”。今上下劳役，疾病凶荒，耕稼者寡，饥馑荐臻，无以卒岁；宜加愍恤，以救其困。

臣观在昔书籍所载，天人之际，未有不应也。是以古先哲王，畏上天之明命，循阴阳之逆顺，矜矜业业，惟恐有违。然后治道用兴，德与神符，灾异既发，惧而修政，未有不延期流祚者也。爰及末叶，暗君荒主，不崇先王之令轨，不纳正士之直言，以遂其情志，恬忽变戒，未有不寻践祸难，至于颠覆者也。

天道既著，请以人道论之。夫六情五性，同在于人，嗜欲廉贞，各居其一。及其动也，交争于心。欲强质弱，则纵滥不禁；精诚不制，则放溢无极。夫情之所在，非好则美，而美好之集，非人力不成，非谷帛不立。情苟无极，则人不堪其劳，物不充其求。劳求并至，将起祸乱。故不割情，无以相供。仲尼云："人无远虑，必有近忧。"由此观之，礼义之制，非苟拘分，将以远害而兴治也。

今吴、蜀二贼，非徒白地小虏、聚邑之寇，乃据险乘流，跨有士众，僭号称帝，欲与中国争衡。今若有人来告，权、禅并修德政，复履清俭，轻省租赋，不治玩好，动咨耆贤，事遵礼度。陛下闻之，岂不惕然恶其如此，以为难卒讨灭，而为国忧乎？若使告者曰，彼二贼并为无道，崇侈无度，役其士民，重其徵赋，下不堪命，吁嗟日甚。陛下闻之，岂不勃然忿其困我无辜之民，而欲速加之诛，其次，岂不幸彼疲弊而取之不难乎？苟如此，则可易心而度，事义之数亦不远矣。

且秦始皇不筑道德之基，而筑阿房之宫，不忧萧墙之变，而修长城之役。当其君臣为此计也，亦欲立万世之业，使子孙长有天下，岂意一朝匹夫大呼，而天下倾覆哉？故臣以为使先代之君知其所行必将至于败，则弗为之矣。是以亡国之主自谓不亡，然后至于亡；贤圣之君自谓将亡，然后至于不亡。昔汉文帝称为贤主，躬行约俭，惠下养民，而贾谊方之，以为天下倒悬，可为痛哭者一，可为流涕者二，可为长叹息者三。况今天下雕弊，民无儋石之储，国无终年之畜，外有强敌，六军暴边，内兴土功，州郡骚动，若有寇警，则臣惧版筑之士不能投命虏庭矣。

又，将吏奉禄，稍见折减，方之于昔，五分居一；诸受休者又绝廪赐，不应输者今皆出半：此为官入兼多于旧，其所出与参少于昔。而度支经用，更每不足，牛肉小赋，前后相继。反而推之，凡此诸费，必有所在。且夫禄赐谷帛，人主所以惠养吏民而为之司命者也，若今有废，是夺其命矣。既得之而又失之，此生怨之府也。周礼，大府掌九赋之财，以给九式之用，入有其分，其所，不相干乘而用各足。各足之后，乃以式贡之余，供王玩好。又上用财，必考于司会。今陛下所与共坐廊庙治天下者，非三司九列，则台阁近臣，皆腹心造膝，宜在无讳。若见丰省而不敢以告，从命奔走，惟恐不胜，是则具臣，非骾辅也。昔李斯教秦二世曰："为人主而不恣睢，命之曰天下桎梏。"二世用之，秦国以覆，斯亦灭族。是以史迁议其不正谏，而为世诫。

刘琨－劝进表

建兴五年，三月癸未朔，十八日辛丑，使持节散骑常侍，都督河北、并、冀、幽三州诸军事、领护军匈奴中郎将司空，并州刺史广武侯臣琨。使持节侍中，都督冀州诸军事，抚军大将军，冀州刺史，左贤王渤海公臣磾。顿首死罪上书：

臣琨、臣磾，顿首顿首！死罪死罪！臣闻天生蒸人，树之以君，所以对越天地，司牧黎元。圣帝明王，鉴其若此。知天地不可以乏飨，故屈其身以奉之。知黎元不可以无主，故不得已而临之。社稷时难，则戚藩定其倾；郊庙或替，则宗哲纂其祀。所以弘振遐风，式固万世，三五以降，靡不由之。

臣琨臣殚，顿首顿首！死罪死罪！伏惟高祖宣皇帝，肇基景命。世祖武皇帝，遂造区夏，三叶重光，四圣继轨，惠泽侔于有虞，卜年过于周氏。自元康以来，艰祸繁兴，永嘉之际，氛厉弥昏，宸极失御，登遐丑裔。国家之危，有若缀旒。赖先后之德，宗庙之灵，皇帝嗣建，旧物克甄，诞授钦明，服膺聪哲。玉质幼彰，金声夙振。冢宰摄其纲，百辟辅其治，四海想中兴之美，群生怀来苏之望。不图天不悔祸，大灾荐臻，国未忘难，寇害寻兴。逆胡刘曜，纵逸西都，敢肆犬羊，凌虐天邑。臣等奉表使还，仍承西朝，以去年十一月不守，主上幽劫，复沈虏庭，神器流离，再辱荒逆。臣每览史籍，观之前载，厄运之极，古今未有。苟在食土之毛，含气之类，莫不叩心绝气，行号巷哭。况臣等荷宠三世，位厕鼎司，承问震惶，精爽飞越，且悲且惋，五情无主，举哀朔垂，上下泣血。

臣琨、臣磾，顿首顿首，死罪死罪！臣闻昏明迭用，否泰相济，天命未改，历数有归，或多难以固邦国，或殷忧以启圣明。齐有无知之祸，而小白为五伯之长；晋有骊姬之难，而重耳主诸侯之盟。社稷靡安，必将有以扶其危；黔首几绝，必将有以继其绪。伏惟陛下玄德通于神明，圣姿合于两仪，应命代之期，绍千载之运。夫符瑞之表，天人有徵，中兴之兆，图识垂典。自京畿陨丧，九服崩离，天下嚣然，无所归怀。虽有夏之遘夷羿，宗姬之离犬戎，蔑以过之。陛下抚宁江左，奄有旧吴，柔服以德，伐叛以刑，抗明威以摄不类，杖大顺以肃宇内。纯化既敷，则率土宅心，义风既畅，则遐方企踵。百揆时叙于上，四门穆穆于下。昔少康之隆，夏训以为美谈；宣王之兴，周诗以为休咏。况茂勋格于皇天，清辉光于四海！苍生颙然，莫不欣戴！声教所加，愿为臣妾者哉！且宣皇之胤，惟有陛下，亿兆攸归，曾无与二。天祚大晋，必将有主，主晋祀者，非陛下而谁？是以迩无异言，远无异望。讴歌者无不吟咏徽猷，狱讼者无不思于圣德。天地之际既交，华裔之情允洽。一角之兽，连理之木，以为休徵者，盖有百数；冠带之伦，要荒之众，不谋而同辞者，动以万计。是以臣等敢考天地之心，因函夏之趣，昧死以上尊号。原陛下存舜、禹至公之情，狭巢，由抗矫之节，以社稷为务，不以小行为先，以黔首为忧，不以克让为事。上以慰宗庙乃顾之怀，下以释普天倾首之望。则所谓生繁华于枯荑，育丰肌于朽骨。神人获安，无不幸甚！

臣琨、臣磾，顿首顿首！死罪死罪！臣闻尊位不可久虚，万机不可久旷。虚之一日，则尊位以殆，旷之浃辰，则万机以乱。方今锺百王之季，当阳九之会，狡寇窥窬，伺国瑕隙。齐人波荡，无所系心，安可以废而不恤哉？陛下虽欲逡巡，其若宗庙何，其若百姓何？昔惠公虏秦，晋国震骇。吕郤之谋，欲立子圉，外以绝敌人之志，内以固阖境之情。故曰：丧君有君，群臣辑穆，好我者劝，恶我者惧。前事之不忘，后代之元龟也。陛下明并日月，无幽不烛，深谋远虑，出自胸怀。不胜犬马忧国之情，迟睹人神开泰之路。是以陈其乃诚，布之执事。臣等各忝守方任，职在遐外，不得陪列阙庭，共观盛礼，踊跃之怀，南望罔极。谨上。臣琨谨遣兼左长史，右司马臣温峤，主簿臣辟闾训。臣磾遣散骑常侍、征虏将军、清河太守领右长史、高平亭侯臣荣劭，轻车将军、关内侯臣郭穆奉表。臣琨、臣磾等顿首顿首，死罪死罪！

江式－文字源流表

臣闻伏羲氏作而八卦形其画，轩辕氏兴而灵龟彰其彩。古史仓颉览二象之爻，观鸟兽之迹，别创文字，以代结绳，用书契以维事。宣之王迹，则百工以叙；载之方册，则万品以明。迄于三代，厥体颇异，虽依类取制，未能殊仓氏矣。故《周礼》：八岁入小学，保氏教国子以六书：一曰指事，二曰象形，三曰形声，四曰会意，五曰转注，六曰假借。盖是史颉之遗法。及宣王太史史籀著《大篆》十五篇，与古文或同或异，时人即谓之籀书。孔子修《六经》，左丘明述《春秋》，皆以古文，厥意可得而言。其后七国殊轨，文字乖别。暨秦兼天下，丞相李斯乃奏蠲罢不合秦文者。斯作《仓颉篇》，车府令赵高作《爰历篇》，太史令胡母敬作《博学篇》，皆取史籀式，颇有省改，所谓小篆者也。于是秦烧经书，涤除旧典，官狱繁多，以趣约易，始用隶书，古文由此息矣。隶书者，始皇使下杜人程邈附于小篆所作也。世人以邈徒隶，即谓之隶书。故秦有八体：一曰大篆，二曰小篆，三曰符书，四曰虫书，五曰摹印，六曰署书，七曰殳书，八曰隶书。

汉兴，有尉律学，复教以籀书，又习八体，试之课最，以为尚书史。书省字不正，辄举劾焉。又有草书，莫知谁始，其形书虽无厥谊，亦是一时之变通也。孝宣时，召通《仓颉》读者，独张敞从受之。凉州刺史杜业、沛人爰礼讲学，大夫秦近亦能言之。孝平时，徵礼等百余人说文字于未央宫中，以礼为小学元士。黄门侍郎扬雄采以作《训纂篇》。及亡新居摄，自以运应制作，大司马甄丰校文字之部，颇改定古文。时有六书：一曰古文，孔子壁中书也；二曰奇字，即古文而异者；三曰篆书，云小篆也；四曰佐书，秦隶书也；五曰缪篆，所以摹印也；六曰鸟虫，所以幡信也。壁中书者，鲁恭王坏孔子宅而得《尚书》、《春秋》、《论语》、《孝经》也。又北平侯张仓献《春秋左氏传》，书体与孔氏相类，即前代之古文矣。后汉郎中扶风曹喜号曰工篆，小异斯法，而甚精巧，自是后学，皆其法也。又诏侍中贾逵修理旧文，殊艺异术，王教一端，苟有可以加于国者，靡不悉集。逵即汝南许慎古学之师也。后慎嗟时人之好奇，叹俗儒之穿凿，故撰《说文解字》十五篇，首一终亥，各有部属，可谓类聚群分，杂而不越，文质彬彬，最可得而论也。左中郎将陈留蔡邕采李斯、曹喜之法，为古今杂形，诏于太学立石碑，刊载《五经》，题书楷法，多是邕书也。后开鸿都，书画奇能，莫不云集。时诸方献篆，无出邕者。

魏初，博士清河张揖著《埤仓》、《广雅》、《古今字诂》。究诸《埤》、《广》，缀拾遗漏，增长事类，抑亦于文为益者。然其《字诂》，方之许篇，古今体用，或得或失。陈留邯郸淳亦与揖同，博开古艺，特善《仓》、《雅》。许氏字指、八体、六书，精究闲理，有名于揖。以书教诸皇子。又建《三字石经》于汉碑西，其文蔚焕，三体复宣。校之《说文》，篆、隶大同，而古字少异。又有京兆韦诞、河东卫觊二家，并号能篆。当时台观榜题，宝器之铭，悉是诞书。咸传之子孙，世称其妙。晋世义阳王典祠令任城吕忱表上《字林》六卷，寻其况趣，附托许慎《说文》，而按偶章句，隐别古籀奇惑之字，文得正隶，不差篆意也。忱弟静别放故左校令李登《声类》之法，作《韵集》五卷，使宫、商、角、徵、羽各为一篇，而文字与兄便是鲁、卫，音读楚、夏，时有不同。皇魏承百王之季，绍五运之绪。世易风移，文字改变，篆形谬错，隶体失真。俗学鄙习，复加虚造。巧谈辩士，以意为疑，炫惑于时，难以厘改。乃曰：追来为归，巧言为辩，小免为需免，神蟲为蚕。如斯甚众，皆不合孔氏古书、史籀《大篆》、许氏《说文》、《石经》三字也。凡所关古，莫不惆怅焉。嗟夫！文字者六籍之宗，王教之始，前人所以垂今，今人所以识古。

臣六世祖琼，家世陈留，往晋之初，与从父兄俱受学于卫觊，古篆之法，《仓》、《雅》、《方言》、《说文》之谊，当时并收善誉。而祖遇洛阳之乱，避地河西，数世传习，斯业所以不坠也。世祖太延中，牧犍内附，臣亡祖文威杖策归国，奉献五世传掌之书，古篆八体之法。时蒙褒录，叙列于儒林，官班文省，家号世业。

暨臣暗短，识学庸薄，渐渍家风，有忝无显。是藉六世之资，奉遵祖考之训，窃慕古人之轨，企践儒门之辙。求撰集古来文字，以许慎《说文》为主，及孔氏《尚书》、《五经音注》、《籀篇》、《尔雅》、《三仓》、《凡将》、《方言》、《通俗文》、祖文宗《埤仓》、《广雅》、《古今字诂》、《三字石经》、《字林》、《韵集》、诸赋文字有六书之谊者，以类编联，文无复重，统为一部。其古籀、奇惑、俗隶诸体，咸使班于篆下，各有区别。诂训假借之谊，佥随文而解；音读楚、夏之声，并逐字而注。其所不知者，则阙如也。脱蒙遂许，冀省百氏之观，而同文字之域。【典书秘书所须之书，乞垂敕给；并学士五人尝习文字者，助臣披览；书生各五人，专令抄写。侍中、黄门、国子祭酒一月一监，诬议疑隐，庶无纰缪。所撰名目，伏听明旨。】

卷十三●书牍之属一

左传－叔向诒子产书

始吾有虞于子，今则已矣。昔先王议事以制，不为刑辟，惧民之有争心也。犹不可禁御，是故闲之以义，纠之以政，行之以礼，守之以信，奉之以仁，制为禄位以劝其从，严断刑罚以威其淫。惧其未也，故诲之以忠，耸之以行，教之以务，使之以和，临之以敬，莅之以强，断之以刚。犹求圣哲之上，明察之官，忠信之长，慈惠之师，民于是乎可任使也，而不生祸乱。民知有辟，则不忌于上，并有争心，以征于书，而徼幸以成之，弗可为矣。夏有乱政而作《禹刑》，商有乱政而作《汤刑》，周有乱政而作《九刑》，三辟之兴，皆叔世也。今吾子相郑国，作封洫，立谤政，制参辟，铸刑书，将以靖民，不亦难乎？《诗》曰："仪式刑文王之德，日靖四方。"又曰："仪刑文王，万邦作孚。"如是，何辟之有？民知争端矣，将弃礼而征于书。锥刀之末，将尽争之。乱狱滋丰，贿赂并行，终子之世，郑其败乎！肸闻之，国将亡，必多制，其此之谓乎！

乐毅－报燕惠王书

臣不佞，不能奉承王命，以顺左右之心，恐伤先王之明，有害足下之义，故遁逃走赵。今足下使人数之以罪，臣恐侍御者不察先王之所以畜幸臣之理，又不白臣之所以事先王之心，故敢以书对。

臣闻贤圣之君不以禄私亲，其功多者赏之，其能当者处之。故察能而授官者，成功之君也；论行而结交者，立名之士也。臣窃观先王之举也，见有高世主之心，故假节于魏，以身得察于燕。先王过举，厕之宾客之中，立之群臣之上，不谋父兄，以为亚卿。臣窃不自知，自以为奉令承教，可幸无罪，故受令而不辞。

先王命之曰："我有积怨深怒于齐，不量轻弱，而欲以齐为事。"臣曰："夫齐，霸国之余业而最胜之遗事也。练于兵甲，习于战攻。王若欲伐之，必与天下图之。与天下图之，莫若结于赵。且又淮北、宋地，楚魏之所欲也，赵若许而约四国攻之，齐可大破也。"先王以为然，具符节南使臣于赵。顾反命，起兵击齐。以天之道，先王之灵，河北之地随先王而举之济上。济上之军受命击齐，大败齐人。轻卒锐兵，长驱至国。齐王遁而走莒，仅以身免；珠玉财宝车甲珍器尽收入于燕。齐器设于宁台，大吕陈于元英，故鼎反乎磿室，蓟丘之植植于汶篁，自五伯已来，功未有及先王者也。先王以为慊于志，故裂地而封之，使得比小国诸侯。臣窃不自知，自以为奉命承教，可幸无罪，是以受命不辞。

臣闻贤圣之君，功立而不废，故著于春秋；蚤知之士，名成而不毁，故称于后世。若先王之报怨雪耻，夷万乘之强国，收八百岁之蓄积，及至弃群臣之日，余教未衰，执政任事之臣，修法令，慎庶孽，施及乎萌隶，皆可以教后世。

臣闻之，善作者不必善成，善始者不必善终。昔伍子胥说听于阖闾，而吴王远迹至郢；夫差弗是也，赐之鸱夷而浮之江。吴王不寤先论之可以立功，故沈子胥而不悔；子胥不蚤见主之不同量，是以至于入江而不化。

夫免身立功，以明先王之迹，臣之上计也。离毁辱之诽谤，堕先王之名，臣之所大恐也。临不测之罪，以幸为利，义之所不敢出也。

臣闻古之君子，交绝不出恶声；忠臣去国，不洁其名。臣虽不佞，数奉教于君子矣。恐侍御者之亲左右之说，不察疏远之行，故敢献书以闻，唯君王之留意焉。

鲁仲连－遗燕将书

吾闻之，智者不倍时而弃利，勇士不却死而灭名，忠臣不先身而后君。今公行一朝之忿，不顾燕王之无臣，非忠也；杀身亡聊城，而威不信于齐，非勇也；功败名灭，后世无称焉，非智也。三者世主不臣，说士不载，故智者不再计，勇士不怯死。今死生荣辱，贵贱尊卑，此时不再至，愿公详计而无与俗同。

且楚攻齐之南阳，魏攻平陆，而齐无南面之心，以为亡南阳之害小，不如得济北之利大，故定计审处之。今秦人下兵，魏不敢东面；衡秦之势成，楚国之形危；齐弃南阳，断右壤，定济北，计犹且为之也。且夫齐之必决于聊城，公勿再计。今楚魏交退于齐，而燕救不至。以全齐之兵，无天下之规，与聊城共据期年之敝，则臣见公之不能得也。且燕国大乱，君臣失计，上下迷惑，栗腹以十万之众五折于外，以万乘之国被围于赵，壤削主困，为天下僇笑。国敝而祸多，民无所归心。今公又以敝聊之民距全齐之兵，是墨翟之守也。食人炊骨，士无反外之心，是孙膑之兵也。能见于天下。虽然，为公计者，不如全车甲以报于燕。车甲全而归燕，燕王必喜；身全而归于国，士民如见父母，交游攘臂而议于世，功业可明。上辅孤主以制群臣，下养百姓以资说士，矫国更俗，功名可立也。亡意亦捐燕弃世，东游于齐乎？裂地定封，富比乎陶、卫，世世称孤，与齐久存，又一计也。此两计者，显名厚实也，愿公详计而审处一焉。

且吾闻之，规小节者不能成荣名，恶小耻者不能立大功。昔者管夷吾射桓公中其钩，篡也；遗公子纠不能死，怯也；束缚桎梏，辱也。若此三行者，世主不臣而乡里不通。乡使管子幽囚而不出，身死而不反于齐，则亦名不免为辱人贱行矣。臧获且羞与之同名矣，况世俗乎！故管子不耻身在缧绁之中而耻天下之不治，不耻不死公子纠而耻威之不信于诸侯，故兼三行之过而为五霸首，名高天下而光烛邻国。曹子为鲁将，三战三北，而亡地五百里。乡使曹子计不反顾，议不还踵，刎颈而死，则亦名不免为败军禽将矣。曹子弃三北之耻，而退与鲁君计。桓公朝天下，会诸侯，曹子以一剑之任，枝桓公之心于坛坫之上，颜色不变，辞气不悖，三战之所亡一朝而复之，天下震动，诸侯惊骇，威加吴、越。若此二士者，非不能成小廉而行小节也，以为杀身亡躯，绝世灭后，功名不立，非智也。故去感忿之怨，立终身之名；弃忿悁之节，定累世之功。是以业与三王争流，而名与天壤相弊也。愿公择一而行之。

司马迁－报任安书

太史公牛马走司马迁再拜言。少卿足下：曩者辱赐书，教以慎于接物，推贤进士为务。意气勤勤恳恳，若望仆不相师，而用流俗人之言。仆非敢如此也。仆虽罢驽，亦尝侧闻长者之遗风矣。顾自以为身残处秽，动而见尤，欲益反损，是以独抑郁而与谁语。谚曰："谁为为之？孰令听之？"盖钟子期死，伯牙终身不复鼓琴。何则？士为知己者用，女为说己者容。若仆大质，已亏缺矣。虽材怀隋、和，行若由、夷，终不可以为荣，适足以见笑而自点耳。书辞宜答，会东从上来，又迫贱事，相见日浅，卒卒无须臾之间，得竭至意。今少卿抱不测之罪，涉旬月，迫季冬，仆又薄从上雍，恐卒然不可为讳，是仆终已不得舒愤懑以晓左右，则长逝者魂魄私恨无穷。请略陈固陋。阙然久不报，幸勿为过。

仆闻之：修身者，智之符也；爱施者，仁之端也；取与者，义之表也；耻辱者，勇之决也；立名者，行之极也。士有此五者，然后可以托于世，而列于君子之林矣。故祸莫憯于欲利，悲莫痛于伤心，行莫丑于辱先，诟莫大于宫刑。刑余之人，无所比数，非一世也，所从来远矣。昔卫灵公与雍渠同载，孔子适陈；商鞅因景监见，赵良寒心；同子参乘，袁丝变色，自古而耻之。夫中材之人，事有关于宦竖，莫不伤气，而况于慷慨之士乎？如今朝廷虽乏人，奈何令刀锯之余，荐天下豪俊哉！

仆赖先人绪业，得待罪辇毂下，二十余年矣。所以自惟，上之不能纳忠效信，有奇策材力之誉，自结明主；次之又不能拾遗补阙，招贤进能，显岩穴之士；外之不能备行伍，攻城野战，有斩将搴旗之功；下之不能积日累劳，取尊官厚禄，以为宗族交游光宠。四者无一遂，苟合取容，无所短长之效，可见如此矣。乡者仆尝厕下大夫之列，陪奉外廷末议，不以此时引纲维，尽思虑，今已亏形为扫除之隶，在阘茸之中，乃欲仰首伸眉，论列是非，不亦轻朝廷，羞当世之士邪？嗟乎！嗟乎！如仆尚何言哉！尚何言哉！

且事本末未易明也。仆少负不羁之才，长无乡曲之誉。主上幸得以先人之故，使得奏薄技，出入周卫之中。仆以为戴盆何以望天，故绝宾客之知，忘室家之业，日夜思竭其不肖之才力，务壹心营职，以求亲媚于主上。而事乃有大谬不然者夫！

仆与李陵俱居门下，素非能相善也。趣舍异路，未尝衔杯酒，接殷勤之余欢。

然仆观其为人，自守奇士，事亲孝，与士信，临财廉，取与义，分别有让，恭俭下人，常思奋不顾身，以徇国家之急。其素所蓄积也，仆以为有国士之风。夫人臣出万死不顾一生之计，赴公家之难，斯亦奇矣。今举事一不当，而全躯保妻子之臣，随而媒孽其短，仆诚私心痛之。且李陵提步卒不满五千，深践戎马之地，足历王庭，垂饵虎口，横挑强胡，仰亿万之师，与单于连战十有余日，所杀过当。虏救死扶伤不给，旃裘之君长咸震怖。乃悉徵其左右贤王，举引弓之人，一国共攻而围之。战斗千里，矢尽道穷，救兵不至，士卒死伤如积。然陵一呼劳军，士无不起，躬自流涕，沫血饮泣，更张空拳，冒白刃，北向争死敌者。陵未没时，使有来报，汉公卿王侯皆奉觞上寿。后数日，陵败书闻，主上为之食不甘味，听朝不怡，大臣忧惧，不知所出。仆窃不自料其卑贱，见主上惨怆怛怛，诚欲效其款款之愚，以为李陵素与士大夫绝少分甘，能得人死力，虽古之名将，不能过也。身虽陷败，彼观其意，且欲得其当而报于汉。事已无可奈何，其所摧败，功亦足以暴于天下矣。仆怀欲陈之，而未有路，适会召问，即以此指，推言陵之功。欲以广主上之意，塞睚眦之辞。未能尽明，明主不深晓，以为仆沮贰师，而为李陵游说，遂下于理。拳拳之忠，终不能自列，因为诬上，卒从吏议。家贫，货赂不足以自赎，交游莫救，左右亲近不为一言。身非木石，独与法吏为伍，深幽囹圄之中，谁可告诉者。此真少卿所亲见，仆行事岂不然耶？李陵既生降，隤其家声，而仆又佴之蚕室，重为天下观笑。悲夫！悲夫！事未易一二为俗人言也。

仆之先人，非有剖符丹书之功。文史星历，近乎卜祝之间，固主上所戏弄，倡优所畜，流俗之所轻也。假令仆伏法受诛，若九牛亡一毛，与蝼蚁何以异？而世俗又不能与死节者次比，特以为智穷罪极，不能自免，卒就死耳。何也？素所自树立使然也。人固有一死，死或重于泰山，或轻于鸿毛，用之所趋异也。太上不辱先，其次不辱身，其次不辱理色，其次不辱辞令，其次诎体受辱，其次易服受辱，其次关木索、被棰楚受辱，其次剔毛发、婴金铁受辱，其次毁肌肤、断肢体受辱，最下腐刑极矣！传曰："刑不上大夫。"此言士节不可不勉励也。猛虎在深山，百兽震恐，及在槛阱之中，摇尾而求食，积威约之渐也。故有画地为牢，势不可入，削木为吏，议不可对，定计于鲜也。今交手足，受木索，暴肌肤，受榜棰，幽于圜墙之中。当此之时，见狱吏则头抢地，视徒隶则心惕息。何者？积威约之势也。及已至是，言不辱者，所谓强颜耳，曷足贵乎？且西伯，伯也，拘于羑里；李斯，相也，具于五刑；淮阴，王也，受械于陈；彭越、张敖，南面称孤，系狱抵罪；绛侯诛诸吕，权倾五伯，囚于请室；魏其，大将也，衣赭衣，关三木；季布为朱家钳奴；灌夫受辱于居室。此人皆身至王侯将相，声闻邻国，及罪至罔加，不能引决自裁，在尘埃之中。古今一体，安在其不辱也？由此言之，勇怯，势也；强弱，形也。审矣，曷足怪乎？夫人不能早自裁绳墨之外，以稍陵迟，至于鞭棰之间，乃欲引节，斯不亦远乎！古人所以重施刑于大夫者，殆为此也。

夫人情莫不贪生恶死，念父母，顾妻子。至激于义理者不然，乃有所不得已也。今仆不幸，早失父母，无兄弟之亲，独身孤立，少卿视仆于妻子何如哉？且勇者不必死节，怯夫慕义，何处不勉焉？仆虽怯懦，欲苟活，亦颇识去就之分矣，何至自湛溺缧绁之辱哉！且夫臧获婢妾，犹能引决，况仆之不得已乎？所以隐忍苟活，幽于粪土之中而不辞者，恨私心有所不尽，鄙陋没世，而文采不表于后世也。古者富贵而名磨灭，不可胜纪，惟倜傥非常之人称焉。盖文王拘而演《周易》；仲尼厄而作《春秋》；屈原放逐，乃赋《离骚》；左丘失明，厥有《国语》；孙子膑脚，兵法修列；不韦迁蜀，世传《吕览》；韩非囚秦，《说难》《孤愤》；《诗》三百篇，大抵圣贤发愤之所为作也。此人皆意有所郁结，不得通其道，故述往事，思来者。乃如左丘无目，孙子断足，终不可用，退而论书策，以舒其愤，思垂空文以自见。

仆窃不逊，近自托于无能之辞，网罗天下放失旧闻，略考其行事，综其终始，稽其成败兴坏之纪，上计轩辕，下至于兹，为十表，本纪十二，书八章，世家三十，列传七十，凡百三十篇。亦欲以究天人之际，通古今之变，成一家之言。草创未就，会遭此祸。惜其不成，是以就极刑而无愠色。仆诚以著此书，藏诸名山，传之其人，通邑大都，则仆偿前辱之责，虽万被戮，岂有悔哉！然此可为智者道，难为俗人言也。

且负下未易居，下流多谤议。仆以口语会遭此祸，重为乡里所戮笑，以污辱先人，亦何面目复上父母之丘墓乎？虽累百世，垢弥甚耳！是以肠一日而九回，居则忽忽若有所亡，出则不知其所往。每念斯耻，汗未尝不发背沾衣也！身直为闺阁之臣，宁得自引深藏岩穴邪？故且从容浮沉，与时俯仰，以通其狂惑。今少卿乃教以推贤进士，无乃与仆私心刺谬乎？今虽欲自雕琢，曼辞以自饰，无益，于俗不信，适足取辱耳。要之，死日然后是非乃定。书不能悉意，略陈固陋。谨再拜。

杨恽－报孙会宗书

恽材朽行秽，文质无所底，幸赖先人余业得备宿卫，遭遇时变以获爵位，终非其任，卒与祸会。足下哀其愚，蒙赐书，教督以所不及，殷勤甚厚。然窃恨足下不深惟其终始，而猥随俗之毁誉也。言鄙陋之愚心，若逆指而文过，默而息乎，恐违孔氏“各言尔志”之义，故敢略陈其愚，唯君子察焉！

恽家方隆盛时，乘朱轮者十人，位在列卿，爵为通侯，总领从官，与闻政事，曾不能以此时有所建明，以宣德化，又不能与群僚同心并力，陪辅朝廷之遗忘，已负窃位素餐之责久矣。怀禄贪势，不能自退，遭遇变故，横被口语，身幽北阙，妻子满狱。当此之时，自以夷灭不足以塞责，岂意得全首领，复奉先人之丘墓乎？伏惟圣主之恩，不可胜量。君子游道，乐以忘忧；小人全躯，说以忘罪。窃自思念，过已大矣，行已亏矣，长为农夫以没世矣。是故身率妻子，戮力耕桑，灌园治产，以给公上，不意当复用此为讥议也。

夫人情所不能止者，圣人弗禁，故君父至尊亲，送其终也，有时而既。臣之得罪，已三年矣。田家作苦，岁时伏腊，亨羊炰羔，斗酒自劳。家本秦也，能为秦声。妇，赵女也，雅善鼓瑟。奴婢歌者数人，酒后耳热，仰天拊缶而呼乌乌。其诗曰：“田彼南山，芜秽不治，种一顷豆，落而为萁。人生行乐耳，须富贵何时！”是日也，拂衣而喜，奋袖低卬，顿足起舞，诚淫荒无度，不知其不可也。恽幸有余禄，方籴贱贩贵，逐什一之利，此贾竖之事，污辱之处，恽亲行之。下流之人，众毁所归，不寒而栗。虽雅知恽者，犹随风而靡，尚何称誉之有！董生不云乎？“明明求仁义，常恐不能化民者，卿大夫意也；明明求财利，常恐困乏者，庶人之事也。”故“道不同，不相为谋。”今子尚安得以卿大夫之制而责仆哉！

夫西河魏土，文侯所兴，有段干木、田子方之遗风，漂然皆有节概，知去就之分。顷者，足下离旧土，临安定，安定山谷之间，昆戎旧壤，子弟贪鄙，岂习俗之移人哉？于今乃睹子之志矣。方当盛汉之隆，愿勉旃，毋多谈。

王生－遗盖宽饶书

明主知君洁白公正，不畏强御，故命君以司察之位，擅君以奉使之权，尊官厚禄已施于君矣。君宜夙夜惟思当世之务，奉法宣化，忧劳天下，虽日有益，月有功，犹未足以称职而报恩也。自古之治，三王之术各有制度。今君不务循职而已，乃欲以太古久远之事匡拂天子，数进不用难听之语以摩切左右，非所以扬令名全寿命者也。方今用事之人皆明习法令，言足以饰君之辞，文足以成君之过，君不惟蘧氏之高踪，而慕子胥之末行，用不訾之躯，临不测之险，窃为君痛之。夫君子直而不挺，曲而不诎。《大雅》云："既明且哲，以保其身。"狂夫之言，圣人择焉。唯裁省览。

刘歆－移让太常博士书

昔唐虞既衰，而三代迭兴，圣帝明王，累起相袭，其道甚著。周室既微，而礼乐不正，道之难全也如此。是故孔子忧道不行，历国应聘，自卫反鲁，然后乐正，《雅》、《颂》乃得其所。修易序书，制作春秋，以记帝王之道。及夫子没而微言绝，七十子卒而大义乖。重遭战国，弃笾豆之礼，理军旅之阵，孔氏之道抑，而孙吴之术兴。陵夷至于暴秦，焚经书、杀儒士，设挟书之法，行是古之罪，道术由此遂灭。

汉兴，去圣帝明王遐远，仲尼之道又绝，法度无所因袭，时独有一叔孙通，略定礼仪。天下惟有易卜，未有他书。至于孝惠之世，乃除挟书之律。然公卿大臣绛灌之属，咸介胄武夫，莫以为意。至孝文皇帝，始使掌故晁错，从伏生受《尚书》。《尚书》初出于屋壁，朽折散绝，今其书见在，时师传读而已。《诗》始萌芽，天下众书，往往颇出，皆诸子传说，犹广立于学官，为置博士。在朝之儒，唯贾生而已。至孝武皇帝，然后邹、鲁、梁、赵，颇有《诗》、《礼》、《春秋》先师，皆出于建元之间。当此之时，一人不能独尽其经，或为《雅》，或为《颂》，相合而成。《泰誓》后得，博士集而赞之。故诏书曰：礼坏乐崩，书缺简脱，朕甚闵焉。时汉兴已七八十年，离于全经，固以远矣。

及鲁恭王坏孔子宅，欲以为宫，而得古文于坏壁之中，《逸礼》有三十九篇，《书》十六篇。天汉之后，孔安国献之，遭巫蛊仓卒之难，未及施行。及《春秋》左氏丘明所修，皆古文旧书，多者二十余通，藏于秘府，伏而未发。孝成皇帝愍学残文缺，稍离其真，乃陈发秘藏，校理旧文，得此三事。以考学官所传经，或脱简，或脱编。博问人间，则有鲁国桓公、赵国贯公、胶东庸生之遗学与此同，抑而未施。此乃有识者之所叹敏，士君子之所嗟痛也。

往者缀学之士，不思废绝之阙，苟因陋就寡，分文析字，烦言碎辞，学者罢老，且不能究其一艺，信口说而背传记，是末师而非往古。至于国家将有大事，若立辟雍封禅巡狩之仪，则幽冥而莫知其原。犹欲保残守缺，挟恐见破之私意，而亡从善服义之公心。或怀疾妒，不考情实，雷同相从，随声是非，抑此三学，以《尚书》为不备，谓左氏不传《春秋》，岂不哀哉！

今圣上德通神明，继统扬业，亦愍此文教错乱，学士若兹，虽深照其情，犹依违谦让，乐与士君子同之。故下明诏，试左氏可立不，遣近臣奉旨衔命，将以辅弱扶微，与二三君子比意同力，冀得废遗。今则不然，深闭固距，而不肯试，猥以不诵绝之，欲以杜塞余道，绝灭微学。夫可与乐成，难与虑始，此乃众庶之所为耳，非所望于士君子也。且此数家之事，皆先帝所亲论，今上所考视，其为古文旧书，皆有徵验，内外相应，岂苟而已哉！夫礼失求之于野，古文不犹愈于野乎！

往者博士，《书》有欧阳，《春秋》公羊，《易》则施孟，然孝宣帝犹复广立《谷梁春秋》、《梁丘易》、《大小夏侯尚书》，义虽相反，犹并置之。何则？与其过而废之，宁过而立之。传曰：文武之道，未坠于地，在人。贤者志其大者，不贤者志其小者。今此数家之言，所以兼包大小之义，岂可偏绝哉？若必专己守残，党同门，妒道真，违明诏，失圣意，以陷于文吏之议，甚为二三君子不取也。

马援 – 与杨广书

春卿无恙，前别冀南，寂无音驿。援间还长安。因留上林。窃见四海已定，兆民同情，而季孟闭拒背畔，为天下表的。常惧海内切齿，思相屠裂，故遗书恋恋，以致恻隐之计。乃闻季孟归罪于援，而纳王游翁谄邪之说，自谓函谷以西，举足可定，以今而观，竟何如邪？援间至河内，过存伯春，见其奴吉从西方还，说伯春小弟仲舒望见吉，欲问伯春无它否，竟不能言，晓夕号泣，婉转尘中。又说其家悲愁之状，不可言也。夫怨仇可刺不可毁，援闻之，不自知泣下也。援素知季孟孝爱，曾、闵不过。夫孝于其亲，岂不慈于其子？可有子抱三木，而跳梁妄作，自同分羹之事乎？季孟平生自言所以拥兵众者，欲以保全父母之国而完坟墓也，又言苟厚士大夫而已。而今所欲全者将破亡之，所欲完者，将毁伤之，所欲厚者将反薄之。季孟尝折愧子阳而不受其爵，今更共陆陆，欲往附之，将难为颜乎？若复责以重质，当安从得子主给是哉！往时子阳独欲以王相待，而春卿拒之；今者归老，更欲低头与小儿曹共槽枥而食，并肩侧身于怨家之朝乎？男儿溺死何伤而拘游哉！今国家待春卿意深，宜使牛孺卿与诸耆老大人共说季孟，若计画不从，真可引领去矣。前披舆地图，见天下郡国百有六所，奈何欲以区区二邦以当诸夏百有四乎？春卿事季孟，外有君臣之义，内有朋友之道。言君臣邪，固当谏争；语朋友邪，应有切磋。岂有知其无成，而但萎腇咋舌，叉手从族乎？及今成计，殊尚善也；过是，欲少味矣。且来君叔天下信士，朝廷重之，其意依依，常独为西州言。援商朝廷，尤欲立信于此，必不负约。援不得久留，愿急赐报。

朱浮－与彭宠书

盖闻智者顺时而谋，愚者逆理而动。尝窃悲京城太叔，以不知足而无贤辅，卒自弃于郑也。伯通以名字典郡，有佐命之功，临民亲职，爱惜仓库；而浮秉征伐之任，欲权时救急。二者皆为国耳。即疑浮相谮，何不诣阙自陈？而为灭族之计乎！

朝廷之于伯通，恩亦厚矣。委以大郡，任以威武，事有柱石之寄，情同子孙之亲。匹夫媵母，尚能致命一飡，岂有身带三绶，职典大邦，而不顾恩义，生心外叛者乎。伯通与吏民语，何以为颜？行步拜起，何以为容？坐卧念之，何以为心？引镜窥影，何以施眉目？举措建功，何以为人？惜乎！弃休令之嘉名，造枭鸱之逆谋，捐传叶之庆祚，招破败之重灾，高论尧舜之道，不忍桀纣之性，生为世笑，死为愚鬼，不亦哀乎！

伯通与耿侠游，俱起佳命，同被国恩。侠游谦让，屡有降挹之言；而伯通自伐，以为功高天下。往时辽东有豕，生子白头，异而献之。行至河东，见群豕皆白，怀惭而还。若以子之功高，论于朝廷，则为辽东豕也。今乃愚妄自比六国。六国之时，其势各盛，廓土数千里，胜兵将百万，故能据国相持，多历年所。今天下几里？列郡几城？奈何以区区渔阳而结怨天子？此犹河滨之民，捧土以塞孟津，多见其不知量也。

方今天下适定，海内愿安，士无贤不肖，皆乐立名于世。而伯通独中风狂走，自捐盛时，内听骄妇之失计，外信谗邪之谀言，长为群后恶法，永为功臣鉴戒，岂不误哉。定海内者无私仇，勿以前事自疑，愿留意顾老母少弟。凡举事无为亲厚者所痛，而为见仇者所快。

冯衍－奏记邓禹

衍闻明君不恶切悫之言，以测幽冥之论；忠臣不顾争引之患，以达万机之变。是故君臣两兴，功名兼立，铭勒金石，令闻不忘。今衍幸逢宽明之日，将值危言之时，岂敢拱默避皋而不竭其诚哉。

伏见天下离王莽之害久矣。始自东郡之师，继以西海之役，巴蜀没于南夷，缘边破于北狄，远征万里，暴兵累年，祸挐未解，兵连不息。刑法弥深，赋敛愈重，众强之党，横击于外，百僚之臣，贪残于内。元元无聊，饥寒并臻，父子流亡，夫妇离散，庐落丘墟，田畴芜秽，疾疫大兴，灾异蜂起。于是江湖之上，海岱之滨，风腾波涌，更相骆藉。四垂之人，肝脑涂地，死亡之数，不啻大半。殃咎之毒，痛人骨髓，匹夫僮妇，咸怀怨怒。皇帝以圣德灵威，龙兴凤举，率宛叶之众，将散乱之兵，歃血昆阳，长驱武关，破百万之陈，摧九虎之军，雷震四海，席卷天下，攘除祸乱，诛灭无道。一期之间，海内大定。继高祖之休烈，修文武之绝业，社稷复存，炎精更辉，德冠往初，功无与二。天下自以去亡新，就圣汉，当蒙其福而赖其愿。树恩布德，易以周洽，其犹顺惊风而蜚鸿毛也。然而诸将虏掠，逆伦绝理，杀人父子，妻人妇女，燔其室屋，略其财产。饥者毛食，寒者裸跣，冤结失望，无所归命。今大将军以明淑之德，秉大使之权，统三军之政，存抚并州之人，惠爱之诚，加乎百姓，高世之声，闻乎群士。故其延颈企踵而望者，非特一人也。且大将军之事，岂特圭璧其行，束修其心而已哉。将定国家之大业，成天地之元功也。昔周宣中兴之主，齐桓霸强之君耳，犹有申伯、召虎、夷吾、吉甫，攘其蝥贼，安其疆宇。况乎万里之汉，明帝复兴，而大将为之梁栋，此诚不可以忽也。

且衍闻之：兵久则力屈，人愁则变生。今邯郸之贼未灭，真定之际复扰。而大将军所部，不过百里，守城不休，战军不息，兵革云翔，百姓震骇，奈何自怠，不为深忧。夫并州之地，东带名关，北逼强胡，年谷独熟，人庶多资，斯四战之地，攻守之场也。如其不虞，何以待之？故曰：德不素积，人不为用，备不预具，难以应卒。今生人之命，县于将军；将军所杖，必须良才。宜改易非任，更选贤能。夫十室之邑，必有忠信。审得其人，以承大将军之明，则虽山泽之人，无不感德，思乐为用矣。然后简精锐之卒，发屯守之士，三军既整，甲兵已具，相其土地之饶，观其水泉之利，制屯田之术，习战射之教，则威风远畅，人安其业矣。若镇太原，抚上党，收百姓之欢心，树名贤之良佐，天下无变，则足以显声誉；一朝有事，则可以建大功。惟大将军开日月之明，发深渊之虑，监六经之论，观孙、吴之策，省群议之是非，详众士之白黑，以超周南之迹，垂甘棠之风，令夫功烈施于千载，富贵传于无穷。伊、望之策，何以加兹。

王粲－为刘荆州与袁谭书

天降灾害，祸难殷流，初交殊族，卒成同盟，使王室震荡，彝伦攸斁。是以智达之士，莫不痛心入骨，伤时人不能相忍也。然孤与太公，志同愿等。虽楚魏绝邈，山河迥远；戮力乃心，共奖王室，使非族不干吾盟，异类不绝吾好，此孤与太公无贰之所致也。功绩未卒，太公殂陨。贤允承统以继洪业，宣奕世之德，履丕显之祚，摧严敌于邺都，扬休烈于朔土，顾定疆宇，虎视河外，凡我同盟，莫不景附。何悟青蝇飞于竿旌，无忌游于二垒。使股肱分成二体，胸膂绝为异身。初闻此问，尚谓不然。定闻信来，乃知阏伯实沉之忿已成，弃亲即仇之计已决，旃施交于中原，暴尸累于城下。闻之哽咽，若存若亡。昔三王五伯下及战国，君臣相弑，父子相杀，兄弟相残，亲戚相灭，盖时有之。然或欲以成王业，或欲以定霸功，皆所谓逆取顺守而徼富强于一世也。未有弃亲即异，兀其根本，而能全于长世者也。

昔齐襄公报九世之仇，士丐卒荀偃之事，是故《春秋》美其义，君子称其信。夫伯游之恨于齐，未若太公之忿于曹也；宣子之臣承业，未若仁君之继统也。且君子违难，不适仇国，交绝不出恶声。况忘先人之仇，弃亲戚之好，而为万世之戒，遗同盟之耻哉。蛮夷戎狄，将有诮让之言；况我族类而不痛心邪。

夫欲立竹帛于当时，全宗祀于一世，岂宜同生分谤，争校得失乎。若冀州有不弟之傲，无惭顺之节；仁君当降志辱身，以济事为务。事定之后，使天下平其曲直，不亦为高义邪。今仁君见憎于夫人，未若郑庄之于姜氏；昆弟之嫌，未若重华之于象敖。然庄公卒崇大隧之乐，象敖终受有鼻之封。愿捐弃百痾，追摄旧义，复为母子昆弟如初。今整勒士马，瞻望鹄立。

魏文帝－与吴质书

二月三日丕白：岁月易得，别来行复四年。三年不见，《东山》犹叹其远，况乃过之，思何可支。虽书疏往返，未足解其劳结。

昔年疾疫，亲故多离其灾，徐、陈、应、刘，一时俱逝，痛可言邪！昔日游处，行则连舆，止则接席，何曾须臾相失。每至觞酌流行，丝竹并奏，酒酣耳热，仰而赋诗，当此之时，忽然不自知乐也。谓百年已分，可长共相保；何图数年之间，零落略尽，言之伤心！顷撰其遗文，都为一集，观其姓名，已为鬼录，追思昔游，犹在心目，而此诸子，化为粪壤，可复道哉。

观古今文人，类不护细行，鲜能以名节自立。而伟长独怀文抱质，恬淡寡欲，有箕山之志，可谓彬彬君子者矣。著《中论》二十余篇，成一家之言，辞义典雅，足传于后，此子为不朽矣。德琏常斐然有述作之意，其才学足以著书；美志不遂，良可痛惜。间者历览诸子之文，对之抆泪，既病逝者，行自念也。孔璋章表殊健，微为繁富；公斡有逸气，但未遒耳。其五言诗之善者，妙绝时人。元瑜书记翩翩，致足乐也。仲宣续自善于辞赋，借其体弱，不足起其文；

至于所善，古今无以远过。昔伯牙绝弦于钟期，仲尼覆醢于子路，痛知音之难遇，伤门人之莫逮。诸子但为未及古人，自一时之隽也。今之存者，已不逮矣。后生可畏，来者难诬，恐吾与足下不及见也。

年行已长大，所怀万端，时有所虑，至通夜不瞑。志意何时，复类昔日，已成老翁，但未白头耳。光武言：年三十余，在兵中十岁，所更非一。吾德不及之，年与之齐矣。以犬羊之质，服虎豹之文，无众星之明，假日月之光，动见瞻观，何时易乎？恐永不复得为昔日游也。少壮真当努力，年一过往，何可攀援。古人思炳烛夜游，良有以也。顷何以自娱？颇复有所述造否？东望于邑，裁书叙心。丕白。

曹植－与吴季重书

植白季重足下：前日虽因常调，得为密坐，虽宴饮弥日，其于别远会稀，犹不尽其劳积也。若夫觞酌凌波于前，萧笳发音于后，足下鹰扬其体，凤观虎视，谓萧、曹不足俦，卫、霍不足作也。左顾右盼，谓若无人，岂非吾子壮志哉？过屠门而大嚼，虽不得肉，贵且快意。当斯之时，愿举泰山以为肉，倾东海以为酒，伐云梦之竹以为笛，斩泗滨之梓以为筝，食若填巨壑，饮若灌漏卮，其乐固难量，岂非大丈夫之乐哉。然日不我与，曜灵急节，面有逸景之速，别有参差之阔。思欲抑六龙之首，顿羲和之辔，折若木之华，闭蒙汜之谷，天路高邈，良无由缘，怀恋反侧，如何如何！

得所来讯，文采委曲，晔若春荣，浏若清风。申咏反覆，旷若复面。其诸贤所著文章，想还所治，复申咏之也。可令憙事小吏，讽而诵之。夫文章之难，非独今也，古之君子，亦犹病诸。家有千里骥而不珍焉；人怀盈尺，和氏而无贵矣。夫君子而不知音乐，古之达论，谓之通而蔽。墨翟不好伎，何为过朝歌而回车乎？足下好伎，而正值墨氏回车之县，想足下助我张目也。

又闻足下在彼，自有佳政。夫求而不得者有之矣，未有不求而得者也。且改辙而行，非良、乐之御；易民而治，非楚、郑之政。愿足下勉之而已矣。适对嘉宾，口授不悉。往来数相闻。曹植白。

吴质－答魏太子笺

二月八日庚寅，臣质言：奉读手命，追亡虑存，恩哀之隆，形于文墨。日月冉冉，岁不与我。昔侍左右，厕坐众贤，出有微行之游，人有管弦之欢，置酒乐饮，赋诗称寿，自谓可终始相保，并骋材力，效节明主。何意数年之间，死丧略尽。臣独何德以堪久长？

陈、徐、刘、应，才学所著，诚如来命；惜其不遂，可为痛切。凡此数子，于雍容侍从，实其人也。若乃边境有虞，群下鼎沸，军书辐至，羽檄交驰，于彼诸贤，非其任也。往者孝武之世，文章为盛。若东方朔、枚皋之徒，不能持论，即阮、陈之俦也。其唯严助、寿王，与闻政事。然皆不慎其身，善谋于国，卒以败亡，臣窃耻之。至于司马长卿，称疾避事，以著书为务，则徐生庶几焉。而今各逝，已为异物矣。后来君子，实可畏也。

伏惟所天，优游典籍之场，休息篇章之圃，发言抗论，穷理尽微，摛藻下笔，鸾龙之文奋矣。虽年齐萧王，才实百之。此众议所以归高，远近所以同声也。然年岁若坠，今质已四十二矣，白发生鬓，所虑日深，实不复若平日之时也。但欲保身敕行，不蹈有过之地，以为知己之累耳。游宴之欢，难可再遇，盛年一过，实不可追。臣幸得下愚之才，值风云之会，时迈齿耋，犹欲触胸奋首，展其割裂之用也。不胜慺慺。以来命备悉，故略陈至情。质死罪死罪。

吴质－在元城与魏太子笺

臣质言：前蒙延纳，侍宴终日，曜灵匿景，继以华灯。虽虞卿适赵，平原入秦，受赠千金，浮觞旬日，无以过也。小器易盈，先取沉顿，醒寤之后，不识所言。即以五日到官。

初至承前，未知深浅。然观地形，察土宜，西带恒山，连冈平代，北邻柏人，乃高帝之所忌也。重以泜水，渐渍疆宇，喟然叹息。思淮阴之奇谲，亮成安之失策。南望邯郸，想廉、蔺之风。东接钜鹿，存李齐之流。都人士女，服习礼教，皆怀慷慨之节。包左车之计，而质暗弱，无以莅之。若乃迈德种恩，树之风声，使农夫逸豫于疆畔，女工吟咏于机杼，固非质之所能也。至于奉遵科教，班扬明令，下无威福之吏，邑无豪侠之杰，赋事行刑，资于故实，抑亦懔懔有庶几之心。

往者严助释承明之欢，受会稽之位；寿王去侍从之娱，统东郡之任，其后皆克复旧职，追寻前轨。今独不然，不亦异乎。张敞在外，自谓无奇，陈咸愤积，思入京城，彼岂虚谈夸论，诳曜世俗哉？斯实薄郡守之荣，显左右之勤也。古今一揆，先后不贸，焉知来者之不如今？聊以当觐，不敢多云。质死罪死罪。

吴质－答东阿王书

质白：信到，奉所惠贶，发函伸纸，是何文采之巨丽，而慰喻之绸缪乎！夫登东岳者，然后知众山之逦辶也也；奉至尊者，然后知百里之卑微也。自旋之初，伏念五六日，至于旬时。精散思越，惘若有失。非敢羡宠光之休，慕猗顿之富。诚以身贱犬马，德轻鸿毛，至乃历玄阙，排金门，升玉堂，伏虚槛于前殿，临曲池而行觞。既威仪亏替，言辞漏渫，虽恃平原养士之懿，愧无毛遂擢颖之才；深蒙薛公折节之礼，而无冯谖三窟之效；屡获信陵虚左之德，又无候生可述之美。凡此数者，乃质之所以愤积于胸臆，怀眷而悁邑者也。

若追前宴，谓之未究，欲倾海为酒，举山为肉，代竹云梦，斩梓泗滨，然后极雅意，尽欢情，信公子之壮观，非鄙人之所庶几也。若质之志，实在所天，思投印释黻，朝夕侍坐，钻仲父之遗训，览老氏之要言，对清酤而不酌，抑嘉肴而不享，使西施出帷，嫫母侍侧，斯盛德之所蹈，明哲之所保也。若乃近者之观，实荡鄙心，秦筝发徽，二八迭奏，埙萧激于华屋，灵鼓动于座右，耳嘈嘈于无闻，情踊跃于鞍马。谓可北慑肃慎，使贡其楛矢；南震百越，使献其白雉，又况权、备，夫何足视乎。

还治讽采所著，观省英玮，实赋颂之宗，作者之师也。众贤所述，亦各有志。昔赵武过郑，七子赋诗，《春秋》列载，以为美谈。质小人也，无以承命。又所答贶，辞丑义陋，申之再三，赧然汗下。此邦之人，闲习辞赋，三事大夫，莫不讽诵，何但小吏之有乎？

重惠苦言，训以政事，恻隐之恩，形乎文墨。墨子回车，而质四年虽无德与民，式歌且舞。儒墨不同，固以久矣，然一旅之众，不足以扬名；步武之间，不足以骋迹。若不改辙易御，将何以效其力哉？今处此而求大功，犹绊良骥之足，而责千里之任；槛猿猴之势，而望其巧捷之能者也。不胜见恤，谨附遣白答，不敢繁辞。吴质白。

杨修－答临淄侯笺

修死罪死罪：不待数日，若弥年载。岂由爱顾之隆，使系仰之情深耶？损辱嘉命，蔚矣其文，诵读反覆，虽讽《雅》《颂》，不复过此。若仲宣之擅汉表，陈氏之跨冀域，徐、刘之显青、豫，应生之发魏国，斯皆然矣。至于修者，听采风声，仰德不暇，自周章于省览，何遑高视哉。

伏惟君侯，少长贵盛，体发、旦之资，有圣善之教，远近观者，徒谓能宣昭懿德，光赞大业而已。不复谓能兼览传记，留思文章。今乃含王超陈，度越数子矣。观者骇视而拭目，听者倾首而竦耳，非夫体通性达，受之自然，其孰能至于此乎。又尝亲见执事握牍持笔，有所造作，若成诵在心，借书于手，曾不斯须少留思虑。仲尼日月，无得逾焉，修之仰望，殆如此矣。是以对鶡而辞，作《暑赋》，弥日而不献，见西施之容，归憎其貌者也。

伏想执事不知其然，猥受顾锡，教使刊定。《春秋》之成，莫能损益。《吕氏》《淮南》，字值千金。然而弟子箝口，市人拱手者，圣贤卓荦，因所以殊绝凡庸也。今之赋颂，古诗之流，不更孔公，《风》《雅》无别耳。修家子云，老不晓事，强著一书，悔其少作。若此仲山、周旦之畴，为皆有愆耶？君侯忘圣贤之显迹，述鄙宗之过言，窃以为未之思也。

若乃不忘经国之大美，流千载之英声，铭功景钟，书名竹帛，斯自雅量，素所蓄也，岂与文章相妨害哉？辄受所惠，窃备蒙瞍诵咏而已，敢望惠施，以忝庄氏。季绪璅璅，何足以云。反答造次，不能宣备。修死罪死罪。

高崧－为会稽王昱与桓温书

寇难宜平，时会宜接，此实为国远图，经略大算。能弘斯会，非足下而谁！但以此兴师动众，要当以资实为本。运转之艰，古人之所难，不可易之于始而不熟虑，须所以深用惟疑，在乎此耳。然异常之举，众之所骇，游声噂口沓，想足下亦少闻之。苟患失之，无所不至。或能望风振扰，一时崩散。如其不然者，则望实并丧，社稷之事去矣。皆由吾暗弱，德信不著，不能镇静群庶，保固维城，所以内愧于心，外惭良友。吾与足下虽职有内外，安社稷，保家国，其致一也。天下安危，系之明德。先存宁国，而后图其外，使王基克隆，大义弘著，所望于足下。区区诚怀，岂可复顾嫌而不尽哉！

王羲之－遗殷浩书

知安西败丧，公私惋怛，不能须臾去怀，以区区江左，所营综如此，天下寒心，固以久矣，而加之败丧，此可熟念。往事岂复可追，顾思弘将来，令天下寄命有所，自隆中兴之业。政以道胜宽和为本，力争武功，作非所当，因循所长，以固大业，想识其由来也。

自寇乱以来，处内外之任者，未有深谋远虑，括囊至计，而疲竭根本，各从所志，竟无一功可论，一事可记，忠言嘉谋弃而莫用，遂令天下将有土崩之势，何能不痛心悲慨也。任其事者，岂得辞四海之责！追咎往事，亦何所复及，宜更虚己求贤，当与有识共之，不可复令忠允之言常屈于当权。今军破于外，资竭于内，保淮之志非复所及，莫过还保长江，都督将各复旧镇，自长江以外，羁縻而已。任国钧者，引咎责躬，深自贬降以谢百姓。更与朝贤思布平政，除其烦苛，省其赋役，与百姓更始。庶可以允塞群望，救倒悬之急。

使君起于布衣，任天下之重，尚德之举，未能事事允称。当董统之任而败丧至此，恐阖朝群贤未有与人分其谤者。今亟修德补阙，广延群贤，与之分任，尚未知获济所期。若犹以前事为未工，故复求之于分外，宇宙虽广，自容何所！知言不必用，或取怨执政，然当情慨所在，正自不能不尽怀极言。若必亲征，未达此旨，果行者，愚智所不解也。愿复与众共之。

复被州符，增运千石，征役兼至，皆以军期，对之丧气，罔知所厝。自顷年割剥遗黎，刑徒竟路，殆同秦政，惟未加参夷之刑耳，恐胜广之忧，无复日矣。

王羲之－与尚书仆射谢安书

顷所陈论，每蒙允纳，所以令下小得苏息，各安其业。若不耳，此一郡久以蹈东海矣。

今事之大者未布，漕运是也。吾意望朝廷可申下定期，委之所司，勿复催下，但当岁终考其殿最。长吏尤殿，命槛车送诣天台。三县不举，二千石必免，或可左降，令在疆塞极难之地。

又自吾到此，从事常有四五，兼以台司及都水御史行台文符如雨，倒错违背，不复可知。吾又瞑目循常推前，取重者及纲纪，轻者在五曹。主者莅事，未尝得十日，吏民趋走，功费万计。卿方任其重，可徐寻所言。江左平日，扬州一良刺史便足统之，况以群才而更不理，正由为法不一，牵制者众，思简而易从，便足以保守成业。

仓督监耗盗官米，动以万计，吾谓诛翦一人，其后便断，而时意不同。近检校诸县，无不皆尔。余姚近十万斛，重敛以资奸吏，令国用空乏，良可叹也。

自军兴以来，征役及充运死亡叛散不反者众，虚耗至此，而补代循常，所在凋困，莫知所出。上命所差，上道多叛，则吏及叛者席卷同去。又有常制，辄令其家及同伍课捕。课捕不擒，家及同伍寻复亡叛。百姓流亡，户口日减，其源在此。又有百工医寺，死亡绝没，家户空尽，差代无所，上命不绝，事起成十年、十五年，弹举获罪无懈息而无益实事，何以堪之！谓自今诸死罪原轻者及五岁刑，可以充此，其减死者，可长充兵役，五岁者，可充杂工医寺，皆令移其家以实都邑。都邑既实，是政之本，又可绝其亡叛。不移其家，逃亡之患复如初耳。今除罪而充杂役，尽移其家，小人愚迷，或以为重于杀戮，可以绝奸。刑名虽轻，惩肃实重，岂非适时之宜邪！

王羲之－与吏部郎谢万书

古之辞世者或被发阳狂，或污身秽迹，可谓艰矣。今仆坐而获逸，遂其宿心，其为庆幸，岂非天赐！违天不祥。

顷东游还，修植桑果，今盛敷荣，率诸子，抱弱孙，游观其间，有一味之甘，割而分之，以娱目前。虽植德无殊邈，犹欲教养子孙以敦厚退让。或以轻薄，庶令举策数马，仿佛万石之风。君谓此何如？

比当与安石东游山海，并行田视地利，颐养闲暇。衣食之余，欲与亲知时共欢宴，虽不能兴言高咏，衔杯引满，语田里所行，故以为抚掌之资，其为得意，可胜言邪！常依陆贾、班嗣、杨王孙之处世，甚欲希风数子，老夫志愿尽于此也。

卢谌－赠刘琨书

故吏从事中郎卢谌，死罪死罪！谌禀性短弱，当世罕任。因其自然，用安静退。在木阙不材之资，处雁乏善鸣之分。卷异蘧子，愚殊甯生。匠者时眄，不免馔宾。尝自思惟，因缘运会，得蒙接事。自奉清尘，于今五稔。谟明之效不著，候人之讥以彰。大雅含弘，量苞山薮。加以待接弥优，款眷逾昵，与运筹之谋，厕宴私之欢。绸缪之旨，有同骨肉，其为知己，古人罔喻。昔聂政殉严遂之顾，荆轲慕燕丹之义。意气之间，靡躯不悔。虽微达节，谓之可庶，然苟曰有情，孰能不怀？故委身之日，夷险已之。事与原违，当忝外役，遂去左右，收迹府朝。盖本同末异，杨朱兴哀；始素终玄，墨翟垂涕。分乖之际，咸可叹慨，致感之途，或迫乎兹。亦奚必临路而后长号，睹丝而后歔欷哉？是以仰惟先情，俯览今遇，感存念亡，触物眷恋。《易》曰：书不尽言，言不尽意。然则书非尽言之器，言非尽意之具矣。况言有不得至于尽意，书有不得至于尽言邪？不胜猥懑！谨贡诗一篇，抑不足以揄扬弘美，亦以摅其所抱而已。若公肆大惠，遂其厚恩，锡以咳唾之音，慰其违离之意，则所谓咸池酬于北里，夜光报于鱼目。谌之原也，非所敢望也。谌死罪、死罪。

浚哲惟皇，绍熙有晋。振厥弛维，光阐远韵。有来斯雍，至止伊顺。三台摛朗，四岳增峻。伊陟佐商，山甫翼周。弘济艰难，对扬王休。苟非异德，旷世同流。加其忠贞，宣其徽猷。伊谌陋宗，昔遘嘉惠。申以婚姻，著以累世。义等休戚，好同兴废。孰云匪谐？如乐之契！王室丧师，私门播迁。望公归之，视险忽艰。兹愿不遂，中路阻颠。仰悲先意，俯思身愆。大钧载运，良辰遂往。瞻彼日月，迅过俯仰。感今惟昔，口存心想。借曰如昨，忽为畴曩。畴曩伊何，逝者弥疏。温温恭人，慎终如初。览彼遗音，恤此穷孤。譬彼樛木，蔓葛以敷。妙哉蔓葛，得讬樛木。叶不云布，华不星烛。承侔卞和，质非荆璞。眷同尤良，用乏骥騄。承亦既笃，眷亦既亲；饰奖驽猥，方驾骏珍。弼谐靡成，良谋莫陈。无觊狐赵，有与五臣。五臣奚与？契阔百罹。身经险阻，足蹈幽遐。义由恩深，分随昵加。绸缪委心，自同匪他。昔在暇日，妙寻通理。尤彼意气，使是节士。情以体生，感以情起。趣舍罔要，穷达斯已。由余片言，秦人是惮。日磾效忠，飞声有汉。桓桓抚军，古贤作冠。来牧幽都，济厥涂炭。涂炭既济，寇挫民阜。谬其疲隶，授之朝右。上惧任大，下欣施厚。实祗高明，敢忘所守。

相彼反哺，尚在翔禽。孰是人斯，而忍斯心。每凭山海，庶觌高深。遐眺存亡，缅成飞沈。长徽已缨，逝将徙举。收迹西践，衔哀东原。曷云涂辽？曾不咫步。岂不夙夜？谓行多露。绵绵女萝，施于松标。禀泽洪干，晞阳丰条。根浅难固，茎弱易雕。操彼纤质，承此冲飙。

纤质寔微，冲飙斯值；谁谓言精，致在赏意。不见得鱼，亦忘厥饵。遗其形骸，寄之深识。 先民颐意，潜山隐机。仰熙丹崖，俯澡绿水。无求于和，自附众美。慷慨遐踪，有愧高旨。爰造异论，肝胆楚越。惟同大观，万殊一辙。死生既齐，荣辱奚别？处其玄根，廓焉靡结。福为祸始，祸作福阶。天地盈虚，寒暑周回。夫差不祀，衅在腾齐。勾践作伯，祚自会稽。邈矣达度，唯道是杖。形有未泰，神无不畅。如川之流，如渊之量。上弘栋隆，下塞民望。

刘琨－答卢谌书

琨顿首：损书及诗，备辛酸之苦言，畅经通之远旨。执玩反覆，不能释手。慨然以悲，欢然以喜。昔在少壮，未尝检括。远慕老庄之齐物，近嘉阮生之放旷。怪厚薄何从而生？哀乐何由而至？自顷辀张，困于逆乱，国破家亡，亲友雕残。负杖行吟，则百忧俱至，块然独坐，则哀愤两集。时复相与举觞对膝，破涕为笑，排终身之积惨，求数刻之暂欢。譬由疾疢弥年，而欲一丸销之，其可得乎。夫才生于世，世实须才。和氏之璧，焉得独曜于郢握？夜光之珠，何得专玩于随掌？天下之宝，当与天下共之。但分析之日，不能不怅恨耳。然后知聃、周之为虚诞，嗣宗之为妄作也。昔騄骥倚辀于吴阪，长鸣于良乐，知与不知也。百里奚愚于虞而智于秦，遇与不遇也。今君遇之矣，勖之而已！不复属意于文，二十余年矣。久废则无次，想必欲其一反，故称指送一篇。适足以彰来诗之益美耳。琨顿首顿首。

厄运初遘，阳爻在六。乾象栋倾，坤仪舟覆。横厉纠纷，群妖竞逐。火燎神州，洪流华域。彼黍离离，彼稷育育。哀我皇晋，痛心在目。天地无心，万物同涂。祸淫莫验，福善则虚。逆有全邑，义无完都。英蕊夏落，毒卉冬敷。如彼龟玉，韫椟毁诸。刍狗之谈，其最得乎？咨余软弱，弗克负荷。愆衅仍彰，荣宠屡加。威之不建，祸延凶播。忠陨于国，孝愆于家。斯罪之积，如彼山河。斯衅之深，终莫能磨。郁穆旧姻，燕婉新婚。裹粮携弱，匍匐星奔。未辍尔驾，已隳我门。二族偕覆，三孽并根。长惭旧孤，永负冤魂。亭亭孤干，独生无伴。绿叶繁缛，柔条修罕。朝采尔实，夕捋尔竿。竿翠丰寻，逸珠盈椀。寔消我忧，忧急用缓。逝将去乎？庭虚情满。虚满伊何，兰桂移植。茂彼春林，瘁此秋棘。有鸟翻飞，不遑休息。匪桐不栖，匪竹不食。永戢东羽，翰抚西翼。我之敬之，废欢辍职。音以赏奏，味以殊珍。文以明言，言以畅神。之子之往，四美不臻。澄醪覆觞，丝竹生尘。素卷莫启，幄无谈宾。既孤我德，又阙我邻。光光段生，出幽迁乔。资忠履信，武烈文昭。旌弓騂騂，舆马翘翘。乃奋长縻，是辔是镳。何以赠子？竭心公朝。何以叙怀？引领长谣。

邱迟－与陈伯之书

迟顿首：陈将军足下无恙，幸甚幸甚。将军勇冠三军，才为世出，弃燕雀之小志，慕鸿鹄以高翔。昔因机变化，遭遇明主，立功立事，开国称孤，朱轮华毂，拥旄万里，何其壮也。如何一旦为奔亡之虏，闻鸣镝而股战，对穹庐以屈膝，又何劣邪？

寻君去就之际，非有他故，直以不能内审诸己，外受流言，沉迷猖獗，以至于此。圣朝赦罪责功，弃瑕录用，推赤心于天下，安反侧于万物，此将军之所知，不假仆一二谈也。朱的喋血于友于，张绣剚刃于爱子，汉主不以为疑，魏君待之若旧。况将军无昔人之罪，而勋重于当世。夫迷途知返，往哲是与，不远而复，光典攸高。主上屈法，伸恩，吞舟是漏；将军松柏不剪，亲戚安居，高台未倾，爱妾尚在，悠悠尔心，亦何可言。

今功臣名将，雁行有序，佩紫怀黄，赞帷幄之谋；乘轺建节，奉疆埸之任，并刑马作誓，传之子孙。将军独靦颜借命，驱驰毡裘之长，宁不哀哉。夫以慕客超之强，身送东市；姚泓之盛，面缚西都，故知霜露所均，不育异类；姬汉旧邦，无取杂种。北虏僭盗中原，多历年所，恶积祸盈，理至燋烂。况伪孽昏狡，自相夷戮，部落携离，酋豪猜贰。方当系颈蛮邸，悬首槁街；而将军鱼游于沸鼎之中，燕巢于飞幕之上，不亦惑乎！

暮春三月，江南草长，杂花生树，群莺乱飞。见故国之旗鼓，感生平于畴日，抚弦登陴，岂不怆悢？所以廉公之思赵将，吴子之泣西河，人之情也，将军独无情哉？

想早励良规，自求多福。当今皇帝盛明，天下安乐，白环西献，楛矢东来，夜郎滇池，解辫请职，朝鲜昌海，蹶角受化；唯北狄野心，掘强沙塞之间，欲延岁月之命耳。中军临川殿下，明德茂亲，总兹戎重，吊民洛油，伐罪秦中。若遂不改，方思仆言。聊布往怀，君其详之。邱迟顿首。

韩愈－再与鄂州柳中丞书

愈愚不能量事势可否。比常念淮右以靡弊困顿三州之地，蚊蚋蚁虫之聚，感凶竖煦濡饮食之惠，提童子之手，坐之堂上，奉以为帅，出死力以抗逆明诏，战天下之兵。乘机逐利，四出侵暴，屠烧县邑，贼杀不辜，环其地数千里，莫不被其毒，洛汝襄荆许颍淮江为之骚然。丞相公卿士大夫劳于图议，握兵之将，熊罴ㄗ虎之士，畏懦蹙宿，莫肯杖戈，为士卒前行者。独阁下奋然率先，扬兵界上，将二州之守，亲出入行间，与士卒均辛苦，生其气势。见将军之锋颖，凛然有向敌之意；用儒雅文字章句之业，取先天下，武夫关其口而夺之气。愚初闻时，方食，不觉弃匕箸起立。岂以为阁下真能引孤军单进，与死寇角逐，争一旦侥幸之利哉？就令如是，亦不足贵；其所以服人心，在行事适机宜，而风采可畏爱故也。是以前状辄述鄙诚，眷惠手翰还答，益增欣悚。

夫一众人心力耳目，使所至如时雨，三代用师，不出是道。阁下果能充其言，继之以无倦，得形便之地，甲兵足用，虽国家故所失地，旬岁可坐而得。况此小寇，安足置齿牙间？勉而卒之，以俟其至，幸甚。夫远征军士，行者有羁旅离别之思，居者有怨旷骚动之忧，本军有馈饷烦费之难，地主多姑息形迹之患；急之则怨，缓之则不用命；改孤悬，形势销弱，又与贼不相谙委，临敌恐骇，难以有功。若召募士人，必得豪勇，与贼相熟，知其气力所极，无望风之惊，爱护乡里，勇于自战。徵兵满万，不如召募数千。阁下以为何如？倘可上闻行之否？

计已与裴中丞相见，行营事宜，不惜时赐示及。幸甚！不宣。愈再拜。

韩愈－答崔立之书

斯立足下：仆见险不能止，动不得时，颠顿狼狈，失其所操持，困不知变，以至辱于再三。君子小人之所悯笑，天下之所背而驰者也。足下犹复以为可教，贬损道德，乃至手笔以问之，扳援古昔，辞义高远，且进且劝，足下之于故旧之道得矣。虽仆亦固望于吾子，不敢望于他人者耳。然尚有似不相晓者，非故欲发余乎？不然，何子之不以丈夫期我也。不能默默，聊复自明。

仆始年十六七时，未知人事，读圣人之书，以为人之仕者，皆为人耳，非有利乎己也。及年二十时，苦家贫，衣食不足，谋于所亲，然后知仕之不唯为人耳。及来京师，见有举进士者，人多贵之；仆诚乐之，就求其术，或出礼部所试赋、诗、策等以相示，仆以为可无学而能，因诣州县求举。有司者好恶出于其心，四举而后有成，亦未即得仕。闻吏部有以博学宏辞选者，人尤谓之才，且得美仕；就求其术，或出所试文章，亦礼部之类，私怪其故，然犹乐其名，因又诣州府求举，凡二试于吏部，一既得之，而又黜于中书，虽不得仕，人或谓之能焉。退自取所试读之，乃类于俳优者之辞，颜忸怩而心不宁者数月。既已为之，则欲有所成就。《书》所谓“耻过作非”者也，因复求举，亦无幸焉。乃复自疑，以为所试与得之者，不同其程度；及得观之，余亦无甚愧焉。夫所谓博学者，岂今之所谓者乎？夫所谓“宏辞”者，岂今之所谓者乎？诚使古之豪杰之士，若屈原、孟轲、司马迁、相如、扬雄之徒，进于是选，必知其怀惭，乃不自进而已耳。设使与夫今之善进取者，竞于蒙昧之中，仆必知其辱焉。然彼五子者，且使生于今之世，其道虽不显于天下，其自负何如哉？肯与夫斗筲者决得失于一夫之目，而为之忧乐哉？故凡仆之汲汲于进者，其小得，盖欲以具裘葛，养穷孤；其大得，盖欲以同吾之所乐于人耳。其他可否，自计已熟，诚不待人而后知。今足下乃复比之献玉者，以为必俟工人之剖，然后见知于天下，虽两刖足不为病，且无使握嗝倏恕3献阆孪嗝阒意厚也，然仕进者岂舍此而无门哉？足下谓我必待是而后进者，尤非相悉之辞也。仆之玉固未尝献，而足固未尝刖，足下无为为我戚戚也。主上不得怡，而宰相以为忧。仆虽不贤，亦且潜究其得失，致之乎吾相，荐之乎吾君，上希卿大夫之位，下犹取一障而乘之。若都不可得，犹将耕于宽闲之野，钓于寂寞之滨，求国家之遗事，考贤人哲士之终始；作唐之一经，垂之于无穷，诛奸谀于既死，发潜德之幽光。二者将必有一可。足下以为仆之玉凡几献，而足凡几刖也，又所谓握撸果谁哉？再克之刑信如何也？士固信于知己，微足下无以发吾之狂言。

六月二十六日，愈白，李生足下：生之书辞甚高，而其问何下而恭也。能如是，谁不欲告生以其道。道德之归也有日矣，况其外之文乎？抑愈所谓望孔子之门墙而不入于其宫者，焉足以知是且非邪？虽然，不可不为生言之。

生所谓立言者是也，生所为者与所期者甚似而几矣。抑不知生之志，蕲胜于人而取于人邪？将蕲至于古之立言者邪？蕲胜于人而取于人，则固胜于人而可取于人矣。将蕲至于古之立言者，则无望其速成，无诱于势利，养其根而俟其实，加其膏而希其光。根之茂者其实遂，膏之沃者其光晔。仁义之人，其言蔼如也。

抑又有难者，愈之所为，不自知其至犹未也，虽然，学之二十余年矣。始者非三代两汉之书不敢观，非圣人之志不敢存。处若忘，行若遗，俨乎其若思，茫乎其若迷。当其取于心而注于手也，惟陈言之务去，戛戛乎其难哉。其观于人，不知其非笑之为非笑也。如是者亦有年，犹不改，然后识古书之正伪，与虽正而不至焉者，昭昭然白黑分矣，而务去之，乃徐有得也。当其取于心而注于手也，汩汩然来矣。其观于人也，笑之则以为喜，誉之则以为忧，以其犹有人之说者存也。如是者亦有年，然后浩乎其沛然矣。吾又惧其杂也，迎而距之，平心而察之，其皆醇也，然后肆焉。虽然，不可以不养也。行之乎仁义之途，游之乎《诗》、《书》之源，无迷其途，无绝其源，终吾身而已矣。

气，水也；言，浮物也。水大而物之浮者大小毕浮，气之与言犹是也，气盛则言之短长与声之高下者皆宜。虽如是，其敢自谓几于成乎？虽几于成，其用于人也奚取焉？虽然，待用于人者，其肖于器邪？用与舍属诸人。君子则不然，处心有道，行己有方，用则施诸人，舍则传诸其徒，垂诸文，而为后世法。如是者，其亦足乐乎？其无足乐也？

有志乎古者希矣！志乎古必遗乎今，吾诚乐而悲之。亟称其人，所以劝之，非敢褒其可褒，而贬其可贬也。问于愈者多矣，念生之言不志乎利，聊相为言之。愈白。

愈白：李生：生之自道其志可也，其所疑于我者非也。人之来者，虽其心异于生，其于我也皆有意焉。君子之于人，无不欲其入于善，宁有不可告而告之，孰有可进而不进也？言辞之不酬，礼貌之不答，虽孔子不得行于互乡，宜乎余之不为也。苟来者，吾斯进之而已矣，乌待其礼逾而情过乎？

虽然，生之志求知于我邪？求益于我邪？其思广圣人之道邪？其欲善其身而使人不可及邪？其何汲汲于知而求待之殊也。贤不肖固有分矣，生其急乎其所自立，而无患乎人不己知，未尝闻有响大而声微者也，况愈之于生恳恳邪？

属有腹疾，无聊，不果自书。愈白。

韩愈 – 答吕医山人书

愈白：惠书责以不能如信陵执辔者。夫信陵，战国公子，欲以取士声势倾天下而然耳。如仆者，自度若世无孔子，不当在弟子之列。以吾子始自山出，有朴茂之美，意恐未砻磨以世事。又自周后文弊，百子为书，各自名家，乱圣人之宗，后生习传，杂而不贯。故设问以观吾子，其已成熟乎，将以为友也；其未成熟乎，将以讲去其非而趋是耳。不如六国公子有市于道者也。

方今天下入仕，惟以进士、明经及卿大夫之世耳。其人率皆习熟时俗，工于语言，识形势，善候人主意。故天下靡靡，日入于衰坏，恐不复振起，务欲进足下趋死不顾利害去就之人于朝，以争救之耳。非谓当今公卿间，无足下辈文学知识也。不得以信陵比。

然足下衣破衣，系麻鞋，率然叩吾门。吾待足下，虽未尽宾主之道，不可谓无意者。足下行天下，得此于人盖寡，乃遂能责不足于我，此真仆所汲汲求者。议虽未中节，其不肯阿曲以事人者，灼灼明矣。方将坐足下三浴而三熏之，听仆之所为，少安无躁。愈顿首。

韩愈 – 答李翊书

六月二十六日，愈白，李生足下：生之书辞甚高，而其问何下而恭也。能如是，谁不欲告生以其道。道德之归也有日矣，况其外之文乎？抑愈所谓望孔子之门墙而不入于其宫者，焉足以知是且非邪？虽然，不可不为生言之。

生所谓立言者是也，生所为者与所期者甚似而几矣。抑不知生之志，蕲胜于人而取于人邪？将蕲至于古之立言者邪？蕲胜于人而取于人，则固胜于人而可取于人矣。将蕲至于古之立言者，则无望其速成，无诱于势利，养其根而俟其实，加其膏而希其光。根之茂者其实遂，膏之沃者其光晔。仁义之人，其言蔼如也。

抑又有难者，愈之所为，不自知其至犹未也，虽然，学之二十余年矣。始者非三代两汉之书不敢观，非圣人之志不敢存。处若忘，行若遗，俨乎其若思，茫乎其若迷。当其取于心而注于手也，惟陈言之务去，戛戛乎其难哉。其观于人，不知其非笑之为非笑也。如是者亦有年，犹不改，然后识古书之正伪，与虽正而不至焉者，昭昭然白黑分矣，而务去之，乃徐有得也。当其取于心而注于手也，汩汩然来矣。其观于人也，笑之则以为喜，誉之则以为忧，以其犹有人之说者存也。如是者亦有年，然后浩乎其沛然矣。吾又惧其杂也，迎而距之，平心而察之，其皆醇也，然后肆焉。虽然，不可以不养也。行之乎仁义之途，游之乎《诗》、《书》之源，无迷其途，无绝其源，终吾身而已矣。

气，水也；言，浮物也。水大而物之浮者大小毕浮，气之与言犹是也，气盛则言之短长与声之高下者皆宜。虽如是，其敢自谓几于成乎？虽几于成，其用于人也奚取焉？虽然，待用于人者，其肖于器邪？用与舍属诸人。君子则不然，处心有道，行己有方，用则施诸人，舍则传诸其徒，垂诸文，而为后世法。如是者，其亦足乐乎？其无足乐也？

有志乎古者希矣！志乎古必遗乎今，吾诚乐而悲之。亟称其人，所以劝之，非敢褒其可褒，而贬其可贬也。问于愈者多矣，念生之言不志乎利，聊相为言之。愈白。

愈白：迟尉生足下：夫所谓文者，必有诸其中，是故君子慎其实；实之美恶，其发也不掩。本深而末茂，形大而声宏，行峻而言厉，心醇而气和；昭晰者无疑，优游者有余；体不备不可以为成人，辞不足不可以为成文。愈之所闻者如是，有问于愈者，亦以是对。

今吾子所为皆善矣，谦谦然若不足，而以征于愈，愈又敢有爱于言乎？抑所能言者，皆古之道；古之道不足以取于今。吾子何其爱之异也？

贤公卿大夫在上比肩，始进之贤士在下比肩，彼其得之必有以取之也。子欲仕乎？其往问焉，皆可学也。若独有爱于是，而非仕之谓，则愈也尝学之矣，请继今以言。

韩愈－答窦秀才书

愈白：愈少驽怯，于他艺能，自度无可努力；又不通时事，而与世多龃龉。念终无以树立，遂发愤笃专于文学。学不得其术，凡所辛苦而仅有之者，皆符于空言，而不适于实用，又重以自废，是故学成而道益穷，年老而智愈困。今又以罪黜于朝廷，远宰蛮县，愁忧无聊，瘴疠侵加，惴惴焉无以冀朝夕。

足下年少才俊，辞雅而气锐。当朝廷求贤如不及之时，当道者又皆良有司，操数寸之管，书盈尺之纸，高可以钓爵位，循次而进，亦不失万一于甲科。今乃乘不测之舟，入无人之地，以相从问文章为事。身勤而事左，辞重而请约，非计之得也。虽使古之君子，积道藏德，遁其光而不曜，胶其口而不传者，遇足下之请恳恳，犹将倒廪倾亻罗列而进也；若愈之愚不肖，又安敢有爱于左右哉！

顾足下之能，足以自奋。愈之所有如前所陈，是以临事愧耻，而不敢答也。钱财不足以贿左右之匮急，文章不足以发足下之事业。䶌ヒ囟往，垂橐而归。足下亮之而已。愈白。

韩愈－答刘秀才论史书

六月九日，韩愈白秀才。辱问见爱，教勉以所宜务，敢不拜赐。愚以为凡史褒贬大法，《春秋》已备之矣。后之作者，在据事迹实录，则善恶自见。然此尚非浅陋偷惰者所能就，况褒贬邪？

孔子圣人作《春秋》，辱于鲁、卫、陈、宋、齐、楚，卒不遇而死；齐太史氏兄弟几尽；左丘明纪春秋时事以失明；司马迁作《史记》，刑诛；班固瘐死；陈寿起又废，卒亦无所至；王隐谤退，死家；习凿齿无一足；崔浩、范晔赤诛；魏收夭绝；宋孝王诛死。足下所称吴兢，亦不闻身贵，而今其后有闻也。夫为史者，不有人祸，则有天刑，岂可不畏惧而轻为之哉！

唐有天下二百年矣，圣君贤相相踵，其余文武之士，立功名跨越前后者，不可胜数，岂一人卒卒能纪而传之邪？仆年志已就，衰退不可自敦率。宰相知其无他才能，不足用，哀其老穷，龃龉无所合，不欲令四海内有戚戚者，猥言之上，苟加一职荣之耳，非必督责迫蹙令就功役也。贱不敢逆盛指，行且谋引去。且传闻不同，善恶随人所见。甚者，附党憎爱不同，巧造语言，凿空构立善恶事迹，于今何所承受取信，而可草草作传记，令传万世乎？若无鬼神，岂可不自心惭愧；若有鬼神，将不福人。仆虽呆，亦粗知自爱，实不敢率尔为也。

夫圣唐钜迹，及贤士大夫事，皆磊磊轩天地，决不沉没。今馆中非无人，将必有作者勤而纂之。后生可畏，安知不在足下？亦宜勉之！愈再拜。

韩愈－上兵部李侍郎书

十二月九日，将仕郎守江陵府法曹参军韩愈，谨上书侍郎阁下：

愈少鄙钝，于时事都不通晓，家贫不足以自活，应举觅官，凡二十年矣。薄命不幸，动遭谗谤，进寸退尺，卒无所成。性本好文学，因困厄悲愁，无所告语，遂得究穷于经传史记百家之说，沈潜乎训义，反复乎句读，砻磨乎事业，而奋发乎文章。凡自唐虞已来，编简所存，大之为河海，高之为山岳，明之为日月，幽之为鬼神，纤之为珠玑华实，变之为雷霆风雨，奇辞奥旨，靡不通达。惟是鄙钝，不通晓于时事，学成而道益穷，年老而智益困。私自怜悼，悔其初心，发秃齿豁，不见知己。夫牛角之歌，辞鄙而义拙；堂下之言，不书于传记。齐桓举以相国，叔向携手以上，然则非言之难为，听而识之者难遇也。自江而西，既化而行矣。今者入守内职，为朝廷大臣，当天子新即位，汲汲于理化之日，出言举事，宜必施设。既有听之之明，又有振之之力，宁戚之歌，鬷明之言，不发于左右，则后而失其时矣。谨献《旧文》一卷，扶树教道，有所明白；《南行诗》一卷，舒忧娱悲，杂以瑰怪之言，时俗之好，所以讽于口而听于耳也。如赐览观，亦有可采，干黩严尊，伏增惶恐。愈再拜。

柳宗元－寄京兆许孟容书

宗元再拜五丈座前：伏蒙赐书诲谕，微悉重厚，欣跃恍惚，疑若梦寐，捧书叩头，悸不自定。伏念得罪来五年，未尝有故旧大臣肯以书见及者。何则？罪谤交积，群疑当道，诚可怪而畏也。以是兀兀忘行，尤召重忧，残骸余魂，百病所集，痞结伏积，不食自饱。或时寒热，水火互至，内消肌骨，非独瘴疠为也。忽捧教命，乃知幸为大君子所宥，欲使膏肓沈没，复起为人。夫何素望，敢以及此。宗元早岁，与负罪者亲善，始奇其能，谓可以共立仁义，裨教化。过不自料，勤勤勉励，唯以中正信义为志，以兴尧、舜、孔子之道，利安元元为务，不知愚陋，不可力强，其素意如此也。末路孤危，厄塞臲卼凡事壅隔，很忤贵近，狂疏缪戾，蹈不测之辜，群言沸腾，鬼神交怒。加以素卑贱，暴起领事，人所不信。射利求进者，填门排户，百不一得，一旦快意，更造怨讟。以此大罪之外，言互诃万端，旁午构扇，尽为敌仇，协心同攻，外连强暴失职者以致其事。此皆丈人所闻见，不敢为他人道说。怀不能已，复载简牍。此人虽万被诛戮，不足塞责，而岂有赏哉？今其党与，幸获宽贷，各得善地，无分毫事，坐食俸禄，明德至渥也，尚何敢更俟除弃废痼，以希望外之泽哉？年少气盛，不谩几微，不知当否，但欲一心直遂，果陷刑法，皆自所求取得之，又何怪也？

宗元于众党人中，罪状最甚。神理降罚，又不能即死。犹对人言语，求食自活，迷不知耻，日复一日。然亦有大故。自以得姓来二千五百年，代为冢嗣。今抱非常之罪，居夷獠之乡，卑湿昏雾，恐一日填委沟壑，旷坠先绪，以是怛然痛恨，心肠沸热。茕茕孤立，未有子息。荒陬中少士人女子，无与为婚，世亦不肯与罪大者亲昵，以是嗣续之重，不绝如缕。每当春秋时飨，孑立捧奠，顾眄无后继者，惸惸然欷歔惴惕，恐此事便已，摧心伤骨，若受锋刃。此诚丈人所共悯惜也。先墓所在城南，无异子北为主，独托村邻。自谴逐来，消息存亡不一至乡闾，主守者固以益怠。昼夜哀愤，惧便毁伤松柏，刍牧不禁，以成大戾。近世礼重拜扫，今已阙者四年矣。每遇寒食，则北身长号，以首顿地。想田野道路，士女遍满，皂隶佣丐，皆得上父母丘墓，马医夏畦之鬼，无不受子孙追养者。然此已息望，又何以云哉！城西有数田，树果数百株，多先人手自封植，今已荒秽，恐便斩伐，无复爱惜。家有赐书三千卷，尚在善和里旧宅，宅今已三易主，书存亡不可知。皆付受所重，常系心腑，立身一败，万事瓦裂，身残家破，为世大僇。复何敢更望大君子抚慰收恤，尚置人数中耶！是以当食不知辛咸节适，洗沐盥漱，动逾岁时，一搔皮肤，尘垢满爪。诚忧恐悲伤，无所告诉，以至此也。

自古贤人才士，秉志遵分，被谤议不能自明者，仅以百数。故有无兄盗嫂，娶孤女云挝妇翁者；然赖当世豪杰，分明辨别。卒光史籍。管仲遇盗，升为功臣；匡章被不孝之名，孟子礼之。今已无古人之实，而有其诟，欲望世人之明己，不可得也。直不疑买金以偿同舍；刘宽下车，归牛乡人。此诚知疑似之不可辩，非口舌所能胜也。郑詹束缚于晋，终以无死；钟仪南音，卒获反国；步向囚虏，自期必免；范痤骑危，以生易死；蒯通据鼎耳，为齐上客；张苍、韩信伏斧锧，终取将相；邹阳狱中，以书自活；贾生斥逐，复召宣室；倪宽摈死，后至御大夫；董仲舒、刘向下狱当诛，为汉儒宗。此皆瑰伟传辩奇壮之士，能自解脱。今以恇怯淟涊，下才末技，又婴恐惧痼病，虽欲慷慨攘臂，自同昔人，愈疏阔矣！

贤者不得志于今，必取贵于后，古之著书者皆是也。宗元近欲务此，然力薄才劣，无异能解，虽欲秉笔覼缕，神志荒耗，前后遗忘，终不能成章。往时读书，自以不至砥滞，今皆顽然无复省录。每读古人一传，数纸已后，则再三伸卷，复观姓氏，旋又废失。假令万一除刑部囚籍，复为士列，亦不堪当世用矣！伏惟兴哀无用之地，垂德于不报之报，但以存通家宗礼为念，有可动心者，操之勿失。虽不敢望归扫茔域，退托先人之庐，以尽余齿，姑遂少北，益轻瘴疠，就婚娶，求胤嗣，有可付托，即冥然长乎，如得甘寝，无复恨矣！书辞繁委，无以自道。然即文以求其志，君子固得其肺肝焉。无任垦恋之至！不宣。宗元再拜。

柳宗元－答韦珩示韩愈相推以文墨事书

足下所封示退之书，云欲推避仆以文墨事，且以励足下。若退之之才，过仆数等，尚不宜推避于仆，非其实可知，固相假借为之辞耳。退之所敬者，司马迁、扬雄。迁于退之固相上下。若雄者，如《太玄》、《法言》及《四愁赋》，退之独未作耳，决作之，加恢奇，至他文过扬雄远甚。雄之遣言措意，颇短局滞涩，不若退之猖狂恣睢，肆意有所作。若然者，使雄来尚不宜推避，而况仆耶？彼好奖人善，以为不屈己，善不可奖，故慊慊云尔也。足下幸勿信之。

且足下志气高，好读《南》、《北》史书，通国朝事，穿穴古今，后来无能和。而仆稚呆，卒无所为，但趑趄文墨笔砚浅事。今退之不以吾子励仆，而反以仆励吾子，愈非所宜。然卒篇欲足下自挫抑，合当世事以固当，虽仆亦知无出此。吾子年甚少，知己者如麻，不患不显，患道不立尔。此仆以自励，亦以佐退之励足下。不宜。宗元顿首再拜。

欧阳修－与尹师鲁书

某顿首师鲁十二兄书记。前在京师相别时，约使人如河上，既受命，便遣白头奴出城，而还言不见舟矣。其夕，及得师鲁手简，乃知留船以待，怪不如约，方悟此奴懒去而见给。

临行，台吏催苛百端，不比催师鲁人长者有礼，使人惶迫不知所为。是以又不留下书在京师，但深托君贶因书道修意以西。始谋陆赴夷陵，以大暑，又无马，乃作此行。沿汴绝淮，泛大江，凡五千里，用一百一十程，才至荆南。在路无附书处，不知君贶曾作书道修意否？及来此，问荆人，云去郢止两程，方喜得作书以奉问。又见家兄，言有人见师鲁过襄州，计今在郢久矣。师鲁欢戚不问可知，所渴欲问者，别后安否？及家人处之如何，莫苦相尤否？六郎旧疾平否？

修行虽久，然江湖皆昔所游，往往有亲旧留连，又不遇恶风水，老母用术者言，果以此行为幸。又闻夷陵有米、面、鱼，如京洛，又有梨、栗、橘、柚、大笋、茶荈，皆可饮食，益相喜贺。昨日因参转运，作庭趋，始觉身是县令矣，其余皆如昔时。

师鲁简中言，疑修有自疑之意者，非他，盖惧责人太深以取直尔，今而思之，自决不复疑也。然师鲁又云暗于朋友，此似未知修心。当与高书时，盖已知其非君子，发于极愤而切责之，非以朋友待之也，其所为何足惊骇？路中来，颇有人以罪出不测见吊者，此皆不知修心也。师鲁又云非忘亲，此又非也。

得罪虽死，不为忘亲，此事须相见，可尽其说也。五六十年来，天生此辈，沈默畏慎，布在世间，相师成风。忽见吾辈作此事，下至灶间老婢，亦相惊怪，交口议之。不知此事古人日日有也，但问所言当否而已。又有深相赏叹者，此亦是不惯见事人也。可嗟世人不见如往时事久矣！往时砧斧鼎镬，皆是烹斩人之物，然士有死不失义，则趋而就之，与几席枕藉之无异。有义君子在傍，见有就死，知其当然，亦不甚叹赏也。史册所以书之者，盖特欲警后世愚懦者，使知事有当然而不得避尔，非以为奇事而诧人也。幸今世用刑至仁慈，无此物，使有而一人就之，不知作何等怪骇也。然吾辈亦自当绝口，不可及前事也。居闲僻处，日知进道而已，此事不须言，然师鲁以修有自疑之言，要知修处之如何，故略道也。

安道与予在楚州，谈祸福事甚详，安道亦以为然。俟到夷陵写去，然后得知修所以处之之心也。又常与安道言，每见前世有名人，当论事时，感激不避诛死，真若知义者，及到贬所，则戚戚怨嗟，有不堪之穷愁形于文字，其心欢戚无异庸人，虽韩文公不免此累，用此戒安道慎勿作戚戚之文。师鲁察修此语，则处之之心又可知矣。近世人因言事亦有被贬者，然或傲逸狂醉，自言我为大不为小。故师鲁相别，自言益慎职，无饮酒，此事修今亦遵此语。咽喉自出京愈矣，至今不曾饮酒，到县后勤官，以惩洛中时懒慢矣。夷陵有一路，只数日可至郢，白头奴足以往来。秋寒矣，千万保重。不宣修顿首。

曾巩－谢杜相公书

伏念昔者，方巩之得祸罚于河滨，去其家四千里之远。南向而望，迅河大淮，埭堰湖江，天下之险，为其阻厄。而以孤独之身，抱不测之疾，茕茕路隅，无攀缘之亲、一见之旧，以为之托。又无至行，上之可以感人利势，下之可以动俗。惟先人之医药，与凡丧之所急，不知所以为赖，而旅榇之重大，惧无以归者。明公独于此时，闵闵勤勤，营救护视，亲屈车骑，临于河上。使其方先人之病，得一意于左右，而医药之有与谋。至其既孤，无外事之夺其哀，而毫发之私，无有不如其欲；莫大之丧，得以卒致而南。其为存全之恩，过越之义如此。

窃惟明公相天下之道，吟颂推说者穷万世，非如曲士汲汲一节之善。而位之极，年之高，天子不敢烦以政，岂乡闾新学危苦之情、丛细之事，宜以彻于视听而蒙省察！然明公存先人之故，而所以尽于巩之德如此。盖明公虽不可起而寄天下之政，而爱育天下之人材，不忍一夫失其所之道，出于自然，推而行之，不以进退。而巩独幸遭明公于此时也。在丧之日，不敢以世俗浅意越礼进谢。丧除，又惟大恩之不可名，空言之不足陈，徘徊迄今，一书之未进。顾其惭生于心，无须臾废也。伏惟明公终赐亮察。夫明公存天下之义而无有所私，则巩之所以报于明公者，亦惟天下之义而已。誓心则然，未敢谓能也。

苏洵－上韩枢密书

太尉执事：洵著书无他长，及言兵事，论古今形势，至自比贾谊。所献《权书》，虽古人已往成败之迹，苟深晓其义，施之于今，无所不可。昨因请见，求进末议，太尉许诺，谨撰其说。言语朴直，非有惊世绝俗之谈、甚高难行之论，太尉取其大纲，而无责其纤悉。

盖古者非用兵决胜之为难，而养兵不用之可畏。今夫水激之山，放之海，决之为沟塍，壅之为沼涹是天下之人能之。委江湖，注淮泗，汇为洪波，潴为大湖，万世而不溢者，自禹之后未之见也。夫兵者，聚天下不义之徒，授之以不仁之器，而教之以杀人之事。夫惟天下之未安，盗贼之未殄，然后有以施其不义之心，用其不仁之器，而试其杀人之事。当是之时，勇者无余力，智者无余谋，巧者无余技。故其不义之心变而为忠，不仁之器加之于不仁，而杀人之事施之于当杀。及夫天下既平，盗贼既殄，不义之徒聚而不散，勇者有余力则思以为乱，智者有余谋则思以为奸，巧者有余技则思以为诈，于是天下之患杂然出矣。盖虎豹终日而不杀，则跳踉大叫，以发其怒，蝮蝎终日而不螫，则噬啮草木以致其毒，其理固然，无足怪者。昔者刘、项奋臂于草莽之间，秦、楚无赖子弟千百为辈，争起而应者不可胜数。转斗五六年，天下厌兵，项籍死，而高祖亦已老矣。方是时，分王诸将，改定律令，与天下休息。而韩信、黥布之徒相继而起者七国，高祖死于介胄之间而莫能止也。

连延及于吕氏之祸，讫孝文而后定。是何起之易而收之难也。刘、项之势，初若决河，顺流而下，诚有可喜。及其崩溃四出，放乎数百里之间，拱手而莫能救也。呜呼！不有圣人，何以善其后。太祖、太宗，躬擐甲胄，跋履险阻，以斩刈四方之蓬蒿。用兵数十年，谋臣猛将满天下，一旦卷甲而休之，传四世而天下无变。此何术也。荆楚九江之地，不分于诸将，而韩信、黥布之徒无以启其心也。虽然，天下无变而兵久不用，则其不义之心蓄而无所发，饱食优游，求逞于良民。观其平居无事，出怨言以邀其上。一日有急，是非人得千金，不可使也。往年诏天下缮完城池，西川之事，洵实亲见。凡郡县之富民，举而籍其名，得钱数百万，以为酒食馈饷之费。杵声未绝，城辄随坏，如此者数年而后定。卒事，官吏相贺，卒徒相矜，若战胜凯旋而待赏者。比来京师，游阡陌间，其曹往往偶语，无所讳忌。闻之土人，方春时，尤不忍闻。盖时五六月矣。会京师忧大水，锄苒沃，列于两河之ｦ，县官日费千万，传呼劳问之声不绝者数十里，犹且々狼顾，莫肯效用。且夫内之如京师之所闻，外之如西川之所亲见，天下之势今何如也。御将者，天子之事也。御兵者，将之职也。天子者，养尊而处优，树恩而收名，与天下为喜乐者也，故其道不可以御兵。人臣执法而不求情，尽心而不求名，出死力以捍社稷，使天下之心系于一人，而己不与焉。故御兵者，人臣之事，不可以累天子也。今之所患，大臣好名而惧谤。好名则多树私恩，惧谤则执法不坚。是以天下之兵豪纵至此，而莫之或制也。顷者狄公在枢府，号为宽厚爱人，狎昵士卒，得其欢心，而太尉适承其后。彼狄公者，知御外之术，而不知治内之道。此边将材也。古者兵在外，爱将军而忘天子；在内，爱天子而忘将军。爱将军所以战，爱天子所以守。狄公以其御外之心，而施诸其内，太尉不反其道，而何以为治？或者以为兵久骄不治，一旦绳以法，恐因以生乱。昔者郭子仪去河南，李光弼实代之，将至之日，张用济斩于辕门，三军股栗。夫以临淮之悍，而代汾阳之长者，三军之士，竦然如赤子之脱慈母之怀，而立乎严师之侧，何乱之敢生？且夫天子者，天下之父母也，将相者，天下之师也。师虽严，赤子不以怨其父母，将相虽厉，天下不以咎其君，其势然也。天子者，可以生人、杀人，故天下望其生，及其杀之也，天下曰：是天子杀之。故天子不可以多杀。人臣奉天子之法，虽多杀，天下无以归怨，此先王所以威怀天下之术也。

伏惟太尉思天下所以长久之道，而无幸一时之名，尽至公之心，而无恤三军之多言。夫天子推深仁以结其心，太尉厉威武以振其堕。彼其思天子之深仁，则畏而不至于怨，思太尉之威武，则爱而不至于骄。君臣之体顺，而畏爱之道立，非太尉吾谁望邪？不宣。洵再拜。

苏洵－上欧阳内翰书

内翰执事：洵布衣穷居，尝窃有叹。以为天下之人，不能皆贤，不能皆不肖。故贤人君子之处于世，合必离，离必合。往者天子方有意于治，而范公在相府，富公为枢密副使，执事与余公、蔡公为谏官，尹公驰骋上下，用力于兵革之地。方是之时，天下之人，毛发丝粟之才，纷纷然而起，合而为一。而洵也，自度其愚鲁无用之身，不足以自奋于其间，退而养其心，幸其道之将成，而可以复见于当世之贤人君子。不幸道未成，而范公西，富公北，执事与余公、蔡公分散四出，而尹公亦失势，奔走于小官。洵时在京师，亲见其事，忽忽仰天叹息，以为斯人之去，而道虽成，不复足以为荣也。既复自思，念往者众君子之进于朝，其始也，必有善人焉推之；今也，亦必有小人焉间之。今之世无复有善人也，则已矣。如其不然也，吾何忧焉。姑养其心，使其道大有成而待之，何伤？退而处十年，虽未敢自谓其道有成矣，然浩浩乎，其胸中若与曩者异。而余公适亦有成功于南方，执事与蔡公复相继登于朝，富公复自外入为宰相，其势将复合为一。喜且自贺，以为道既已粗成，而果将有以发之也。既又反而思其向之所慕望爱悦之而不得见之者，盖有六人。今将往见之矣，而六人者已有范公、尹公二人亡焉，则又为之潸然出涕以悲。呜呼，二人者不可复见矣！而所恃以慰此心者，犹有四人也，则又以自解。思其止于四人也，则又汲汲欲一识其面，以发其心之所欲言。而富公又为天子之宰相，远方寒士未可遽以言通于其前，余公、蔡公远者又在万里外，独执事在朝廷间，而其位差不甚贵，可以叫呼扳援而闻之以言。而饥寒衰老之病，又痼而留之，使不克自至于执事之庭。夫以慕望爱悦其人之心，十年而不得见，而其人已死，如范公、尹公二人者，则四人之中，非其势不可遽以言通者，何可以不能自往而遽已也？

执事之文章，天下之人莫不知之，然窃自以为洵之知之特深，愈于天下之人。何者？孟子之文，语约而意尽，不为巉刻斩绝之言，而其锋不可犯。韩子之文，如长江大河，浑浩流转，鱼鼋蛟龙，万怪惶惑，而抑遏蔽掩，不使自露，而人自见其渊然之光，苍然之色，亦自畏避，不敢迫视。执事之文，纡余委备，往复百折，而条达疏畅，无所间断。气尽语极，急言竭论，而容与闲易，无艰难劳苦之态。此三者，皆断然自为一家之文也。惟李翱之文，其味黯然而长，其光油然而幽，俯仰揖让，有执事之态。陆贽之文，遗言措意，切近的当，有执事之实。而执事之才，又自有过人者。盖执事之文，非孟子、韩子之文，而欧阳子之文也。夫乐道人之善而不为谄者，以其人诚足以当之也。彼不知者，则以为誉人以求其悦己也。夫誉人以求其悦己，洵亦不为也，而其所以道执事光明盛大之德，而不自知止者，亦欲执事之知其知我也。

虽然，执事之名满于天下，虽不见其文，而固已知有欧阳子矣。而洵也，不幸堕在草野泥涂之中，而其知道之心，又近而粗成。而欲徒手奉咫尺之书，自托于执事，将使执事何从而知之，何从而信之哉。洵少年不学，生二十五年，始知读书，从士君子游。年既已晚，而又不遂刻意厉行，以古人自期。而视与己同列者，皆不胜己，则遂以为可矣。其后困益甚，然每取古人之文而读之，始觉其出言用意，与己大别。时复内顾，自思其才则又似夫不遂止于是而已者。由是尽烧曩时所为文数百篇，取《论语》、《孟子》、《韩子》及其他圣人、贤人之文，而兀然端坐，终日以读之者七八年矣。方其始也，入其中而惶然，博观于其外，而骇然以惊。及其久也，读之益精，而其胸中豁然以明，若人之言固当然者，然犹未敢自出其言也。时既久，胸中之言日益多，不能自制，试出而书之，已而再三读之，浑浑乎觉其来之易矣。然犹未敢以为是也。近所为《洪范论》、《史论》凡七篇，执事观其如何？嘻，区区而自言，不知者又将以为自誉以求人之知己也。惟执事思其十年之心如是之不偶然也而察之！

苏轼 – 答李廌书

轼顿首再拜。闻足下名久矣，又于相识处，往往见所作诗文，虽不多，亦足以仿佛其为人矣。寻常不通书问，怠慢之罪，犹可阔略，及足下斩然在疚，亦不能以一字奉慰，舍弟子由至，先蒙惠书，又复懒不即答，顽钝废礼，一至于此，而足下终不弃绝，递中再辱手书，待遇益隆，览之面热汗下也。足下才高识明，不应轻许与人，得非用黄鲁直、秦太虚辈语，真以为然耶？不肖为人所憎，而二子独喜见誉，如人嗜昌歜、羊枣，未易诘其所以然者，以二子为妄则不可，遂欲以移之众口，又大不可也。轼少年时，读书作文，专为应举而已。既及进士第，贪得不已，又举制策，其实何所有。而其科号为直言极谏，故每纷然诵说古今，考论是非，以应其名耳。人苦不自知，既以此得，因以为实能之，故譊譊至，坐此得罪几死，所谓齐虏以口舌得官，真可笑也。然世人遂以轼为欲立异同，则过矣。妄论利害，搀说得失，此正制科人习气。譬之候虫时鸟，自鸣自已，何足为损益。轼每怪时人待轼过重，而足下又复称说如此，愈非其实。得罪以来，深自闭塞，扁舟草履，放浪山水间，与樵渔杂处，往往为醉人所推骂。辄自喜渐不为人识，平生亲友无一字见及，有书与之亦不答，自幸庶几免矣。足下又复创相推与，甚非所望。木有瘿，石有晕，犀有通，以取妍于人，皆物之病也。谪居无事，默自观省，回视三十年以来所为，多其病者。足下所见皆故我，非今我也。无乃闻其声不考其情，取其华而遗其实乎？抑将又有取于此也？此事非相见不能尽。自得罪后，不敢作文字。此书虽非文，然信笔书意，不觉累幅，亦不须示人。必喻此意。岁行尽，寒苦。惟万万节哀强食。不次。

王安石－答韶州张殿丞书

某启：伏蒙再赐书，示及先君韶州之政，为吏民称诵，至今不绝，伤今之士大夫不尽知，又恐史官不能记载，以次前世良吏之后。此皆不肖之孤，言行不足信于天下，不能推扬先人之功绪余烈，使人人得闻知之，所以夙夜愁痛、疢心疾首而不敢息者以此也。先人之存，某尚少，不得备闻为政之迹。然尝侍左右，尚能记诵教诲之余。盖先君所存，尝欲大润泽于天下，一物枯槁以为身羞。大者既不得试，已试乃其小者耳，小者又将泯没而无传，则不肖之孤，罪大衅厚矣，尚何以自立于天地之间耶？阁下勤勤恻恻，以不传为念，非夫仁人君子乐道人之善，安能以及此？自三代之时，国各有史，而当时之史，多世其家，往往以身死职，不负其意。盖其所传，皆可考据。后既无诸侯之史，而近世非尊爵盛位，虽雄奇俊烈，道德满衍，不幸不为朝廷所称，辄不得见于史。而执笔者又杂出一时之贵人，观其在廷论议之时，人人得讲其然不，尚或以忠为邪，以异为同，诛当前而不栗，讪在后而不羞，苟以餍其忿好之心而止耳。而况阴挟翰墨，以裁前人之善恶，疑可以贷褒，似可以附毁，往者不能讼当否，生者不得论曲直，赏罚谤誉，又不施其间。以彼其私，独安能无欺于冥昧之间邪？善既不尽传，而传者又不可尽信如此。唯能言之君子，有大公至正之道，名实足以信后世者，耳目所遇，一以言载之，则遂以不朽于无穷耳。伏惟阁下，于先人非有一日之雅，余论所及，无党私之嫌，潜以发潜德为己事，务推所闻，告世之能言而足信者，使得论次以传焉，则先君之不得列于史官，岂有恨哉？

王安石－答司马谏议书

某启：昨日蒙教，窃以为与君实游处相好之日久，而议事每不合，所操之术多异故也。虽欲强聒，终必不蒙见察，故略上报，不复一一自辨。重念蒙君实视遇厚，于反复不宜卤莽，故今具道所以，冀君实或见恕也。

盖儒者所争，尤在于名实。名实已明，而天下之理得矣。今君实所以见教者，以为侵官、生事、征利、拒谏，以致天下怨谤也。某则以谓受命于人主，议法度而修之于朝廷，以授之于有司，不为侵官；举先王之政，以兴利除弊，不为生事；为天下理财，不为征利；辟邪说，难壬人，不为拒谏。至于怨诽之多，则固前知其如此也。

人习于苟且非一日，士大夫多以不恤国事，同俗自媚于众为善。上乃欲变此，而某不量敌之众寡，欲出力助上以抗之，则众何为而不汹汹然？盘庚之迁，胥怨者民也，非特朝廷士大夫而已。盘庚不为怨者故改其度，度义而后动，是而不见可悔故也。如君实责我以在位久，未能助上大有为，以膏泽斯民，则某知罪矣。如曰今日当一切不事事，守前所为而已，则非某之所敢知。无由会晤，不任区区向往之至。

卷十五●哀祭之属

景差－大招

青春受谢，白日昭只。春气奋发，万物遽只。冥凌浃行，魂无逃只。魂魄归徕！无远遥只。魂乎归徕！无东无西，无南无北只。东有大海，溺水漖漖只。螭龙并流，上下悠悠只。雾雨淫淫，白皓胶只。魂乎无东！汤谷寂寥只。魂乎无南！南有炎火千里，蝮蛇蜒只。山林险隘，虎豹蜿只。鰅鳙短狐，王虺骞只。魂乎无南！蜮伤躬只。魂乎无西！西方流沙，漭洋洋只。豕首纵目，被发鬤只。长爪踞牙，诶笑狂只。魂乎无西！多害伤只。魂乎无北！北有寒山，逴龙赩只。代水不可涉，深不可测只。天白颢颢，寒凝凝只。魂乎无往！盈北极只。

魂魄归徕！间以静只。自恣荆楚，安以定只。逞志究欲，心意安只。穷身永乐，年寿延只。魂乎归徕！乐不可言只。五谷六仞，设菰粱只。鼎臑盈望，和致芳只。内鶬鸧鹄，味豺羹只。魂乎归徕！恣所尝只。鲜蠵甘鸡，和楚酪只。醢豚苦狗，脍苴莼只。吴酸蒿蒌，不沾薄只。魂兮归徕！恣所择只。炙鸹烝凫，煔鹑陈只。煎鰿臛雀，遽爽存只。魂乎归徕！丽以先只。四酎并孰，不涩嗌只。清馨冻饮，不歠役只。吴醴白蘖，和楚沥只。魂乎归徕！不遽惕只。

代、秦、郑、卫，鸣竽张只。伏戏《驾辩》，楚《劳商》只。讴和《扬阿》，赵箫倡只。魂乎归徕！定空桑只。二八接舞，投诗赋只。叩钟调磬，娱人乱只。四上竞气，极声变只。魂乎归徕！听歌撰只。朱唇皓齿，嫭以姱只。比德好闲，习以都只。丰肉微骨，调以娱只。魂乎归徕！安以舒只。

嫮目宜笑，蛾眉曼只。容则秀雅，稚朱颜只。魂乎归徕！静以安只。姱修滂浩，丽以佳只。曾颊倚耳，曲眉规只。滂心绰态，姣丽施只。小腰秀颈，若鲜卑只。魂乎归徕！思怨移只。易中利心，以动作只。粉白黛黑，施芳泽只。长袂拂面，善留客只。魂乎归徕！以娱昔只。青色直眉，美目媔只。靥辅奇牙，宜笑嗎只。丰肉微骨，体便娟只。魂乎归徕！恣所便只。

夏屋广大，沙堂秀只。南房小坛，观绝溜只。曲屋步壛，宜扰畜只。腾驾步游，猎春囿只。琼毂错衡，英华假只。茝兰桂树，郁弥路只。魂乎归徕！

恣志虑只。孔雀盈园，畜鸾皇只。鹍鸿群晨，杂鹙鶬只。鸿鹄代游，曼鷫鷞只。魂乎归徕！凤皇翔只。

曼泽怡面，血气盛只。永宜厥身，保寿命只。室家盈廷，爵禄盛只。魂乎归徕！居室定只。接径千里，出若云只。三圭重侯，听类神只。察笃夭隐，孤寡存只。魂乎归徕！正始昆只。

田邑千畛，人阜昌只。美冒众流，德泽章只。先威后文，善美明只。魂乎归徕！赏罚当只。名声若日，照四海只。德誉配天，万民理只。北至幽陵，南交址只。西薄羊肠，东穷海只。魂乎归徕！尚贤士只。发政献行，禁苛暴只。举杰压陛，诛讥罢只。直赢在位，近禹麾只。豪杰执政，流泽施只。魂乎归徕，国家为只。雄雄赫赫，天德明只。三公穆穆，登降堂只。诸侯毕极，立九卿只。昭质既设，大侯张只。执弓挟矢，揖辞让只。魂乎徕归！尚三王只。

贾谊－吊屈原赋

恭承嘉惠兮，俟罪长沙；侧闻屈原兮，自沉汨罗。造讬湘流兮，敬吊先生；遭世罔极兮，乃殒厥身。呜呼哀哉！逢时不祥。鸾凤伏窜兮，鸱枭翱翔。闒茸尊显兮，谗谀得志；贤圣逆曳兮，方正倒植。世谓随、夷为溷兮，谓跖、蹻为廉；莫邪为钝兮，铅刀为銛。吁嗟默默，生之无故兮；斡弃周鼎，宝康瓠兮。腾驾罢牛，骖蹇驴兮；骥垂两耳，服盐车兮。章甫荐履，渐不可久兮；嗟苦先生，独离此咎兮。

讯曰：已矣！国其莫我知兮，独壹郁其谁语？凤漂漂其高逝兮，固自引而远去。袭九渊之神龙兮，深潜以自珍；偭蟂獭以隐处兮，夫岂从虾与蛭螾？所贵圣人之神德兮，远浊世而自藏；使骐骥可得系而羁兮，岂云异夫犬羊？般纷纷其离此尤兮，亦夫子之故也。历九州而其君兮，何必怀此都也？凤凰翔于千仞兮，览德辉而下之；见细德之险徵兮，遥曾击而去之。彼寻常之污渎兮，岂能容夫吞舟之巨鱼？横江湖之鳝鲸兮，固将制于蝼蚁。

汉武帝－悼李夫人赋

美连娟以修嫮兮，命樔绝而不长，饰新官以延贮兮，泯不归乎故乡。惨郁郁其芜秽兮，隐处幽而怀伤，释舆马于山椒兮，奄修夜之不阳。秋气憯以凄泪兮，桂枝落而销亡，神茕茕以遥思兮，精浮游而出畺。托沈阴以圹久兮，惜蕃华之未央，念穷极之不还兮，惟幼眇之相羊。函菱荴以俟风兮，芳杂袭以弥章，的容与以猗靡兮，缥飘姚虖愈庄。燕淫衍而抚楹兮，连流视而娥扬，既激感而心逐兮，包红颜而弗明。欢接狎以离别兮，宵寤梦之芒芒，忽迁化而不反兮，魄放逸以飞扬。何灵魂之纷纷兮，哀裴回以踌躇，势路日以远兮，遂荒忽而辞去。超兮西征，屑兮不见。浸淫敞恍，寂兮无音，思若流波，怛兮在心。

乱曰：「佳侠函光，陨朱荣兮，嫉妒闒茸，将安程兮！方时隆盛，年夭伤兮，弟子增欷，洿沬怅兮。悲愁于邑，喧不可止兮。向不虚应，亦云已兮，嫶妍太息，叹稚子兮，懰栗不言，倚所恃兮。仁者不誓，岂约亲兮？既往不来，申以信兮。去彼昭昭，就冥冥兮，既下新官，不复故庭兮。呜呼哀哉，想魂灵兮！

司马相如－哀二世赋

登陂陁之长阪兮，坌入曾宫之嵯峨。临曲江之隑州兮，望南山之参差。岩岩深山之谾々兮，通谷豁乎谽谺。汩淢靸以永逝兮，注平皋之广衍。观众树之蓊薆兮，览竹林之榛榛。东驰土山兮，北揭石濑。弭节容与兮，历吊二世。持身不谨兮，亡国失势；信谗不寤兮，宗庙灭绝。乌乎！操行之不得，墓芜秽而不修兮，魂亡归而不食。

匡衡－祷高祖孝文武庙文

嗣曾孙皇帝恭承洪业，夙夜不敢康宁，思育休烈，以章祖宗之盛功。故动作接神，必因古圣之经。往者有司以为前因所幸而立庙，将以系海内之心，非为尊祖严亲也。今赖宗庙之灵，六合之内莫不附亲，庙宜一居京师，天子亲奉，郡国庙可止毋修。皇帝祗肃旧礼，尊重神明，即告于祖宗而不敢失。今皇帝有疾不豫，乃梦祖宗见戒以庙，楚王梦亦有其序。皇帝悼惧。即诏臣衡复修立。谨案上世帝王承祖祢之大礼，皆不敢不自亲。郡国吏卑贱，不可使独承。又祭祀之义以民为本，间者岁数不登，百姓困乏，郡国庙无以修立。《礼》，凶年则岁事不举，以祖祢之意为不乐，是以不敢复。如诚非礼义之中，违祖宗之心，咎尽在臣衡，当受其殃，大被其疾，队在沟渎之中。皇帝至孝肃慎，宜蒙佑福。唯高皇帝、孝文皇帝、孝武皇帝省察，右飨皇帝之孝，开赐皇帝眉寿亡疆，令所疾日瘳，平复反常，永保宗庙，天下幸甚！

张衡－大司农鲍德诔

昔君烈祖，平显奕世。敬叔生牙，美管交赖。至于中叶，种德以迈。种德伊何？去虚适参。建旆屯留，其茂如林。降及我君，总角有声。遗蒙万谷，宠禄斯丁。守约勤学，克劳其形。浚哲之资，日就月成。业业学徒，重蒙求我。舍厥往著，去风即雅。济济京河，实为西鲁。昔我南都，惟帝旧乡。同于郡国，殊于表章。命亲如公，弁冕鸣璜。若惟允之，实耀其光。导以仁惠，教以义方。习射矍相，飨老虞庠。羌髦作虐，艰我西邻。君斯整旅，耀武月频。蠢蠢戎虏，是慑是震。知德者鲜，惟君克举。既厌帝心，将处台辅。命有不永，时不我与。天实为之，孰其能御。股肱或毁，何痛如之！国丧遗爱，如何无思。

蔡邕－拟迁都告庙文

嗣曾孙皇帝某，敢昭告于皇祖高皇帝，各以后配。昔命京师都于长安，国享十有一世，历年二百一十载。遭王莽之乱，宗庙隳坏。世祖复帝祚，迁都洛阳，以服中土，享一十一世，历年一百六十五载。子末小子，遭家不造，早统洪业，奉嗣无疆。关东民吏，敢行称乱，总连州县，拥兵聚众，以图叛逆。震惊王师，命将征服。股肱大臣，推皇天之命，以已行之事，迁都旧京。昔周德缺而师干作，应运变通，自古有之。于是乃以三月丁亥，来自积雒。越三日丁巳，至于长安。敕躬不慎，寑疾旬日，赖祖宗之灵，以获有瘳。吉旦斋宿，敢用洁牲一元大武，柔毛刚鬣，商祭明视，香合嘉蔬香萁，咸鹾丰本，明粢醴酒，用告迁来。尚飨！

曹植－王仲宣诔

建安二十二年，正月二十四日戊申，魏故侍中关内侯王君卒。呜呼哀哉！皇穹神察，哲人是恃，如何灵祇，歼我吉士？谁谓不痛，早世即冥；谁谓不伤，华繁中零。存亡分流，天遂同期，朝闻夕没，先民所思。何用诔德？表之素旗；何以赠终？哀以送之。遂作诔曰：

猗欤侍中，远祖弥芳。公高建业，佐武伐商。爵同齐、鲁，邦祀绝亡。流裔毕万，勋绩惟光。晋献赐封，于魏之疆。天开之祚，末胄称王。厥姓斯氏，条分叶散，世滋芳烈，扬声秦、汉。会遭阳九，炎光中曚。世祖拨乱，爰建时雍。三台树位，履道是钟，宠爵之加，匪惠惟恭。自君二祖，为光为龙。佥曰休哉！宜翼汉邦，或统太尉，或掌司空。百揆惟叙，五典克从，天静人和，皇教遐通。伊君显考，奕叶佐时。入管机密，朝政以治；出临朔岱，庶绩咸熙。

君以淑懿，继此洪基。既有令德，村技广宣，强记洽闻，幽赞微言。文若春华，思若涌泉，发言可咏，下笔成篇。何道不洽？何艺不闲？棋局逞巧，博弈惟贤。皇家不造，京室陨颠，宰臣专制，帝用西迁。君乃羁旅，离此阻艰，翕然凤举，远窜荆蛮。身穷志达，居鄙行鲜，振冠南岳，濯缨清川，潜处蓬室，不干势权。

我公奋钺，耀威南楚，荆人或违，陈戎讲武。君乃义发，算我师旅，高尚霸功，投身帝宇。斯言既发，谋夫是与。是与伊何？向我明德，投戈编郡，稽颡汉、北。我公实嘉，表扬京国，金龟紫绶，以彰勋则。勋则伊何？劳谦靡已，忧世忘家，殊略卓峙。乃署祭酒，与军行止，算无遗策，画无失理。

我王建国，百司隽乂。君以显举，秉机省闼。戴蝉珥貂，朱衣皓带，入侍帷幄，出拥华盖，荣曜当世，芳风晻蔼。嗟彼东夷，凭江阻湖，骚扰边境，劳我师徒。光光戎路，霆骇风徂。君侍华毂，辉辉王途。思荣怀附，望彼来威。如何不济，运极命衰，寝疾弥留，吉往凶归。呜呼哀哉！翩翩孤嗣，号恸崩摧。发轸北魏，远迄南淮，经历山河，泣涕如颓。哀风兴感，行云徘徊，游鱼失浪，归鸟忘栖。呜呼哀哉！

吾与夫子，义贯丹青，好和琴瑟，分过友生。庶几遐年，携手同征。如何奄忽，弃我夙零。感昔宴会，志各高厉。予戏夫子，金石难弊；人命靡常，吉凶异制。此欢之人，孰先陨越？何寤夫子，果乃先逝。又论死生，存亡数度。子犹怀疑，求之明据。傥独有灵，游魂泰素，我将假翼，飘飖高举，超登景云，要子天路。

丧柩既臻，将反魏京，灵輀回轨，白骥悲鸣。虚廓无见，藏景蔽形。孰云仲宣，不闻其声。延首叹息，雨泣交颈。嗟乎夫子，永安幽冥。人谁不没，达士殉名。生荣死哀，亦孔之荣。呜呼哀哉！

潘岳－夏侯常侍诔

夏侯湛，字孝若，谯人也。少知名。弱冠辟太尉府，贤良方正徵。仍为太子舍人、尚书郎、野王令、中书郎、南阳相。家艰乞还。顷之，选为太子仆。未就命而世祖崩。天子以为散骑常侍，从班列也。春秋四十有九，元康元年，夏五月壬辰，寝疾，卒于延喜里第。呜呼哀哉！乃作诔曰：

禹锡玄圭，实曰文命，克明克圣，光启夏政。其在于汉，迈勋惟婴。思宏儒业，大小双名。显祖曜德，牧兖及荆。父守淮岱，治亦有声。英英夫子，灼灼其俊，飞辩摛藻，华繁玉振。如彼随和，发彩流润；如彼锦缋，列素点绚。

人见其表，莫测其里，徒谓吾生，文胜则史。心照神交，唯我与子，且历少长，逮观终始。子之承亲，孝齐闵、参；子之友悌，和如瑟琴。事君直道，与朋信心，虽实唱高，犹赏尔音。

弱冠厉翼，羽仪初升，公弓既招，皇舆乃徵。内赞两宫，外宰黎蒸，忠节允著，清风载兴。泱彼乐都，宠子惟王，设官建辅，妙简邦良，用取喉舌，相尔南阳，惠训不倦，视民如伤。乃眷北顾，辞禄延熹；余亦偃息，无事明时。畴昔之游，二纪于兹，斑白携手，何欢如之！居吾语汝：众实胜寡，人恶隽异，俗疵文雅，执戟疲扬，长沙投贾，无谓尔高，耻居物下。子乃洗然，变色易容，慨然叹曰：道固不同！为仁由己，匪我求蒙。谁毁谁誉？何去何从？莫涅匪缁，莫磨匪磷。子独正色，居屈志申。虽不尔以，犹致其身。献替尽规，媚兹一人。说言忠谋，世祖是嘉，将仆储皇，奉辔承华。先朝末命，圣列显加，入侍帝闼，出光厥家。我闻积善，神降之吉，宜享遐纪，长保天秩。如何斯人，而有斯疾？曾未知命，中年陨卒。呜呼哀哉！

唯尔之存，匪爵而贵，甘食美服，重珍兼味。临终遗誓，永锡尔类。敛以时袭，殡不简器。谁能拔俗，生尽其养？孰是养生，而薄其葬？渊哉若人，纵心条畅，杰操明达，困而弥亮。柩辂既祖，容体长归，存亡永诀，逝者不追。望子旧车，览尔遗衣，愊抑失声，迸涕交挥。非子为恸，吾恸为谁？呜呼哀哉！

日往月来，暑退寒袭，零露沾凝，劲风凄急。惨尔其伤，念我良执，适子素馆，抚孤相泣。前思未弭，后感仍集，积悲满怀，逝矣安及。呜呼哀哉！

陶潜 – 自祭文

岁惟丁卯，律中无射，天寒夜长，风气萧索，鸿雁于征，草木黄落。陶子将辞逆旅之馆，永归于本宅。故人凄其相悲，同祖行于今夕。羞以嘉蔬，荐以清酌。候颜已冥，聆音愈漠。呜呼哀哉！

茫茫大块，悠悠高旻。是生万物，余得为人。自余为人，逢运之贫。箪瓢屡罄，絺绤冬陈。含欢谷汲，行歌负薪。翳翳柴门，事我宵晨。春秋代谢，有务中园。载耘载耔，乃育乃繁。欣以素牍，和以七弦。冬曝其日，夏濯其泉。勤靡余劳，心有常闲。乐天委分，以至百年。

惟此百年，夫人爱之。惧彼无成，惕日惜时。存为世珍，没亦见思。嗟我独迈，曾是异兹。宠非已荣，涅岂吾缁？捽兀穷庐，酣饮赋诗。

识运知命，畴能罔眷？余今斯化，可以无恨。寿涉百龄，身慕肥遁。从老得终，奚所复恋？寒暑逾迈，亡既异存。外姻晨来，良友宵奔。葬之中野，以安其魂。窅窅我行，萧萧墓门。奢耻宋臣，俭笑王孙。

廓兮已灭，慨焉已遐。不封不树，日月遂过。匪贵前誉，孰重后歌。人生实难，死如之何。呜呼哀哉！

颜延之－陶徵士诔

夫璇玉致美，不为池隍之宝；桂椒信芳，而非园林之实，岂期深而好远哉？盖云殊性而已。故无足而至者，物之藉也；随踵而立者，人之薄也。若乃巢、高之抗行，夷、皓之峻节，故已父老尧、禹，锱铢周、汉。而绵世浸远，光灵不属，至使菁华隐没，芳流歇绝，不其惜乎。虽今之作者，人自为量；而首路同尘，辍涂殊轨者多矣。岂所以昭末景，泛余波。

有晋徵士寻阳陶渊明，南岳之幽居者也。弱不好弄，长实素心，学非称师，文取指达，在众不失其寡，处言愈见其默。少而贫病，居无仆妾，井臼弗任，藜菽不给，母老子幼，就养勤匮。远惟田生致亲之议，追悟毛子捧檄之怀，初辞州府三命，后为彭泽令，道不偶物，弃官从好。遂乃解体世纷，结志区外，定迹深栖，于是乎远。灌畦鬻蔬，为供鱼寂之祭；织绚纬萧，以充粮粒之费。心好异书，性乐酒德，简弃烦促，就成省旷。殆所谓国爵屏贵，家人忘贫者与？有诏徵为著作郎，称疾不到。春秋若干，元嘉四年月日，卒于寻阳县之某里。近识悲悼，远士伤情，冥默福应，呜呼淑贞。

夫实以诔华，名由谥高，苟允德义，贵贱何算焉。若其宽乐令终之美，好廉克己之操，有合谥典，无愆前志。故询诸友好，宜谥曰靖节征士。其辞曰：

物尚孤生，人固介立，岂伊时遘？曷云世及？嗟乎若士，望古遥集，韬此洪族，蔑彼名级。睦亲之行，至自非敦，然诺之信，重于布言，廉深简洁，贞夷粹温，和而能峻，博而不繁。依世尚同，诡时则异，有一于此，两非默置。岂若夫子，因心违事，畏荣好古，薄身厚志。世霸虚礼，州壤推风。孝惟义养，道必怀邦。人之秉彝，不隘不恭。爵同下士，禄等上农。度量难钧，进退可限，长卿弃官，稚宾自免。子之悟之，何悟之辩？赋诗归来，高蹈独善。亦既超旷，无适非心，汲流旧巘，葺宇家林，晨烟暮蔼，春煦秋阴，陈书缀卷，置酒弦琴。居备勤俭，躬兼贫病，人否其忧，子然其命。隐约就闲，迁延辞聘，非直也明，是惟道性。纠缠斡流，冥漠报施，孰云与仁，实疑明智。谓天盖高，胡諐斯义？履信曷凭？思顺何置？年在中身，疢维痁疾，视死如归，临凶若吉，药剂弗尝，祷祀非恤，傃幽告终，怀和长毕。呜呼哀哉！

敬述靖节，式尊遗占，存不愿丰，没无求赡，省讣却赙，轻哀薄敛，遭壤以穿，旋葬而窆。呜呼哀哉！

深心追往，远情逐化，自尔介居，及我多暇，伊好之洽，接阎邻舍，宵盘昼憩，舟车非驾。念昔宴私，举觞相诲：独正者危，至方则阂，哲人卷舒，布在前载，取鉴不远，吾规子佩。尔实愀然，中言而发：违众速尤，迕风先蹶，身才非实，荣声有歇。睿音永矣，谁箴余阙？呜呼哀哉！仁焉而终，智焉而毙，黔娄既没，展禽亦逝。其在先生，同尘往世。旌此靖节，加彼康惠。呜呼哀哉！

谢惠连－祭古冢文

东府掘城北堑入丈余，得古冢。上无封域，不用砖甓。以木为椁，中有二棺，正方，两头无和。明器之属，材瓦桐漆，有数十种，多异形，不可尽识。刻木为人，长三尺，可有二十余头。初开见，悉是人形，以物枨拨之，应手灰灭。棺上有五铢钱百余枚。水中有甘蔗节，及梅李核瓜瓣，皆浮出，不甚烂坏。铭志不存，世代不可得而知也。公命城者改埋于东冈，祭之以豚酒。既不知其名字远近，故假为之号日溟漠君云尔。

元嘉七年，九月十四日，司徒御属领直兵今史统作城录事临漳令亭侯朱林，具豚醪之祭，敬荐溟漠君之灵：

参总徒旅，版筑是司。穷泉为堑，聚壤成基。一椁既启，双棺在兹。舍畚凄怆，纵钟涟洏。刍灵已毁，涂车既摧，几筵糜腐，俎豆倾低。盘或梅李，盎或醢醯，蔗传余节，瓜表遗犀。追惟夫子，生自何代？曜质几年？潜灵几载？为寿为夭？宁显宁晦？铭志堙灭，姓字不传，今谁子后？曩谁子先？功名美恶，如何蔑然？

百堵皆作，十仞斯齐，墉不可转，堑不可回。黄肠既毁，便房已颓，循题兴念，抚俑增哀。射声垂仁，广汉流渥，祠骸府阿，掩骼城曲。仰羡古风，为君改卜，轮移北隍，窀穸东麓。圹即新营，棺仍旧木。合葬非古，周公所存，敬遵昔义，还祔双魂。酒以两壶，牲以特豚，幽灵仿佛，歆我牺樽。呜呼哀哉！

陆贽－拟告谢昊天上帝册文

维贞元元年岁次乙丑十一月癸巳朔十一日癸卯，嗣天子臣某，敢昭告于昊天上帝：顾惟寡昧，不克明道，丕膺眷命，俾作神主。常恐获戾上下，而播灾于人，兢兢业业，夙夜祗畏。居位五祀，德馨蔑闻，皇灵不歆，是用大儆。殷忧播荡，逾历三时，诚惧烈祖之耿光，坠而不耀，侧身思咎，庶补将来。上帝顾怀，诱衷悔祸，剿凶慝之凌暴，雪人神之愤耻，旧物不改，神一作臣心载新。兹乃九庙遗休，兆人介福，以臣之责，其何解焉？间属寇虞，久稽告谢，今近郊甫定，长至在辰，谨以玉帛牺牲，粢盛庶品，冀凭淞牵式荐至诚。太祖景皇帝配神作主，尚飨！

韩愈－祭薛助教文

维元和四年，岁次己丑，后三月二十一日景寅，朝议郎守国子博士韩愈、太学助教侯继，谨以清酌之奠，祭于亡友国子助教薛君之灵：

呜呼！吾徒学而不见施设，禄又不足以活身，天于此时，夺其友人。同官太学，日得相因，奈何永违，只隔数晨！笑语为别，恸哭来门。藏棺蔽帷，欲见无缘，皎皎眉目，在人目前。酹以告诚，庶几有神。呜呼哀哉！尚飨！

韩愈－祭虞部张员外文

维年月日，愈等谨以清酌庶羞之奠，谨敬祭于亡友张十三员外

呜呼！往在贞元，俱从宾荐，司我明试，时维邦彦。各以文售，幸皆少年，群游旅宿，其欢甚焉。出言无尤，有获同喜，他年诸人，莫有能比。

倏忽逮今，二十余岁，存皆衰白，半亦辞世。外缠公事，内迫家私，中宵兴叹，无复昔时。如何今者：又失夫子，懿德柔声，永绝心耳。

庐亲之墓，终丧乃归，阳喑避职，妻子不知。分司宪台，风纪由振，遂迁司虞，以播华问。不能老寿，孰究其因？托嗣于宗，天维不仁。酒食备设，灵其降止，论德叙情，以视诸诔。尚飨！

李翱－祭韩侍郎文

呜呼！孔氏云远，杨、墨恣行，孟轲拒之，乃坏于成。戎风混华，异学魁横，兄常辨之，孔道益明。建武以还，文卑质丧，气萎体败，剽剥不让。俪花斗叶，颠倒相上。及兄之为，思动鬼神，拨去其华，得其本根。开合怪骇，驱涛涌云，包刘越嬴，并武同殷。六经之风，绝而复新，学者有归，大变于文。

兄之仕宦，罔辞于艰，疏奏辄斥，去而复迁。升黜不改，正言亟闻。贞元十二，兄在汴州，我游自徐，始得兄交。视我无能，待予以友，讲文析道，为益之厚。二十九年，不知其久。兄以疾休，我病卧室，三来视我，笑语穷日。何荒不耕？会之以一。人心乐生，皆恶言凶。兄之在病，则齐其终，顺化以尽，靡惑于中。别我千万，意如不穷。

临丧大号，决裂肝胸。老聃言寿，死而不亡，兄名之垂，星斗之光。我撰兄行，下于太常，声殚天地，谁云不长？丧车来东，我刺庐江，君命有严，不见兄丧。遣使奠斝，百酸搅肠，音容若在，曷日而忘？呜呼哀哉！尚飨！

欧阳修－祭资政范公文

呜呼公乎！学古居今，持方人员，丘、轲之艰，其道则然。公曰彼恶，谓公好讦；公曰彼善，谓公树朋；公所勇为，谓公躁进；公有退让，谓公近名：谗人之言，其何可听！先事而斥，群讥众排；有事而思，虽仇谓材；毁不吾伤，誉不吾喜；进退有仪，夷行险止。

呜呼公乎！举世之善，谁非公徒；谗人岂多，公志不舒。善不胜恶，岂其然乎？成难毁易，理又然欤？

呜呼公乎！欲坏其栋，先摧桷榱；倾巢破彀，披折旁枝。害一损百，人谁不罹，谁为党论，是不仁哉！

呜呼公乎！易名谥行，君子之荣；生也何毁，没也何称？好死恶生，殆非人情；岂其生有所嫉，而死无所争？自公云亡，谤不待辨，愈久愈明，由今可见。始屈终伸，公其无恨！写怀平生，寓此薄奠。

欧阳修－祭尹师鲁文

嗟乎师鲁！辩足以穷万物，而不能当一狱吏；志可以狭四海，而无所措其一身。穷山之崖，野水之滨，猿猱之窟，麋鹿之群，犹不能容于其间兮，遂即万鬼而为邻。嗟乎师鲁！世之恶子之多，未必若爱子者之众，而其穷而至此兮，得非命在乎天而不在乎人？

方其奔颠斥逐，困厄艰屯，举世皆冤，而语言未尝以自及，以穷至死，而妻子不见其悲忻。用舍进退，屈伸语默，夫何能然，乃学之力。至其握手为诀，隐几待终，颜色不变，笑言从容，死生之间，既已能通于性命，忧患之至，宜其不累于心胸。自子云逝，善人宜哀；子能自达，余又何悲！惟其师友之益，平生之旧，情之难忘，言不可究。

嗟乎师鲁！自古有死，皆归无物，惟圣与贤，虽埋不没；尤于文章，焯若星日。子之所为，后世师法，虽嗣子尚幼，未足以付予，而世人藏之，庶可无于坠失。

子于众人，最爱余文，寓辞千里，侑此一尊，冀以慰子，闻乎不闻？尚飨！

欧阳修－祭石曼卿文

呜呼曼卿！生而为英，死而为灵。其同乎万物生死，而复归于无物者，暂聚之形；不与万物共尽，而卓然其不朽者，后世之名。此自古圣贤，莫不皆然；而著在简册者，昭如日星。

呜呼曼卿！吾不见子久矣，犹能仿佛子之平生。其轩昂磊落，突兀峥嵘，而埋藏于地下者，宜其不化为朽壤，而为金玉之精。不然，生长松之千尺，产灵芝而九茎。奈何荒烟野蔓，荆棘纵横，风凄露下，走磷飞萤。但见牧童樵叟，歌吟而上下；与夫惊禽骇兽，悲鸣踯躅而咿嘤。今固如此，更千秋而万岁兮，安知其不穴藏狐貉与鼯鼪？此自古圣贤亦皆然兮，独不见夫累累乎旷野与荒城！

呜呼曼卿！盛衰之理，吾固知其如此，而感念畴昔，悲凉凄怆，不觉临风而陨涕者，有愧乎太上之忘情。尚飨！

苏轼－祭欧阳文忠公文

呜呼哀哉！公之生于世，六十有六年。民有父母，国有蓍龟。斯文有传，学者有师。君子有所恃而不恐，小人有所畏而不为。譬如大川乔岳，不见其运动，而功利之及于物者，盖不可以数计而周知。今公之没也，赤子无所仰庇，朝廷无所稽疑。斯文化为异端，而学者至于用夷。君子以为无为为善，而小人沛然自以为得时。譬如深山大泽，龙亡而虎逝，则变怪杂出，舞鳅鳝而号狐狸。

昔其未用也，天下以为病；而其既用也，则又以为迟。及其释位而去也，莫不冀其复用；至其请老而归也，莫不惆怅失望。而犹庶几于万一者，幸公之未衰。孰谓公无复有意于斯世也，奄一去而莫予追？岂厌世溷浊，洁身而逝乎？将民之无禄，而天莫之遗！

昔我先君，怀宝遁世，非公则莫能致。而不肖无状，因缘出入受教于门下者，十有六年于兹。闻公之丧，义当匍匐往吊，而怀禄不去，愧古人以忸怩。缄词千里，以寓一哀而已矣，盖上以为天下恸，而下以哭其私。呜呼哀哉！

苏轼－祭柳子玉文

猗欤子玉！南国之秀。甚敏而文，声发自幼。从横武库，炳蔚文囿，独以诗鸣，天锡雄咮。元轻白俗，郊寒岛瘦，嘹然一吟，众作卑陋。

凡今卿相，伊昔朋旧，平视青云，可到宁骤。孰云坎轲？白发垂脰，才高绝俗，性疏来诟。谪居穷山，遂侣猩狖，夜衾不絮，朝甑绝馏。慨然怀归，投弃缨绶，潜山之麓，往事神后。道味自饴，世芬莫嗅，凡世所欲，有避无就。谓当乘除，并畀之寿，云何不淑，命也谁咎！

顷在钱塘，惠然我觏，相从半岁，日饮醇酎。朝游南屏，暮宿灵鹫，雪窗饥坐，清阕间奏。沙河夜归，霜月如昼，纶巾鹤氅，惊笑吴妇。会合之难，如次组绣，翻然失去，覆水何救！

维子耆老，名德俱茂，嗟我后来，匪友惟媾。子有令子，将大子后，颀然二孙，则谓我舅。念子永归，涕如悬雷，歌此奠诗，一樽往侑。

苏辙－代三省祭司马丞相文

呜呼！元丰末命，震惊四方，号令所从，帷幄是望。公来自西，会哭于庭，缙绅咨嗟，复见老成。太任在位，成王在左，曰予惸惸，谁恤予祸？白发苍颜，三世之臣，不留相予，谁左右民？公出于道，民聚而呼，皆曰「吾父」，归欤归欤！公畏莫当，遄返洛师，授之宛丘，实将用之。

公之来思，岌然特立，身如槁木，心如金石。时当宅忧，恭默不言，一二卿士，代天斡旋。事棼如丝，众比如栉，治乱之几，间不容发。公身当之，所恃惟诚，吾民苟安，吾君则宁。以顺得天，以信得人，锄去太甚，复其本原。白叟黄童，织妇耕夫，庶几休焉，日月以须。公乘安舆，人见延和，裕民之言，之死靡他。

将享合宫，百辟咸事，公病于家，卧不时起。明日当斋，公讣暮闻，天以雨泣，都人酸辛。礼成不贺，人识君意，龙衮蝉冠，遂以往襚。

公之初来，民执弓矛，逮公永归，既耕且耰。公虽云亡，其志则存，国有成法，朝有正人。持而守之，有进毋陨，匪以报公，维以报君。天子圣明，神母万年，民不告勤，公志则然。死者复生，信我此言。呜呼哀哉！尚飨！

王安石－祭范颍州文

呜呼我公，一世之师。由初迄终，名节无疵。明肃之盛，身危志殖，瑶华失位，又随以斥。治功亟闻，尹帝之都，闭奸兴良，稚子歌呼。赫赫之家，万首俯趋，独绳其私，以走江湖。士争留公，蹈祸不栗，有危其辞，谒与俱出。风俗之衰，骇正怡邪，蹇蹇我初，人以疑嗟。力行不回，慕者兴起，儒先酋酋，以节相侈。

公之在贬，愈勇为忠，稽前引古，谊不营躬。外更三州，施有余泽，如酾河江，以灌寻尺。宿赃自解，不以刑加，猾盗涵仁，终老无邪。讲艺弦歌，慕来千里，沟川障泽，田桑有喜。

戎孽猘狂，敢齮我疆，铸印刻符，公屏一方。取将于伍，后常名显，收士至佐，维邦之彦。声之所加，虏不敢濒，以其余威，走敌完邻。昔也始至，疮痍满道，药之养之，内外完好。既其无为，饮酒笑歌，百城宴眠，吏士委蛇。

上嘉曰材，以副枢密，稽首辞让，至于六七。遂参宰相，厘我典常，扶贤赞杰，乱穴除荒。官更于朝，士变于乡，百治具修，偷惰勉强。彼阏不遂，归侍帝侧，卒屏于外，身屯道塞。谓宜耇老，尚有以为，神乎孰忍，使至于斯！盖公之才，犹不尽试，肆其经纶，功孰与计？

自公之贵，厩库逾空，和其色辞，傲讦以容。化于妇妾，不靡珠玉，翼翼公子，弊绨恶粟。闵死怜穷，惟是之奢，孤女以嫁，男成厥家。孰堙于深？

孰锲乎厚？其传其详，以法永久。

硕人今亡，邦国之忧，矧鄙不肖，辱公知尤。承凶万里，不往而留，涕洟驰辞，以赞醪羞。

卷十六●传志之属

史记－项羽本纪

项籍者，下相人也，字羽。初起时，年二十四。其季父项梁，梁父即楚将项燕，为秦将王翦所戮者也。项氏世世为楚将，封于项，故姓项氏。

项籍少时，学书不成，去学剑，又不成。项梁怒之。籍曰："书足以记名姓而已。剑一人敌，不足学，学万人敌。"于是项梁乃教籍兵法，籍大喜，略知其意，又不肯竟学。项梁尝有栎阳逮，乃请蕲狱掾曹咎书抵栎阳狱掾司马欣，以故事得已。项梁杀人，与籍避仇于吴中。吴中贤士大夫皆出项梁下。每吴中有大繇役及丧，项梁常为主办，阴以兵法部勒宾客及子弟，以是知其能。秦始皇帝游会稽，渡浙江，梁与籍俱观。籍曰："彼可取而代也。"梁掩其口，曰："毋妄言，族矣！"梁以此奇籍。籍长八尺余，力能扛鼎，才气过人，虽吴中子弟皆已惮籍矣。

秦二世元年七月，陈涉等起大泽中。其九月，会稽守通谓梁曰："江西皆反，此亦天亡秦之时也。吾闻先即制人，后则为人所制。吾欲发兵，使公及桓楚将。"是时桓楚亡在泽中。梁曰："桓楚亡，人莫知其处，独籍知之耳。"梁乃出，诫籍持剑居外待。梁复入，与守坐，曰："请召籍，使受命召桓楚。"守曰："诺。"梁召籍入。须臾，梁眴籍曰："可行矣！"于是籍遂拔剑斩守头。项梁持守头，佩其印绶。门下大惊，扰乱，籍所击杀数十百人。一府中皆慑伏，莫敢起。梁乃召故所知豪吏，谕以所为起大事，遂举吴中兵。使人收下县，得精兵八千人。梁部署吴中豪杰为校尉、候、司马。有一人不得用，自言于梁。梁曰："前时某丧使公主某事，不能办，以此不任用公。"众乃皆伏。于是梁为会稽守，籍为裨将，徇下县。

广陵人召平于是为陈王徇广陵，未能下。闻陈王败走，秦兵又且至，乃渡江矫陈王命，拜梁为楚王上柱国。曰："江东已定，急引兵西击秦。"项梁乃以八千人渡江而西。闻陈婴已下东阳，使使欲与连和俱西。陈婴者，故东阳令史，居县中，素信谨，称为长者。东阳少年杀其令，相聚数千人，欲置长，无适用，乃请陈婴。婴谢不能，遂强立婴为长，县中从者得二万人。

少年欲立婴便为王，异军苍头特起。陈婴母谓婴曰："自我为汝家妇，未尝闻汝先古之有贵者。今暴得大名，不祥。不如有所属，事成犹得封侯，事败易以亡，非世所指名也。"婴乃不敢为王。谓其军吏曰："项氏世世将家，有名于楚。今欲举大事，将非其人，不可。我倚名族，亡秦必矣。"于是众从其言，以兵属项梁。项梁渡淮，黥布、蒲将军亦以兵属焉。凡六七万人，军下邳。

当是时，秦嘉已立景驹为楚王，军彭城东，欲距项梁。项梁谓军吏曰："陈王先首事，战不利，未闻所在。今秦嘉倍陈王而立景驹，逆无道。"乃进兵击秦嘉。秦嘉军败走，追之至胡陵。嘉还战一日，嘉死，军降。景驹走死梁地。项梁已并秦嘉军，军胡陵，将引军而西。章邯军至栗，项梁使别将朱鸡石、余樊君与战。余樊君死。朱鸡石军败，亡走胡陵。项梁乃引兵入薛，诛鸡石。项梁前使项羽别攻襄城，襄城坚守不下。已拔，皆坑之。还报项梁。项梁闻陈王定死，召诸别将会薛计事。此时沛公亦起沛，往焉。

居鄛人范增，年七十，素居家，好奇计，往说项梁曰："陈胜败固当。夫秦灭六国，楚最无罪。自怀王入秦不反，楚人怜之至今，故楚南公曰楚虽三户，亡秦必楚也。今陈胜首事，不立楚后而自立，其势不长。今君起江东，楚蜂午之将皆争附君者，以君世世楚将，为能复立楚之后也。"于是项梁然其言，乃求楚怀王孙心民间，为人牧羊，立以为楚怀王，从民所望也。陈婴为楚上柱国，封五县，与怀王都盱台。项梁自号为武信君。

居数月，引兵攻亢父，与齐田荣、司马龙且军救东阿，大破秦军于东阿。田荣即引兵归，逐其王假。假亡走楚。假相田角亡走赵。角弟田间故齐将，居赵不敢归。田荣立田儋子市为齐王。项梁已破东阿下军，遂追秦军。数使使趣齐兵，欲与俱西。田荣曰："楚杀田假，赵杀田角、田间，乃发兵。"项梁曰："田假为与国之王，穷来从我，不忍杀之。"赵亦不杀田角、田间以市于齐。齐遂不肯发兵助楚。项梁使沛公及项羽别攻城阳，屠之。西破秦军濮阳东，秦兵收入濮阳。沛公、项羽乃攻定陶。定陶未下，去，西略地至雝丘，大破秦军，斩李由。还攻外黄，外黄未下。

项梁起东阿，西，比至定陶，再破秦军，项羽等又斩李由，益轻秦，有骄色。宋义乃谏项梁曰："战胜而将骄卒惰者败。今卒少惰矣，秦兵日益，臣为君畏之。"项梁弗听。乃使宋义使于齐。道遇齐使者高陵君显，曰："公将见武信君乎？"曰："然。"曰："臣论武信君军必败。公徐行即免死，疾行则及祸。"秦果悉起兵益章邯，击楚军，大破之定陶，项梁死。沛公、项羽去外黄攻陈留，陈留坚守不能下。沛公、项羽相与谋曰："今项梁军破，士卒恐。"乃与吕臣军俱引兵而东。吕臣军彭城东，项羽军彭城西，沛公军砀。

章邯已破项梁军，则以为楚地兵不足忧，乃渡河击赵，大破之。当此时，赵歇为王，陈余为将，张耳为相，皆走入钜鹿城。章邯令王离、涉间围钜鹿，章邯军其南，筑甬道而输之粟。陈余为将，将卒数万人而军钜鹿之北，此所谓河北之军也。

楚兵已破于定陶，怀王恐，从盱台之彭城，并项羽、吕臣军自将之。以吕臣为司徒，以其父吕青为令尹。以沛公为砀郡长，封为武安侯，将砀郡兵。

初，宋义所遇齐使者高陵君显在楚军，见楚王曰："宋义论武信君之军必败，居数日，军果败。兵未战而先见败徵，此可谓知兵矣。"王召宋义与计事而大说之，因置以为上将军，项羽为鲁公，为次将，范增为末将，救赵。诸别将皆属宋义，号为卿子冠军。行至安阳，留四十六日不进。项羽曰："吾闻秦军围赵王钜鹿，疾引兵渡河，楚击其外，赵应其内，破秦军必矣。"宋义曰："不然。夫搏牛之虻不可以破虮虱。今秦攻赵，战胜则兵罢，我承其敝；不胜，则我引兵鼓行而西，必举秦矣。故不如先斗秦赵。夫被坚执锐，义不如公；坐而运策，公不如义。"因下令军中曰："猛如虎，很如羊，贪如狼，强不可使者，皆斩之。"乃遣其子宋襄相齐，身送之至无盐，饮酒高会。天寒大雨，士卒冻饥。项羽曰："将戮力而攻秦，久留不行。今岁饥民贫，士卒食芋菽，军无见粮，乃饮酒高会，不引兵渡河因赵食，与赵并力攻秦，乃曰承其敝。夫以秦之强，攻新造之赵，其势必举赵。赵举而秦强，何敝之承！且国兵新破，王坐不安席，埽境内而专属于将军，国家安危，在此一举。今不恤士卒而徇其私，非社稷之臣。"项羽晨朝上将军宋义，即其帐中斩宋义头，出令军中曰："宋义与齐谋反楚，楚王阴令羽诛之。"当是时，诸将皆慑服，莫敢枝梧。皆曰："首立楚者，将军家也。今将军诛乱。"乃相与共立羽为假上将军。使人追宋义子，及之齐，杀之。使桓楚报命于怀王。怀王因使项羽为上将军，当阳君、蒲将军皆属项羽。

项羽已杀卿子冠军，威震楚国，名闻诸侯。乃遣当阳君、蒲将军将卒二万渡河，救钜鹿。战少利，陈余复请兵。项羽乃悉引兵渡河，皆沈船，破釜甑，烧庐舍，持三日粮，以示士卒必死，无一还心。于是至则围王离，与秦军遇，九战，绝其甬道，大破之，杀苏角，虏王离。涉间不降楚，自烧杀。当是时，楚兵冠诸侯。诸侯军救钜鹿下者十余壁，莫敢纵兵。及楚击秦，诸将皆从壁上观。楚战士无不一以当十，楚兵呼声动天，诸侯军无不人人惴恐。

于是已破秦军，项羽召见诸侯将，入辕门，无不膝行而前，莫敢仰视。项羽由是始为诸侯上将军，诸侯皆属焉。

章邯军棘原，项羽军漳南，相持未战。秦军数却，二世使人让章邯。章邯恐，使长史欣请事。至咸阳，留司马门三日，赵高不见，有不信之心。长史欣恐，还走其军，不敢出故道，赵高果使人追之，不及。欣至军，报曰："赵高用事于中，下无可为者。今战能胜，高必疾妒吾功；战不能胜，不免于死。愿将军孰计之。"陈余亦遗章邯书曰："白起为秦将，南征鄢郢，北坑马服，攻城略地，不可胜计，而竟赐死。蒙恬为秦将，北逐戎人，开榆中地数千里，竟斩阳周。何者？功多，秦不能尽封，因以法诛之。今将军为秦将三岁矣，所亡失以十万数，而诸侯并起滋益多。彼赵高素谀日久，今事急，亦恐二世诛之，故欲以法诛将军以塞责，使人更代将军以脱其祸。夫将军居外久，多内却，有功亦诛，无功亦诛。且天之亡秦，无愚智皆知之。今将军内不能直谏，外为亡国将，孤特独立而欲常存，岂不哀哉！将军何不还兵与诸侯为从，约共攻秦，分王其地，南面称孤；此孰与身伏鈇质，妻子为僇乎？"章邯狐疑，阴使候始成使项羽，欲约。约未成，项羽使蒲将军日夜引兵度三户，军漳南，与秦战，再破之。项羽悉引兵击秦军汙水上，大破之。

章邯使人见项羽，欲约。项羽召军吏谋曰："粮少，欲听其约。"军吏皆曰："善。"项羽乃与期洹水南殷虚上。已盟，章邯见项羽而流涕，为言赵高。项羽乃立章邯为雍王，置楚军中。使长史欣为上将军，将秦军为前行。到新安。诸侯吏卒异时故繇使屯戍过秦中，秦中吏卒遇之多无状，及秦军降诸侯，诸侯吏卒乘胜多奴虏使之，轻折辱秦吏卒。秦吏卒多窃言曰："章将军等诈吾属降诸侯，今能入关破秦，大善；即不能，诸侯虏吾属而东，秦必尽诛吾父母妻子。"诸将微闻其计，以告项羽。项羽乃召黥布、蒲将军计曰："秦吏卒尚众，其心不服，至关中不听，事必危，不如击杀之，而独与章邯、长史欣、都尉翳入秦。"于是楚军夜击坑秦卒二十余万人新安城南。

行略定秦地。函谷关有兵守关，不得入。又闻沛公已破咸阳，项羽大怒，使当阳君等击关。项羽遂入，至于戏西。沛公军霸上，未得与项羽相见。沛公左司马曹无伤使人言于项羽曰："沛公欲王关中，使子婴为相，珍宝尽有之。"项羽大怒，曰："旦日飨士卒，为击破沛公军！"当是时，项羽兵四十万，在新丰鸿门，沛公兵十万，在霸上。范增说项羽曰："沛公居山东时，贪于财货，好美姬。今入关，财物无所取，妇女无所幸，此其志不在小。吾令人望其气，皆为龙虎，成五采，此天子气也。急击勿失。"

楚左尹项伯者，项羽季父也，素善留侯张良。张良是时从沛公，项伯乃夜驰之沛公军，私见张良，具告以事，欲呼张良与俱去。曰："毋从俱死也。"张良曰："臣为韩王送沛公，沛公今事有急，亡去不义，不可不语。"良乃入，具告沛公。沛公大惊，曰："为之奈何？"张良曰："谁为大王为此计者？"曰："鲰生说我曰距关，毋内诸侯，秦地可尽王也。故听之。"良曰："料大王士卒足以当项王乎？"沛公默然，曰："固不如也，且为之奈何？"张良曰："请往谓项伯，言沛公不敢背项王也。"沛公曰："君安与项伯有故？"张良曰："秦时与臣游，项伯杀人，臣活之。今事有急，故幸来告良。"沛公曰"孰与君少长？"良曰："长于臣。"沛公曰"君为我呼入，吾得兄事之。"张良出，要项伯。项伯即入见沛公。沛公奉卮酒为寿，约为婚姻，曰："吾入关，秋豪不敢有所近，籍吏民，封府库，而待将军。所以遣将守关者，备他盗之出入与非常也。日夜望将军至，岂敢反乎！愿伯具言臣之不敢倍德也。"项伯许诺。谓沛公曰："旦日不可不蚤自来谢项王。"沛公曰："诺。"于是项伯复夜去，至军中，具以沛公言报项王。因言曰："沛公不先破关中，公岂敢入乎？今人有大功而击之，不义也，不如因善遇之。"项王许诺。

沛公旦日从百余骑来见项王，至鸿门，谢曰："臣与将军戮力而攻秦，将军战河北，臣战河南，然不自意能先入关破秦，得复见将军于此。今者有小人之言，令将军与臣有郤。"项王曰："此沛公左司马曹无伤言之；不然，籍何以至此。"项王即日因留沛公与饮。项王、项伯东向坐。亚父南向坐。亚父者，范增也。沛公北向坐，张良西向侍。范增数目项王，举所佩玉玦以示之者三，项王默然不应。范增起，出召项庄，谓曰："君王为人不忍，若入前为寿。寿毕，请以剑舞，因击沛公于坐，杀之。不者，若属皆且为所虏。"庄则入为寿，寿毕，曰："君王与沛公饮，军中无以为乐，请以剑舞。"项王曰："诺。"项庄拔剑起舞，项伯亦拔剑起舞，常以身翼蔽沛公，庄不得击。于是张良至军门，见樊哙。樊哙曰："今日之事何如？"良曰："甚急。今者项庄拔剑舞，其意常在沛公也。"哙曰："此迫矣，臣请入，与之同命。"哙即带剑拥盾入军门。交戟之卫士欲止不内，樊哙侧其盾以撞，卫士仆地，哙遂入，披帷西向立，瞋目视项王，头发上指，目眦尽裂。项王按剑而跽曰："客何为者？"张良曰："沛公之参乘樊哙者也。"项王曰："壮士，赐之卮酒。"则与斗卮酒。哙拜谢，起，立而饮之。项王曰："赐之彘肩。"则与一生彘肩。樊哙覆其盾于地，加彘肩上，拔剑切而啗之。项王曰："壮士，能复饮乎？"樊哙曰："臣死且不避，卮酒安足辞！夫秦王有虎狼之心，杀人如不能举，刑人如恐不胜，天下皆叛之。怀王与诸将约曰先破秦入咸阳者王之。今沛公先破秦入咸阳，豪毛不敢有所近，封闭宫室，还军霸上，以待大王来。故遣将守关者，备他盗出入与非常也。劳苦而功高如此，未有封侯之赏，而听细说，欲诛有功之人。此亡秦之续耳，窃为大王不取也。”项王未有以应，曰：“坐。”樊哙从良坐。坐须臾，沛公起如厕，因招樊哙出。

沛公已出，项王使都尉陈平召沛公。沛公曰：“今者出，未辞也，为之柰何？”樊哙曰：“大行不顾细谨，大礼不辞小让。如今人方为刀俎，我为鱼肉，何辞为。”于是遂去。乃令张良留谢。良问曰：“大王来何操？”曰：“我持白璧一双，欲献项王，玉斗一双，欲与亚父，会其怒，不敢献。公为我献之”张良曰：“谨诺。”当是时，项王军在鸿门下，沛公军在霸上，相去四十里。沛公则置车骑，脱身独骑，与樊哙、夏侯婴、靳强、纪信等四人持剑盾步走，从郦山下，道芷阳间行。沛公谓张良曰：“从此道至吾军，不过二十里耳。度我至军中，公乃入。”沛公已去，间至军中，张良入谢，曰：“沛公不胜桮杓，不能辞。谨使臣良奉白璧一双，再拜献大王足下；玉斗一双，再拜奉大将军足下。”项王曰：“沛公安在？”良曰：“闻大王有意督过之，脱身独去，已至军矣。”项王则受璧，置之坐上。亚父受玉斗，置之地，拔剑撞而破之，曰：“唉！竖子不足与谋。夺项王天下者，必沛公也，吾属今为之虏矣。”沛公至军，立诛杀曹无伤。

居数日，项羽引兵西屠咸阳，杀秦降王子婴，烧秦宫室，火三月不灭；收其货宝妇女而东。人或说项王曰：“关中阻山河四塞，地肥饶，可都以霸。”项王见秦宫皆以烧残破，又心怀思欲东归，曰：“富贵不归故乡，如衣绣夜行，谁知之者！”说者曰：“人言楚人沐猴而冠耳，果然。”项王闻之，烹说者。

项王使人致命怀王。怀王曰：“如约。”乃尊怀王为义帝。项王欲自王，先王诸将相。谓曰：“天下初发难时，假立诸侯后以伐秦。然身被坚执锐首事，暴露于野三年，灭秦定天下者，皆将相诸君与籍之力也。义帝虽无功，故当分其地而王之。”诸将皆曰：“善。”乃分天下，立诸将为侯王。项王、范增疑沛公之有天下，业已讲解，又恶负约，恐诸侯叛之，乃阴谋曰：“巴、蜀道险，秦之迁人皆居蜀。”乃曰：“巴、蜀亦关中地也。”故立沛公为汉王，王巴、蜀、汉中，都南郑。而三分关中，王秦降将以距塞汉王。项王乃立章邯为雍王，王咸阳以西，都废丘。长史欣者，故为栎阳狱掾，尝有德于项梁；都尉董翳者，本劝章邯降楚。故立司马欣为塞王，王咸阳以东至河，都栎阳；立董翳为翟王，王上郡，都高奴。徙魏王豹为西魏王，王河东，都平阳。瑕丘申阳者，张耳嬖臣也，先下河南，迎楚河上，故立申阳为河南王，都雒阳。韩王成因故都，都阳翟。赵将司马卬定河内，数有功，故立卬为殷王，王河内，都朝歌。徙赵王歇为代王。赵相张耳素贤，又从入关，故立耳为常山王，王赵地，都襄国。当阳君黥布为楚将，常冠军，故立布为九江王，都六。鄱君吴芮率百越佐诸侯，又从入关，故立芮为衡山王，都邾。义帝柱国共敖将兵击南郡，功多，因立敖为临江王，都江陵。徙燕王韩广为辽东王。燕将臧荼从楚救赵，因从入关，故立荼为燕王，都蓟。徙齐王田市为胶东王。齐将田都从共救赵，因从入关，故立都为齐王，都临灾。故秦所灭齐王建孙田安，项羽方渡河救赵，田安下济北数城，引其兵降项羽，故立安为济北王，都博阳。田荣者，数负项梁，又不肯将兵从楚击秦，以故不封。成安君陈余弃将印去，不从入关，然素闻其贤，有功于赵，闻其在南皮，故因环封三县。番君将梅鋗功多，故封十万户侯。项王自立为西楚霸王，王九郡，都彭城。

汉之元年四月，诸侯罢戏下，各就国。项王出之国，使人徙义帝，曰："古之帝者地方千里，必居上游。"乃使使徙义帝长沙郴县。趣义帝行，其群臣稍稍背叛之，乃阴令衡山、临江王击杀之江中。韩王成无军功，项王不使之国，与俱至彭城，废以为侯，已又杀之。臧荼之国，因逐韩广之辽东，广弗听，荼击杀广无终，并王其地。

田荣闻项羽徙齐王市胶东，而立齐将田都为齐王，乃大怒，不肯遣齐王之胶东，因以齐反，迎击田都。田都走楚。齐王市畏项王，乃亡之胶东就国。田荣怒，追击杀之即墨。荣因自立为齐王，而西杀击济北王田安，并王三齐。荣与彭越将军印，令反梁地。陈余阴使张同、夏说说齐王田荣曰："项羽为天下宰，不平。今尽王故王于丑地，而王其群臣诸将善地，逐其故主，赵王乃北居代，余以为不可。闻大王起兵，且不听不义，愿大王资余兵，请以击常山，以复赵王，请以国为捍蔽。"齐王许之，因遣兵之赵。陈余悉发三县兵，与齐并力击常山，大破之。张耳走归汉。陈余迎故赵王歇于代，反之赵。赵王因立陈余为代王。

是时，汉还定三秦。项羽闻汉王皆已并关中，且东，齐、赵叛之：大怒。乃以故吴令郑昌为韩王，以距汉。令萧公角等击彭越。彭越败萧公角等。汉使张良徇韩，乃遗项王书曰："汉王失职，欲得关中，如约即止，不敢东。"又以齐、梁反书遗项王曰："齐欲与赵并灭楚。"楚以此故无西意，而北击齐。徵兵九江王布。布称疾不往，使将将数千人行。项王由此怨布也。汉之二年冬，项羽遂北至城阳，田荣亦将兵会战。田荣不胜，走至平原，平原民杀之。遂北烧夷齐城郭室屋，皆坑田荣降卒，系虏其老弱妇女。徇齐至北海，多所残灭。齐人相聚而叛之。于是田荣弟田横收齐亡卒得数万人，反城阳。项王因留，连战未能下。

春，汉王部五诸侯兵，凡五十六万人，东伐楚。项王闻之，即令诸将击齐，而自以精兵三万人南从鲁出胡陵。四月，汉皆已入彭城，收其货宝美人，日置酒高会。项王乃西从萧，晨击汉军而东，至彭城，日中，大破汉军。汉军皆走，相随入谷、泗水，杀汉卒十余万人。汉卒皆南走山，楚又追击至灵壁东睢水上。汉军却，为楚所挤，多杀，汉卒十余万人皆入睢水，睢水为之不流。围汉王三匝。于是大风从西北而起，折木发屋，扬沙石，窈冥昼晦，逢迎楚军。楚军大乱，坏散，而汉王乃得与数十骑遁去，欲过沛，收家室而西；楚亦使人追之沛，取汉王家：家皆亡，不与汉王相见。汉王道逢得孝惠、鲁元，乃载行。楚骑追汉王，汉王急，推堕孝惠、鲁元车下，滕公常下收载之。如是者三。曰："虽急不可以驱，奈何弃之？"于是遂得脱。求太公、吕后不相遇。审食其从太公、吕后间行，求汉王，反遇楚军。楚军遂与归，报项王，项王常置军中。

是时吕后兄周吕侯为汉将兵居下邑，汉王间往从之，稍稍收其士卒。至荥阳，诸败军皆会，萧何亦发关中老弱未傅悉诣荥阳，复大振。楚起于彭城，常乘胜逐北，与汉战荥阳南京、索间，汉败楚，楚以故不能过荥阳而西。

项王之救彭城，追汉王至荥阳，田横亦得收齐，立田荣子广为齐王。汉王之败彭城，诸侯皆复与楚而背汉。汉军荥阳，筑甬道属之河，以取敖仓粟。汉之三年，项王数侵夺汉甬道，汉王食乏，恐，请和，割荥阳以西为汉。

项王欲听之。历阳侯范增曰："汉易与耳，今释弗取，后必悔之。"项王乃与范增急围荥阳。汉王患之，乃用陈平计间项王。项王使者来，为太牢具，举欲进之。见使者，详惊愕曰："吾以为亚父使者，乃反项王使者。"更持去，以恶食食项王使者。使者归报项王，项王乃疑范增与汉有私，稍夺之权。范增大怒，曰："天下事大定矣，君王自为之。愿赐骸骨归卒伍。"项王许之。行未至彭城，疽发背而死。

汉将纪信说汉王曰："事已急矣，请为王诳楚为王，王可以间出。"于是汉王夜出女子荥阳东门被甲二千人，楚兵四面击之。纪信乘黄屋车，傅左纛，曰："城中食尽，汉王降。"楚军皆呼万岁。汉王亦与数十骑从城西门出，走成皋。项王见纪信，问："汉王安在？"曰："汉王已出矣。"项王烧杀纪信。

汉王使御史大夫周苛、枞公、魏豹守荥阳。周苛、枞公谋曰：“反国之王，难与守城。”乃共杀魏豹。楚下荥阳城，生得周苛。项王谓周苛曰：“为我将，我以公为上将军，封三万户。”周苛骂曰：“若不趣降汉，汉今虏若，若非汉敌也。”项王怒，烹周苛，并杀枞公。

汉王之出荥阳，南走宛、叶，得九江王布，行收兵，复入保成皋。汉之四年，项王进兵围成皋。汉王逃，独与滕公出成皋北门，渡河走修武，从张耳、韩信军。诸将稍稍得出成皋，从汉王。楚遂拔成皋，欲西。汉使兵距之巩，令其不得西。

是时，彭越渡河击楚东阿，杀楚将军薛公。项王乃自东击彭越。汉王得淮阴侯兵，欲渡河南。郑忠说汉王，乃止壁河内。使刘贾将兵佐彭越，烧楚积聚。项王东击破之，走彭越。汉王则引兵渡河，复取成皋，军广武，就敖仓食。项王已定东海来，西，与汉俱临广武而军，相守数月。

当此时，彭越数反梁地，绝楚粮食，项王患之。为高俎，置太公其上，告汉王曰：“今不急下，吾烹太公。”汉王曰：“吾与项羽俱北面受命怀王，曰‘约为兄弟’，吾翁即若翁，必欲烹而翁，则幸分我一桮羹。”项王怒，欲杀之。项伯曰：“天下事未可知，且为天下者不顾家，虽杀之无益，祇益祸耳。”项王从之。

楚汉久相持未决，丁壮苦军旅，老弱罢转漕。项王谓汉王曰：“天下匈匈数岁者，徒以吾两人耳，愿与汉王挑战决雌雄，毋徒苦天下之民父子为也。”汉王笑谢曰：“吾宁斗智，不能斗力。”项王令壮士出挑战。汉有善骑射者楼烦，楚挑战三合，楼烦辄射杀之。项王大怒，乃自被甲持戟挑战。楼烦欲射之，项王瞋目叱之，楼烦目不敢视，手不敢发，遂走还入壁，不敢复出。汉王使人间问之，乃项王也。汉王大惊。于是项王乃即汉王相与临广武间而语。汉王数之，项王怒，欲一战。汉王不听，项王伏弩射中汉王。汉王伤，走入成皋。

项王闻淮阴侯已举河北，破齐、赵，且欲击楚，乃使龙且往击之。淮阴侯与战，骑将灌婴击之，大破楚军，杀龙且。韩信因自立为齐王。项王闻龙且军破，则恐，使盱台人武涉往说淮阴侯。淮阴侯弗听。是时，彭越复反，下梁地，绝楚粮。项王乃谓海春侯大司马曹咎等曰：“谨守成皋，则汉欲挑战，慎勿与战，毋令得东而已。我十五日必诛彭越，定梁地，复从将军。”乃东，行击陈留、外黄。

外黄不下。数日，已降，项王怒，悉令男子年十五已上诣城东，欲坑之。外黄令舍人儿年十三，往说项王曰：“彭越强劫外黄，外黄恐，故且降，待大王。大王至，又皆坑之，百姓岂有归心？从此以东，梁地十余城皆恐，莫肯下矣。”

项王然其言，乃赦外黄当坑者。东至睢阳，闻之皆争下项王。

汉果数挑楚军战，楚军不出。使人辱之，五六日，大司马怒，渡兵汜水。士卒半渡，汉击之，大破楚军，尽得楚国货赂。大司马咎、长史翳、塞王欣皆自刭汜水上。大司马咎者，故蕲狱掾，长史欣亦故栎阳狱吏，两人尝有德于项梁，是以项王信任之。当是时，项王在睢阳，闻海春侯军败，则引兵还。汉军方围锺离眛于荥阳东，项王至，汉军畏楚，尽走险阻。

是时，汉兵盛食多，项王兵罢食绝。汉遣陆贾说项王，请太公，项王弗听。汉王复使侯公往说项王，项王乃与汉约，中分天下，割鸿沟以西者为汉，鸿沟而东者为楚。项王许之，即归汉王父母妻子。军皆呼万岁。汉王乃封侯公为平国君。匿弗肯复见。曰："此天下辩士，所居倾国，故号为平国君。"项王已约，乃引兵解而东归。

汉欲西归，张良、陈平说曰："汉有天下太半，而诸侯皆附之。楚兵罢食尽，此天亡楚之时也，不如因其机而遂取之。今释弗击，此所谓养虎自遗患也。"汉王听之。汉五年，汉王乃追项王至阳夏南，止军，与淮阴侯韩信、建成侯彭越期会而击楚军。至固陵，而信、越之兵不会。楚击汉军，大破之。汉王复入壁，深堑而自守。谓张子房曰："诸侯不从约，为之柰何？"对曰："楚兵且破，信、越未有分地，其不至固宜。君王能与共分天下，今可立致也。即不能，事未可知也。君王能自陈以东傅海，尽与韩信；睢阳以北至谷城，以与彭越：使各自为战，则楚易败也。"汉王曰："善。"于是乃发使者告韩信、彭越曰："并力击楚。楚破，自陈以东傅海与齐王，睢阳以北至谷城与彭相国。"使者至，韩信、彭越皆报曰："请今进兵。"韩信乃从齐往，刘贾军从寿春并行，屠城父，至垓下。大司马周殷叛楚，以舒屠六，举九江兵，随刘贾、彭越皆会垓下，诣项王。

项王军壁垓下，兵少食尽，汉军及诸侯兵围之数重。夜闻汉军四面皆楚歌，项王乃大惊曰："汉皆已得楚乎？是何楚人之多也！"项王则夜起，饮帐中。有美人名虞，常幸从；骏马名骓，常骑之。于是项王乃悲歌慷慨，自为诗曰："力拔山兮气盖世，时不利兮骓不逝。骓不逝兮可奈何，虞兮虞兮柰若何！"歌数阕，美人和之。项王泣数行下，左右皆泣，莫能仰视。

于是项王乃上马骑，麾下壮士骑从者八百余人，直夜溃围南出，驰走。平明，汉军乃觉之，令骑将灌婴以五千骑追之。项王渡淮，骑能属者百余人耳。项王至阴陵，迷失道，问一田父，田父绐曰"左"。左，乃陷大泽中。以故汉追及之。项王乃复引兵而东，至东城，乃有二十八骑。汉骑追者数千人。

项王自度不得脱。谓其骑曰："吾起兵至今八岁矣，身七十余战，所当者破，所击者服，未尝败北，遂霸有天下。然今卒困于此，此天之亡我，非战之罪也。今日固决死，愿为诸君快战，必三胜之，为诸君溃围，斩将，刈旗，令诸君知天亡我，非战之罪也。"乃分其骑以为四队，四向。汉军围之数重。项王谓其骑曰："吾为公取彼一将。"令四面骑驰下，期山东为三处。于是项王大呼驰下，汉军皆披靡，遂斩汉一将。是时，赤泉侯为骑将，追项王，项王瞋目而叱之，赤泉侯人马俱惊，辟易数里与其骑会为三处。汉军不知项王所在，乃分军为三，复围之。项王乃驰，复斩汉一都尉，杀数十百人，复聚其骑，亡其两骑耳。乃谓其骑曰："何如？"骑皆伏曰："如大王言。"

于是项王乃欲东渡乌江。乌江亭长檥船待，谓项王曰："江东虽小，地方千里，众数十万人，亦足王也。愿大王急渡。今独臣有船，汉军至，无以渡。"项王笑曰："天之亡我，我何渡为！且籍与江东子弟八千人渡江而西，今无一人还，纵江东父兄怜而王我，我何面目见之？纵彼不言，籍独不愧于心乎？"乃谓亭长曰："吾知公长者。吾骑此马五岁，所当无敌，尝一日行千里，不忍杀之，以赐公。"乃令骑皆下马步行，持短兵接战。独籍所杀汉军数百人。项王身亦被十余创。顾见汉骑司马吕马童，曰："若非吾故人乎？"马童面之，指王翳曰："此项王也。"项王乃曰："吾闻汉购我头千金，邑万户，吾为若德。"乃自刎而死。王翳取其头，余骑相蹂践争项王，相杀者数十人。最其后，郎中骑杨喜，骑司马吕马童，郎中吕胜、杨武各得其一体。五人共会其体，皆是。故分其地为五：封吕马童为中水侯，封王翳为杜衍侯，封杨喜为赤泉侯，封杨武为吴防侯，封吕胜为涅阳侯。

项王已死，楚地皆降汉，独鲁不下。汉乃引天下兵欲屠之，为其守礼义，为主死节，乃持项王头视鲁，鲁父兄乃降。始，楚怀王初封项籍为鲁公，及其死，鲁最后下，故以鲁公礼葬项王谷城。汉王为发哀，泣之而去。

诸项氏枝属，汉王皆不诛。乃封项伯为射阳侯。桃侯、平皋侯、玄武侯皆项氏，赐姓刘。

太史公曰：吾闻之周生曰"舜目盖重瞳子"，又闻项羽亦重瞳子。羽岂其苗裔邪？何兴之暴也！夫秦失其政，陈涉首难，豪杰蜂起，相与并争，不可胜数。然羽非有尺寸，乘埶起陇亩之中，三年，遂将五诸侯灭秦，分裂天下，而封王侯，政由羽出，号为"霸王"，位虽不终，近古以来未尝有也。及羽背关怀楚，放逐义帝而自立，怨王侯叛己，难矣。自矜功伐，奋其私智而不师古，谓霸王之业，欲以力征经营天下，五年卒亡其国，身死东城，尚不觉寤而不自责，过矣。乃引“天亡我，非用兵之罪也”，岂不谬哉！

史记－萧相国世家

萧相国何者，沛丰人也。以文无害为沛主吏掾。

高祖为布衣时，何数以吏事护高祖。高祖为亭长，常左右之。高祖以吏繇咸阳，吏皆送奉钱三，何独以五。

秦御史监郡者与从事，常辨之。何乃给泗水卒史事，第一。秦御史欲入言徵何，何固请，得毋行。

及高祖起为沛公，何常为丞督事。沛公至咸阳，诸将皆争走金帛财物之府分之，何独先入收秦丞相御史律令图书藏之。沛公为汉王，以何为丞相。项王与诸侯屠烧咸阳而去。汉王所以具知天下阸塞，户口多少，强弱之处，民所疾苦者，以何具得秦图书也。何进言韩信，汉王以信为大将军。语在淮阴侯事中。

汉王引兵东定三秦，何以丞相留收巴蜀，填抚谕告，使给军食。汉二年，汉王与诸侯击楚，何守关中，侍太子，治栎阳。为法令约束，立宗庙社稷宫室县邑，辄奏上，可，许以从事；即不及奏上，辄以便宜施行，上来以闻。关中事计户口转漕给军，汉王数失军遁去，何常兴关中卒，辄补缺。上以此专属任何关中事。

汉三年，汉王与项羽相距京索之间，上数使使劳苦丞相。鲍生谓丞相曰：“王暴衣露盖，数使使劳苦君者，有疑君心也。为君计，莫若遣君子孙昆弟能胜兵者悉诣军所，上必益信君。”于是何从其计，汉王大说。

汉五年，既杀项羽，定天下，论功行封。群臣争功，岁余功不决。高祖以萧何功最盛，封为酇侯，所食邑多。功臣皆曰：“臣等身被坚执锐，多者百余战，少者数十合，攻城略地，大小各有差。今萧何未尝有汗马之劳，徒持文墨议论，不战，顾反居臣等上，何也？”高帝曰：“诸君知猎乎？”曰：“知之。”“知猎狗乎？”曰：“知之。”高帝曰：“夫猎，追杀兽兔者狗也，而发踪指示兽处者人也。今诸君徒能得走兽耳，功狗也。至如萧何，发踪指示，功人也。且诸君独以身随我，多者两三人。今萧何举宗数十人皆随我，功不可忘也。”群臣皆莫敢言。

列侯毕已受封，及奏位次，皆曰：“平阳侯曹参身被七十创，攻城略地，功最多，宜第一。”上已桡功臣，多封萧何，至位次未有以复难之，然心欲何第一。关内侯鄂君进曰：“群臣议皆误。夫曹参虽有野战略地之功，此特一时之事。夫上与楚相距五岁，常失军亡众，逃身遁者数矣。然萧何常从关中遣军补其处，非上所诏令召，而数万众会上之乏绝者数矣。夫汉与楚相守荥阳数年，军无见粮，萧何转漕关中，给食不乏。陛下虽数亡山东，萧何常全关中以待陛下，此万世之功也。今虽亡曹参等百数，何缺于汉？汉得之不必待以全。柰何欲以一旦之功而加万世之功哉！萧何第一，曹参次之。”高祖曰：“善。”于是乃令萧何第一，赐带剑履上殿，入朝不趋。

上曰：“吾闻进贤受上赏。萧何功虽高，得鄂君乃益明。”于是因鄂君故所食关内侯邑封为安平侯。是日，悉封何父子兄弟十余人，皆有食邑。乃益封何二千户，以帝尝繇咸阳时何送我独赢奉钱二也。

汉十一年，陈豨反，高祖自将，至邯郸。未罢，淮阴侯谋反关中，吕后用萧何计，诛淮阴侯，语在淮阴事中。上已闻淮阴侯诛，使使拜丞相何为相国，益封五千户，令卒五百人一都尉为相国卫。诸君皆贺，召平独吊。召平者，故秦东陵侯。秦破，为布衣，贫，种瓜于长安城东，瓜美，故世俗谓之“东陵瓜”，从召平以为名也。召平谓相国曰：“祸自此始矣。上暴露于外而君守于中，非被矢石之事而益君封置卫者，以今者淮阴侯新反于中，疑君心矣。夫置卫卫君，非以宠君也。愿君让封勿受，悉以家私财佐军，则上心说。”相国从其计，高帝乃大喜。

汉十二年秋，黥布反，上自将击之，数使使问相国何为。相国为上在军，乃拊循勉力百姓，悉以所有佐军，如陈豨时。客有说相国曰：“君灭族不久矣。夫君位为相国，功第一，可复加哉？然君初入关中，得百姓心，十余年矣，皆附君，常复孳孳得民和。上所为数问君者，畏君倾动关中。今君胡不多买田地，贱贳贷以自污？上心乃安。”于是相国从其计，上乃大说。

上罢布军归，民道遮行上书，言相国贱强买民田宅数千万。上至，相国谒。上笑曰：“夫相国乃利民！”民所上书皆以与相国，曰：“君自谢民。”相国因为民请曰：“长安地狭，上林中多空地，弃，愿令民得入田，毋收稿为禽兽食。”上大怒曰：“相国多受贾人财物，乃为请吾苑！”乃下相国廷尉，械系之。数日，王卫尉侍，前问曰：“相国何大罪，陛下系之暴也？”上曰：“吾闻李斯相秦皇帝，有善归主，有恶自与。今相国多受贾竖金而为民请吾苑，以自媚于民，故系治之。”王卫尉曰：“夫职事苟有便于民而请之，真宰相事，陛下柰何乃疑相国受贾人钱乎！且陛下距楚数岁，陈豨、黥布反，陛下自将而往，当是时，相国守关中，摇足则关以西非陛下有也。相国不以此时为利，今乃利贾人之金乎？且秦以不闻其过亡天下，李斯之分过，又何足法哉。陛下何疑宰相之浅也。”高帝不怿。是日，使使持节赦出相国。相国年老，素恭谨，入，徒跣谢。高帝曰：“相国休矣！相国为民请苑，吾不许，我不过为桀纣主，而相国为贤相。吾故系相国，欲令百姓闻吾过也。”

何素不与曹参相能，及何病，孝惠自临视相国病，因问曰：“君即百岁后，谁可代君者？”对曰：“知臣莫如主。”孝惠曰：“曹参何如？”何顿首曰：“帝得之矣！臣死不恨矣！”

何置田宅必居穷处，为家不治垣屋。曰：“后世贤，师吾俭；不贤，毋为势家所夺。”

孝惠二年，相国何卒，谥为文终侯。

后嗣以罪失侯者四世，绝，天子辄复求何后，封续酂侯，功臣莫得比焉。

太史公曰：萧相国何于秦时为刀笔吏，录录未有奇节。及汉兴，依日月之末光，何谨守管龠，因民之疾秦法，顺流与之更始。淮阴、黥布等皆以诛灭，而何之勋烂焉。位冠群臣，声施后世，与闳夭、散宜生等争烈矣。

史记－曹相国世家

平阳侯曹参者，沛人也。秦时为沛狱掾，而萧何为主吏，居县为豪吏矣。

高祖为沛公而初起也，参以中涓从。将击胡陵、方与，攻秦监公军，大破之。东下薛，击泗水守军薛郭西。复攻胡陵，取之。徙守方与。方与反为魏，击之。丰反为魏，攻之。赐爵七大夫。击秦司马罷砀东，破之，取砀、狐父、祁善置。又攻下邑以西，至虞，击章邯车骑。攻爰戚及亢父，先登。迁为五大夫。北救阿，击章邯军，陷陈，追至濮阳。攻定陶，取临济。南救雍丘。击李由军，破之，杀李由，虏秦侯一人。秦将章邯破杀项梁也，沛公与项羽引而东。楚怀王以沛公为砀郡长，将砀郡兵。于是乃封参为执帛，号曰建成君。迁为戚公，属砀郡。

其后从攻东郡尉军，破之成武南。击王离军成阳南，复攻之杠里，大破之。追北，西至开封，击赵贲军，破之，围赵贲开封城中。西击秦将杨熊军于曲遇，破之，虏秦司马及御史各一人。迁为执圭。从攻阳武，下轘辕、缑氏，绝河津，还击赵贲军尸北，破之。从南攻犨，与南阳守齮战阳城郭东，陷陈，取宛，虏齮，尽定南阳郡。从西攻武关、峣关，取之。前攻秦军蓝田南，又夜击其北，秦军大破，遂至咸阳，灭秦。

项羽至，以沛公为汉王。汉王封参为建成侯。从至汉中，迁为将军。从还定三秦，初攻下辩、故道、雍、斄。击章平军于好畤南，破之，围好畤，取壤乡。击三秦军壤东及高栎，破之。复围章平，章平出好畤走。因击赵贲、内史保军，破之。东取咸阳，更名曰新城。参将兵守景陵二十日，三秦使章平等攻参，参出击，大破之。赐食邑于宁秦。参以将军引兵围章邯于废丘。以中尉从汉王出临晋关。至河内，下修武，渡围津，东击龙且、项他定陶，破之。东取砀、萧、彭城。击项籍军，汉军大败走。参以中尉围取雍丘。王武反于外黄，程处反于燕，往击，尽破之。柱天侯反于衍氏，又进破取衍氏。击羽婴于昆阳，追至叶。还攻武强，因至荥阳。参自汉中为将军中尉，从击诸侯，及项羽败，还至荥阳，凡二岁。

高祖二年，拜为假左丞相，入屯兵关中。月余，魏王豹反，以假左丞相别与韩信东攻魏将军孙遬军东张，大破之。因攻安邑，得魏将王襄。击魏王于曲阳，追至武垣，生得魏王豹。取平阳，得魏王母妻子，尽定魏地，凡五十二城。赐食邑平阳。因从韩信击赵相国夏说军于邬东，大破之，斩夏说。韩信与故常山王张耳引兵下井陉，击成安君，而令参还围赵别将戚将军于邬城中。戚将军出走，追斩之。乃引兵诣敖仓汉王之所。韩信已破赵，为相国，东击齐。参以右丞相属韩信，攻破齐历下军，遂取临灾。还定济北郡，攻著、漯阴、平原、鬲、卢。已而从韩信击龙且军于上假密，大破之，斩龙且，虏其将军周兰。定齐，凡得七十余县。得故齐王田广相田光，其守相许章，及故齐胶东将军田既。韩信为齐王，引兵诣陈，与汉王共破项羽，而参留平齐未服者。

项籍已死，天下定，汉王为皇帝，韩信徙为楚王，齐为郡。参归汉相印。高帝以长子肥为齐王，而以参为齐相国。以高祖六年赐爵列侯，与诸侯剖符，世世勿绝。食邑平阳万六百三十户，号曰平阳侯，除前所食邑。

以齐相国击陈豨将张春军，破之。黥布反，参以齐相国从悼惠王将兵车骑十二万人，与高祖会击黥布军，大破之。南至蕲，还定竹邑、相、萧、留。

参功：凡下二国，县一百二十二；得王二人，相三人，将军六人，大莫敖、郡守、司马、候、御史各一人。

孝惠帝元年，除诸侯相国法，更以参为齐丞相。参之相齐，齐七十城。天下初定，悼惠王富于春秋，参尽召长老诸生，问所以安集百姓，如齐故诸儒以百数，言人人殊，参未知所定。闻胶西有盖公，善治黄老言，使人厚币请之。既见盖公，盖公为言治道贵清静而民自定，推此类具言之。参于是避正堂，舍盖公焉。其治要用黄老术，故相齐九年，齐国安集，大称贤相。

惠帝二年，萧何卒。参闻之，告舍人趣治行，“吾将入相”。居无何，使者果召参。参去，属其后相曰：“以齐狱市为寄，慎勿扰也。”后相曰：“治无大于此者乎？”参曰：“不然。夫狱市者，所以并容也，今君扰之，奸人安所容也？吾是以先之。”

参始微时，与萧何善；及为将相，有却。至何且死，所推贤唯参。参代何为汉相国，举事无所变更，一遵萧何约束。

择郡国吏木诎于文辞，重厚长者，即召除为丞相史。吏之言文刻深，欲务声名者，辄斥去之。日夜饮醇酒。卿大夫已下吏及宾客见参不事事，来者皆欲有言。至者，参辄饮以醇酒，间之，欲有所言，复饮之，醉而后去，终莫得开说，以为常。

相舍后园近吏舍，吏舍日饮歌呼。从吏恶之，无如之何，乃请参游园中，闻吏醉歌呼，从吏幸相国召按之。乃反取酒张坐饮，亦歌呼与相应和。

参见人之有细过，专掩匿覆盖之，府中无事。

参子窋为中大夫。惠帝怪相国不治事，以为“岂少朕与”？乃谓窋曰：“若归，试私从容问而父曰：高帝新弃群臣，帝富于春秋，君为相，日饮，无所请事，何以忧天下乎？然无言吾告若也。”窋既洗沐归，间侍，自从其所谏参。参怒，而笞窋二百，曰：“趣入侍，天下事非若所当言也。”至朝时，惠帝让参曰：“与窋胡治乎？乃者我使谏君也。”参免冠谢曰：“陛下自察圣武孰与高帝？”上曰：“朕乃安敢望先帝乎！”曰：“陛下观臣能孰与萧何贤？”上曰：“君似不及也。”参曰：“陛下言之是也。且高帝与萧何定天下，法令既明，今陛下垂拱，参等守职，遵而勿失，不亦可乎？”惠帝曰：“善。君休矣！”

参为汉相国，出入三年。卒，谥懿侯。子窋代侯。百姓歌之曰：“萧何为法，顜页若画一；曹参代之，守而勿失。载其清净，民以宁一。”

平阳侯窋，高后时为御史大夫。孝文帝立，免为侯。立二十九年卒，谥为静侯。子奇代侯，立七年卒，谥为简侯。子时代侯。时尚平阳公主，生子襄。

时病疠，归国。立二十三年卒，谥夷侯。子襄代侯。襄尚卫长公主，生子宗。立十六年卒，谥为共侯。子宗代侯。征和二年中，宗坐太子死，国除。

太史公曰：曹相国参攻城野战之功所以能多若此者，以与淮阴侯俱。及信已灭，而列侯成功，唯独参擅其名。参为汉相国，清静极言合道。然百姓离秦之酷后，参与休息无为，故天下俱称其美矣。

史记－五宗世家

孝景皇帝子凡十三人为王，而母五人，同母者为宗亲。栗姬子曰荣、德、阏于。程姬子曰余、非、端。贾夫人子曰彭祖、胜。唐姬子曰发。王夫人儿姁子曰越、寄、乘、舜。

河间献王德，以孝景帝前二年用皇子为河间王。好儒学，被服造次必于儒者。山东诸儒多从之游。

二十六年卒，子共王不害立。四年卒，子刚王基代立。十二年卒，子顷王授代立。

临江哀王阏于，以孝景帝前二年用皇子为临江王。三年卒，无后，国除为郡。

临江闵王荣，以孝景前四年为皇太子，四岁废，用故太子为临江王。

四年，坐侵庙壖垣为宫，上徵荣。荣行，祖于江陵北门。既已上车，轴折车废。江陵父老流涕窃言曰："吾王不反矣！"荣至，诣中尉府簿。中尉郅都责讯王，王恐，自杀。葬蓝田。燕数万衔土置冢上，百姓怜之。

荣最长，死无后，国除，地入于汉，为南郡。

右三国本王皆栗姬之子也。

鲁共王余，以孝景前二年用皇子为淮阳王。二年，吴楚反破后，以孝景前三年徙为鲁王。好治宫室苑囿狗马。季年好音，不喜辞辩。为人吃。

二十六年卒，子光代为王。初好音舆马；晚节啬，惟恐不足于财。

江都易王非，以孝景前二年用皇子为汝南王。吴楚反时，非年十五，有材力，上书愿击吴。景帝赐非将军印，击吴。吴已破，二岁，徙为江都王，治吴故国，以军功赐天子旌旗。元光五年，匈奴大入汉为贼，非上书愿击匈奴，上不许。非好气力，治宫观，招四方豪桀，骄奢甚。

立二十六年卒，子建立为王。七年自杀。淮南、衡山谋反时，建颇闻其谋。自以为国近淮南，恐一日发，为所并，即阴作兵器，而时佩其父所赐将军印，载天子旗以出。易王死未葬，建有所说易王宠美人淖姬，夜使人迎与奸服舍中。及淮南事发，治党与颇及江都王建。建恐，因使人多持金钱，事绝其狱。而又信巫祝，使人祷祠妄言。建又尽与其姊弟奸。事既闻，汉公卿请捕治建。天子不忍，使大臣即讯王。王服所犯，遂自杀。国除，地入于汉，为广陵郡。

胶西于王端，以孝景前三年吴楚七国反破后，端用皇子为胶西王。端为人贼戾，又阴痿，一近妇人，病之数月。而有爱幸少年为郎。为郎者顷之与后宫乱，端禽灭之，及杀其子母。数犯上法，汉公卿数请诛端，天子为兄弟之故不忍，而端所为滋甚。有司再请削其国，去太半。端心愠，遂为无訾省。府库坏漏尽，腐财物以巨万计，终不得收徙。令吏毋得收租赋。端皆去卫，封其宫门，从一门出游。数变名姓，为布衣，之他郡国。

相、二千石往者，奉汉法以治，端辄求其罪告之，无罪者诈药杀之。所以设诈究变，强足以距谏，智足以饰非。相、二千石从王治，则汉绳以法。故胶西小国，而所杀伤二千石甚众。

立四十七年，卒，竟无男代后，国除，地入于汉，为胶西郡。

右三国本王皆程姬之子也。

赵王彭祖，以孝景前二年用皇子为广川王。赵王遂反破后，彭祖王广川。四年，徙为赵王。十五年，孝景帝崩。彭祖为人巧佞卑谄，足恭而心刻深。好法律，持诡辩以中人。彭祖多内宠姬及子孙。相、二千石欲奉汉法以治，则害于王家。是以每相、二千石至，彭祖衣皂布衣，自行迎，除二千石舍，多设疑事以作动之，得二千石失言，中忌讳，辄书之。二千石欲治者，则以此迫劫；不听，乃上书告，及污以奸利事。彭祖立五十余年，相、二千石无能满二岁，辄以罪去，大者死，小者刑，以故二千石莫敢治。而赵王擅权，使使即县为贾人榷会，入多于国经租税。以是赵王家多金钱，然所赐姬诸子，亦尽之矣。彭祖取故江都易王宠姬王建所盗与奸淖姬者为姬，甚爱之。

彭祖不好治宫室、禨祥，好为吏事。上书愿督国中盗贼。常夜从走卒行徼邯郸中。诸使过客以彭祖险陂，莫敢留邯郸。

其太子丹与其女及同产姊奸，与其客江充有却。充告丹，丹以故废。赵更立太子。

中山靖王胜，以孝景前三年用皇子为中山王。十四年，孝景帝崩。胜为人乐酒好内，有子枝属百二十余人。常与兄赵王相非，曰：“兄为王，专代吏治事。王者当日听音乐声色。”赵王亦非之，曰：“中山王徒日淫，不佐天子拊循百姓，何以称为藩臣！”

立四十二年卒，子哀王昌立。一年卒，子昆侈代为中山王。

右二国本王皆贾夫人之子也。

长沙定王发，发之母唐姬，故程姬侍者。景帝召程姬，程姬有所辟，不愿进，而饰侍者唐儿使夜进。上醉不知，以为程姬而幸之，遂有身。已乃觉非程姬也。及生子，因命曰发。以孝景前二年用皇子为长沙王。以其母微，无宠，故王卑湿贫国。

立二十七年卒，子康王庸立。二十八年，卒，子鲋鮈立为长沙王。

右一国本王唐姬之子也。

广川惠王越，以孝景中二年用皇子为广川王。

十二年卒，子齐立为王。齐有幸臣桑距。已而有罪，欲诛距，距亡，王因禽其宗族。距怨王，乃上书告王齐与同产奸。自是之后，王齐数上书告言汉公卿及幸臣所忠等。

胶东康王寄，以孝景中二年用皇子为胶东王。二十八年卒。淮南王谋反时，寄微闻其事，私作楼车镞矢战守备，候淮南之起。及吏治淮南之事，辞出之。寄于上最亲，意伤之，发病而死，不敢置后，于是上闻。寄有长子者名贤，母无宠；少子名庆，母爱幸，寄常欲立之，为不次，因有过，遂无言。上怜之，乃以贤为胶东王奉康王嗣，而封庆于故衡山地，为六安王。

胶东王贤立十四年卒，谥为哀王。子庆为王。

六安王庆，以元狩二年用胶东康王子为六安王。

清河哀王乘，以孝景中三年用皇子为清河王。十二年卒，无后，国除，地入于汉，为清河郡。

常山宪王舜，以孝景中五年用皇子为常山王。舜最亲，景帝少子，骄怠多淫，数犯禁，上常宽释之。立三十二年卒，太子勃代立为王。

初，宪王舜有所不爱姬生长男棁。棁以母无宠故，亦不得幸于王。王后修生太子勃。王内多，所幸姬生子平、子商，王后希得幸。及宪王病甚，诸幸姬常侍病，故王后亦以妒媢不常侍病，辄归舍。医进药，太子勃不自尝药，又不宿留侍病。及王薨，王后、太子乃至。宪王雅不以长子棁为人数，及薨，又不分与财物。郎或说太子、王后，令诸子与长子棁共分财物，太子、王后不听。太子代立，又不收恤棁。棁怨王后、太子。汉使者视宪王丧，棁自言宪王病时，王后、太子不侍，及薨，六日出舍，太子勃私奸，饮酒，博戏，击筑，与女子载驰，环城过市，入牢视囚。天子遣大行骞验王后及问王勃，请逮勃所与奸诸证左，王又匿之。吏求捕，勃大急，使人致击笞掠，擅出汉所疑囚者。有司请诛宪王后修及王勃。上以修素无行，使棁陷之罪，勃无良师傅，不忍诛。有司请废王后修，徙王勃以家属处房陵，上许之。

勃王数月，迁于房陵，国绝。月余，天子为最亲，乃诏有司曰："常山宪王蚤夭，后妾不和，适孽诬争，陷于不义以灭国，朕甚闵焉。其封宪王子平三万户，为真定王；封子商三万户，为泗水王。"

真定王平，元鼎四年用常山宪王子为真定王。

泗水思王商，以元鼎四年用常山宪王子为泗水王。十一年卒，子哀王安世立。十一年卒，无子。于是上怜泗水王绝，乃立安世弟贺为泗水王。

右四国本王皆王夫人儿姁子也。其后汉益封其支子为六安王、泗水王二国。凡儿姁子孙，于今为六王。

太史公曰：高祖时诸侯皆赋，得自除内史以下，汉独为置丞相，黄金印。诸侯自除御史、廷尉正、博士，拟于天子。自吴楚反后，五宗王世，汉为置二千石，去"丞相"曰"相"，银印。诸侯独得食租税，夺之权。其后诸侯贫者或乘牛车也。

史记 – 伯夷列传

夫学者载籍极博，犹考信于六蓺。诗书虽缺，然虞夏之文可知也。尧将逊位，让于虞舜，舜禹之间，岳牧咸荐，乃试之于位，典职数十年，功用既兴，然后授政。示天下重器，王者大统，传天下若斯之难也。而说者曰尧让天下于许由，许由不受，耻之逃隐。及夏之时，有卞随、务光者。此何以称焉？太史公曰：余登箕山，其上盖有许由冢云。孔子序列古之仁圣贤人，如吴太伯、伯夷之伦详矣。余以所闻由、光义至高，其文辞不少概见，何哉？

孔子曰："伯夷、叔齐，不念旧恶，怨是用希。""求仁得仁，又何怨乎？"余悲伯夷之意，睹轶诗可异焉。其传曰：伯夷、叔齐，孤竹君之二子也。父欲立叔齐，及父卒，叔齐让伯夷。伯夷曰："父命也。"遂逃去。叔齐亦不肯立而逃之。国人立其中子。于是伯夷、叔齐闻西伯昌善养老，盍往归焉。

及至，西伯卒，武王载木主，号为文王，东伐纣。伯夷、叔齐叩马而谏曰：“父死不葬，爰及干戈，可谓孝乎？以臣弑君，可谓仁乎？”左右欲兵之。太公曰：“此义人也。”扶而去之。武王已平殷乱，天下宗周，而伯夷、叔齐耻之，义不食周粟，隐于首阳山，采薇而食之。及饿且死，作歌。其辞曰：“登彼西山兮，采其薇矣。以暴易暴兮，不知其非矣。神农、虞、夏忽焉没兮，我安适归矣？于嗟徂兮，命之衰矣！”遂饿死于首阳山。由此观之，怨邪非邪？

或曰：“天道无亲，常与善人。”若伯夷、叔齐，可谓善人者非邪？积仁洁行如此而饿死！且七十子之徒，仲尼独荐颜渊为好学。然回也屡空，糟糠不厌，而卒蚤夭。天之报施善人，其何如哉？盗跖日杀不辜，肝人之肉，暴戾恣睢，聚党数千人横行天下，竟以寿终。是遵何德哉？此其尤大彰明较著者也。若至近世，操行不轨，专犯忌讳，而终身逸乐，富厚累世不绝。或择地而蹈之，时然后出言，行不由径，非公正不发愤，而遇祸灾者，不可胜数也。余甚惑焉，傥所谓天道，是邪非邪？

子曰“道不同不相为谋”，亦各从其志也。故曰“富贵如可求，虽执鞭之士，吾亦为之。如不可求，从吾所好”。“岁寒，然后知松柏之后凋”。举世混浊，清士乃见。岂以其重若彼，其轻若此哉？

“君子疾没世而名不称焉。”贾子曰：“贪夫徇财，烈士徇名，夸者死权，众庶冯生。”“同明相照，同类相求。”“云从龙，风从虎，圣人作而万物睹。”伯夷、叔齐虽贤，得夫子而名益彰。颜渊虽笃学，附骥尾而行益显。岩穴之士，趣舍有时若此，类名堙灭而不称，悲夫！闾巷之人，欲砥行立名者，非附青云之士，恶能施于后世哉？

史记－孟子荀卿列传

太史公曰：余读孟子书，至梁惠王问“何以利吾国”，未尝不废书而叹也。曰：嗟乎，利诚乱之始也！夫子罕言利者，常防其原也。故曰“放于利而行，多怨”。自天子至于庶人，好利之弊何以异哉！

孟轲，驺人也。受业子思之门人。道既通，游事齐宣王，宣王不能用。适梁，梁惠王不果所言，则见以为迂远而阔于事情。当是之时，秦用商君，富国强兵；

楚、魏用吴起，战胜弱敌；齐威王、宣王用孙子、田忌之徒，而诸侯东面朝齐。天下方务于合从连衡，以攻伐为贤，而孟轲乃述唐、虞、三代之德，是以所如者不合。退而与万章之徒序诗书，述仲尼之意，作孟子七篇。其后有驺子之属。

齐有三驺子。其前驺忌，以鼓琴干威王，因及国政，封为成侯而受相印，先孟子。

其次驺衍，后孟子。驺衍睹有国者益淫侈，不能尚德，若大雅整之于身，施及黎庶矣。乃深观阴阳消息而作怪迂之变，终始、大圣之篇十余万言。其语闳大不经，必先验小物，推而大之，至于无垠。先序今以上至黄帝，学者所共术，大并世盛衰，因载其禨祥度制，推而远之，至天地未生，窈冥不可考而原也。先列中国名山大川，通谷禽兽，水土所殖，物类所珍，因而推之，及海外人之所不能睹。称引天地剖判以来，五德转移，治各有宜，而符应若兹。以为儒者所谓中国者，于天下乃八十一分居其一分耳。中国名曰赤县神州。赤县神州内自有九州，禹之序九州是也，不得为州数。中国外如赤县神州者九，乃所谓九州也。于是有裨海环之，人民禽兽莫能相通者，如一区中者，乃为一州。如此者九，乃有大瀛海环其外，天地之际焉。其术皆此类也。然要其归，必止乎仁义节俭，君臣上下六亲之施，始也滥耳。王公大人初见其术，惧然顾化，其后不能行之。

是以驺子重于齐。适梁，惠王郊迎，执宾主之礼。适赵，平原君侧行撇席。如燕，昭王拥彗先驱，请列弟子之座而受业，筑碣石宫，身亲往师之。作主运。其游诸侯见尊礼如此，岂与仲尼菜色陈蔡，孟轲困于齐梁同乎哉！故武王以仁义伐纣而王，伯夷饿不食周粟；卫灵公问陈，而孔子不答；梁惠王谋欲攻赵，孟轲称大王去邠。此岂有意阿世俗苟合而已哉！持方枘而内圆凿，其能入乎？或曰，伊尹负鼎而勉汤以王，百里奚饭牛车下而缪公用霸，作先合，然后引之大道。驺衍其言虽不轨，傥亦有牛鼎之意乎？

自驺衍与齐之稷下先生，如淳于髡、慎到、环渊、接子、田骈、驺奭之徒，各著书言治乱之事，以干世主，岂可胜道哉！

淳于髡，齐人也。博闻强记，学无所主。其谏说，慕晏婴之为人也，然而承意观色为务。客有见髡于梁惠王，惠王屏左右，独坐而再见之，终无言也。惠王怪之，以让客曰：“子之称淳于先生，管、晏不及，及见寡人，寡人未有得也。岂寡人不足为言邪？何故哉？”客以谓髡。髡曰：“固也。吾前见王，王志在驱逐；后复见王，王志在音声：吾是以默然。”客具以报王，王大骇，曰：

"嗟乎，淳于先生诚圣人也！前淳于先生之来，人有献善马者，寡人未及视，会先生至。后先生之来，人有献讴者，未及试，亦会先生来。寡人虽屏人，然私心在彼，有之。"后淳于髡见，壹语连三日三夜无倦。惠王欲以卿相位待之，髡因谢去。于是送以安车驾驷，束帛加璧，黄金百镒。终身不仕。

慎到，赵人。田骈、接子，齐人。环渊，楚人。皆学黄老道德之术，因发明序其指意。故慎到著十二论，环渊著上下篇，而田骈、接子皆有所论焉。

驺奭者，齐诸驺子，亦颇采驺衍之术以纪文。

于是齐王嘉之，自如淳于髡以下，皆命曰列大夫，为开第康庄之衢，高门大屋，尊宠之。览天下诸侯宾客，言齐能致天下贤士也。

荀卿，赵人。年五十始来游学于齐。驺衍之术迂大而闳辩；奭也文具难施；淳于髡久与处，时有得善言。故齐人颂曰："谈天衍，雕龙奭，炙毂过髡。"田骈之属皆已死齐襄王时，而荀卿最为老师。齐尚修列大夫之缺，而荀卿三为祭酒焉。齐人或谗荀卿，荀卿乃适楚，而春申君以为兰陵令。春申君死而荀卿废，因家兰陵。李斯尝为弟子，已而相秦。荀卿嫉浊世之政，亡国乱君相属，不遂大道而营于巫祝，信禨祥，鄙儒小拘，如庄周等又猾稽乱俗，于是推儒、墨、道德之行事兴坏，序列著数万言而卒。因葬兰陵。

而赵亦有公孙龙为坚白同异之辩，剧子之言；魏有李悝，尽地力之教；楚有尸子、长卢；阿之吁子焉。自如孟子至于吁子，世多有其书，故不论其传云。

盖墨翟，宋之大夫，善守御，为节用。或曰并孔子时，或曰在其后。

史记－屈原贾生列传

屈原者，名平，楚之同姓也。为楚怀王左徒。博闻强志，明于治乱，娴于辞令。入则与王图议国事，以出号令；出则接遇宾客，应对诸侯。王甚任之。

上官大夫与之同列，争宠而心害其能。怀王使屈原造为宪令，屈平属草稾未定。上官大夫见而欲夺之，屈平不与，因谗之曰："王使屈平为令，众莫不知，每一令出，平伐其功，以为非我莫能为也。"王怒而疏屈平。

屈平疾王听之不聪也，谗谄之蔽明也，邪曲之害公也，方正之不容也，故忧愁幽思而作离骚。离骚者，犹离忧也。夫天者，人之始也；父母者，人之本也。人穷则反本，故劳苦倦极，未尝不呼天也；疾痛惨怛，未尝不呼父母也。屈平正道直行，竭忠尽智以事其君，谗人间之，可谓穷矣。信而见疑，忠而被谤，能无怨乎？屈平之作离骚，盖自怨生也。国风好色而不淫，小雅怨诽而不乱。若离骚者，可谓兼之矣。上称帝喾，下道齐桓，中述汤武，以刺世事。明道德之广崇，治乱之条贯，靡不毕见。其文约，其辞微，其志洁，其行廉，其称文小而其指极大，举类迩而见义远。其志洁，故其称物芳。其行廉，故死而不容。自疏濯淖污泥之中，蝉蜕于浊秽，以浮游尘埃之外，不获世之滋垢，皭然泥而不滓者也。推此志也，虽与日月争光可也。

屈平既绌，其后秦欲伐齐，齐与楚从亲，惠王患之，乃令张仪详去秦，厚币委质事楚，曰："秦甚憎齐，齐与楚从亲，楚诚能绝齐，秦原献商、于之地六百里。"楚怀王贪而信张仪，遂绝齐，使使如秦受地。张仪诈之曰："仪与王约六里，不闻六百里。"楚使怒去，归告怀王。怀王怒，大兴师伐秦。秦发兵击之，大破楚师于丹、淅，斩首八万，虏楚将屈匄，遂取楚之汉中地。怀王乃悉发国中兵以深入击秦，战于蓝田。魏闻之，袭楚至邓。楚兵惧，自秦归。而齐竟怒不救楚，楚大困。

明年，秦割汉中地与楚以和。楚王曰："不愿得地，愿得张仪而甘心焉。"张仪闻，乃曰："以一仪而当汉中地，臣请往如楚。"如楚，又因厚币用事者臣靳尚，而设诡辩于怀王之宠姬郑袖。怀王竟听郑袖，复释去张仪。是时屈平既疏，不复在位，使于齐，顾反，谏怀王曰："何不杀张仪？"怀王悔，追张仪不及。

其后诸侯共击楚，大破之，杀其将唐眛。

时秦昭王与楚婚，欲与怀王会。怀王欲行，屈平曰："秦虎狼之国，不可信，不如毋行。"怀王稚子子兰劝王行："奈何绝秦欢！"怀王卒行。入武关，秦伏兵绝其后，因留怀王，以求割地。怀王怒，不听。亡走赵，赵不内。复之秦，竟死于秦而归葬。

长子顷襄王立，以其弟子兰为令尹。楚人既咎子兰以劝怀王入秦而不反也。

屈平既嫉之，虽放流，睠顾楚国，系心怀王，不忘欲反，冀幸君之一悟，俗之一改也。其存君兴国而欲反覆之，一篇之中三致志焉。然终无可奈何，故不可以反，卒以此见怀王之终不悟也。人君无愚智贤不肖，莫不欲求忠以自为，举贤以自佐，然亡国破家相随属，而圣君治国累世而不见者，其所谓忠者不忠，而所谓贤者不贤也。怀王以不知忠臣之分，故内惑于郑袖，外欺于张仪，疏屈平而信上官大夫、令尹子兰。兵挫地削，亡其六郡，身客死于秦，为天下笑。此不知人之祸也。易曰：“井泄不食，为我心恻，可以汲。王明，并受其福。”王之不明，岂足福哉！

令尹子兰闻之大怒，卒使上官大夫短屈原于顷襄王，顷襄王怒而迁之。

屈原至于江滨，被发行吟泽畔。颜色憔悴，形容枯槁。渔父见而问之曰：“子非三闾大夫欤？何故而至此？”屈原曰：“举世混浊而我独清，众人皆醉而我独醒，是以见放。”渔父曰：“夫圣人者，不凝滞于物而能与世推移。举世混浊，何不随其流而扬其波？众人皆醉，何不餔其糟而啜其醨？何故怀瑾握瑜而自令见放为？”屈原曰：“吾闻之，新沐者必弹冠，新浴者必振衣，人又谁能以身之察察，受物之汶汶者乎！宁赴常流而葬乎江鱼腹中耳，又安能以皓皓之白而蒙世俗之温蠖乎！”

乃作怀沙之赋。其辞曰：

陶陶孟夏兮，草木莽莽。伤怀永哀兮，汩徂南土。眴兮窈窈，孔静幽墨。冤结纡轸兮，离愍之长鞠；抚情效志兮，俯诎以自抑。

刓方以为圜兮，常度未替；易初本由兮，君子所鄙。章画职墨兮，前度未改；内直质重兮，大人所盛。巧匠不斫兮，孰察其揆正？玄文幽处兮，蒙谓之不章；离娄微睇兮，瞽以为无明。变白而为黑兮，倒上以为下。凤皇在笯兮，鸡雉翔舞。同糅玉石兮，一概而相量。夫党人之鄙妒兮，羌不知吾所臧。

任重载盛兮，陷滞而不济；怀瑾握瑜兮，穷不得余所示。邑犬群吠兮，吠所怪也；诽骏疑桀兮，固庸态也。文质疏内兮，众不知吾之异采；材朴委积兮，莫知余之所有。重仁袭义兮，谨厚以为丰；重华不可牾兮，孰知余之从容！古固有不并兮，岂知其故也？汤禹久远兮，邈不可慕也。惩违改忿兮，抑心而自强；离泯而不迁兮，愿志之有象。进路北次兮，日昧昧其将暮；含忧虞哀兮，限之以大故。

乱曰：浩浩沅、湘兮，分流汩兮。修路幽拂兮，道远忽兮。曾唫恒悲兮，永叹慨兮。世既莫吾知兮，人心不可谓兮。怀情抱质兮，独无匹兮。伯乐既殁兮，骥将焉程兮？人生禀命兮，各有所错兮。定心广志，余何畏惧兮？曾伤爰哀，永叹喟兮。世溷不吾知，心不可谓兮。知死不可让兮，愿勿爱兮。明以告君子兮，吾将以为类兮。

于是怀石遂自沈汨罗以死。

屈原既死之后，楚有宋玉、唐勒、景差之徒者，皆好辞而以赋见称；然皆祖屈原之从容辞令，终莫敢直谏。其后楚日以削，数十年竟为秦所灭。

自屈原沈汨罗后百有余年，汉有贾生，为长沙王太傅，过湘水，投书以吊屈原。

贾生名谊，雒阳人也。年十八，以能诵诗属书闻于郡中。吴廷尉为河南守，闻其秀才，召置门下，甚幸爱。孝文皇帝初立，闻河南守吴公治平为天下第一，故与李斯同邑而常学事焉，乃徵为廷尉。廷尉乃言贾生年少，颇通诸子百家之书。文帝召以为博士。

是时贾生年二十余，最为少。每诏令议下，诸老先生不能言，贾生尽为之对，人人各如其意所欲出。诸生于是乃以为能，不及也。孝文帝说之，超迁，一岁中至太中大夫。

贾生以为汉兴至孝文二十余年，天下和洽，而固当改正朔，易服色，法制度，定官名，兴礼乐，乃悉草具其事仪法，色尚黄，数用五，为官名，悉更秦之法。孝文帝初即位，谦让未遑也。诸律令所更定，及列侯悉就国，其说皆自贾生发之。于是天子议以为贾生任公卿之位。绛、灌、东阳侯、冯敬之属尽害之，乃短贾生曰："雒阳之人，年少初学，专欲擅权，纷乱诸事。"于是天子后亦疏之，不用其议，乃以贾生为长沙王太傅。

贾生既辞往行，闻长沙卑湿，自以寿不得长，又以适去，意不自得。及渡湘水，为赋以吊屈原。其辞曰：

共承嘉惠兮，俟罪长沙。侧闻屈原兮，自沈汨罗。造讬湘流兮，敬吊先生。遭世罔极兮，乃陨厥身。呜呼哀哉，逢时不祥！鸾凤伏窜兮，鸱枭翱翔。闒茸尊显兮，谗谀得志；贤圣逆曳兮，方正倒植。世谓伯夷贪兮，谓盗跖廉；莫邪为顿兮，铅刀为銛。于嗟嚜嚜兮，生之无故！斡弃周鼎兮宝康瓠，腾驾罢牛兮骖蹇驴，骥垂两耳兮服盐车。章甫荐屦兮，渐不可久；嗟苦先生兮，独离此咎！

讯曰：已矣，国其莫我知，独堙郁兮其谁语？凤漂漂其高遰兮，夫固自缩而远去。袭九渊之神龙兮，沕深潜以自珍。弥融爚以隐处兮，夫岂从蚁与蛭蚓？所贵圣人之神德兮，远浊世而自藏。使骐骥可得系羁兮，岂云异夫犬羊！般纷纷其离此尤兮，亦夫子之辜也！瞝九州而相君兮，何必怀此都也？凤皇翔于千仞之上兮，览德辉而下之；见细德之险徵兮，摇增翮逝而去之。彼寻常之污渎兮，岂能容吞舟之鱼！横江湖之鳣鱏兮，固将制于蚁蝼。

贾生为长沙王太傅三年，有鴞飞入贾生舍，止于坐隅。楚人命鴞曰「服」。贾生既以适居长沙，长沙卑湿，自以为寿不得长，伤悼之，乃为赋以自广。其辞曰：

单阏之岁兮，四月孟夏，庚子日施兮，服集予舍，止于坐隅，貌甚间暇。异物来集兮，私怪其故，发书占之兮，厕言其度。曰“野鸟入处兮，主人将去”。请问于服兮：“予去何之？吉乎告我，凶言其灾。淹数之度兮，语予其期。”服乃叹息，举首奋翼，口不能言，请对以意。

万物变化兮，固无休息。斡流而迁兮，或推而还。形气转续兮，变化而嬗。沕穆无穷兮，胡可胜言！祸兮福所倚，福兮祸所伏；忧喜聚门兮，吉凶同域。彼吴强大兮，夫差以败；越栖会稽兮，句践霸世。斯游遂成兮，卒被五刑；傅说胥靡兮，乃相武丁。夫祸之与福兮，何异纠纆。命不可说兮，孰知其极？水激则旱兮，矢激则远。万物回薄兮，振荡相转。云蒸雨降兮，错缪相纷。大专盘物兮，坱轧无垠。天不可与虑兮，道不可与谋。迟数有命兮，恶识其时？

且夫天地为炉兮，造化为工；阴阳为炭兮，万物为铜。合散消息兮，安有常则；千变万化兮，未始有极。忽然为人兮，何足控抟；化为异物兮，又何足患！小知自私兮，贱彼贵我；通人大观兮，物无不可。贪夫徇财兮，烈士徇名；夸者死权兮，品庶冯生。述迫之徒兮，或趋西东；大人不曲兮，亿变齐同。拘士系俗兮，攌如囚拘；至人遗物兮，独与道俱。众人或或兮，好恶积意；真人淡漠兮，独与道息。释知遗形兮，超然自丧；寥廓忽荒兮，与道翱翔。乘流则逝兮，得坻则止；纵躯委命兮，不私与己。其生若浮兮，其死若休；澹乎若深渊之静，泛乎若不系之舟。不以生故自宝兮，养空而浮；德人无累兮，知命不忧。细故蒂芥兮，何足以疑！

后岁余，贾生徵见。孝文帝方受厘，坐宣室。上因感鬼神事，而问鬼神之本。贾生因具道所以然之状。至夜半，文帝前席。既罢，曰：“吾久不见贾生，自以为过之，今不及也。”居顷之，拜贾生为梁怀王太傅。梁怀王，文帝之少子，爱，而好书，故令贾生傅之。

文帝复封淮南厉王子四人皆为列侯。贾生谏，以为患之兴自此起矣。贾生数上疏，言诸侯或连数郡，非古之制，可稍削之。文帝不听。

居数年，怀王骑，堕马而死，无后。贾生自伤为傅无状，哭泣岁余，亦死。贾生之死时年三十三矣。及孝文崩，孝武皇帝立，举贾生之孙二人至郡守，而贾嘉最好学，世其家，与余通书。至孝昭时，列为九卿。

太史公曰：余读离骚、天问、招魂、哀郢，悲其志。适长沙，观屈原所自沈渊，未尝不垂涕，想见其为人。及见贾生吊之，又怪屈原以彼其材，游诸侯，何国不容，而自令若是。读服鸟赋，同死生，轻去就，又爽然自失矣。

汉书－霍光传

霍光字子孟，票骑将军去病弟也。父中孺，河东平阳人也，以县吏给事平阳侯家，与侍者卫少兒私通而生去病。中孺吏毕归家，娶妇生光，因绝不相闻。久之，少兒女弟子夫得幸于武帝，立为皇后，去病以皇后姊子贵幸。既壮大，乃自知父为霍中孺，未及求问。会为票骑将军击匈奴，道出河东，河东太守郊迎，负弩矢先驱，至平阳传舍，遣吏迎霍中孺。中孺趋入拜谒，将军迎拜，因跪曰："去病不早自知为大人遗体也。"中孺扶报叩头，曰："老臣得托命将军，此天力也。"去病大为中孺买田宅、奴婢而去。还，复过焉，乃将光西至长安，时年十余岁，任光为郎，稍迁诸曹、侍中。去病死后，光为奉车都尉、光禄大夫，出则奉车，入侍左右，出入禁闼二十余年，小心谨慎，未尝有过，甚见亲信。

征和二年，卫太子为江充所败，而燕王旦、广陵王胥皆多过失。是时，上年老，宠姬钩弋赵婕妤有男，上心欲以为嗣，命大臣辅之。察群臣唯光任大重，可属社稷。上乃使黄门画者画周公负成王朝诸侯以赐光。后元二年春，上游五柞宫，病笃，光涕泣问曰："如有不讳，谁当嗣者？"上曰："君未谕前画意邪？立少子，君行周公之事。"光顿首让曰："臣不如金日磾。"日磾亦曰："臣外国人，不如光。"上以光为大司马大将军，日磾为车骑将军，及太仆上官桀为左将军，搜粟都尉桑弘羊为御史大夫，皆拜卧内床下，受遗诏辅少主。明日，武帝崩，太子袭尊号，是为孝昭皇帝。帝年八岁，政事一决于光。

先是，后元元年，侍中仆射莽何罗与弟重合侯通谋为逆，时，光与金日磾、上官桀等共诛之，功未录。武帝病，封玺书曰："帝崩发书以从事。"遗诏封金日磾为秺侯，上官桀为安阳侯，光为博陆侯，皆以前捕反者功封。时，卫尉王莽子男忽侍中，扬语曰："帝崩，忽常在左右，安得遗诏封三子事！群儿自相贵耳。"光闻之，切让王莽，莽鸩杀忽。

光为人沉静详审，长财七尺三寸，白皙，疏眉目，美须髯。每出入下殿门，止进有常处，郎仆射窃识视之，不失尺寸，其资性端正如此。初辅幼主，政自己出，天下想闻其风采。殿中尝有怪，一夜群臣相惊，光召尚符玺郎，郎不肯授光。光欲夺之，郎按剑曰："臣头可得，玺不可得也！"光甚谊之。明日，诏增此郎秩二等。众庶莫不多光。

光与左将军桀结婚相亲，光长女为桀子安妻。有女年与帝相配，桀因帝姊鄂邑盖主内安女后宫为婕妤，数月立为皇后。父安为票骑将军，封桑乐侯。光时休沐出，桀辄入代光决事。桀父子既尊盛，而德长公主。公主内行不修，近幸河间丁外人。桀、安欲为外人求封，幸依国家故事以列侯尚公主者，光不许。又为外人求光禄大夫，欲令得召见，又不许。长主大以是怨光。而桀、安数为外人求官爵弗能得，亦惭。自先帝时，桀已为九卿，位在光右。及父子并为将军，有椒房中宫之重，皇后亲安女，光乃其外祖，而顾专制朝事，繇是与光争权。

燕王旦自以昭帝兄，常怀怨望。及御史大夫桑弘羊建造酒榷、盐铁，为国兴利，伐其功，欲为子弟得官，亦怨恨光。于是盖主、上官桀、安及弘羊皆与燕王旦通谋，诈令人为燕王上书，言："光出都肄郎羽林，道上称跸，太官先置。"又引："苏武前使匈奴，拘留二十年不降，还乃为典属国，而大将军长史敞亡功为搜粟都尉，又擅调益莫府校尉。光专权自恣，疑有非常。臣旦愿归符玺，入宿卫，察奸臣变。"候司光出沐日奏之。桀欲从中下其事，桑弘羊当与诸大臣共执退光。书奏，帝不肯下。

明旦，光闻之，止画室中不入。上问："大将军安在？"左将军桀时曰："以燕王告其罪，故不敢入。"有诏召大将军。光入，免冠顿首谢，上曰："将军冠。朕知是书诈也，将军亡罪。"光曰："陛下何以知之？"上曰："将军之广明都郎，属耳；调校尉以来未能十日，燕王何以得知之？且将军为非，不须校尉。"是时，帝年十四，尚书左右皆惊，而上书者果亡，捕之甚急，桀等惧，白上小事不足遂，上不听。

后桀党有谮光者，上辄怒曰："大将军忠臣，先帝所属以辅朕身，敢有毁者坐之。"自是桀等不敢复言，乃谋令长公主置酒请光，伏兵格杀之，因废帝，迎立燕王为天子。事发觉，光尽诛桀、安、弘羊、外人宗族。燕王、盖主皆自杀。光威震海内。昭帝既冠，遂委任光，讫十三年，百姓充实，四夷宾服。

元平元年，昭帝崩，亡嗣。武帝六男独有广陵王胥在，群臣议所立，咸特广陵王。王本以行失道，先帝所不用。光内不自安。郎有上书言："周太王废太伯立王季，文王舍伯邑考立武王，唯在所宜，虽废长立少可也。广陵王不可以承宗庙。"言合光意。光以其书视丞相敞等，擢郎为九江太守，即日承皇太后诏，遣行大鸿胪事少府乐成、宗正德、光禄大夫吉、中郎将利汉迎昌邑王贺。

贺者，武帝孙，昌邑哀王子也。既至，即位，行淫乱。光忧懑，独以问所亲故吏大司农田延年。延年曰：“将军为国柱石，审此人不可，何不建白太后，更选贤而立之？”光曰：“今欲如是，于古尝有此不？”延年曰：“伊尹相殷，废太甲以安宗庙，后世称其忠。将军若能行此，亦汉之伊尹也。”光乃引延年给事中，阴与车骑将军张安世图计，遂召丞相、御史、将军、列侯、中二千石、大夫、博士会议未央宫。光曰：“昌邑王行昏乱，恐危社稷，如何？”群臣皆惊鄂失色，莫敢发言，但唯唯而已。田延年前，离席按剑，曰：“先帝属将军以幼孤，寄将军以天下，以将军忠贤能安刘氏也。今群下鼎沸，社稷将倾，且汉之传谥常为孝者，以长有天下，令宗庙血食也。如令汉家绝祀，将军虽死，何面目见先帝于地下乎？今日之议，不得旋踵。群臣后应者，臣请剑斩之。”光谢曰：“九卿责光是也。天下匈匈不安，光当受难。”于是议者皆叩头，曰：“万姓之命在于将军，唯大将军令。”

光即与群臣俱见白太后，具陈昌邑王不可以承宗庙状。皇太后乃车驾幸未央承明殿，诏诸禁门毋内昌邑群臣。王入朝太后还，乘辇欲归温室，中黄门宦者各持门扇，王入，门闭，昌邑群臣不得入。王曰：“何为？”大将军跪曰：“有皇太后诏，毋内昌邑群臣。”王曰：“徐之，何乃惊人如是！”光使尽驱出昌邑群臣，置金马门外。车骑将军安世将羽林骑收缚二百余人，皆送廷尉诏狱。令故昭帝侍中中臣侍守王。光敕左右：“谨宿卫，卒有物故自裁，令我负天下，有杀主名。”王尚未自知当废，谓左右：“我故群臣从官安得罪，而大将军尽系之乎？”顷之，有太后诏召王，王闻召，意恐，乃曰：“我安得罪而召我哉！”太后被珠襦，盛服坐武帐中，侍御数百人皆持兵，其门武士陛戟，陈列殿下。群臣以次上殿，召昌邑王伏前听诏。光与群臣连名奏王，尚书令读奏曰：

丞相臣敞、大司马大将军臣光、车骑将军臣安世、度辽将军臣明友、前将军臣增、后将军臣充国、御史大夫臣谊、宜春侯臣谭、当涂侯臣圣、随桃侯臣昌乐、杜侯臣屠耆堂、太仆臣延年，太常臣昌、大司农臣延年、宗正臣德、少府臣乐成、廷尉臣光，执金吾臣延寿、大鸿胪臣贤、左冯翊臣广明、右扶风臣德、长信少府臣嘉、典属国臣武、京辅都尉臣广汉、司隶校尉臣辟兵、诸吏文学光禄大夫臣迁、臣畸、臣吉、臣赐、臣管、臣胜、臣梁、臣长幸、臣夏侯胜、太中大夫臣德、臣印昧死言皇太后陛下：臣敞等顿首死罪。天子所以永保宗庙总一海内者，以慈孝、礼谊、赏罚为本。孝昭皇帝早弃天下，亡嗣，臣敞等议，礼曰「为人后者为之子也」，昌邑王宜嗣后，遣宗正、大鸿胪、光禄大夫奉节使徵昌邑王典丧。服斩縗，亡悲哀之心，废礼谊，居道上不素食，使从官略女子载衣车，内所居传舍。始至谒见，立为皇太子，常私买鸡豚以食。受皇帝信玺、行玺大行前，就次发玺不封。从官更持节，引内昌邑从官驺宰官奴二百余人，常与居禁闼内敖戏。自之符玺取节十六，朝暮临，令从官更持节从。为书曰："皇帝问侍中君卿：使中御府令高昌奉黄金千斤，赐君卿取十妻。"大行在前殿，发乐府乐器，引内昌邑乐人，击鼓歌吹作俳倡。会下还，上前殿，击钟磬，召内泰壹宗庙乐人辇道牟首，鼓吹歌舞，悉奏众乐。发长安厨三太牢具祠阁室中，祀已，与从官饮啖。驾法驾，皮轩鸾旗，驱驰北宫、桂宫，弄彘斗虎。召皇太后御小马车，使官奴骑乘，游戏掖庭中。与孝昭皇帝宫人蒙等淫乱，诏掖庭令敢泄言要斩。

太后曰："止！为人臣子当悖乱如是邪！"王离席伏。尚书令复读曰：

取诸侯王、列侯、二千石绶及墨绶、黄绶以并佩昌邑郎官者免奴。变易节上黄旄以赤。发御府金钱、刀剑、玉器、采缯、赏赐所与游戏者。与从官官奴夜饮，湛沔于酒。诏太官上乘舆食如故。食监奏未释服未可御故食，复诏太官趣具，无关食盐。太官不敢具，即使从官出买鸡豚，诏殿门内，以为常。独夜设九宾温室，延见姊夫昌邑关内侯。祖宗庙祠未举，为玺书使使者持节，以三太牢祠昌邑哀王园庙，称嗣子皇帝。受玺以来二十七日，使者旁午，持节诏诸官署徵发，凡一千一百二十七事。文学、光禄大夫夏侯胜等及侍中傅嘉数进谏以过失，使人簿责胜，缚嘉系狱。荒淫迷惑，失帝王礼谊，乱汉制度。臣敞等数进谏，不变更，日以益甚，恐危社稷，天下不安。

臣敞等谨与博士臣霸、臣隽舍、臣德、臣虞舍、臣射、臣仓议，皆曰："高皇帝建功业为汉太祖，孝文皇帝慈仁节俭为太宗，今陛下嗣孝昭皇帝后，行淫辟不轨。《诗》云：籍曰未知，亦既抱子。五辟之属，莫大不孝。周襄王不能事母，《春秋》曰天王出居于郑，繇不孝出之，绝之于天下也。宗庙重于君，陛下未见命高庙，不可以承天序，奉祖宗庙，子万姓，当废。"臣请有司御史大夫臣谊、宗正臣德、太常臣昌与太祝以一太牢具，告祠高庙。臣敞等昧死以闻。

皇太后诏曰："可。"光令王起拜受诏，王曰："闻天子有争臣七人，虽亡道不失天下。"光曰："皇太后诏废，安得天子！"乃即持其手，解脱其玺组，奉上太后，扶王下殿，出金马门，群臣随送。王西面拜，曰："愚戆不任汉事。"起就乘舆副车。大将军光送至昌邑邸，光谢曰："王行自绝于天，臣等驽怯，不能杀身报德。臣宁负王，不敢负社稷。愿王自爱，臣长不复见左右。”光涕泣而去。群臣奏言：“古者废放之人屏于远方，不及以政，请徙王贺汉中房陵县。”太后诏归贺昌邑，赐汤沐邑二千户。昌邑群臣坐亡辅导之谊，陷王于恶，光悉诛杀二百余人。出死，号呼市中曰：“当断不断，反受其乱。”

光坐庭中，会丞相以下议定所立。广陵王已前不用，及燕刺王反诛，其子不在议中。近亲唯有卫太子孙号皇曾孙在民间，咸称述焉。光遂复与丞相敞等上奏曰：“《礼》曰：人道亲亲故尊祖，尊祖故敬宗。大宗亡嗣，择支子孙贤者为嗣。孝武皇帝曾孙病已，武帝时有诏掖庭养视，至今年十八，师受《诗》、《论语》、《孝经》，躬行节俭，慈仁爱人，可以嗣孝昭皇帝后，奉承祖宗庙，子万姓。臣昧死以闻。”皇太后诏曰：“可。”光遣宗正刘德至曾孙家尚冠里，洗沐赐御衣，太仆以軨猎车迎曾孙就斋宗正府，入未央宫见皇太后，封为阳武侯。已而光奉上皇帝玺绶，谒于高庙，是为孝宣皇帝。明年，下诏曰：“夫褒有德，赏元功，古今通谊也。大司马、大将军光宿卫忠正，宣德明恩，守节秉谊，以安宗庙。其以河北、东武阳益封光万七千户。”与故所食凡二万户。赏赐前后黄金七千斤，钱六千万，杂缯三万匹，奴婢百七十人，马二千匹，甲第一区。

自昭帝时，光子禹及兄孙云皆中郎将，云弟山奉车都尉、侍中，领胡、越兵。光两女婿为东西宫卫尉，昆弟诸婿外孙皆奉朝请，为诸曹大夫、骑都尉，给事中。党亲连体，根据于朝廷。光自后元秉持万机，及上即位，乃归政。上廉让不受，诸事皆先关白光，然后奏御天子。光每朝见，上虚己敛容，礼下之已甚。

光秉政前后二十年，地节二年春病笃，车驾自临问光病，上为之涕泣。光上书谢恩曰：“愿分国邑三千户，以封兄孙奉车都尉山为列侯，奉兄票骑将军去病祀。”事下丞相、御史，即日拜光子禹为右将军。

光薨，上及皇太后亲临光丧。太中大夫任宣与侍御史五人持节护丧事。中二千石治莫府冢上。赐金钱、缯絮、绣被百领，衣五十箧，璧珠玑玉衣，梓宫、便房、黄肠题凑各一具，枞木外臧椁十五具。东园温明，皆如乘舆制度。载光尸柩以辒辌车，黄屋在纛，发材官轻车北军五校士军陈至茂陵，以送其葬。谥曰宣成侯。发三河卒穿复土，起冢祠堂。置园邑三百家，长丞奉守如旧法。

既葬，封山为乐平侯，以奉车都尉领尚书事。天子思光功德，下诏曰：“故大司马、大将军、博陆侯宿卫孝武皇帝三十有余年，辅孝昭皇帝十有余年，遭大难，躬秉谊，率三公、九卿、大夫定万世册，以安社稷，天下蒸庶咸以康宁。功德茂盛，朕甚嘉之。复其后世，畴其爵邑，世世无有所与，功如萧相国。”明年夏，封太子外祖父许广汉为平恩侯。复下诏曰：“宣成侯光宿卫忠正，勤劳国家，善善及后世，其封光兄孙中郎将云为冠阳侯。”

禹既嗣为博陆侯，太夫人显改光时所自造茔制而侈大之。起三出阙，筑神道，北临昭灵，南出承恩，盛饰祠室，辇阁通属永巷，而幽良人婢妾守之。广治第室，作乘舆辇，加画绣茵冯，黄金涂，韦絮荐轮，侍婢以五采丝挽显，游戏第中。初，光爱幸监奴冯子都，常与计事，及显寡居，与子都乱。而禹、山亦并缮治第宅，走马驰逐平乐馆。云当朝请，数称病私出，多从宾客，张围猎黄山苑中，使苍头奴上朝谒，莫敢谴者。而显及诸女，昼夜出入长信宫殿中，亡期度。

宣帝自在民间闻知霍氏尊盛日久，内不能善。光薨，上始躬亲朝政，御史大夫魏相给事中。显谓禹、云、山：“女曹不务奉大将军余业，今大夫给事中，他人一间，女能复自救邪？”后两家奴争道，霍氏奴入御史府，欲蹋大夫门，御史为叩头谢，乃去。人以谓霍氏，显等始知忧。会魏大夫为丞相，数燕见言事。平恩侯与侍中金安上等径出入省中。时，霍山自若领尚书，上令吏民得奏封事，不关尚书，群臣进见独往来，于是霍氏甚恶之。

宣帝始立，立微时许妃为皇后。显爱小女成君，欲遣之，私使乳医淳于衍行毒药杀许后，因劝光内成君，代立为后，语在《外戚传》。始，许后暴崩，吏捕诸医，劾衍侍疾亡状不道，下狱。吏簿问急，显恐事败，即具以实语光。光大惊，欲自发举，不忍，犹与。会奏上，因署衍勿论。光薨后，语稍泄。于是上始闻之而未察，乃徙光女婿度辽将军、未央卫尉、平陵侯范明友为光禄勋，次婿诸吏中郎将、羽林监任胜出为安定太守。数月，复出光姊婿给事中光禄大夫张朔为蜀郡太守，群孙婿中郎将王汉为武威太守。顷之，复徙光长女婿长乐卫尉邓广汉为少府。更以禹为大司马，冠小冠，亡印绶，罢其右将军屯兵官属，特使禹官名与光俱大司马者。又收范明友度辽将军印绶，但为光禄勋。及光中女婿赵平为散骑、骑都尉、光禄大夫将屯兵，又收平骑都尉印绶。诸领胡越骑、羽林及两宫卫将屯兵，悉易以所亲信许、史子弟代之。

禹为大司马，称病。禹故长史任宣候问，禹曰：“我何病？县官非我家将军不得至是，今将军坟墓未干，尽外我家，反任许、史，夺我印绶，令人不省死。”宣见禹恨望深，乃谓曰：“大将军时何可复行！持国权柄，杀生在手中。廷尉李种、王平、左冯翊贾胜胡及车丞相女婿少府徐仁皆坐逆将军意下狱死。使乐成小家子得幸将军，至九卿封侯。百官以下但事冯子都、王子方等，视丞相亡如也。各自有时，今许、史自天子骨肉，贵正宜耳。大司马欲用是怨恨，愚以为不可。”禹默然。数日，起视事。

显及禹、山、云自见日侵削，数相对啼泣，自怨。山曰：“今丞相用事。县官信之，尽变易大将军时法令，以公田赋与贫民，发扬大将军过失。又诸儒生多窭人子，远客饥寒，喜妄说狂言，不避忌讳，大将军常仇之，今陛下好与诸儒生语，人人自使书对事，多言我家者。尝有上书言大将军时主弱臣强，专制擅权，今其子孙用事，昆弟益骄恣，恐危宗庙，灾异数见，尽为是也。其言绝痛，山屏不奏其书。后上书者益黠，尽奏封事，辄下中书令出取之，不关尚书，益不信人。”显曰：“丞相数言我家，独无罪乎？”山曰：“丞相廉正，安得罪？我家昆弟诸婿多不谨。又闻民间欢言霍氏毒杀许皇后，宁有是邪？”显恐急，即具以实告山、云、禹。山、云、禹惊曰：“如是，何不早告禹等！县官离散斥逐诸婿，用是故也。此大事，诛罚不小，奈何？”于是始有邪谋矣。

初，赵平客石夏善为天官，语平曰：“荧惑守御星，御星，太仆奉车都尉也，不黜则死。”平内忧山等。云舅李竟所善张赦见云家卒卒，谓竟曰：“今丞相与平恩侯用事，可令太夫人言太后，先诛此两人。移徙陛下，在太后耳。”长安男子张章告之，事下廷尉。执金吾捕张赦、石夏等，后有诏止勿捕。山等愈恐，相谓曰：“此县官重太后，故不竟也。然恶端已见，又有弑许后事，陛下虽宽仁，恐左右不听，久之犹发，发即族矣，不如先也。”遂令诸女各归报其夫，皆曰：“安所相避？”

会李竟坐与诸侯王交通，辞语及霍氏，有诏云、山不宜宿卫，免，就第。光诸女遇太后无礼，冯子都数犯法，上并以为让，山、禹等甚恐，显梦第中井水溢流庭下，灶居树上，又梦大将军谓显曰：“知捕儿不？亟下捕之。”第中鼠暴多，与人相触，以尾画地。鸮数鸣殿前树上。第门自坏。云尚冠里宅中门亦坏。巷端人共见有人居云屋上，彻瓦投地，就视，亡有，大怪之。禹梦车骑声正欢来捕禹，举家忧愁。山曰：“丞相擅减宗庙羔、菟、蛙，可以此罪也。”谋令太后为博平君置酒，召丞相、平恩侯以下，使范明友、邓广汉承太后制引斩之，因废天子而立禹。约定未发，云拜为玄菟太守，太中大夫任宣为代郡太守。山又坐写秘书，显为上书献城西第，八马千匹，以赎山罪。书报闻，会事发觉，云、山、明友自杀，显、禹、广汉等捕得。禹要斩，显及诸女昆弟皆弃市。唯独霍后废处昭台宫，与霍氏相连坐诛灭者数千家。

上乃下诏曰：“乃者东织室令史张赦使魏郡豪李竟报冠阳侯云谋为大逆，朕以大将军故，抑而不扬，冀其自新。今大司马博陆侯禹与母宣成侯夫人显及从昆弟子冠阳侯云、乐平侯山诸姊妹婿谋为大逆，欲诖误百姓。赖宗庙神灵，先发得，咸伏其辜，朕甚悼之。诸为霍氏所诖误，事在丙申前，未发觉在吏者，皆赦除之。男子张章先发觉，以语期门董忠，忠告在曹杨恽，恽告侍中金安上。恽召见对状，后章上书以闻。侍中史高与金安上建发其事，言无入霍氏禁闼，卒不得遂其谋，皆雠有功。封章为博成侯，忠高昌侯，恽平通侯，安上都成侯，高乐陵侯。”

初，霍氏奢侈，茂陵徐生曰：“霍氏必亡。夫奢则不逊，不逊必侮上。侮上者，逆道也。在人之右，众必害之。霍氏秉权日久，害之者多矣。天下害之，而又行以逆道，不亡何待！”乃上疏言：“霍氏泰盛，陛下即爱厚之，宜以时抑制，无使至亡。”书三上，辄报闻。其后霍氏诛灭，而告霍氏者皆封。人为徐生上书曰：“臣闻客有过主人者，见其灶直突，傍有积薪，客谓主人，更为曲突，远徙其薪，不者且有火患。主人嘿然不应。俄而家果失火，邻里共救之，幸而得息。于是杀牛置酒，谢其邻人，灼烂者在于上行，余各以功次坐，而不录言曲突者。人谓主人曰：乡使听客之言，不费牛、酒，终亡火患。今论功而请宾，曲突徙薪亡恩泽，焦头烂额为上客耶？主人乃寤而请之，今茂陵徐福数上书言霍氏且有变，宜防绝之。乡使福说得行，则国亡裂土出爵之费，臣亡逆乱诛灭之败。往事既已，而福独不蒙其功，唯陛下察之，贵徙薪曲突之策，使居焦发灼烂之右。”上乃赐福帛十匹，后以为郎。

宣帝始立，谒见高庙，大将军光从骖乘，上内严惮之，若有芒刺在背。后车骑将军张安世代光骖乘，天子从容肆体，甚安近焉。及光身死而宗族竟诛，故俗传之曰：“威震主者不畜，霍氏之祸萌于骖乘。”

至成帝时，为光置守冢百家，吏卒奉词焉。元始二年，封光从父昆弟曾孙阳为博陆侯，千户。